E. Castagnone, F. Ciafaloni,
E. Donini, D. Guasco, L. Lanzardo

VAI E VIENI

Esperienze di migrazione
e lavoro di senegalesi
tra Louga e Torino

FrancoAngeli

Volume stampato con il contributo del Dipartimento di Storia dell'Università degli Studi di Torino e della Divisone Lavoro, Orientamento, Formazione del Comune di Torino.

Copyright © 2005 by FrancoAngeli s.r.l., Milano, Italy

Ristampa							Anno						
0	1	2	3	4	5	6	2005	2006	2007	2008	2009	2010	2011	2012

È vietata la riproduzione, anche parziale, effettuata a qualsiasi titolo, eccetto quella ad uso personale.
Quest'ultima è consentita nel limite massimo del 15% delle pagine dell'opera, anche se effettuata in più volte, e alla condizione che vengano pagati i compensi stabiliti dall'art. 2 della legge vigente.
Ogni fotocopia che eviti l'acquisto di un libro è illecita ed è severamente punita.
Chiunque fotocopia un libro, chi mette a disposizione i mezzi per farlo, chi comunque favorisce questa pratica commette un reato e opera ai danni della cultura.
Stampa: Tipomonza, via Merano 18, Milano.

In ricordo di Betti Benenati

Indice

Prefazione, di *Elhadji Mamadou Dioum Samb* pag. 9

Introduzione 13

1. Le origini dell'immigrazione senegalese a Torino » 19

2. Migrazione e lavoro: l'orizzonte culturale » 30
   2.1 Migrare e (è) viaggiare » 30
   2.2 Sentimento dell'emigrazione e del ritorno » 32
   2.3 Lavoro e valori religiosi » 38
   2.4 Lavoro e valori sociali » 47

3. Vivere per realizzarsi e lavorare per vivere » 55
   3.1 L'affermazione personale » 56
   3.2 Le aspettative degli studenti universitari » 65
   3.3 L'arte come mestiere: i *griot* » 78
   3.4 Emigrare per guadagnare » 84
   3.5 Il lavoro di migrante » 100
   3.6 Il commercio: un modo di essere » 107
   3.7 Tra commercio e fabbrica 113

4. Solidarietà familiare e coesione sociale 122
   4.1 Il legame con i padri e le madri » 123
   4.2 Parentele allargate » 130
   4.3 "Comunità al maschile": uomini lontani da mogli e figli » 137
   4.4 Voci incrociate tra Italia e Senegal » 141
   4.5 Un forte legame di solidarietà e di rispetto » 147
   4.6 Mentalità in mutamento » 151

4.7 L'aiuto alle famiglie in Senegal	pag.	155
4.8 La solidarietà in Italia	»	159
4.9 Il sentimento della fratellanza	»	163

5. Solitudine e amicizia » 169
   5.1 Il sentimento dell'amicizia » 171
   5.2 Rapporti con italiani: percezione e vissuto » 177
   5.3 Il razzismo spiegato agli italiani » 185
   5.4 Legami più stretti » 190
   5.5 La casa » 197

6. Tra due mondi » 203
   6.1 Le due culture » 205
   6.2 Tra presente e futuro: i tempi sospesi del desiderio lento » 211
   6.3 Attese per l'avvenire dei figli: sguardi dalle due sponde » 216
   6.4 Famiglie transnazionali e dinamiche di genere » 223
   6.5 Tra continuità e cambiamento, vecchi vincoli e nuovi spazi » 227
   6.6 Matrimoni misti, una questione delicata » 230
   6.7 Il potere del denaro » 232
   6.8 Slittamenti di ruoli » 235
   6.9 Identità nelle relazioni » 237

Ricordo di Betti Benenati » 245
   Una vita di studio e impegno, di *Dora Marucco* » 245
   Lavoro e relazioni nel lavoro: la *labour history* di Elisabetta Benenati, di *Stefano Musso* » 248
   Tra il personale e il politico, di *Gian Giacomo Migone* » 252
   Bibliografia degli scritti di Elisabetta Benenati » 256

Glossario » 258

Appendice » 261
   1. I soggetti - Italia » 261
   2. I soggetti - Senegal » 263

Bibliografia » 265

Le autrici e l'autore » 270

Prefazione

di *Elhadji Mamadou Dioum Samb*[*]

Il popolo senegalese ha sempre viaggiato, almeno fin dal momento dell'arrivo degli arabi nel XVII secolo. I mercanti senegalesi iniziarono i loro primi spostamenti nel Golfo di Guinea e poi verso l'Africa Centrale. Il Senegal è sopravvissuto essenzialmente grazie all'agricoltura che rappresentava il punto centrale dell'economia e alla pesca, sino agli inizi degli anni settanta del '900, quando il paese venne colpito da una terribile siccità. Iniziò allora un fenomeno migratorio che coinvolse le persone che fino ad allora erano dedite allo sfruttamento della terra: gli agricoltori abbandonarono pian piano la campagna e migrarono verso le città, e soprattutto verso Dakar perché per il Senegal di allora rappresentava non solo la capitale, ma anche il posto "delle case alte", come venivano definite dai *modou modou*.

I *modou modou* sono i primi viaggiatori per necessità. *Modou modou* è un termine derivato dalla alterazione del nome del Profeta Mohamadou o Ahmadou, come si chiamava il maestro fondatore della confraternita islamica *murid*, la più seguita in Senegal: Cheikh Ahmadou Bamba Mbacke, particolarmente noto proprio nel cuore della regione che ha maggiormente contribuito a fare del Senegal uno dei primi produttori di arachidi nel mondo, il Baol.

Gran parte dei migranti proveniva appunto dal Baol, che ha sempre rappresentato il granaio della monocoltura delle arachidi, dopo che queste vennero importate dalle Americhe. L'unica industria di trasformazione di tale materia prima in olio, sapone e altri manufatti è situata in questa regione. La coltivazione delle arachidi ha sostituito prepotentemente il sistema familiare di rotazione delle colture che aveva da sempre garantito il fabbisogno alimentare della popolazione.

Da Dakar si è aperto poi un nuovo orizzonte verso la Francia prima e successivamente, dagli inizi degli anni ottanta, verso altre parti dell'Occidente, tra cui l'Italia. Il cambiamento di rotta verso l'Italia non è stato casuale. Ovviamente andare in Francia era più facile, non fosse altro che per la lingua. Ma

---

[*] Mamadou Samb è presidente dell'AST, Associazione Senegalesi di Torino, e mediatore etnoclinico presso il centro MAMRE di sostegno psicologico a immigrati.

venire in Italia è stato ad un certo punto più semplice, perché arrivare a Roma non prevedeva il visto di ingresso. L'Italia ha così sostituito la Francia come polo di attrazione dell'emigrazione senegalese. Si tratta di una scelta che sinora non è stata spesso "felice", decisa, ma soltanto indotta.

I *modou modou* sono riconosciuti come coloro che sanno realizzare i propri sogni, con spirito di sacrificio, determinazione e dedicandosi esclusivamente alla ricerca di guadagno. Cosa che nella quotidianità si traduce nel saper racimolare anche poco denaro per volta, risparmiare il più possibile, dedicarsi a piccoli commerci all'apparenza irrisori, fare piccoli passi per lungo tempo e continuamente e limitandosi alle spese strettamente indispensabili per sopravvivere. I *modou modou* sono dunque i primi a scoprire il polo "Occidente", a parte quei pochi studenti che hanno avuto la possibilità di proseguire gli studi in Europa, perché figli di famiglie agiate. L'opportunità di studiare sapranno poi sfruttarla solo pochi, anche perché comincerà a diventare visibile l'esperienza dei *modou modou*, che iniziano a fare ritorno in Senegal con maggiori possibilità di realizzare i propri sogni. I *modou modou* emigrati che ritornano possono innanzitutto permettersi di costruirsi la casa, e poi di sposarsi, avviare un'attività o investire sui familiari per alleggerirsi del peso che comporta il mantenimento di una famiglia numerosa.

Ciò può creare una forte frustrazione negli studenti, sia in quelli rimasti in patria sia in quelli che avevano investito negli studi superiori nelle università europee, poiché vedono avverarsi i sogni di quanti non hanno scelto l'istruzione come fonte di realizzazione e pur essendo non scolarizzati e provenendo dalla campagna sono riusciti ad affermarsi.

In effetti è diffusa la convinzione che "finire gli studi non garantisce il lavoro, ma incrementa il numero dei disoccupati". Per questo si può dire che l'immigrazione senegalese ha conosciuto una metamorfosi negli ultimi quindici anni: non sono solo più i soliti *modou modou* che lasciano il Paese, ma oggi assistiamo alla triste realtà di giovani che frequentano la scuola finché non possono fare diversamente, ma con il pensiero e la speranza di ottenere presto il primo visto Schengen per l'Occidente. Tale visto di solito è il primo investimento di un migrante nei confronti di un altro membro della famiglia, che lo aspetta come un atto dovuto e come prova di successo.

"*Modou Italie, modou France, modou Amérique*": i *modou modou* sono diventati, attraverso le rimesse, la risorsa principale dell'economia senegalese.

Se da un lato l'emigrazione è stata "la penicillina della malattia siccità", come potremmo dire con una metafora spesso usata nella tradizione orale, dall'altro rappresenta la via più breve per essere in grado di mantenere la propria famiglia.

Il carico di responsabilità verso la propria famiglia di cui il migrante si sente investito l'accompagna per tutto il suo percorso migratorio. La mancanza di progettualità fa sì che, per non venir meno alle sue responsabilità, si adatti a svolgere qualsiasi lavoro trovi in Occidente. Il senegalese infatti è stato e forse è ancora il "vu cumprà" per antonomasia.

Se da una parte l'emigrazione in Europa ha migliorato l'economia del proprio paese, dall'altra questo successo non è sempre senza ripercussioni. La vita del senegalese migrante è "solitaria", nonostante si dica della comunità senegalese che è una delle più solidali; in effetti tale solidarietà si verifica a livello di assistenza ma non tanto di "compagnia". La solitudine dipende anche dal fatto che si tratta di una comunità tendenzialmente maschile, benché recentemente si stiano registrando diversi casi di ricongiungimento familiare. E d'altra parte si teme anche un inserimento nel paese occidentale che potrebbe tradursi in un allontanamento dai propri valori culturali. Ricordiamoci che si tratta di un popolo che ha subìto l'invasione dei colonizzatori, che hanno fatto credere che il proprio modello culturale fosse il migliore.

Una tale situazione porta spesso ad una vita sospesa, latente, in quanto non "si vive" pienamente né nel paese d'accoglienza né nel paese natio: adeguarsi al modello occidentale comporterebbe costi economici non compatibili con l'obiettivo prefissato del risparmio, del mantenimento dei familiari; ma neppure si rendono possibili lunghe permanenze in Senegal a causa degli impegni di lavoro all'estero. Tale situazione immancabilmente crea qualche disagio psico-sociale, e anche questo conferma come l'immigrazione di per sé sia un fatto traumatico. È una situazione complessa a cui si può qui soltanto accennare, ma quanto si scrive in questo libro sui senegalesi a Torino e le loro famiglie in Senegal contribuisce ad approfondire, attraverso le voci dei protagonisti, le diverse sfumature dell'esperienza d'emigrazione alle quali si è fatto riferimento.

Introduzione

Questo libro nasce da un progetto elaborato da Betti Benenati agli inizi del 2001, in collegamento con l'Università di Saint-Louis nell'ambito di un programma di collaborazione interuniversitaria, per una ricerca sulle due sponde, senegalese e italiana, da condurre con interviste a emigrati a Torino e alle loro famiglie in Senegal.

La zona prescelta, quella di Louga, è una zona arachidea ove la crisi agricola ha prodotto negli ultimi trent'anni un ampio processo migratorio verso l'Europa e gli Stati Uniti. La ricerca proposta da Betti, pur trattando il fenomeno migratorio, più che soffermarsi sui cambiamenti sociali in termini di dinamiche complessive, era tesa a mettere in relazione tra loro vissuti, percezioni, valutazioni, immaginario, quali vengono espressi dai singoli soggetti incontrati nei due ambienti.

Per questo motivo nell'effettuare le interviste a Torino si è proceduto per reti di conoscenze, senza l'intenzione di costruire un insieme rappresentativo che inducesse a generalizzazioni, ma prestando attenzione alle peculiarità delle singole storie e traiettorie. Di conseguenza il metodo utilizzato non è quello statistico sociologico, ma la storia di vita seguita da un'intervista in profondità con uno schema aperto.

Tra la fine del 2001 e il gennaio del 2003 il gruppo di lavoro composto da Betti e dai redattori di questo libro ha effettuato 43 interviste a Torino; alcune riflessioni iniziali su quanto stava emergendo dalla ricerca sono state presentate da Betti nella relazione svolta in occasione del I Incontro Interuniversitario Torino-Sahel nel maggio 2002 e poi pubblicate negli atti del convegno (Benenati, 2002). Quanto all'indagine in Senegal, nella seconda metà del 2002 il gruppo di lavoro dell'Università di Saint-Louis coordinato da Fatou Diop ha realizzato 51 interviste (vi ha collaborato in parte anche una componente del gruppo di Torino) e ha redatto un rapporto sui risultati scaturiti da questa fase dell'indagine (Diop, 2003). Dopo la scomparsa di Betti nel gennaio 2003, una componente del gruppo di studio di Torino ha proseguito la ricerca con 13 interviste in Senegal presso le famiglie nei villaggi, mentre a Torino si è considerata conclusa la fase di inchiesta con un'ultima intervista (i dati sulla composizione degli intervistati si trovano nelle tabelle al fondo del volume). I due gruppi di lavoro di Torino e di Saint-Louis hanno poi avuto modo di discutere dei materiali raccolti e delle prime elaborazioni su di essi in occasione del *Colloque Inter-Universitaire Turin-Sahel* svoltosi a Saint-Louis nel giugno 2003 (Castagnone, Ciafaloni, Donini, Guasco, Lanzardo, 2003; Diop, Sall, 2003).

Nelle intenzioni di Betti, argomento centrale della ricerca doveva essere "il sentimento del lavoro" e per questo motivo era previsto un secondo incontro con la persona intervistata per approfondire il suo rapporto con il lavoro: ma questo è stato fatto soltanto per 14 delle 44 interviste torinesi. Il materiale raccolto sino al gennaio 2003 non consentiva dunque di realizzare il progetto originario; tuttavia, per esaudire il desiderio espresso da Betti e renderle omaggio, abbiamo deciso di elaborare le registrazioni che avevamo sino ad allora effettuato, descrivendo l'esperienza di vita tra i due mondi nella sua forma di "autorappresentazione" da parte degli intervistati, quasi una fotografia presa con autoscatto in un dato momento, che può servire a conoscere meglio dall'interno questa realtà e a fornire qualche spunto di confronto per chi farà ricostruzioni storiche future. Ci ha indotto a ritenere utile questa descrizione il fatto che mentre l'emigrazione senegalese in Italia è stata molto studiata (come si può evincere dalla bibliografia essenziale al fondo del volume) le pubblicazioni su Torino sono rare e risalgono agli inizi degli anni '90 (Carter, 1991; Schmidt di Friedberg, 1998, ha trattato un argomento circoscritto alle abitazioni); si sarebbe quindi aggiunto un tassello.

Questa impostazione comporta alcuni limiti nella verifica empirica, essendo carenti sia le informazioni sull'attività di fabbrica e di lavoro dipendente da parte degli intervistati sia la quantificazione di fenomeni complessivi quali l'occupazione industriale e commerciale, le collocazioni abitative, il flusso migratorio. Ci è parsa tuttavia significativa la descrizione del vissuto, spostata anche talvolta sul piano ideologico e dell'immaginario, non solo perché l'immaginario è sempre necessario per accedere alla realtà, ma perché nei racconti delle persone incontrate il reale e l'immaginario insieme rappresentano il vissuto in modo non scindibile ed il loro intreccio aiuta a sanare le contraddizioni del quotidiano.

Il principale problema incontrato è stato quello della lingua: per le interviste registrate in Senegal per il doppio filtro wolof-francese-italiano, mentre a Torino, dopo aver tentato di effettuarne alcune in wolof, si è preferito evitare la presenza di un intermediario e usare l'italiano (raramente il francese) benché molti intervistati avessero scarsa familiarità con la nostra lingua e alcuni la stessero appena imparando. Difficoltà si incontrano anche nella interpretazione dei racconti in una cultura con forti tracce di trasmissione orale, ove il simbolismo ne cela il senso recondito, ove la stessa storia delle parole apporta informazioni numerose e pertinenti e il singolo termine nella lingua wolof ha la funzione di classificare, associare, contrapporre.

In considerazione della scarsa conoscenza della nostra lingua da parte di alcuni intervistati si è preferito dare scorrevolezza al loro racconto intervenendo sulla trascrizione letterale con lievi modifiche, tagli e piccoli spostamenti di frasi che non ne intaccano il senso e la forma originale. Per garantire l'anonimato, abbiamo utilizzato delle sigle per designare le persone intervistate.

Il libro si apre (capitolo 1: "Le origini dell'immigrazione senegalese a Torino") con un breve cenno ai processi che negli anni recenti hanno inciso sulle caratteristiche dei migranti presenti a Torino, sia dal punto di vista dei lavori svolti, delle condizioni abitative, dei rapporti con la città sia rispetto ai legami religiosi ed organizzativi all'interno del gruppo.

Viene quindi affrontato il tema del rapporto tra lavoro e migrazione: nel capitolo 2 ("Migrazione e lavoro: l'orizzonte culturale") si analizza la modalità del "vai e vieni" attraverso cui permangono saldi i legami tra i migranti e le loro comunità di partenza e si descrive il desiderio del ritorno e come si intende, nella cultura wolof, il valore religioso e sociale del lavoro, insieme alle motivazioni morali e sociali che inducono alla partenza per lavorare, oltre a quelle ovviamente economiche. Per questa descrizione ci si avvale di frasi tratte dalle interviste e della letteratura relativa alla cultura e all'immaginario del viaggio.

Il rapporto che gli emigrati stabiliscono con il lavoro e le esperienze concrete dei percorsi attraverso cui è avvenuto l'approdo a Torino sono al centro del capitolo 3 ("Vivere per realizzarsi e lavorare per vivere"). In una prima parte, utilizzando ampi brani delle interviste, si considerano le esperienze di persone che hanno cercato non solo di sopravvivere ma di dare un preciso senso all'attività come realizzazione di un progetto. A questo segue un secondo gruppo, costituito di persone che sono emigrate soprattutto per guadagnare, facendo gli operai ma spesso piuttosto i commercianti, in alcuni casi con soddisfazione per i risultati raggiunti, in altri risentendo di difficoltà e qualche delusione. Il paragrafo sul lavoro di migrante riprende gli argomenti trattati nelle interviste riguardo alle occupazioni, per passare poi al confronto tra le esperienze nel commercio e quelle in fabbrica e ragionare dell'importanza attribuita al commercio come modalità di vita.

I due successivi capitoli discutono dei rapporti affettivi e sociali. Nel capitolo 4 ("Solidarietà familiare e coesione sociale") si inizia con un'analisi delle relazioni familiari, condotta mediante un intreccio tra quanto dicono le persone intervistate a Torino e quanto si è potuto raccogliere in Senegal all'interno delle reti dei loro parenti; quindi si passa a descrivere le forme multiple dei sentimenti di fratellanza in senso più ampio, della solidarietà del dare e del ricevere e delle manifestazioni anche concrete di tali legami mediante l'aiuto alle famiglie in Senegal e l'associazionismo. Il capitolo 5 ("Solitudine e amicizia") mette invece al centro le esperienze e le percezioni delle persone emigrate sul piano dei rapporti vissuti in Italia e più in generale in Europa: attraverso il loro racconto emerge la ricchezza delle dimensioni dell'amicizia, dell'incontro e delle possibilità di relazione con connazionali e italiani, ma anche delle sofferenze provocate dalla solitudine, dall'esclusione, dagli atteggiamenti razzisti; viene inoltre considerato il problema della casa nelle sue varie funzioni e nei suoi risvolti di condivisione e di intimità.

Il capitolo 6 ("Tra due mondi"), propone una riflessione generale su quanto si è detto in precedenza. Nell'ambito dell'esperienza del transnazionalismo, si cerca di capire quali siano le modalità di conciliazione di esistenze che si svolgono su due sponde, con la creazione di nuovi campi di un vissuto che diventa multidimensionale tanto a livello individuale quanto sociale. Si delineano vantaggi e svantaggi indicati nelle interviste, ma l'accento è piuttosto sul nesso tra contraddizioni della vita di migrante e immaginario, bisogni, sogni, aspettative e tra spostamenti e conferme di cui possono essere rivelatrici certe attese espresse nei confronti dei figli. Vengono inoltre prese in esame le tensioni che si possono cogliere anche in Senegal tra persistenze e cambiamenti negli assetti della vita e una particolare attenzione è rivolta ai rapporti di genere, sia sul piano dell'organizzazione concreta delle esistenze - dai matrimoni alla gestione del denaro o alla possibilità per le donne di allargare le proprie attività - sia su quello del senso di sé, dei ruoli interiorizzati, delle identità e autorappresentazioni.

Per concludere questo scritto con un ricordo di Betti, abbiamo scelto infine di riportare i contributi di tre colleghi e amici con i quali ha collaborato per lunghi anni in ambito universitario, che collocano gli ultimi suoi interessi per l'emigrazione senegalese all'interno di un percorso culturale accademico permeato di sensibilità per le implicazioni politico-sociali della ricerca scientifica. Coloro che l'hanno conosciuta di persona sanno che il suo percorso di studiosa è sempre stato strettamente connesso ad un'ampia gamma di interessi e di interventi diretti, tenuti insieme da un'idea e una prassi di socializzazione che attraversava ambiti politici, sociali, religiosi e la sfera dell'affettività. Betti abbracciava il mondo esterno a tutto campo e non perdeva occasione per rendere ogni persona a lei vicina partecipe delle molteplici iniziative con le quali rendeva ogni evento - del quotidiano, del privato, come delle prese di posizioni politiche - un momento di impegno collettivo. La vita condivisa, l'uso collettivo del patrimonio culturale per superare gli schieramenti nelle organizzazioni di partito e sindacali, erano la sua profonda morale, offerta senza pedanteria ma sempre alla ricerca di festosità. Solo i molteplici e particolari ricordi dei suoi amici e delle sue amiche potrebbero restituirne l'immagine e questo è stato percepibile nel vedere raccolte per un ultimo saluto alla cerimonia funebre la quantità e varietà di persone che componevano il suo mondo di lavoro e di affetti. Non è superfluo aggiungere che il sentimento di trasporto affettivo che negli ultimi anni della sua vita aveva indotto Betti a considerare il Senegal come l'altra sua terra di adozione travalicava i suoi stessi interessi di ricerca e la portava dunque a vivere essa stessa, emotivamente e praticamente nei suoi progetti organizzativi, sulle due sponde.

Ringraziamenti

Desideriamo ringraziare innanzitutto le persone intervistate a Torino, che hanno acconsentito a condividere con noi le loro storie, frammenti del loro cammino, in particolare quante fra queste ci hanno messo in contatto con le famiglie in Senegal, favorendo il nostro incontro con i loro congiunti nei paesi d'origine. Così come siamo riconoscenti a tutti i parenti degli emigrati che ci hanno accolti con calore in Senegal, nei villaggi e in città, rendendosi disponibili ad essere intervistati.

Tra quanti ringraziamo per aver reso possibile questo lavoro ricordiamo:

L'*équipe* di ricerca dell'Università Gaston Berger, diretta dalla Prof.ssa Fatou Diop e composta da Madické Dieng, Rokhaya Gningue, Khadime Lo, Abdoulaye Niang, Babaly Sall, Ibou Sane, insieme ai quali abbiamo effettuato le interviste in Senegal. Il loro rapporto di ricerca è stato ampiamente utilizzato in questo volume.

Mbaye Fall e Lamine Sow, rappresentanti della comunità senegalese di Torino, per averci introdotto fin dall'inizio nelle "case di villaggio", dalle quali la ricerca ha avuto inizio.

Virginia Tiziana Bruzzone e Papa Demba Fall dell'Ifan di Dakar, per averci orientato nei centri di ricerca di Dakar e per averci aiutato a reperire materiale bibliografico.

Souleymane Coly, per i chiarimenti sulla società senegalese e sul glossario.

Bruno Riccio per la documentazione e le indicazioni bibliografiche.

Angela Calvo, Pietro Marcenaro, Maria Grazia Ruggerini, Mamadou Samb e Maria Viarengo che con sollecitudine e amicizia hanno letto il dattiloscritto suggerendo preziose modifiche.

Dora Marucco, Gian Giacomo Migone, Stefano Musso, per aver contribuito a delineare, con testimonianze inserite in questo volume, il percorso professionale e umano di Betti Benenati.

Un ringraziamento particolare lo dobbiamo infine a Sarah, che con la sua nascita è entrata nella storia di questo libro, rendendo più liete le nostre riunioni e più forte il legame fra le due sponde.

1. Le origini dell'immigrazione senegalese a Torino[1]

Le caratteristiche dei senegalesi a Torino, la loro importanza alla fine degli anni ottanta, la stessa frequenza dei provenienti da Louga, discendono in misura rilevante da una corrente migratoria particolare, organizzata dall'ordine, dalla confraternita, *murid*.

Oggi la situazione è cambiata: è cambiato il percorso di arrivo degli immigrati ed è diminuita la percentuale dei senegalesi. Come risulta dalle rilevazioni dell'Osservatorio interistituzionale sulla immigrazione 2004, dal Rapporto Caritas 2004 e dalle prime rilevazioni della emersione, il flusso principale di immigrati proviene dall'Europa orientale e la percentuale dei Senegalesi sul totale degli immigrati resta tra le più basse[2].

Quindici anni fa i senegalesi erano molto più visibili di oggi. Finivano fatalmente nei notiziari locali del Tg3 gli ambulanti abusivi che vendevano occhiali e cappelli sotto i portici di via Po o in piazza Castello sui quali si discuteva molto, per via della mancanza di licenza e dei frequenti sequestri. Degli operai siderurgici e metalmeccanici e di quelli delle squadre di pulizia industriale, molto meno visibili, nessuno parlava.

Ma se ci si occupava di associazionismo, di condizioni di lavoro, di alloggi, di residenze, si scopriva questo mondo mite, silenzioso, disciplinato, solidale, degli operai senegalesi *murid*.

Allora erano più frequenti di oggi i tentativi di costituire associazioni universalistiche di immigrati e autoctoni ed era evidente la particolare autorevolezza di chi parlava a nome dei senegalesi, sia dei *murid* (che costituivano la maggior parte degli emigrati) sia dei non confessionali, e la particolare coe-

---

1. Le informazioni e riflessioni sul periodo che precede la nostra ricerca, sono elaborate da Francesco Ciafaloni, che ha fatto parte di un gruppo che ha studiato, una quindicina di anni fa, l'universo culturale e le reti di rapporti, i lavori degli immigrati non europei. Le fonti usate sono alcuni materiali della ricerca di allora e la memoria di numerose riunioni, sindacali o quasi sindacali, tenute presso l'Ires Cgil, con lavoratori immigrati, anche senegalesi. Per i materiali noi tutti ringraziamo il gruppo degli autori di *Uguali e diversi*, Rosenberg e Sellier, Torino, 1990.
2. Nel Rapporto della Caritas 2004 la stima per il Piemonte è di 202573 stranieri, per Torino 108141; la percentuale degli immigrati senegalesi in Italia è il 2,2%. I romeni e gli albanesi sono rispettivamente il 10,9 e il 10,6%.

sione del gruppo a nome del quale parlava. E colpiva la fortissima solidarietà di gruppo e lealtà nei confronti del datore di lavoro degli operai.

In un ambiente sindacale si è abituati a fare il quadro dei problemi e delle risorse per affrontarli e che i senegalesi avessero molti problemi - di orario, di nocività, di rischio, di corrispondenza della retribuzione alla mansione - era ovvio al primo incontro. Ma dalle risorse per risolvere quei problemi mancava assolutamente la volontà di rivendicare, o anche solo di chiedere alcunché ai padroni. Il solo fatto di presentarsi come soggetti contrapposti, o anche solo autonomi, suscitava resistenze forti. Il sentimento prevalente era quello di riconoscenza e lealtà nei confronti del datore di lavoro e del *marabut* che aveva trovato il lavoro e concordato le condizioni. Il lavoro era la naturale conseguenza della loro appartenenza alla confraternita, come il *Ramadan* o le preghiere. Il pagamento della decima ne era il naturale completamento.

Il livello medio di istruzione dei lavoratori *murid* era allora basso. La loro autonomia quasi nulla. Mai sarebbero riusciti ad arrivare e ripartire, fare le pratiche, trovare un alloggio se non ci fosse stata la rete della confraternita e la mediazione del *marabut* con la città, con le autorità civili e religiose locali e con quelle del paese di provenienza. O meglio, mai ci sarebbero riusciti in maniera così efficiente e flessibile.

Allora il *marabut* aveva buoni rapporti con la Questura, con le parrocchie del quartiere di maggior presenza dei senegalesi, con la Diocesi, con le associazioni. Un'iniziativa congiunta aveva portato alla accoglienza di una sessantina di senegalesi nel primo centro di accoglienza per stranieri a Torino.

Nel tempo i senegalesi erano divenuti poco più dell'1% degli stranieri in provincia di Torino e parecchio meno dell'1% nella emersione e la *dahira*, l'associazione religiosa ed economica *murid*, aveva perso incidenza e visibilità e non rappresentava più il motore e il polo di attrazione necessario degli aderenti e dei non aderenti. Questa situazione è rispecchiata dalle interviste della ricerca attuale, anche se recentemente si riscontra una ripresa del ruolo delle organizzazioni religiose e non confessionali come punti di riferimento.

I senegalesi intervistati hanno percorsi di arrivo assai diversi da quelli più frequenti quindici anni fa. Ma le correnti migratorie non si improvvisano e non spariscono da un giorno all'altro, e le vite raccontate dai presenti a Torino oggi, sia quelle di chi esplicitamente lo afferma, sia quelle di chi non lo dice, non lo ricorda, non lo sa, seguono le tracce, le amicizie, le conoscenze, che si sono formate negli anni '80.

Per ricostruire in parte il passato e l'influenza che ha ancora sul presente, si può ricorrere alle interviste di quindici anni fa, al lavoro di un ricercatore, allora, dell'Università di Chicago, Donald Carter, e a qualche intervista successiva. Donald Carter ha partecipato alla ricerca già citata pubblicata in *Uguali e diversi* (IRES, 1991), ed è l'autore del capitolo VI, "La formazione di una dahira senegalese a Torino".

Allora l'attenzione del gruppo di ricerca si concentrò sulla *dahira* e fu monopolizzata anche più di quanto non ci rendessimo conto dalle interpretazioni del suo *marabut*.

Non fu una scelta programmatica. I contatti, in sedi pubbliche, durante riunioni e discussioni, presso l'indirizzo di corso Vercelli 3, dove abitavano 120 dei più di 600 aderenti alla *dahira* - un verbale della citata ricerca dice 628 - e con i senegalesi non *murid* (*tidjane*, cristiani, non credenti) erano numerosi. Durante discussioni per la casa, sulle condizioni di lavoro, sui rapporti con i datori di lavoro, per i permessi di soggiorno, si è parlato con diecine e diecine di persone e raccolto opinioni e narrazioni da molti. Ci sono state riunioni con 60 partecipanti in una saletta che ne contiene comodamente non più della metà. Ma, salvo le storie delle persone incontrate separatamente, attraverso la rete degli africani a Torino - studenti, viaggiatori - alla fine la forma generale dell'interpretazione è stata quella fornita dal *marabut*, che era giovane, intraprendente, poliglotta e, asseriva lui allora, discendente di uno dei due fondatori del muridismo. E i senegalesi sono spesso silenziosi, tranquilli, non interrompono, non chiacchierano quando gli altri parlano e, se non hanno nulla di importante da dire, stanno zitti.

Si legge su un vecchio verbale di quindici anni fa: "A parlare è Dj., un giovane simpatico, che conosce quattro lingue. «Sono un *marabut*, un capo religioso», dice. Ci stupisce vederlo così giovane. È assai disponibile a parlare, dice che è importante che si sappia in che condizioni vivono e come vengono sfruttati. Sono una settantina, in quattro stanzette scalcinate, con pochi mobili. Pagano tre milioni di affitto al mese, ma il padrone denuncia solamente cinque persone per stanza, così gli altri non possono ottenere la residenza".

In effetti Donald Carter, le cui radici stanno dalle parti del Golfo di Guinea, ha frequentato moltissimo gli indirizzi principali di allora. E tutti hanno avuto contatti e conversazioni con molti membri della *dahira*. Ma la maggior parte dei membri parlava solo wolof e, se parlava italiano o francese, mai avrebbe interrotto o corretto il *marabut*, "assai disponibile a parlare". Perciò le storie di L. e B., cui ci riferiamo in seguito, raccolte individualmente, sono proprio le loro. I commenti sul lavoro, sui rapporti con i datori di lavoro, nei confronti dei quali i singoli manifestavano una lealtà e una gratitudine assolute, il rifiuto di qualsiasi idea di una protesta o vertenza nei numerosi casi di rischio o di violazione contrattuale, sono delle singole persone, ma le informazioni sul funzionamento della *dahira*, sui contributi obbligatori, sui rapporti interni e con l'ordine, sulla organizzazione internazionale della migrazione *murid* e sulla natura stessa del muridismo, sono passati attraverso il *marabut*.

Djilly F. fece al gruppo di ricerca due lezioni sulla confraternita, sulla *tariqa murid*, molto catechistiche, che si cercò di inquadrare con letture sul sufismo.

È scritto in un verbale: "Dj. cerca di stabilire contatti con esponenti del mondo islamico in Francia, Germania, Stati Uniti, per ottenere fondi e solidarietà. «Noi siamo più fedeli di voi cristiani», dice. I nostri progetti sono di aiutare quelli che non ce la fanno a tirare avanti con il loro lavoro. Alcuni di noi hanno un lavoro fisso. Fanno il muratore o qualcosa d'altro. I due anziani sono artisti, scolpiscono il legno. Bisognerebbe far conoscere i loro lavori. Molti fanno *du commerce*, gli ambulanti, ma guadagnano poco. Dobbiamo cercare di trovare un posto a tutti. Alcuni non conoscono la lingua, neppure il francese. Solo il wolof.

In futuro vorremmo invece mettere da parte dei fondi ed aiutare quelli dei nostri villaggi. In certi posti non hanno i pozzi, non hanno strutture. I nostri governanti sono corrotti. Tutti gli aiuti che arrivano a Dakar ritornano immediatamente in Svizzera, nei conti privati dei politici. Per questo vogliamo fare qualcosa noi."

È una affermazione che somiglia molto, in grande, a quelle dei singoli senegalesi che sentono fortemente la responsabilità economica nei confronti delle famiglie colpite dal crollo del prezzo delle arachidi, dalla siccità o semplicemente dalla difficoltà di mantenere tutti i loro membri. Ma c'è da considerare il legame con la città santa di Touba, che nel 1988 aveva più di 120000 abitanti, già quadruplicata rispetto al 1976, ed arrivata nel 1994 a 250000 abitanti.

Scrive Donald Carter (1991, 120, n. 13):

La *dahira* è l'anello che lega la comunità torinese con la città santa di Touba in Senegal e dunque con la via del paradiso per i *talibé*. Il legame è tenuto vivo dalle visite periodiche di qualche importante *marabut* appartenente ad una delle famiglie fondatrici del muridismo

e più avanti (*ibid.*, 121):

La *dahira* nasce per iniziativa spontanea dei seguaci del muridismo presenti a Torino nel 1982 (forse anche prima), senza la direzione di un leader. Il *marabut*, arrivato in seguito per riformare una *dahira* già esistente, proviene da una delle famiglie fondatrici dell'ordine; è un giovane intorno ai venticinque anni e il suo rapporto con il Califfato e la carica di *marabut* gli conferiscono un grande prestigio.
Si ritiene che i *marabut* abbiano dei poteri mistici che derivano loro dalla conoscenza del Corano, da alcune forme di conoscenza mistica e dalla grazia che scorre nella loro famiglia. Essi sono considerati capaci di compiere miracoli e di alterare il corso delle cose terrene, e possono intercedere per il seguace in una vasta gamma di situazioni. Il *marabut* può benedire i suoi adepti, ma può ugualmente colpire chi gli disobbedisce; la sua sanzione mistica è temuta. Il *Khalifa* rappresenta per i seguaci il livello supremo di potere mistico e religioso. Sebbene ci siano molti *marabut*, poche centinaia raggiungono il livello di prestigio o di potere che li porta a ruoli direttivi nell'ordine; costoro, le loro famiglie ed il loro seguito, esercitano una profonda influenza sia all'interno dell'ordine sia in altre sfere.

Una nota (*ivi*, n. 15) aggiunge:

Gran parte del potere dei *marabut* deriva dalla paura che i seguaci hanno delle sanzioni che essi possono infliggere per via soprannaturale. La nozione di *baraka* [una forza analoga alla grazia dei cristiani e alla *felicitas* dei romani] non è sufficiente a comprendere la natura del potere dei *marabut*.

In effetti nel periodo della massima estensione tra l'arrivo di Djilly F. e il '95, quando la *dahira* entra in crisi, l'autorità del *marabut* sulle assemblee dei senegalesi, anche non *murid,* e sui comportamenti dei senegalesi in città, è totale.

In quegli anni c'è una ripresa del mercato del lavoro a Torino, c'è bisogno di operai nelle ferriere che funzionano ancora, nelle piccole fabbriche, per le squadre di pulizia industriale. La quasi totalità dei membri della *dahira* trova un lavoro stabile - anche con la mediazione diretta del *marabut* - che contratta con le aziende, garantisce la lealtà sul lavoro, tratta con la Questura per i permessi di soggiorno, firma insieme con esponenti religiosi e laici locali le richieste al comune, contratta con la Questura i ritorni a casa, segue le pratiche sanitarie, organizza la vita di un gruppo di lavoratori tra i meno istruiti in città, che difficilmente se la caverebbero da soli[3].

C'erano feste in onore dei fondatori del muridismo, incontri, mostre.

La cifra delle elemosine obbligatorie era tutt'altro che indifferente. Il giovane leader, che all'epoca della ricerca di Carter dormiva con gli altri in appartamenti e soffitte affollate, aveva affittato un appartamento per sé, si muoveva in una piccola automobile con autista-guardia del corpo, faceva spesso viaggi all'estero, prendeva decisioni, legittimate in assemblea, sia di carattere organizzativo che di carattere religioso o rituale.

Si ricorda la decisione di far smettere a *tutti i senegalesi* il commercio ambulante, poiché creava conflitti con immigrati di altre provenienze e con le forze dell'ordine, e la decisione di celebrare la festa del venerdì nel giorno di domenica, per non avere problemi con le aziende.

La prima decisione fu rispettata per anni. La seconda dura tuttora, come risulta da una delle interviste di questa ricerca.

La fine a Torino dell'immigrazione *murid* organizzata e il suo trasferimento a Brescia, dove il mercato del lavoro in siderurgia è assai più stabile, nasce da un doppio conflitto del giovane *marabut* con gli aderenti e con il *Khalifa* venuto in visita a Torino.

---

3. Il *marabut* ricorreva all'aiuto di sindacalisti e ricercatori per risolvere casi particolarmente complicati. Poteva capitare per una infezione all'occhio, con perdita della vista, di un lavoratore senegalese, per un incidente sul lavoro finito registrato come incidente domestico, ma anche per mettere in italiano lettere alle autorità, civili e religiose.

È importante capirne la dinamica per collocare meglio le interviste di oggi. Non si tratta però di una ricostruzione facile perché, abbastanza ovviamente, non è sufficientemente documentata.

Chi si occupava di immigrazione alla metà degli anni '90 ha saputo della crisi, dello spostamento a Brescia, del mutamento del tipo di immigrati senegalesi presenti a Torino, in tempo reale. Nessuno però ha assistito all'occasione, pubblica ma non aperta al pubblico, in cui la crisi si è manifestata.

I fatti che si sono visti sono stati: la scomparsa del *marabut* da Torino e il suo trasferimento a Carmagnola, dove si era sposato con una giovane del posto; lo spostamento di molti senegalesi a Brescia; la riduzione del numero degli inquilini negli alloggi sovraffollati dei primi anni '90; la nascita della sinergia tra tassisti abusivi senegalesi e prostituzione nigeriana; la comparsa (o l'aumento, perché è sempre difficile escludere che un fenomeno cominci prima di quando diventa evidente) di senegalesi nello spaccio.

Addirittura alcuni che conoscevano bene l'immigrazione *murid*, la assoluta dedizione all'ordine e al lavoro, la vita regolata e la difficoltà a cavarsela da soli di molti, hanno preso per esagerazioni di stampa le prime notizie sui tassisti abusivi. Lo spaccio si vedeva un po' di più al fondo di corso Vittorio.

La ricostruzione che qui si propone viene da marocchini e senegalesi noti, che però parlavano per sentito dire, e da varie conversazioni e una intervista formale a Djilly F., di passaggio a Torino.

In pratica sarebbe emerso che il cognome di Djilly F. non indicava una discendenza, ma una omonimia e il *Khalifa* in visita avrebbe dichiarato che "le condizioni di vita dei *talibé* erano disumane" e non si poteva proseguire così. Privato della legittimità dinastica e di quella della funzione per la sconfessione della gerarchia, Djilly F. era stato ripudiato. Viveva a Carmagnola ed era in difficoltà economiche.

La sinergia invece era nata da un cellulare clonato domiciliato presso uno degli indirizzi canonici dei senegalesi. Qualche ragazza nigeriana aveva approfittato delle tariffe ridotte praticate. Le persone non erano più i manovali disciplinati di qualche tempo prima e da cosa nasce cosa.

La versione dei fatti di Djilly F. non era in sostanza molto diversa. L'unica discrepanza, non insignificante, era quella del nome. E del resto la domanda non era stata posta in termini frontali e polemici: "Perché hai mentito dicendo di essere un discendente di uno dei fondatori della *tariqa murid*?". Perciò la spiegazione è stata quella dell'equivoco, delle diverse scritture dello stesso cognome, eccetera.

Sul dissenso con la gerarchia invece la spiegazione era in parte cinica: "I *talibé* dovrebbero lavorare in cambio dell'apprendimento e della santità. In effetti non imparano nulla". I rapporti economici dentro la *tariqa* venivano descritti quindi come uno sfruttamento. Ma allora perché continuare con la religione, come lui stava facendo, dato che raccontava di una moschea a Carmagnola, non più *murid* ma vicina al Fronte islamico di salvezza? Risposta, non registrata ma che chi era presente ricorda alla lettera: "Voi potete permettervi lo stato laico perché avete l'economia. Da noi se non c'è la religione non sta in piedi né la società né lo stato".

Si trattava di un rovesciamento totale della sua posizione precedente.

Quello che viene definito "il millantato credito del nome", della discendenza, non cancella il ruolo positivo che Djilly F. aveva svolto allora, e la riconoscenza che molti immigrati hanno nei suoi confronti per l'impegno e per l'aiuto ricevuto. Né le vicende successive di Djilly F. (la sua espulsione dall'Italia e la recente revoca della condanna) servono a capire l'evoluzione dell'immigrazione senegalese a Torino e riguardano solo lui. Può essere interessante invece riportare che ad un convegno sul sufismo della Fondazione Agnelli è stato sostenuto che c'è uno slittamento delle *tariqa* verso il wahabismo anche in Senegal, per ragioni politiche, ma anche economiche, cioè per i finanziamenti di gruppi sauditi.

Per ora non si trova traccia di riferimenti in questo senso nelle nostre interviste, ma può essere utile sapere che c'è stata una evoluzione generale.

Di sicuro sono interessanti, della documentazione di allora, per completarne il quadro e per collegarci con la nostra recente ricerca, le vicende individuali d'emigrazione di senegalesi non aderenti alla *tariqa*, come quelle di B. ed L. cui s'è fatto riferimento. Somigliano, infatti, malgrado la differenza dell'area di provenienza, alle esperienze che ci sono state descritte di recente.

La vicenda di B. fa quasi da contraltare a quella di L. per il percorso movimentato. Infatti L. è rimasto sempre nell'ambiente degli immigrati inseriti. Allora era uno studente di buona famiglia, laico, equilibrato, brillante. Parlava dei suoi studi, delle prospettive di ritorno, del lavoro che avrebbe potuto svolgere a Dakar. Studiava per un *master* in turismo e pensava di tornare a fare l'organizzatore turistico. In effetti si è inserito benissimo qui, ha un italiano migliore della maggior parte degli italiani, pensiamo che mantenga un rapporto di solidarietà con la sua famiglia di origine e con almeno un parente qui che ha avuto qualche problema. Ha qui una famiglia bellissima, in tutti i sensi.

B. è sparito a lungo - ha passato quattro anni in carcere - ma è ora di nuovo a Torino. Non viene da Louga ma dalla Casamance, è musulmano, diplomato - come molti degli attuali intervistati -, ed in Senegal è stato insegnante. Nell'emigrazione si è adattato a diversi lavori manuali, ed essendo partito giovanissimo, privo di documenti e senza l'appoggio dei familiari, ha incontrato molte difficoltà, pur acquisendo nel suo percorso l'amore per l'avventura. Inizialmente, dal 1981, i suoi spostamenti sono avvenuti, come accadeva allora spesso, all'interno del continente africano - dove ha subito anche un episodio di razzismo -, e dopo un ritorno in Senegal dove ottiene il passaporto, e una successiva emigrazione in Mali e Mauritania, Niger e Nigeria, si è spostato a nord, facendo la dura esperienza dei passaggi clandestini di frontiera e, in ultimo, un tragico attraversamento del Sahara per passare dall'Algeria alla Libia. Finalmente da Tripoli raggiunge Roma nell'83.

Non mancano elementi di riflessione sul rapporto con il viaggio e sul viaggiare lavorando o commerciando all'interno della corona di stati confinanti, che si ritrova in altre storie di senegalesi e nelle storie su cui si basa questo volume.

Qui l'avventura e le motivazioni legate all'avventura finiscono. Comincia un racconto di duri lavori e di durissima ricerca della casa, dopo un ultimo tentativo di andare in Germania attraverso la Francia e l'Olanda, bloccato dalla polizia francese a Modane, con ricaduta a Torino, dove si è insabbiato di sicuro per cinque anni, in sostanza per venti, dato che è ancora qui. Dopo l'elenco dei posti di accoglienza - Ciscast, Don Orione, Sermig, pranzi al Cottolengo - comincia la storia dell'ospitalità africana: in quest'ultima parte dell'intervista siamo ormai dentro le recenti esperienze torinesi del percorso a noi descritto dagli immigrati senegalesi.

Mi hanno ospitato in una soffitta a Porta Palazzo. Era una casa abbandonata, senza luce, senza niente. Era stata presa senza il consenso del proprietario. Non avevo altra scelta. Dormivo in quella soffitta e mangiavo al Cottolengo. Ho comperato un fornello a gas e volevo che ognuno a turno desse dei soldi per comperare il cibo e cucinare. Tutti erano d'accordo ma non si fece mai. Io in ogni caso cucinavo e mangiavo in quella soffitta. Ho conosciuto un ragazzo della Costa d'Avorio che si trasferiva e ho preso il suo posto in una lunga stanza con cucina e bagno, dove eravamo in sei o sette e pagavo centocinquantamila lire al mese. Ho cominciato a scrivere ai miei genitori, mi mandavano dei soldi. Piano piano ho imparato l'italiano in via Parini. Mi sono iscritto ad una scuola per elettrotecnici.
Ora vivi da solo, cucini?
No. Per il momento vivo insieme a una ragazza italiana. Cuciniamo ognuno quello che vuole. Non mi faccio problemi. Se uno sta con una donna è perché la situazione è favorevole. Stare insieme vuol dire cercare di capire il modo di andare d'accordo. Noi africani maschi abbiamo l'abitudine di comandare. Qui bisogna dialogare. Se ti imponi non va bene. La persona si ribella e la situazione peggiora. Basta cercare di capire l'altra persona. Ora in Africa la situazione sta cambiando. Io ho tre sorelle. Una è testarda e prima di sposarsi dava pugni come un uomo. Mio padre ha avuto dei problemi con lei. Lui è tradizionalista e lei lo ha cambiato. Conosco la famiglia della mia ragazza. Non c'è problema. Loro vogliono bene alla loro figlia e lei vuole bene a me. Il resto se c'è è affare loro.

Le analogie con le interviste raccolte nella ricerca di cui si tratta in questo libro risulteranno evidenti, ma si può soprattutto notare che questo è il momento di massimo sviluppo della *dahira*, e lui non ne parla mai. E per quanto riguarda la religione, riferendosi a suo fratello dice:

Mio padre gli ha fatto frequentare la scuola araba, per conoscere veramente l'arabo e il Corano. Si pensa che lui diventerà un uomo religioso, uno che ha la conoscenza della religione. Sarà considerato un bene per la famiglia e per tutta la comunità.

E cioè? - gli viene chiesto.

Un individuo, se conosce tanto, sia che si trovi in un paese piccolo o grande, serve a tutti. Potremo interpretare il Corano in un altro modo rispetto alla situazione in cui vive il paese. Lui può guarire, insegnare. Da noi in ogni villaggio c'è il capo del villaggio e poi c'è l'*imam*, il capo religioso, che fa parte dei saggi. Quando si prega lui si mette davanti a tutti. Per noi questo è un onore.

Ad una domanda specifica sulle associazioni africane, risponde:

Qui a Torino l'aiuto che noi vogliamo è quello di avere la possibilità di esprimerci a modo nostro. Noi lottiamo per avere un locale, un punto di riferimento per discutere dei nostri problemi. Questo posto in primo luogo sarà un luogo per conoscerci, poi, quando avremo un po' più di forza ci daremo degli obiettivi precisi. Questo posto non lo vogliamo gratis, ma pagando un affitto. Questo posto è necessario perché qui a Torino gli stranieri sono divisi. Lì si potrebbe fare una politica di aggregazione di africani neri. Tanti tra noi non capiscono il significato dell'unità. Questo posto serve a fare una politica, dare un'educazione, fare capire chi siamo, venuti qui non solo a cercare soldi ma per lasciare tracce significative. Noi torneremo al nostro paese ma l'emigrazione è un fenomeno che non avrà confini. Finché c'è lo squilibrio tra Nord e Sud l'emigrazione ci sarà sempre.

Allora si discuteva molto, e non solo tra gli africani neri, di sedi universalistiche, di associazioni di stranieri - tutti gli stranieri -, aperte agli italiani. Era il periodo di associazioni come "Città aperta", che era appunto di stranieri di varie provenienze e di italiani, con rapporti anche con ambienti sindacali e politici, e di altre iniziative simili. La *dahira* era la tendenza opposta, un gruppo di immigrati di una certa provenienza e di una determinata confessione religiosa. È questa la tendenza che si è realizzata, non tanto per i senegalesi, e forse è fisiologico che sia così, che la ricomposizione, se c'è, si realizzi nella società di tutti e non nelle associazioni di tutti gli stranieri con qualche italiano interessato. La *dahira*, è comunque attualmente un raggruppamento *murid* che dopo un periodo di ripiego ha ripreso a contare perché garantisce la possibilità di incontrarsi e di avere un sostegno psicologico; investe in Senegal molto denaro e sta progettando di acquistare una propria struttura e darsi una maggiore organizzazione; per molti aspetti sostituisce l'organizzazione dell'associazione dei senegalesi, che una volta aveva una funzione d'intermediario. È risorta anche l'associazione dei senegalesi a Torino, che si era sfilacciata.

Come si raccorda la situazione della fine degli anni '80 con quella di oggi?

Le nostre interviste, effettuate nei primi anni del 2000, si rifanno al passato ma risentono anche di alcuni recenti processi riguardanti la presenza senegalese a Torino, ai quali in parte si è accennato. Sono sparite le residenze con cento e più persone in una sola soffitta; è finita l'intermediazione del giovane leader per permessi, ritorni a casa, assunzioni; sono arrivate persone più istruite e più legate ad attività commerciali, qualche volta illegali, per lo più provenienti dalla Francia e non direttamente dal Senegal.

In questi ultimi anni il numero dei senegalesi si era ridotto in cifra assoluta - a fine 2002 i permessi in vigore erano 990 contro i 1054 dell'anno precedente - come per quasi tutte le provenienze africane, in particolare centro-africane. Con la emersione il numero complessivo era tornato quello del 2001, con una forte riduzione in percentuale, quasi un dimezzamento.

Molti già residenti a Torino si erano trasferiti nel Piemonte orientale (Novara, l'Alto novarese), in Lombardia, anche in Veneto. I nuovi residenti vivevano in gruppi più piccoli, provenivano dalla capitale, da città minori, attraverso altri paesi.

Era rimasta la caratterizzazione precedente di emigrazione soprattutto operaia, soprattutto maschile. A fine 2002 si avevano 915 permessi di soggiorno per lavoro, solo 75 permessi per ricongiungimento familiare, 0 per studio, 0 per turismo, 0 per altro. A fine 2003, dopo l'emersione, 1001 permessi per lavoro, 106 per ricongiungimento, 0 per studi, 0 per turismo, 2 per altro. I minori conviventi erano solo 103. La popolazione residente era così distribuita per classi d'età: 103 minori, 2 tra i 15 e i 17 anni, e 198 adulti tra i 18 e i 30; 848 tra i 31 e i 50; solo 58 tra i 51 e i 65. Ciò non annunciava una seconda generazione numerosa, e si poteva parlare di stabilizzazione di una emigrazione che restava ancorata al paese di origine, senza molti arrivi giovanili. Attualmente a Torino vi sono 1119 senegalesi regolarizzati e si stima vi siano con i nuovi arrivi 1600-1700 presenze effettive. I recenti dati mostrano un nuovo afflusso di adulti e un numeroso ricongiungimento con i padri, riguardante ragazzi e adolescenti anche non accompagnati dalla madre, e una accresciuta presenza di bambini nelle scuole. La compattezza dell'affiliazione religiosa adesso è in ripresa, e malgrado siano aumentati i ricongiungimenti rimane la caratterizzazione maschile e l'assenza delle famiglie: è chiaro che una popolazione così fortemente maschile non è veramente stabilizzata qui, perciò continua ad avere senso, forse anche più che per tutte le altre provenienze, una ricerca basata su ambedue le rive.

Come si è visto anche nelle storie di vita raccolte, è ancora alto il numero dei lavoratori che non parlano quasi italiano, che vivono in un universo linguistico franco-senegalese fatto di radio, televisione e registrazioni, oltre che di conversazioni all'interno della comunità.

Anni fa i rapporti con il mondo, l'organizzazione dei viaggi, i rapporti con le aziende, con gli uffici, erano tenuti dalla *dahira*. Ora sono tenuti da persone più istruite e con un migliore italiano, da cui gli altri visibilmente dipendono per la vita di relazione esterna al gruppo.

Le persone arrivate di recente, spesso molto giovani, con meno pesanti obblighi familiari, utilizzano i corsi di alfabetizzazione e sono in grado in pochi mesi di stabilire dirette relazioni con l'ambiente di accoglienza.

Nelle scuole si incontrano pochi ragazzi che hanno però una eccellente preparazione. Tra i giovani di famiglie stabilizzate si trova un'ottima conoscenza della nostra lingua e casi nei quali, oltre l'italiano, parlano correntemente il francese e studiano altre lingue. Le poche famiglie con bambini evidentemente hanno i mezzi e la motivazione necessaria per seguire i figli.

2. Migrazione e lavoro: l'orizzonte culturale

2.1 Migrare e (è) viaggiare

I wolof hanno sempre viaggiato nel continente con spostamenti stagionali e per commerciare, ma anche con viaggi rituali e simbolici, per accumulare prestigio. Molto si è scritto sulla concezione del viaggio dei senegalesi, sul mito della distanza, su un immaginario della partenza come avventura, come percorso di formazione, di ricerca, di conoscenza, di acquisizione di competenze, di emancipazione dalla dipendenza da altri, e su come l'emigrazione economica non sia soltanto necessità ma sia spinta dal *yokute,* la volontà di migliorare[1]. In effetti questa concezione dell'emigrazione è espressa nelle nostre interviste, come in quelle di senegalesi emigrati in altre città italiane (Treossi, 1995, 197-198 e Sinatti, 2000, 81), e molte sono le voci che non mettono al primo posto, nella decisione di partire, la necessità di trovare lavoro, ma le antepongono, nell'autorappresentazione, altri motivi: lo stato d'animo suscitato dalla curiosità, dal desiderio di vedere e conoscere, dallo spirito d'avventura, il desiderio di ripercorrere le esperienze dei familiari e amici, ed anche l'inseguire la moda che spinge soprattutto i giovani, nel cui orizzonte è inscritto sin dall'adolescenza un destino che coinvolge ormai la gran parte della popolazione.

Dal febbraio 1990 sono in Italia: un'iniziativa che derivava dal fatto che volevo vedere come si stava da un'altra parte. (BS)

Quando sono partito da Rimini sono andato a Lecce perché ogni volta voglio cambiare. Ripeto: non ho più cambiato perché ho fatto famiglia a Torino, se no ero già anche via dall'Italia, perché io volevo coprire tutto il mondo. (BMS)

---

1. Come scrive B. Ndiaye (2000, 41), i senegalesi hanno l'idea che ogni luogo sia lontano rispetto a dove si trovano: c'è il mito della distanza. Tradizionalmente si aveva un immaginario del viaggio legato alla ricerca del sapere, o ad uno stato d'animo: non si viaggiava per motivi economici.

In Italia sono andato anche in altre città ma non per lavorare, per vedere; ho girato, quasi tutte le città: Firenze, Roma, Napoli, ci sono tante città da vedere. Lì conoscevo delle persone. Anche il Senegal l'ho girato tanto. (BSO)

Ora ho tante cose da fare qua, però prima di partire pensavo una cosa: un paese che non conosci può essere anche bello. Ma la mia famiglia stava bene, non eravamo poveri, anche giù stavo bene. Forse cambierei anche paese in Europa, però non adesso, perché se conosci la situazione qua e poi vai in un altro paese, quando vai sei nuovo; qua ormai conosco un po' come funziona, in un altro paese sarebbe più difficile. Non ho parenti solo in Italia, ma in tanti paesi: in Europa, in America, in Australia; perché ai senegalesi piace viaggiare, anche in Giappone ci sono senegalesi, dove vai ne trovi, anche al Polo Nord!
In Africa ho viaggiato, dal Senegal in Costa d'Avorio, sono andato con mio fratello, in Camerun, Nigeria; prima di venire in Europa, sempre per commercio; ero tranquillo, andavo lì per comprare merci e poi ritornavo in Senegal. Qui sono andato in Spagna, in Francia, in Germania, in Inghilterra; l'estate scorsa sono stato a Ibiza, andavo per vendere e anche per fare il turista. In Italia ho girato abbastanza. Il posto che mi piace di più è la Sardegna, sempre in estate vado lì, tutte le estati; però l'estate scorsa non sono andato, ero a Orbetello, in Toscana, è bello in Toscana. In Sardegna vado sulla Costa Smeralda.
Mi piace viaggiare in Europa, anche in Africa mi piace; però in Africa siccome sono africano magari so già tante cose, io sono curioso, mi piace viaggiare per quello, vedere altre cose, diverse. Volevo andare in Turchia, a Istanbul devo andare per forza, perché ci sono delle cose, degli strumenti musicali, che vengono da lì, devo andare per vedere come sono, percussioni che hanno loro, e noi no: ogni paese che vai hanno strumenti che altri non hanno; noi uniamo tutto. (BBS)

Finita la scuola, ho iniziato a fare il commercio a Touba, e poi sono venuto in Italia a fare il turista per il mondo intero; è per questo che sono stato anche in Spagna un mese, e poi sono tornato in Italia, per vedere come va il mondo. Mio nonno mi ha insegnato queste cose, lui è un grande saggio, ha scritto tutto: se tu resti a casa tua, sei chiuso, e poi se ti muovi, puoi vedere, puoi vivere nel mondo e capire di più. È per questo che i senegalesi escono tanto dal loro paese per vedere, è un'idea comune. È per questo che noi là in Africa, soprattutto in Senegal, teniamo a quello che i nonni dicono; mio nonno faceva solo questo nella vita, era un musulmano, pregava, lavorava. Ho imparato molto. Come ho detto, se tu resti senza uscire di casa, non puoi sapere niente; se esci, puoi sapere tutto. (HB)

Perché mi piaceva muovermi, Malaga, di qui, di là, sai mi piace girare e poi non sapevo come dovevo fare. Era da quando noi eravamo piccoli che avevamo intenzione di andare via, anche se si studia, se fai qualcosa, sei un po' "euh!", e scappi. I miei genitori viaggiavano già l'Europa prima che io nascessi. Facevano avanti e indietro, stavano otto mesi, sette mesi in Europa o in America, dipende dove vanno, perché loro avevano anche dei clienti, sai, che si interessano d'arte, che fanno collezione d'arte. Avevano un negozio a Dakar, in via Ponty, vicino a Sandaga, la strada dietro per andare all'Indépendence. Mi è venuto naturale di partire, perché quando ero piccolo, avevo voglia di andare in Europa, così quando vengo un mese, due mesi, tre mesi, prendo una borsa di soldi, poi torno giù definitivamente. Eh, sai com'è la vita, son tutti dei sogni, no? Anche questa è la vita, uno si tenta dei suoi pensieri, quello che è l'istinto, per fare, no? (MDI)

Da alcuni l'emigrazione è vista come determinante per la ricerca di autonomia: in questi casi il lavoro può essere uno strumento, non l'obiettivo.

Non è un fatto economico: io ho scelto di venir via dal Senegal non per necessità economica ma perché volevo fare la mia vita. Se avessi avuto un lavoro nel '90 in Senegal sarei venuto via lo stesso. Sono anni che sono qua, le amicizie le ho qua, il lavoro l'ho impostato qua; sono abituato alla vita qui, per cui avrei difficoltà a fare le stesse cose in Senegal, anche perché in Senegal non è riconosciuto il lavoro che faccio qua. (MD)

Avevo venticinque o ventisei anni, mi sono detto che non volevo neppure essere laggiù, contare ancora sulle persone, contare su mio padre, volevo fare la mia vita da solo. Allora mi sono detto di andare all'avventura. Prima di tutto ho chiesto un visto per gli Stati Uniti, me l'hanno rifiutato, in quel momento là ti mettevano un timbro per sei mesi, che devi tornare; non volevo ancora aspettare per andare laggiù, siccome ero solo, la famiglia non voleva che io partissi, non volevano fare nulla per me, mi sono arrangiato da solo, e sono arrivato in Francia. Poi sono andato a Parigi. (HM)

Anticipando quanto poi emergerà dall'intero racconto, si può qui notare come il sentimento del viaggio che appare così pregnante da queste prime descrizioni verrà poi ridimensionato nella valutazione delle motivazioni che hanno indotto alla partenza. In particolare l'obiettivo del "conoscere", del vedere come si vive da altre parti, non è sempre ritenuto convincente:

Andare a cercare, viaggiare per conoscere, non significa che vi sia autentica curiosità, e lo si può constatare anche a Torino, dove molti senegalesi che sono qui da parecchi anni non conoscono nulla della città, non hanno interesse a scoprire quello che li circonda. Andare a cercare significa andare a cercare fortuna, andare a vedere quali opportunità vengono offerte in altri paesi. (MD)

2.2 Sentimento dell'emigrazione e del ritorno

Un proverbio senegalese dice: "È il carattere che ti porta ad andare alla ricerca, però è il coraggio che ti farà ritornare" (*Fulla mooy wutti, waaye fayda mooy gnibbisi*); ed uno dei tanti proverbi wolof che parla di emigrazione: "Chi nel suo espatrio si comporta da laborioso, tornerà a vivere da re a casa sua" (*Ku tuki di badolo, bo ngibe don bur*).

Sentimento dell'emigrazione e del ritorno sono strettamente uniti nella tradizione musulmana ove l'emigrazione è legata all'esperienza del Profeta e nella quale gli spostamenti interni al continente africano sono visti come il ripercorrere l'odissea del fondatore della confraternita *murid*, Cheikh Ahmadou Bamba, rientrato nel proprio paese dopo un lungo esilio cui era stato destinato dalle autorità francesi. Ciò ha fatto dell'emigrazione un'epopea e del migrante un eroe, che appunto ritorna[2]. Un'eco di tale sentimento resta nelle interviste dei senegalesi emigrati a Torino che appartengono al gruppo etnico-culturale wolof (come la maggioranza dei senegalesi in Italia) il cui riferimento religioso è la confraternita *murid*.

È confermato anche dai loro racconti come nel percorso verso altri continenti la migrazione non sia vista come partenza definitiva poiché ad ogni rientro segue una contrattazione di un nuovo viaggio nella famiglia e nella comunità: la partenza dell'emigrato si configura così come "vai e vieni", sino al termine del suo percorso lavorativo. Nella sua ricerca in Senegal, Perrone (2001b, 146) si è scontrato con la concezione del termine "ritorno" il cui uso generava silenzi imbarazzanti ed elusioni della risposta sino a che non si è capito che per i parenti il congiunto non era mai "partito" prevedendo un'emigrazione definitiva, ma "aveva fatto un viaggio". Lo strappo dalla terra degli avi nel lasciare il continente africano viene recuperato con i riti di partenza e gli amuleti che simbolicamente annullano il distacco e garantiscono la protezione degli antenati.

Il Senegal resta dunque la terra nella quale l'emigrante mantiene le proprie radici, pur aprendosi verso l'esterno, grazie ad un sentimento d'appartenenza per cui lo stare tra i due mondi significa, nell'immaginario collettivo e nel comportamento che l'emigrato in quanto inviato della propria famiglia tiene all'estero, una dipendenza dalla società senegalese che dà l'*input* per il "viaggio", nell'orizzonte di una divisione dei compiti strutturata all'interno della comunità di lavoro tradizionale. Lo stesso invio di denaro alle famiglie, al di là della necessità pratica, è inteso come un legame costante non interrotto, e una promessa di ritorno, mentre la frase spesso ripetuta: "Il lavoro è qui, i sentimenti, gli affetti, sono in Senegal" ha implicita l'idea del viaggio come temporaneo, la permanenza transitoria, e pure una soluzione delle problematiche dello stare tra due mondi, il cui il polo di attrazione è la comunità in Senegal.

---

[2]. La stessa terminologia usata mostra come la migrazione sia un percorso da guerriero al termine del quale si riceve la consacrazione e come le prove e sofferenze dello spazio migratorio siano accettate in anticipo poiché il ritorno è "teatralizzazione del successo" nello *jang*, cerimonia da cui si evince l'immagine dell'emigrato nella società, quella che lui stesso mostra e che gli altri recepiscono; ci sono *jang* che radunano intere famiglie che hanno al loro interno degli emigrati: è una nuova dimensione dell'epopea che grazie ai successi ottenuti e mostrati stimola il desiderio di imitarli ed emigrare (Dieng, 2001, 56). Il migrante che ha superato le diverse prove e accede alla consacrazione non è più *modou modou,* ma *goulu,* una persona completa che ha compiuto il suo rito iniziatico (Fall, 1998). Nel sentimento del ritorno di cui s'è detto, l'epopea dà senso all'emigrazione come ricerca iniziatica, e se l'esilio ha sostituito l'iniziazione nel bosco sacro, l'emigrazione è la strada per l'acquisizione di competenze, per ottenere maturità, esperienza, coraggio (Dieng, 2001, 55). Inoltre nei *murid* questa autorappresentazione è più forte perché conoscenza e lavoro sono uniti (Riccio, 2001b, 591).

Chi non è partito con questa autorizzazione che prevede il ritorno nella comunità, ed ha fatto scelte autonome contrastando o addolorando i parenti, non vive serenamente la prospettiva del rientro nella paura massima della perdita d'identità; egli infatti divergendo dalla norma trasgredisce alle obbligazioni simboliche e diventa uno sradicato e un deviante.

Questa stretta dipendenza dalla terra d'origine ha conferito un carattere distintivo all'emigrazione senegalese verso l'Europa, divenuta di massa negli ultimi vent'anni, poiché ha coinvolto sino ad ora prevalentemente uomini soli, i quali salvo rari casi non hanno effettuato un ricongiungimento familiare (calcolato attorno al 4-5% in Italia), e spesso hanno vissuto in piccole comunità, in abitazioni con un variabile, ma spesso elevato, numero di abitanti, nella prospettiva di un ricambio generazionale. Per tali motivi la catena migratoria senegalese viene considerata da Tarozzi (1995, 14-16)[3], riferendosi soprattutto alle comunità *murid*, come un terzo "percorso" rispetto ai due "idealtipi" giustapposti da A. Zehraoui: l'uomo solo che vive prospettando il rientro nel paese d'origine e la famiglia, che con l'arrivo della donna si ricongiunge e si inserisce in maniera durevole e poi definitiva con la nascita dei figli. Mentre Riccio (Riccio, 1999; Riccio, 2002, 186) descrive come, quando si presenta il distacco dalla diretta partecipazione alla cultura nel paese d'origine, si crea un nuovo contesto culturale all'estero, non solo come spazio ma come identità nazionale, etnica, portando esempi di riterritorializzazione nell'organizzazione comunitaria nel contesto di accoglienza. Per queste caratteristiche il senegalese è anche visto da Scidà (2001, 173), nel confronto con immigrati da altri paesi, come "uomo marginale" (secondo la definizione di Merton), riferendosi ad un'indagine del 1998 su un campione (Pollini, 2000) che riguardava filippini, cinesi, ghanesi, tunisini, slavi, marocchini e senegalesi, perché resta definito dal gruppo di appartenenza da cui proviene e non accetta di conformarsi.

Nel racconto delle esperienze migratorie e di lavoro dei nostri intervistati è il "vai e vieni" ancora inscritto nell'immaginario del ritorno, e come ripresa di un diretto contatto con le famiglie, che consente ai senegalesi di mantenere un'identità, poiché rientrando periodicamente nel proprio paese possono salvaguardarsi da un adeguamento culturale, simbolico, al paese di accoglienza. Il "vai e vieni" del *modou modou* costituisce il filo rosso che fa da ponte tra le due sponde: è sentita fortemente la necessità del rientro periodico nel proprio ambiente e si cerca di tornarvi il più frequentemente possibile.

Adesso da Torino torno almeno una volta l'anno. Non posso restare di più! L'ultima volta sono stato sei mesi fa. Sto un mese, due mesi, prima di tornare qua. (MK)

---

3. La ricerca di Zehraoui (1994) si riferisce al caso dei magrebini confrontato, per questo aspetto, con quello senegalese.

Non so cosa farò i prossimi anni, tornare in Senegal devo per forza, e poi ancora qua. Vado lì solo a trovare la famiglia. Tornare in Senegal e non venire più qui è difficile, non c'è ancora il capitale, devo guadagnare. Adesso resto a Torino fino a gennaio, poi devo andare in Senegal e tornare qua, poi vediamo come va, devo continuare a lavorare, continuare a fare il mercato, non lo so come si farà. Ma prima devo andare in Senegal, poi vediamo. (GK)

Perché se già qua fai un anno, per me è troppo. Quindi si fa qua un anno, allora è obbligatorio tornare là un mese, si fa anche un mese, due. Uno deve tornare a vedere la famiglia e poi si torna di nuovo qua. (FT)

Anche il Senegal è bello sempre; ogni anno vado, ma non più di una volta perché ho troppo lavoro. Quando ero operaio, andavo appena mi davano un mese, o con i contratti corti, con le ferie. (BBS)

Sono sposato, ma non ho figli. Mia moglie l'ho sposata una delle volte che sono tornato. Certe volte ho fatto tre anni qua senza andare, poi magari faccio lì tre mesi prima di ritornare qua, a volte sono andato dopo un anno e ho fatto un mese o due, dipende. (ML)

In Senegal vado più o meno una volta all'anno e mi fermo di solito per due, tre mesi. (GT)

In Senegal vado spesso; non spesso ma ogni due anni. Ho la mamma, le mie sorelle, i miei fratelli, ho la famiglia. (AS)

Sono venuto direttamente qui, è da allora che sono qui. Ho fatto due anni e mezzo, poi sono tornato a casa in Senegal. Anche mentre ero in Francia ero tornato qualche volta. Dopo due anni a Torino sono tornato in Senegal per qualche mese, per vedere la mia famiglia, i miei fratelli. Adesso sono tre anni che non vado in Senegal. Adesso ho qualche problema, non sono clandestino, ho il permesso di soggiorno, ma scade. (MOK)

Continuo a tornare ora perché c'è la famiglia, ma devi risparmiare un casino per andar giù, aiutare la famiglia che sta lì. Qua vengo solo per lavorare. In Senegal torno ogni anno, ogni due anni, dipende. (BSO)

Ogni tanto, ogni anno o ogni due anni, torno lì in Senegal. Compro delle cose lì, ma non tanto, non ho tanti soldi, anche per i regali, è difficile, e loro lo sanno. (MG)

Da dieci anni non vado in Senegal perché sono successi tutti questi casini, non avevo più la possibilità di lavoro. Non è facile per una persona in questa situazione: non può andare a casa senza portare mille lire, per la figlia non può allontanarsi; è quello che mi ha bloccato questi dieci anni. (MN)

Ne sento il bisogno, anche giustamente perché qua non siamo nessuno; invece rientrando in Senegal da qui, dalla Francia, dall'America, è un po' come lo zio che arrivava dall'America per voi: un personaggio che ha importanza, ha dei soldi; anche questa voglia di affermazione che gli manca qua; per cui quindi condivido un po' questa scelta. Perché non tornare in Senegal? Diciamo che adesso io conosco meglio l'Italia che il Senegal. L'uomo non ha terra, è il prodotto dell'ambiente dove vive. Io per esempio in fin dei conti sto meglio qua che in Senegal. Da quando sono qua non ho mai fatto più di un mese in Senegal. È strano perché i Senegalesi per fare vacanze in Senegal mollano il lavoro per non avere un impegno che gli impone di rientrare. Ultimamente si sono fatti più furbi e ci vanno solo nel mese di vacanza che hanno dalla ditta, ma molti ancora vanno per tre, quattro, sei mesi, una cosa che per me è incomprensibile. (MD)

Sul "vai e vieni" c'è anche il punto di vista dei familiari rimasti in Senegal. Molte donne in Senegal hanno dichiarato di preferire la perpetuazione del "vai e vieni" dei mariti tra il Senegal e l'Italia al loro ritorno definitivo al paese. In effetti esse temono soprattutto la mancanza di lavoro e di risorse in Senegal, in particolare nei villaggi, dove le possibilità per la famiglia di mantenere il livello di vita garantito dall'emigrazione sono assai deboli.

Non voglio che [mio marito] rientri definitivamente. Vorrei che venisse e ripartisse di tanto in tanto. Così potrà sopperire ai bisogni della famiglia. Perché se resta qui senza aver nulla da fare, non ne vale la pena. (NAD)

Vorrei che lui [mio marito] venisse di tanto in tanto e non che rientrasse definitivamente perché se resta qui, non avrà più lavoro. (ARS)

Va considerato che le risorse materiali e lo statuto sociale migliorati, sono precari e devono essere rinnovati attraverso nuove partenze. Nella ricerca in Senegal presso le famiglie si è avuta l'impressione che per le donne il tempo passato dai mariti all'estero sia considerato una pausa tra un ritorno e l'altro, malgrado possa trattarsi di un periodo lungo - la cui percezione, ne siamo coscienti, è diversa da quella occidentale - che può coprire tutti i mesi dell'anno e persino anni interi. Si arriva tuttavia a casi ove il tempo, come un elastico teso sino al massimo di resistenza, si rompe: sono i casi, testimoniati da un capo di villaggio intervistato, in cui alcune donne sposate, sottoposte a lunghi periodi di assenza del marito senza ricevere notizie né invii di denaro, decidono di domandare il divorzio, con il sostegno della famiglia originaria presso la quale tornano a vivere.

Certi hanno delle donne là [in Italia], altre vivono a Louga: se resti cinque anni senza venire, senza inviare denaro, senza telefonare, tua moglie non potrà certo restare. Se vai e vieni, non ci sono problemi. Ho un nipote che è in Italia, abbiamo fatto divorziare recentemente sua moglie da lui. È rimasto sette anni senza venire. Stavamo per rompere il suo matrimonio una prima volta e allora è venuto per conservare sua moglie. Poi è rimasto ancora tre anni senza chiamare, senza inviare un soldo. Allora i genitori della donna hanno detto che la situazione non poteva andare avanti così. (AN)

MD chiarisce però che i casi in cui l'emigrato non fa fronte a tali impegni sono rari, e si può supporre siano dovuti a fattori personali relativi al tipo di matrimonio contratto, a una reazione nei confronti di scelte effettuate dai genitori. Inoltre sottolinea come la preoccupazione di inviare un sostegno a casa sia tale che alcuni, quando non sono in grado di farlo, chiedono denaro in prestito. E aggiunge che la tendenza così radicata al ritorno è rafforzata a causa della pressione dei familiari che colpiscono psicologicamente chi parte, tanto da inculcargli quasi la paura del distacco: non si tratta soltanto di una decisione individuale, una volontà propria, ma di questa insistenza anche attraverso proverbi, raccomandazioni, amuleti.

Pur tenendo conto di ciò, nelle interviste si vede come il "vai e vieni" che interrompe periodicamente le separazioni familiari, non attenui il sentimento della distanza e come emigrazione e ritorno restino sempre legati tramite la nostalgia (sentimento connesso in particolare al ruolo materno, come vedremo nel paragrafo 4.1), gli affetti e il senso di appartenenza.

La mia famiglia è sempre a Louga. Io non posso dimenticare i miei genitori. Non posso restare tanto tempo in Italia senza vedere la mia famiglia. Mia mamma ha un figlio soltanto: sono io. Ha un figlio solo, non posso restare tanto tempo da qualche parte per degli anni senza vedere mia mamma. Mia mamma vuole vedermi spesso, perché mi ama e io la amo. Non posso restare tanto tempo senza vederla. Se io lavoro qua, dopo un po' parto e vado a trovare i miei genitori per due mesi, tre mesi, quanto riesco. (TN)

Ma se ho i soldi vado ogni anno, a vedere i miei familiari, non voglio restare sempre qui, due anni, tre anni, non mi piace. L'ho fatto, ma non l'ho fatto perché mi piace, l'ho fatto perché non avevo scelta. Se c'è lavoro, se c'è anche pochi soldi, vado a vedere, perché ho lasciato mia mamma che è vecchia adesso. Non è giusto lasciarla sola. (SN)

Non sono più tornato giù: già mi manca tanto. Telefono ogni settimana, magari anche due volte alla settimana, quando c'è la possibilità di farlo, comunque ogni settimana, sabato o domenica, telefono, per sapere le novità di lì. (BS)

In Senegal c'è la mia famiglia, ogni settimana telefono alla famiglia per sapere le notizie, parlare con mio fratello, mia madre, che sono tutti a Louga. (IS)

In Senegal c'è mia moglie, i miei bambini, la mia famiglia, devo tornare a Louga. Ogni due, tre anni torno, per tanto tempo: tre mesi, anche quattro. Porto dei regali, ma non ho soldi per fare del grande commercio con il Senegal. Vado anche a trovare la mia famiglia a Dakar, a Louga, a Kanteyene, anche a Saloum se c'è tempo. (MUK)

C'è un forte sentimento di appartenenza e del ritorno anche nei rari casi di persone che si sentono ormai stabilizzate in Italia nelle relazioni di lavoro e affettive:

Adesso la mia famiglia è italiana, però ho i miei fratelli e i miei cugini qua. Ma io andrei anche ogni mese in Senegal, perché sono molto legato alla mia terra. Quando parti dall'Africa e vieni non solo in Italia ma in Europa, hai tante cose da imparare in più. Per me, hai tante cose anche da insegnare, che loro non hanno. Mettiamo una cosa molto banale: io ho sempre detto che noi non abbiamo mai niente, però abbiamo sempre questa felicità, questa allegria che qua manca tanto. Non è che manca del tutto, però problemi ce n'è di più: ci sono molti più pensieri che allegria, anche avendo tutto. Noi già soffriamo che siamo in Europa, attenzione, soffriamo molto, perché siccome siamo legati a giù, siamo sempre lì che ci pensiamo. (BMS)

Il sentimento più diffuso è la prospettiva (non importa quanto realistica o desiderata) di un rientro definitivo prima della pensione, anche se la permanenza provvisoria si sta trasformando in una costrizione a restare all'estero sino a tempo indeterminato. Sono rari, in effetti, quelli che sostengono che l'emigrazione è a senso unico, senza possibilità di ritorno, e che è necessario preparare i figli alla cultura del dialogo, multietnica[4], e tra i nostri intervistati si pensa ormai a strategie permanenti di relazione tra i due mondi. Ciò profila un cambiamento nel sentimento del lavoro, dell'emigrazione e del ritorno. Se in passato si richiedeva che l'emigrato aiutasse i propri parenti sino a che era giovane, e poi a sua volta, a cinquantacinque, sessant'anni, era sicuro del sostegno da parte dei figli, attualmente, per molti, questa prospettiva si allontana o svanisce, per diversi motivi: perché il denaro è stato speso dalle famiglie senza pensare ad investimenti produttivi; o perché i figli sono ancora troppo giovani e si pensa di assicurare loro un avvenire solo se avranno una laurea. Questa generazione di emigrati degli ultimi vent'anni, che ha dato una spinta essenziale al grande cambiamento economico e culturale del Senegal, ci appare come cerniera fra tradizione e modernità e allo stesso tempo artefice e vittima, in quanto ha pagato per il miglioramento delle condizioni di vita della famiglia e del proprio paese, ma difficilmente sarà sostenuta allo stesso modo dei propri anziani, anche se probabilmente sul piano economico molti emigrati staranno meglio dei loro genitori.

2.3 Lavoro e valori religiosi

Nelle interviste si vede come la rappresentazione del posto che il lavoro ha nella vita di ciascun individuo - pur complessa e diversa secondo le radici fa-

---

4. Questo aspetto è approfondito da Ndiaye (2000, 57-58) con interviste e nelle conclusioni ove esamina la tesi della non conciliabilità tra le due culture.

miliari, e l'indole, la storia personale, le capacità del singolo -, sia condizionata dal concetto di lavoro diffuso nella società tradizionale senegalese in cui gli immigrati sono cresciuti. In particolare dalla concezione *murid*, a cui appartiene il 70% degli emigrati in Italia di etnia wolof, e la quasi totalità di quelli provenienti da Louga, Djourbel e Touba, zone a cui si riferisce la nostra ricerca (in particolare per quanti si sono fermati a Torino sino ad anni recenti).

Rinviando a quanto è stato scritto nelle pagine iniziali sulla *dahira*, ci soffermiamo sul muridismo alla luce del valore del lavoro, poiché il carattere distintivo del muridismo è il ruolo formativo spirituale e sociale del lavoro (in particolare il riscatto di quello manuale). Tale aspetto lo ha fatto comparare al calvinismo, benché il muridismo non costituisca una riforma dell'Islam come il protestantesimo lo è stato per il cristianesimo, essendo piuttosto una rivivificazione da parte del suo fondatore Ahmadou Bamba della tradizione profetica nella ripresa dei principi fondamentali e dei valori cardinali dell'Islam. L'affermazione della nuova mistica musulmana delle confraternite *sufi* è frutto del conflitto con il sistema delle caste e con il colonialismo (in una prima fase d'opposizione al dominio francese): la tensione verso la ricerca spirituale si è accompagnata ad un'etica economica, sociale e politica e in questo senso il muridismo ha operato una riorganizzazione della società wolof che poggiava su un sistema gerarchico basato sull'eredità di sangue (i nobili, *géér*), e sulla inferiorità e dipendenza delle caste inferiori (artigiani e *griot*, i *ñeeño*), introducendo il principio dell'uguaglianza davanti a Dio. Una riorganizzazione totale della società ove la perseveranza nel culto e nel lavoro assicurano l'ascesa al divino. Poiché il *marabut* costituisce la guida per giungere a Dio, quale maestro e dispensatore di *baraka* (la grazia), nelle confraternite *murid* si ha una divisione dei compiti nella quale il *talibé* (il discepolo) offre la sua attività lavorativa al capo religioso ricevendone protezione e lasciandogli così la possibilità di dedicarsi alla preghiera e alla cura dei discepoli. Le funzioni della confraternita appaiono fondamentalmente identitarie, psicologiche. Il fine ultimo dei *murid* è la *sahandatu darayni* (felicità nei due mondi), e il lavoro è la via più breve per accedervi[5].

Il lavoro è una raccomandazione divina, il solo rifugio contro la tentazione del guadagno facile ottenuto in modo illecito. Prescritto da Dio ad Adamo, è stato perpetuato in tutta la discendenza: Abramo era agricoltore, Davide fabbro, Salomone giudice e il Profeta Mohamed pastore e commerciante. In generale si può dire che il muridismo ha fatto del lavoro la forma funzionale della preghiera. Soltanto in ristretti settori *murid* questa etica del lavoro li spinge al punto da considerare il servizio reso al *marabut* come sostitutivo della preghiera quotidiana e persino del digiuno del *Ramadan* (Guolo, 2001, 267; Scidà, 2001, 157; Schmidt di Friedberg, 1994)

---

[5]. "La ricerca della felicità", in arabo *mathlaboul fawzaini*, è il nome dato ad una *dahira* fondata attorno al progetto di un grande ospedale a Touba. Questa denominazione è stata ripresa da un poema del fondatore considerato l'atto di nascita della città (Gueye 2001, 95).

Nell'analitica descrizione di M. Ndiaye (1998) la formazione umana della *dahra* e della *dahira* si rivelerà l'armamento principale del *modou modou* e preparerà il *talibé* al rigore dell'esodo, ai lavori urbani, alla stessa vita nella società dei consumi; e i *murid* rifacendosi all'interpretazione coranica della S*unnah*, e assimilando il lavoro alla preghiera come via di santificazione hanno apportato un contributo importante alla cultura d'impresa nel Senegal contemporaneo. Essi distinguono tre livelli del concetto di lavoro: l'*amal*, che impone di lavorare per il benessere materiale, in modo da poter vivere pienamente la fede; il *kasbu*, che mira all'autonomia finanziaria del discepolo; il *khidmat*, che impone il lavoro come servizio ai membri della comunità (Diop, 2002, 54).

Questi valori religiosi sono interiorizzati dalla maggioranza dei senegalesi in quanto tradizione nazionale ("Essi si interessano più al muridismo che all'Islam - precisa MD -, pregano Allah attraverso il fondatore della setta"). Questo è il contesto culturale religioso nel quale i senegalesi sono cresciuti e, se si è detto come a Torino non si abbia una partecipazione significativa alla confraternita, ritroviamo tuttavia nel sentimento del lavoro a cui le persone intervistate fanno riferimento e nel comportamento che ne discende, una aderenza profonda alle indicazioni etiche e morali del muridismo. "Lavora come se non dovessi mai morire e prega come se dovessi morire da un istante all'altro" è il principio base dei *modou modou* della campagna (Ndiaye, 1998, 215)[6].

Il principio, il nostro principio è di lavorare, come se non morissi mai, non so se mi capisci o meno, il fatto di lavorare come se fosse che devi esistere per sempre e poi devi pregare, devi fare le cose che tu devi fare, come se fosse, non so fra cinque minuti devi morire, un minuto e devi morire. Che sei a New York, che sei a Torino, o a Bamako, o in Senegal, da tutte le parti dove tu sei, l'importante è di lavorare, di fare quello che devi fare, onestamente guadagnare la tua vita. Perché l'importante per noi, la base, come si dice, è che chiunque tu sia, non soltanto devi lavorare, ma ti devi mettere in testa che non sei solo, sei con Dio, Dio vede tutto e ascolta tutto; dunque il principio di lavorare è un dovere. (HM)

A conferma di quanto esprime l'intervistato nel brano precedente, è interessante considerare anche alcuni passi tratti dalle interviste fatte in Senegal a persone della sua famiglia: la madre, un fratello, una sorella. In particolare, il fratello usa quasi le stesse parole, rifacendosi al medesimo detto circa il valore del lavoro per la loro religione; inoltre, egli descrive efficacemente l'intreccio tra le sue funzioni di *marabut* a Darou Salam e la dimensione anche materiale

---

6. Ndiaye si riferisce a Cheikh Ahmadou Bamba e ricorda anche la risposta data dal *sérigne* Abdou Lahad ai giovani contadini venuti a chiedergli consigli per l'avanzare della siccità, che ha un nesso con l'emigrazione al di fuori del continente africano, perché ne è seguito l'invito ad andare sino in Cina qualora non esistesse altra soluzione.

su cui si regge la solidarietà del gruppo, persino al di là dei confini della confraternita:

Si lavora per aver di che nutrire la famiglia. È l'Islam che ci raccomanda questo, lavorare come se non si dovesse mai morire e vivere come se si dovesse morire domani. Essere *marabut* è difficile, molto difficile. In questo villaggio, per esempio, quando qualcuno non ha i mezzi per mangiare viene da te. Li si aiuta con i nostri mezzi, io aiuto anche le persone che non sono *murid*. (ABM)

La sorella e la madre danno risposte tra loro molto simili alla domanda circa quale sia lo scopo che attribuiscono al lavoro: la prima infatti afferma che serve "a diventare una persona per bene, a vivere onestamente", mentre la seconda è ancora più esplicita nel ribadirne la valenza religiosa:

Si lavora per avere una vita onesta quaggiù, ma si lavora anche per preparare l'Aldilà cercando di guadagnarsi il paradiso. (SMM)

Dell'intervista della madre sono molto interessanti anche gli accenni alla vita del passato, quando "Darou Salam è stata fondata da *sérigne* Cheikh che ha portato lì molti *talibé*" ed erano appunto i discepoli a dedicarsi all'agricoltura su vasta scala, mentre ora tale attività si è ridotta. Pur nei cambiamenti e pur se tanti hanno dovuto emigrare a Dakar, a Touba, oppure in Spagna o in Italia, il loro resta "certamente un villaggio di *talibé*".

Nonostante questa fiducia nel permanere dei valori antichi, possiamo invece notare che per quasi tutti i migranti intervistati a Torino oggi il rapporto con la religione, con le attività artistiche e culturali, con il paese, non sono convergenti con il lavoro come all'epoca del massimo sviluppo della *dahira*.

Solo in una tra le nostre interviste il riferimento a Touba è centrale, ed anche in questo caso è un riferimento morale, non economico e organizzativo, come lo era fino a dieci anni fa. Allora, per il nucleo centrale di *talibé* il rapporto con l'ordine era una scelta per la vita (o almeno così era presentato dal *marabut*), e implicava vantaggi nell'arrivo, nella ricerca di un alloggio, nella organizzazione della giornata, nella ricerca di un lavoro, nelle pratiche per permessi di soggiorno ed altro e un definito vincolo contributivo.

A mio avviso, se tu mi poni delle questioni, se iniziamo dalla storia del Senegal, la storia di Louga, io comincio sempre da Touba. La storia della mia vita personale: io credo a Touba, notte e giorno sono fiero di essere *murid*, che non so se l'hai compreso, è la parte di Touba. Se qualcuno è morto, anche se il decesso avviene in un'altra regione, il seppellimento avrà luogo a Touba, perché la terra di Touba è qualcosa che uno crede, perché là si legge nei libri, nelle *hassaid*, nel Corano che Cheikh Ahmadou Bamba ha fatto molto, ha lavorato molto per noi, per il Senegal, anche per voi stessi. Se sei stata al *Magal*, vi sono anche europei che vengono a Touba per partecipare, vi sono anche europei che vivono a Touba.

Quindi Touba è qualcosa di molto importante per noi, perché egli [Cheikh Ahmadou Bamba] ha fatto molto per noi e io credo in lui, lo adoro, sono fiero di essere sempre a Touba. Perciò si comincia da Touba. (AF)

Il *Grand Magal* è l'imponente pellegrinaggio annuale dei fedeli musulmani senegalesi a Touba[7] (dove sorge il mausoleo di Ahmadou Bamba in una delle più grandi moschee africane) che si svolge quarantotto giorni dopo il capodanno musulmano e commemora la sua partenza per l'esilio. Touba, la città sacra fondata da Ahmadou Bamba nel 1888, che gode di uno statuto di extraterritorialità e dove sono proibiti l'uso del tabacco, alcol, gioco d'azzardo, cinema, calcio, è diventata il polo simbolico di unità dei *murid* nella società globalizzata e luogo ambito di ritorno e di edificazione della propria casa. La città sta però subendo un processo di degradazione a causa dell'eccessiva speculazione urbanistica come zona di investimento dei *modou modou* (Gueye, 2001, 81-90). Dall'Italia portano un incremento a Touba soprattutto i *murid* stabiliti nel bergamasco e bresciano, roccaforte dei senegalesi nel nord (Fall, 1998).

Oggi anche le persone più vicine alla *dahira* e addirittura discendenti dal fondatore Ahmadou Bamba ne parlano come di una associazione che si frequenta quando si può.

Sono andato a sette anni alla scuola coranica. Mia madre lavorava come insegnante, mio papà come studioso della religione, era un *marabut*. Ho fatto la scuola coranica quattro anni a casa - insegnava mio padre -, poi dopo sono andato a Touba dal fratello di mio papà. Anche lì ho studiato tre anni, poi dopo, finito il Corano, sono andato a studiare arabo dal mio cugino, poi dopo io cominciavo a lavorare la terra dove abitavo io, a casa del mio papà - adesso lui fa poco perché lavorano i miei fratelli che sono a casa. I genitori decidevano se facevi la scuola coranica o la scuola francese. Ognuno decideva per il suo gusto, ma la ragione era che bisogna essere musulmani: può darsi che tu vada alla scuola francese, ma prima di andare alla scuola francese fai la scuola del Corano per capire, poi magari vai a fare quello che vuoi, francese, italiano, inglese.

Quando sono arrivato mi sono occupato della *dahira*, ma non come adesso perché prima non c'era la sala e noi non capivamo l'italiano, dovevamo andare a cercare la sala, eccetera.

Allora c'era un *marabut*. Mia moglie mi aiutava anche a fare l'organizzazione della *dahira* e tutto.

Anche se non ci sono io la *dahira* funziona come prima. Poi voglio farmi una casa lì, a Touba perché Mbacke e Touba sono attaccate.

---

7. Accanto al *Grand Magal* di Touba, esiste anche un altro pellegrinaggio annuale praticato soprattutto da parte delle donne della zona *murid*. Esso si svolge a Porokhane, nel Sud del Senegal, alla tomba di Mam Diarra Bousso, la madre di Ahmadou Bamba. Sull'importanza di questa figura nella religiosità popolare e più in generale sulla rilevanza della componente femminile del muridismo si vedano Rosander (1997); Rosander (2003); Mbow (1997).

Da Touba mi hanno dato l'incarico di occuparmi della *dahira* qui perché io credo in Touba, la religione che è nata a Touba, tutto di Touba e allora loro mi comandano, io ho fatto quello che vogliono loro.
Non conosco il *marabut* che c'era qui prima [Dj.]. Quando ho cominciato a fare la *dahira* non c'era nessuno che la faceva lì. Noi, quando è venuto qua Moi, anche se eravamo due persone, ci piaceva fare la *dahira*, e quelli che adesso vengono con noi, visto che noi la facevamo, sono venuti a aiutarmi. Preghiamo insieme il venerdì nella moschea. Non sono io, ma c'è qualcuno che guida la preghiera. (FD)

Gli altri riferimenti alla *dahira* sono analoghi.

Ho fatto la scuola coranica, e anche la francese, per sette anni. Adesso abbiamo ancora una parte della famiglia che sta a Touba. Quando torniamo andiamo a Touba. Lì c'è mio fratello grande. Sono *murid*. Se uno viene da Touba è sempre *murid*. A Torino partecipo alla *dahira*. Non vado regolarmente, quando vuoi gli dai qualcosa, ma non per forza. Quando hai cinquantamila le dai, quando hai centomila le dai, ma non per forza.
Quando c'è una *dahira* a Torino, che vai lì, poi loro parlano con altri *murid*, poi quando ci sono i soldi, loro li mandano a Touba. In Senegal torno quando c'è un posto che posso lavorare lì. Avere un mestiere lì. Mi piacerebbe sempre vendere. Come ho già fatto prima. Andrei a vivere a Touba. O altrimenti a Dakar. (GT)

Si nota in generale una minore integrazione dei singoli nella *dahira*. Guolo ne elenca i diversi motivi, che potrebbero adattarsi alla situazione torinese, e tra questi la mancanza di una figura carismatica di riferimento come *sérigne* per l'educazione, la perdita di contatto con il proprio *marabut* del Senegal, ma anche il fatto che l'autorità del *marabut* è sottoposta alle prove dei problemi della collocazione del *talibé* in occidente, per i quali non può dare molti consigli e aiuti. Le stesse offerte del *talibé* diventano minori e più rarefatte (Guolo, 2001, 269-272). I *murid* si recano alle moschee il venerdì per la preghiera collettiva, ma l'accesso è puramente culturale; non partecipano ad altre attività islamiche religiose, frequentano piuttosto la loro *dahira*, né partecipano con gli altri islamici alle rivendicazioni religiose.

Ci sono storie di formazione religiosa, ma la storia di lavoro è decisamente separata.

Se per esempio cominciamo con la mia vita interiore, diciamo scolastica in Senegal, vengo da una famiglia modesta, che non aveva molti mezzi per poter assicurare i miei studi. È per questo che ho finito presto i miei studi, all'università, al primo anno, e mi sono detto che sono il figlio più grande della famiglia, che devo andare all'estero per meglio gestire la famiglia. Praticamente non partecipo alla *dahira* di Torino. Sono *murid*, ma non partecipo alla *dahira*. Siccome io non ho molto tempo, non vado alla *dahira*. Se si tratta magari delle *cotisations*, quelle le faccio, ma [la *dahira* si riunisce] il giovedì non so, nei giorni in cui lavoro, e non ho il tempo. Per questo non ci vado. Funziona più o meno come in Senegal, è un po' diversa nell'amministrazione, perché in Senegal è molto più gestita, più organizzata, c'è il direttore, c'è il tesoriere, il

commissario dei conti, qui invece non è così. Comunque io non sono andato abbastanza per sapere e sentire cosa fanno quando si riuniscono. Qui il problema è che vai alla *dahira*, per la preghiera, per la lettura del Corano, e io non posso. Fino ad ora non so neanche dirti dov'è la sede, eccetera. Sono *murid*, faccio delle partecipazioni, c'è una cabina telefonica dove si depositano le partecipazioni alla *dahira*.
Ma il fatto di andare alla *dahira*, no, quando si tratta di recitare i poemi di Ahmadou Bamba, lo posso fare. (MOD)

Il fatto che intervistati *tidjane* considerino molto permeabili i confini tra le *tariqa* e considerino sostanzialmente equivalente essere *murid* o *tidjane* è perfettamente compatibile con l'ecumenismo di fondo della tradizione *sufi* ed anche con le lettere che il *marabut* Djilly F. scriveva all'Arcivescovo di Torino, e non è in contraddizione con i vincoli pratici economici ed organizzativi della confraternita.

A scuola ho fatto il Corano. Ho fatto la scuola coranica, con mio padre, mio fratello. Mio padre faceva la scuola coranica, era insegnante. Ha insegnato a me e mio fratello. Siamo della *dahira*. Ogni tanto qui facciamo un giorno, per esempio la domenica, facciamo il Corano tutti il giorno. Allora tutti qui facciamo il Corano e poi preghiamo e tutto. A Torino ci sono due o tre *dahira*. La *murid*, la *tidjane*. Noi siamo *tidjane*. Tutte e due è lo stesso, perché tutti vogliamo soltanto Dio, pregare. Ci riuniamo ogni due mesi, anche un mese, quando c'è una riunione della *dahira*. Non c'è differenza fra la *tidjane* e la *murid*. Come ci tengo ai *tidjane*, ci tengo ai *murid*, sono tutti musulmani. Vogliamo tutti la cosa buona. Preghiamo alle stesse ore, gli stessi giorni. Allora vuol dire che quando preghiamo noi per il Corano e loro pregano per il Corano, è la stessa cosa. Solo che *murid* e *tidjane*: due parole, due nomi, ma quello che fanno è lo stesso. *Murid* vuole dire che ha delle pratiche Islam, *tidjane* è le stesse cose. (MS)

Vengo da Louga. Io ho fatto la scuola del Corano, la scuola coranica. Anch'io sono dei *tidjane*, partecipo alla *dahira*. (AD)

Altre storie si intrecciano molto all'educazione religiosa.

Sono nato a Touba in una famiglia religiosa. Ho frequentato la scuola coranica fino a dodici anni. Poi gli studi alla scuola francese, fino al Bac, poi ho lasciato gli studi, quando sono andato in Francia, a Parigi, poi sono passato per Marsiglia. Perché per noi l'importante è, prima di studiare sia l'arabo sia il francese, siamo obbligati a fare i *talibé*, ad apprendere *par cœur* [a memoria]. Mio padre è il primo discendente della confraternita *murid*, non so se sai o meno. Mio padre è il figlio maggiore di Cheikh Ahmadou Bamba. È il primo califfo di Touba, dal 1927 fino al 1945. E poi lo è stato il suo fratello minore. Un anno ho studiato l'arabo, prima ti insegnano il Corano a memoria, poi mi hanno orientato a fare la scuola araba, ho fatto un anno, poi ho fatto la scuola francese. Sì, sono stato *talibé*. *Talibé* è la scuola coranica: è questo, è metterti nelle condizioni di, non so, un giorno o l'altro potrai andare solo, affrontare tutte le difficoltà: il fatto di vivere in Senegal fino a venti anni, un giorno ti svegli, prendi un biglietto per andare in Europa, a Parigi, senza contare su nessuno e il fatto di aver fatto la scuola coranica già, rispetto a quelli che non l'hanno fatta, è spesso un vantaggio in più, il fatto di affrontare la realtà, è una specie di formazione di vita. *C'è una differenza nell'essere talibé di una famiglia religiosa prestigiosa, come nel suo caso, o di una famiglia "comune"?* Dipende dalla scuola dove hai studiato, per esempio in Senegal c'è una scuola coranica che è una delle più celebri a Touba, è a Koki[8]. A Koki, si è soli, non ci sono differenze; per esempio a volte vedi delle "teste dure". Si può fare come me, per esempio: di tutti i fratelli io sono il solo ad aver frequentato la scuola di Koki, perché ero un po' duro. Duro nel senso che, tu vedi per esempio qui, a volte ci sono dei bambini, gli dici: "Non devi fare questo", e loro non lo fanno, perché hanno paura: io ero talmente il contrario, se mi dicevi di non fare questo, non mi impediva di farlo o di non farlo, non ho paura di osare. Ci sono dei bambini qui per esempio, che alla scuola coranica vengono picchiati. La scuola di Koki è più dura, ma è anche più prestigiosa. È stata la famiglia a decidere per la scuola francese, quando avevo dodici anni. Quando cominci, devi imparare tutto il Corano a memoria, se no resti lì: puoi fare tre anni e lo impari tutto, dipende dall'intelligenza che hai, da come vuoi; per esempio ci sono delle persone che in tre anni, quattro anni, lo imparano, ce ne sono degli altri che ci mettono cinque anni. Io ho fatto là tre anni. Poi dopo tutto il Corano mi hanno mandato a fare la scuola francese, nel villaggio di mio padre, a trenta chilometri da Touba. La scuola coranica l'ho cominciata proprio a Touba, come ti ho detto, a quindici metri dalla casa di mio padre, ma in questa scuola, come ti ho detto, c'erano altri bambini che venivano da Dakar per esempio, venivano da altre città per studiare, e il maestro che mi faceva studiare non voleva che partissi per andare a casa per mangiare, voleva che mangiassi con tutti gli altri, per essere come dice Dio: che siamo tutti uguali. Ci credo nelle cooperative. È come ti dicevo. La *dahira* è questo. Lo scopo inizialmente era questo, è mio padre stesso che ha creato questo. Il muridismo, come si dice: la famiglia, è una famiglia molto grande; ti dico che è stato proprio mio padre a creare le *dahira*, le ha create *à son sentiment*, lo scopo era questo, era di discutere su certe cose e di fare in modo di cambiarle: ad esempio nel caso in cui qualcuno avesse bisogno di aiuto e nessuno fosse pronto ad aiutarlo. Non so, è di fare delle cose così a chi ne ha bisogno, non so, se uno si ammala e non ha il denaro per curarsi. (HM)

Nella maggior parte delle storie, soprattutto quelle di lavoratori e lavoratrici agricoli, il riferimento alla religione è limitato alla scuola coranica, che è l'unica scuola frequentata da molti.

La mia infanzia l'ho vissuta con i miei genitori: lavoravamo nei campi, abbiamo studiato anche il Corano. (MF)

Io da piccolo lavoravo nel campo. Anche tenevo la vacca, gli animali così. Mio padre aveva gli animali. E ho continuato a fare così per tanto. Alla scuola coranica sono andato dopo, quando ero grande e sono andato a Dakar. A Dakar sono stato tanto, fino a che sono andato in Spagna. (GN)

---

8. Per la scuola coranica di Koki, Diop (1981, 236). È una delle scuole coraniche e di arabo più famose e prestigiose nell'Africa sub-sahariana. L'istituto comprende anche un'Università islamica.

Io sono nato a Yaral Fall. Da piccolo non ho fatto nessuna scuola. Ho frequentato la scuola coranica. La nostra è una famiglia di agricoltori, così anch'io ero un agricoltore. (MFA)

Quando ero in Senegal facevo l'agricoltore. Quando ero in Guinea facevo il commerciante. Non ho fatto la scuola, andavo alla scuola coranica. (AFE)

Quando ero in Senegal, a Yaral Fall lavoravo come coltivatore, ma là non c'era tanta acqua e la coltivazione non veniva tanto bene e allora ho cercato di partire per l'Europa per cercare lavoro. Ho fatto la scuola araba, la scuola coranica. (NF)

In Senegal non ho frequentato la scuola. Neanche la scuola coranica. Io sono nato a Louga e poi sono andato a vivere a Yaral Fall. (AFG)

Questo tipo di educazione fa parte anche della formazione di artisti e artiste, costruttori di strumenti musicali, *griot* e discendenti di *griot*.

La mia nonna è la prima moglie di quel nonno lì, lei è il simbolo della famiglia, è ancora viva, è mancato quest'anno il suo primo figlio che aveva settantanove anni; suo marito è morto, lei per fortuna è ancora viva. E grazie ai suoi racconti siamo diventati artisti. Mi ha insegnato anche lì, quando ero piccolo a andare, a fare il contadino, a coltivare, ogni volta, anche quando piove, il mattino alle sei. Perché noi siamo svegli ogni mattina alle cinque per imparare il Corano: hanno portato uno *chef réligieux*, che è uno che insegna il Corano, legato a quella casa dove stavamo tutti perché quella casa è molto grande - le case di Louga sono grandissime, non sono dei piccoli appartamenti così -, lì abitano quattro mogli ogni famiglia e c'è un grande cortile in mezzo. Così portano uno *chef réligieux* che insegna a tutta a la famiglia, non c'è bisogno che vadano a pre-scuola elementare presto: la scuola elementare, quando apre, devi andare fuori. Io sono poi andato alla scuola statale, poi ho studiato fino a quattordici anni e quando ho finito, la verità è che io non ne avevo più voglia e poi volevo seguire un'altra strada che era far l'artista. (BMS)

Quando avevo dieci anni sono entrata nella scuola coranica, ho studiato, ne sono uscita per tornare a scuola, poi ho ripreso l'arte quando ero piccola. *Che cosa ti ha spinta a riprendere l'arte?* Perché l'ho ripresa? Perché l'arte mi piace, è il nostro costume e ho ricominciato.
È tua madre che ti ha iniziata? No, lei è religiosa, sono soltanto io che danzo, sono in un ambiente di artisti, la nostra è una famiglia *griot*. (MAS)

L'accenno di MAS a sua madre ci riporta alla maggiore incidenza che la religiosità aveva nella visione della vita delle donne più anziane; ne avevamo trovato una traccia anche nelle parole di SMM, intervistata a Darou Salam. Riprendendone ora qualche altro brano, possiamo cogliere lì ulteriori segni dell'importanza del ruolo di trasmissione dei valori della confraternita, che tradizionalmente svolgevano anche diverse figure di donne. SMM dice infatti di essere figlia del *Khalifa* di Mame Thierno e racconta che già sua madre, nel villaggio di Darou Mousty dove lei è cresciuta, si occupava di insegnare il Corano ai bambini e che lei svolge attualmente funzioni simili:

Ho molte persone sotto la mia responsabilità: delle discepole (*talibé*), delle ragazze, almeno una ventina. Insegni, le nutri, ti occupi della loro educazione iniziandole al bene, al Corano. (SMM)

Come altre figlie o mogli di dignitari religiosi, SMM gode di rispetto nell'ambiente in cui vive e le viene tributato l'appellativo di *Sokhna*. Quanto di questi rapporti permane anche nelle comunità di migranti? Alcuni aspetti sono stati mantenuti: così FD accenna che quando sua moglie lo ha raggiunto in Italia lo "aiutava anche a fare l'organizzazione della *dahira*". Come si è appena visto per molti uomini, benché a Torino oggi ci sia una *dahira* femminile, anche tra le donne il coinvolgimento religioso si è attenuato:

Esiste una *dahira* di donne. Adesso abbiamo una *dahira*. A capo della *dahira* è una mia amica, è lontano, non abita qui a Torino. Si chiama Mariame, è un'amica di Fatoumata.
Io non vado tanto lì. No. Io sono andata solo una volta. Perché non ho tempo. Non so, perché io sono andata solo una volta. Non so perché non ho tempo per andare, ma si riuniscono ogni mese, ogni quindici giorni, non so. (PD)

Non andavamo alla *dahira*. La *dahira* c'è solo ogni domenica. Mio marito va ogni tanto, ogni tanto no. Anche noi donne facciamo una *dahira*, ogni mese. Adesso da un po' non si fa più perché non c'era il presidente. (FB)

2.4 Lavoro e valori sociali

Alcune recenti pubblicazioni riguardanti i *modou modou* propongono ancora l'esistenza dell'intreccio di valore religioso e valore sociale del lavoro. M. Ndiaye (1988, 7) sostiene che l'interesse materiale e la ricerca del profitto individuale non spiegherebbero il loro comportamento e che essi agiscono anche in nome dell'interesse collettivo assegnato loro socialmente, dei valori che rispettano e degli ideali che danno senso alla vita e all'azione nel mondo, ma che i *modou modou* non sono niente senza la loro religione e la loro confraternita, il loro senso della famiglia e della solidarietà sociale.

Nel quadro del muridismo si esortavano i discepoli a unire l'insegnamento del Corano e delle scienze islamiche al lavoro agricolo, ed è questa senza dubbio la ragione per la quale il muridismo ha largamente contribuito con le sue confraternite allo sviluppo della coltura arachidea dall'epoca coloniale ai nostri giorni. Molti sono però quelli che sostengono che con la crisi economica sopravvenuta in queste zone e con la successiva emigrazione come nuova strategia dei giovani senegalesi, il lavoro ha conosciuto un'evoluzione nella sua pratica e nella sua percezione.

Come ha scritto nel suo rapporto di ricerca il gruppo dell'Università di Saint-Louis (Diop, 2003, 44), il lavoro ha perso la dimensione unificatrice familiare e sociale che aveva quando era dominato dall'agricoltura e l'emigrazione (*touki*) è la porta che apre nuove possibilità di arricchimento rapido, ma di conseguenza il lavoro ha perso il carattere sacro: la sua dimensione economica prevale su tutte le altre, tutto è guadagno e accumulazione. A Louga le attività di commercio e servizi conoscono uno sviluppo senza precedenti e quasi tutti i commercianti sono legati all'emigrazione, sono emigranti di ritorno o che si preparano a partire. L'ombra del migrante è dappertutto presente e alcuni tipi di lavoro che erano molto stimati oggi tendono ad essere svalorizzati, i funzionari non godono più di alta considerazione come in passato, a causa del loro potere di acquisto assai limitato in rapporto a quello degli emigrati.

Nelle interviste torinesi si può notare come permanga il riferimento a valori etici e sociali del lavoro, benché sia certamente in corso, anche per coloro che appartengono alle confraternite, una tendenza a separare i valori religiosi, che sono stati la guida per i *murid*, dai valori sociali. Tra i nostri intervistati ce n'è uno che pone la questione di propria iniziativa con estrema chiarezza:

Non ho tanta voglia di parlare sulla religione; è difficile parlare sulla religione, perché io vedo in un modo, tu in un altro; non posso smentire ciò che tu vedi, perché tu lo vedi così, e porre come lo vedo io. Io preferisco che si parli della cultura africana: io non dico neanche senegalese perché è troppo ristretto: il *jom*, quella di lavorare, è un'eredità di mille anni, non posso dire che nasce per una confraternita o un'altra. Secondo me, chi mette sulla cultura la religione è un fanatico. E il fanatismo, come tu sai, non vale la pena. Se tu dici che nella regione dove si produce più l'arachide il 60-70% sono dei *murid*, io sono d'accordo. Perché se andiamo nel Saloum e Sine, dove si produce di più l'arachide, 70% sono dei *murid*. Però ognuno lavora, come mio padre, per conto suo: quando ha raccolto le arachidi va a venderle direttamente al governo. Se parliamo di lavoro, io, essendo un senegalese, nessuno conosce i *murid* meglio di me, posso dire: loro ascoltano più gli appelli del loro *marabut*. Vuol dire che si uniscono di più, non solo lavorare, per obbedire. I *murid* sono così, sono insieme, dovunque sono, sono un gruppo unico che ascoltano il *ndigel*, il detto del *marabut*: quando il *marabut* dice qualcosa obbediscono. Invece gli altri magari non hanno neanche una confraternita. Io avevo mio padre a cui rispondevo. Non c'è più, non rispondo più a nessuno. Non posso avere un *marabut* a cui devo rispondere o devo lavorare e poi dargli i soldi. Non lo farò mai! (MF)

Come scrive B. Ndiaye (2000, 79), molti immigrati pensano prima a fare bene il proprio lavoro che a guadagnare, perché il lavoro è soprattutto rispetto e riconoscimento sociale, è soddisfare i bisogni primari, non ottenere il massimo. Questo trova conferma in molte delle nostre interviste.

I senegalesi hanno veramente voglia di lavorare, perché un senegalese non lo vedi mai senza far niente, anche in Africa, soprattutto i maschi, in Africa non li vedi senza far niente. Piuttosto di fare niente vanno a fare qualsiasi cosa, che tu li paghi qualcosa. Però non rimangono a dormire a casa. Qui lo stesso: o lavorano nelle fabbriche o vanno a vendere accendini nelle strade. Però non li vedi mai fermi a fare niente. Questa è una cultura, un'educazione. Perché la nostra famiglia è fondata sul lavoro: sai solo lavorare, da quando hai cinque anni cominci a lavorare, che cosa sai altro?
Sicuramente lavorare è un valore, perché è l'unico valore che hai per farti rispettare: quello di lavorare e di guadagnare per vivere. Chi non lavora non solo non è rispettato, ma non dà fiducia. Vuol dire che la gente ha diffidenza per te, non ti dà la fiducia. Per avere la fiducia e per farti rispettare devi lavorare. Da noi è così. La responsabilità è verso il tuo gruppo. Sì, ha a che vedere con il *jom*, perché sicuramente *jom* nasce quando queste persone non hanno voglia di farsi mantenere da nessuno, hanno voglia di lavorare, di mantenersi, di aiutare anche il prossimo: quella è una persona che ha il *jom*. (MF)

Riguardo alla necessità di partire cui si riferisce la precedente intervista, Mboup (2000, 91-92) scrive che "Il senso dell'onore, che implica per i wolof i concetti di *jom* (fierezza) e *nawlé* (uguaglianza sociale) e che assegna all'individuo il compito di assumere la sfida sociale elevandosi al pari delle *performances* dei coetanei, costituisce una spinta formidabile alla migrazione".

Si è visto come parlando del lavoro sia importante il valore attribuito ai singoli termini utilizzati. La terminologia che presiede ai dettami sociali, scrive B. Ndiaye (2000, 10 e 20-22), chiarisce in modo determinante il rapporto con il lavoro. Il termine *yëg* (riguardo) per i senegalesi copre l'intero campo semantico di rispetto, ma anche del fare visita a qualcuno. Il rispetto implica non un semplice precetto morale, ma azioni concrete: comportarsi secondo morale non significa solo seguire precetti etici ma anche e soprattutto assumere comportamenti e atteggiamenti che gli altri si aspettano da noi e per cui ci controllano costantemente. Alcuni concetti base sono uniti in tre gruppi caratterizzati dai verbi *jàpp*, tenere in mano (direttamente correlato a *ligéey*, lavoro, e al suo campo semantico); *fonk*, stringere (correlato a *ngor*, onestà - vedi oltre); e *bëgg*, voler bene (legato a *diina*, la religione). Aggiunge Ndiaye che parole e azioni sono inseparabili: dai concetti di *ngor* e *jom* deriva l'impegno dell'emigrante verso chi è rimasto in patria; *ngor* è l'affidabilità, legata al concetto di libertà, nobiltà, onestà di carattere. *Jom* è invece il senso dell'onore, del rendersi meritevole, dell'essere all'altezza di ciò che ci si aspetta, saper fare sacrifici per proteggere la propria rispettabilità e dignità. A questi concetti sono legate manifestazioni concrete, azioni e gesti (come la cortesia nel parlare) ben determinati. Il *jom* spinge inoltre ad assicurare scrupolosamente la presenza del lavoro.

Infine, due concetti guidano i senegalesi nel lavoro e nella migrazione: *foula*: "andare a cercare ciò che non hai", e *fayda*: "usare bene ciò che hai per essere autonomo".

Si comprende dunque come sia per il lavoro commerciale, che per quello di fabbrica, nelle nostre interviste si dica che il modo di affrontare il lavoro ha nobilitato i senegalesi agli occhi degli italiani.

Il problema della parola *jom*, dignità è più che altro impostato sulle capacità finanziarie. Se vai all'estero devi impegnarti a guadagnare dei soldi. Dà anche dignità ai senegalesi all'estero, ma tutte e due le cose, per sé e per l'immagine dei senegalesi. (MD)

Io lavoro perché sono un essere sociale, innanzitutto. Diciamo un uomo che è sano, che non è malato, che è sano nello spirito. Uno che può esercitare un lavoro lecito e normale, deve farlo. È un senso di responsabilità, innanzitutto, e un senso morale. Perché se non lavori, rischi di trovarti per strada, rischi di non sovvenire ai tuoi bisogni. Altrimenti devi andare da qualcuno e dirgli, ho bisogno di questo. Io non ho vergogna di domandare, ma ho vergogna di continuare a farlo ripetutamente. Quello che voglio è guadagnarmi la vita, avere dei risparmi. È un senso di responsabilità, di responsabilità sociale, perché per esempio in quanto membro di una famiglia, non mi sento tranquillo a rientrare a casa, finché mio padre mi nutre e mia madre mi nutre, no, io devo avere la responsabilità di andare a cercare del lavoro e di lavorare, di aiutarli e di soddisfare i miei bisogni. È per questo che lavoro. (MOD)

Il lavoro è un dovere. Un dovere per me. È una cosa che ogni persona deve fare. Anche un figlio di re, ha tutto quello che gli serve, anche per i suoi figli, anche se ha questo, deve provare a lavorare, deve lavorare. Perché non deve dire di avere trovato questo e dire che gli basta, no. Il lavoro è un dovere. Per me, come ti ho detto, è una vergogna dire che questa cosa per esempio, l'ho avuta da te, no, tu hai lavorato per vent'anni, arrivo io, dico: mi ha lasciato questo, questo e questo, no. Così, secondo me, è una vergogna, devi fare qualche cosa per averlo. (HM)

Benché si sia posto un forte accento sul mito del viaggio, da un lato la scarsità delle opportunità lavorative in Senegal, dall'altro le responsabilità verso la famiglia, fanno sì che il lavoro emerga come motivazione concreta centrale dell'emigrazione; e se talvolta si lascia il proprio paese per migliorare la propria capacità professionale, più spesso lo si fa per cercare un lavoro o un lavoro migliore di quello di cui si dispone.

Il lavoro è una cosa importante. Se uno non lavora, come fa a vivere? Lavoro, perché c'è il futuro nel lavoro. Perché ci sono i miei figli e devo mantenere i miei figli, mia moglie, devo mantenere tutti. Sono venuto qua per motivi di lavoro. Se tutto andava bene, diciamo, stavamo in Senegal a lavorare, ma lì non c'è lavoro e quello che vogliamo. Allora non è che siamo venuti qua per fare qualcosa di male, siamo venuti qua per lavorare.

Comunque sono qua per lavorare per loro. Per lavorare, per mantenere la mia famiglia. Perché io, se vedo uno che fa un casino, mi preoccupa. Perché io ho delle responsabilità, allora, deve solo mettersi in testa che deve lavorare. Deve lavorare, deve lavorare, deve cercare di fare le cose bene, ma non le cose male. Tu sei il responsabile, devi pensarci proprio, alla tua famiglia. Perché quando succede qualcosa, allora chi mantiene poi la famiglia? Nessuno. Allora devi pensare a questa cosa prima. Per questo io vado a lavorare e torno a casa, perché non voglio fare altre cose. Perché lavorare e tornare a casa mi sembra una cosa importante. Se non hai fatto nessun casino, stai bene, no? (MS)

Vengo per lavorare! Per lavorare. Bene, dunque ci sono molti senegalesi qui, vengono qui in Europa e lavorano. Non un senegalese che viene qui per rubare: io non ho mai visto un senegalese che rubi qui! Rubare! Io lavoro! Io lavoro, qui e in Africa. (MOK)

Perché il lavoro? Per avere soldi, e poi fare le cose che devo fare. Senza soldi, non funziona. A parte il guadagno, no. Io lo faccio per stare tranquilla; se ho soldi, sono tranquilla. Sì! Mi piace, eh sì, veramente, è quello che dicevo. Fare le cose buone è bello. I soldi servono ma il comportamento è troppo importante; se uno ha i miliardi... ma la classe, la classe non è soldi, non è una casa bella, no no. Classe è personalità. Io lavoro, perché sono sola! (SN)

Ma quello che ci permette di cavarcela nella vita e di mantenere con tranquillità la famiglia è il fatto di lavorare, lavorare nel nostro paese per avere una piccola somma di denaro e cercare di pagare il biglietto per venire in Europa a lavorare e mettere su famiglia.
Quando ho compiuto diciotto anni, siccome sono il primogenito e il football africano non paga, mi sono detto che sono il primo figlio di mio padre e mia madre e allora è tempo, debbo andare a lavorare per aiutare la mia famiglia, ne abbiamo parlato e io ho detto, okay, non ti preoccupare, ho cominciato a lasciare la scuola e a fare un po' di commercio, a poco a poco. (AF)

Avevo circa vent'anni quando sono andato in Francia, sono andato per lavoro, per mandare soldi a mia moglie. (MK)

In Italia sono arrivato per lavorare, perché c'è la famiglia, e c'è poco lavoro nel paese. Per quello si vuole venire qua in Italia, per lavorare. (AD)

Il paese natale è comunque il paese natale, però anche vivere qua ti aiuta a trovare lavoro, aiutare quelli che sono lì, aiutare te stesso: qua vengo solo per lavorare; ogni tanto mi trovo bene, ogni tanto mi trovo anche in momenti difficili. (BSO)

Sono venuto in Italia perché volevo aiutare la famiglia; ero già sposato, con due figlie. (MG)

Ho deciso di venire via per andare a cercare un lavoro più comodo. Lavorare la terra non mi piaceva più. (IL)

Ho deciso di venire via, ho guardato come dovevo fare perché lì non riuscivo a lavorare, cercavo di aiutare i miei genitori e allora ho pensato che, visto anche che la gente andava in Francia tanti anni fa, ho visto tutti che andavano in Francia, in America, da quelle parti lì, allora ho pensato: "Magari anche se non guadagno tanto, ma abbastanza per vivere", mi sono preparato, ho chiesto il visto per la Francia. (FD)

Quando sono arrivato in Francia non ho pensato di continuare gli studi, ero venuto per lavorare, per guadagnare un po' di soldi. (MKL)

Alcuni, come s'è detto, avevano l'obiettivo d'una affermazione delle proprie capacità professionali:

Io sono venuto via grazie a una gara che facevo da piccolo, di spettacolo: avevo sedici, diciassette anni; sto parlando del '79-'80. E allora cosa hanno fatto: mi hanno pagato, io sono arrivato a Parigi a fare gli spettacoli; ho iniziato alla grande a fare spettacoli. (BMS)

Per migliorarmi il mestiere, perché in Africa per lavorare lì ci sono tanti problemi. Io ho visto questa cosa, molto mirata per il mio mestiere, quindi io ho puntato in Italia. Nell'84 sono andato in Sardegna, ma nell'81 ho fatto il giro dell'Africa, fino all'83; poi alla fine dell'83 sono andato in Nigeria e ho comprato il biglietto dell'aereo per venire in Italia, per migliorare il mio mestiere e poi imparare delle cose in più perché sapevo benissimo che in Italia se fai il sarto ci sono delle cose che puoi imparare. Non sapevo quello che trovavo qui, però sono venuto così. (MN)

Ma per questo, prima ero alla École Nationale d'Art in Senegal. Lì all'École Nationale ho lavorato sette mesi. Poi sono tornato a Louga e ho continuato con mio zio che ha un gruppo a Louga. Lui spesso organizzava festival e io lavoravo con lui e lui mi ha fatto arrivare qui in Europa e prima di venire in Europa ho fatto di tutto per lavorare con lui, perché lui era un *notable*, un professionista e un maestro, per migliorare la mia arte. (TN)

Sì, erano d'accordo, mi hanno detto: vai. È là che ho danzato fino a venire qui oggi. È l'arte che mi ha portata e visto che sono qui debbo continuare la mia arte, perché è questo che mi ha portata, voglio continuarla perché è ciò che mi ha portata qui. Che cosa voglio fare qui? Soltanto lavorare, conservare il denaro e fare l'arte. (MAS)

Nei motivi d'emigrazione descritti si integrano elementi di carattere sociale e personale.

La letteratura sull'emigrazione senegalese ha messo in risalto soprattutto il ruolo della famiglia nella partenza. Perrone (2001b, 114) riferisce delle strategie familiari che hanno al centro chi parte, del ruolo della madre e di quello del padre la cui benedizione è necessaria e dei rituali eseguiti dal *marabut*, attraverso i quali l'emigrante costretto alla partenza non è visto come vittima, ma attore della sua scelta.

B. Ndiaye (2000, 58) sottolinea come ai senegalesi che partono si chieda di rispettare i dettami della religione, e come i preparativi siano finalizzati a favorire il successo, ma pure a fissare il ricordo delle origini e a mettere in guardia dalle lusinghe della "acculturazione" e in alcuni casi riporta i riti preparatori della partenza. Soltanto in rari casi nelle interviste da noi registrate si è fatto riferimento ai riti, alla consultazione dell'oracolo, al procurarsi talismani, al ruolo materno nell'occuparsi di tali preparativi, benché si sia detto che tuttora ciò è molto praticato: la reticenza nel riferirsi a questi aspetti dipende dal fatto che li si considera una dimensione molto privata. Se vi sono accenni alla partecipazione spirituale nella famiglia sono molto generici:

È questo ciò che ci ha detto, prima di lasciare il paese, prima di lasciare la nostra casa: c'è nostro nonno, nostro padre, che deve fare una piccola conferenza in famiglia: è ciò che in wolof chiamiamo rafforzare il *foula* e il *fayda*. La mattina mi sono svegliato molto presto, ho fatto la doccia e tutto, prima ho parlato con mio padre, perché mia madre a quell'epoca era morta, ho parlato bene con lui, gli ho detto che volevo andare in Europa, abbiamo fatto una conferenza di famiglia, per rafforzare le idee, per fare rafforzare le esperienze, per fare rafforzare l'educazione, per fare rafforzare molte cose dentro di me. (AF)

Il benestare della famiglia viene sentito come necessario per la serenità con cui si affronta la partenza, tuttavia sono numerosi quelli che organizzano il viaggio di propria iniziativa e molto vari sono i rapporti di dipendenza dall'approvazione e dall'appoggio dei genitori:

No, la famiglia non aveva voluto che io partissi. Non so come dirlo, non so se hai capito, può darsi per voi sia un po' difficile, ma per noi senegalesi, anche gli altri senegalesi che sono qui a Torino, le loro famiglie non vogliono che stiano qua. Non vogliono per esempio che si venga all'avventura così. No, non c'è stata una rottura completa. Semplicemente non erano d'accordo. Ci sentivamo, regolarmente, anche loro, per esempio, sapendo che io ero a Torino, facevano di tutto per chiamarmi. No, rottura, no. Ci sentivamo spesso, solo che non erano d'accordo, ma ciascuno ha diritto a fare il proprio cammino. (HM)

Quando dovevo partire mio padre non voleva, mi ha fatto lasciare la casa, mi ha minacciato per qualche mese, tre mesi, quando ha saputo che volevo partire. Poi mi ha aiutato a pagare il biglietto. (MKL)

A Dakar anche non mi sono spostato per lavoro. Quando mi stavo preparando per venire qua, è nell'87 che sono stato lì per due mesi, per prepararmi per venire qua. Però poi non è andata bene. Sono tornato di là in villaggio. Nel '92 sono riuscito a partire. Mio padre che era già a Parigi ha preparato il visto, perché se ero solo io non riuscivo a trovare il visto per venire fino a qua. (FT)

Sì, sono cresciuta dai nonni, ma non con i nonni, solo con mia nonna. Sono vissuta lì sino a quattordici anni e mezzo e poi sono venuta qua perché mio padre voleva che venissi qui per gli studi. (CS)

Il fratello di mio padre, come ti dicevo prima, era un *maître ancien*, lavorava sugli spettacoli, organizzava spettacoli, vive a Louga; è uno che fa i contatti, fa dell'arte. Lui mi ha fatto venire in Europa per un festival. (TN)

La famiglia quando sono partito era d'accordo. Mi hanno detto che se arrivavo in Europa e trovavo lavoro, andava bene, ma se arrivavo e non trovavo lavoro, dovevo tornare subito indietro. (NF)

Frasi analoghe, che testimoniano la sicurezza che viene dall'appoggio dei familiari, le troviamo in Ndiaye (2000, 50, 44) ("Noi partiamo perché la frustrazione di non lavorare è grande; però a casa c'è l'appoggio almeno per sopravvivere"); così come la raccomandazione di doppia valenza ("Se esci e non puoi aiutare nessuno devi rimanere a casa").

Il ruolo della parentela condiziona oggi ancor più, poiché dal 1990 si richiede il visto obbligatorio, il possesso di biglietti di viaggio e di una somma di denaro stabilita[9]. Le persone che possono dare un aiuto pratico diventano essenziali essendo veramente difficile guadagnare queste somme con il lavoro in Senegal. Se non si riesce, resta il permesso turistico, ma alla scadenza si diventa irregolari e ciò impedisce il ritorno, cosa inaccettabile per il *modou modou*.

La descrizione della spinta al viaggio, della scelta del "lavoro di migrante", pur essendo arricchita da diverse motivazioni, ci fa sostanzialmente capire come il comportamento dei migranti sia inscritto nei rapporti familiari e di comunità per molteplici motivi: perché essi partono come inviati della propria famiglia, per un obbligo morale interiore a dare aiuto economico ai familiari; devono poi rispondere del denaro avuto in prestito di fronte a chi ha investito su di loro, di solito un familiare, un parente, talvolta gli amici. Inoltre perché nella partenza è previsto il periodico ritorno per mantenere le relazioni con la parentela. Infine perché il riconoscimento del successo viene dalla famiglia e dalla comunità senegalese in funzione dell'adempimento di questi doveri. Come si vedrà nei percorsi di lavoro in Europa, tutto ciò condiziona la scelta del lavoro, inducendo la maggioranza degli emigrati a preferire o a dover accettare l'attività che meglio consente di mantenere gli impegni economici presi, e di avere tempo libero e denaro sufficiente per far fronte ai costi dei rientri, per il viaggio e i regali da portare in Senegal.

---

9. Perrone (2001b, 127 e 129). All'inizio degli anni '90 il costo per avere il visto era di circa 450mila FCFA, la moneta locale (un FCFA era pari a 4,2 lire); il biglietto aereo 250mila FCFA, contro un salario medio di allora che andava da 20 a 45mila FCFA.

3. Vivere per realizzarsi e lavorare per vivere

Nonostante le diverse provenienze familiari, i diversi livelli culturali e il grado di frequenza scolastica, l'emigrato, una volta in Europa, si trova uniformato, omologato nelle prospettive di lavoro che il paese di accoglienza gli offre. La maggior parte dei senegalesi giunti in Italia si è inserita in una nicchia di mercato con il commercio ambulante, mantenendo una continuità con la tradizione lavorativa del proprio paese, in aree piuttosto scoperte (pur se da condividere con emigrati d'altri paesi); alcuni sono passati attraverso vari lavori dipendenti; pochi sono riusciti, superando difficili esperienze lavorative, a raggiungere obiettivi di affermazione personale nei campi nei quali si sentivano portati ad emergere. Questa omologazione riguarda il rapporto con il lavoro, mentre permane tra di loro una notevole distinzione dovuta al riconoscimento reciproco della provenienza familiare: è rispettata infatti anche nei paesi d'accoglienza la gerarchia dei nomi in virtù della quale si ha un riconoscimento della collocazione della persona, che si porta dietro il nome della famiglia, nella scala sociale, la quale dà informazioni sul gruppo etnico, la casta e talvolta di tipo religioso e storico. Anche se la gerarchia castale non ha più peso in Senegal nella politica, nelle cariche pubbliche e nei lavori manuali cui si adattano oggi i *géér*, i rapporti tra senegalesi sono ancora regolati da statuti ascritti: non si considerano tutti uguali. Tuttavia all'estero, nell'emigrazione, vige il criterio dell'uguaglianza: Fall e Perrone (2001, 27-31) portano l'esempio di un giovane di nome Sérigne, escluso dalla comunità perché "non chiede", in quanto a causa del loro lignaggio "i *sérigne* non chiedono", mentre i suoi compagni pensano che sino a che sono in Italia si può contravvenire a regole che invece verranno rispettate al ritorno in Senegal.

Benché dalla zona di Louga siano partite soprattutto persone alla ricerca di un lavoro nel commercio o in fabbrica, provenienti dal bacino arachideo, ove la scolarità è molto bassa e l'educazione acquisita soprattutto nelle scuole coraniche, abbiamo preferito descrivere i percorsi di lavoro partendo dalle esperienze di quanti si riconoscono in un'attività artistica o professionale e di persone che aspiravano a completare gli studi, che si sono trovate a svolgere un lavoro manuale. Infatti un aspetto che caratterizza le nostre interviste è la presenza di un numero rilevante di giovani con un titolo di scuole superiori o una particolare cultura diversa da quella scolastica istituzionale, come i *griot*. Anche in altre ricerche sull'immigrazione in città industriali del nord, in particolare come quella di Marchetti (1994) su Milano, si nota la presenza consistente di persone con titoli di studio. Nel descrivere qui di seguito i percorsi di lavoro si riportano, per motivi di spazio, solo alcune interviste scelte perché nelle linee generali potevano essere rappresentative: da queste storie di vita e di lavoro si sono selezionate quelle parti che erano più strettamente attinenti all'attività lavorativa, collegandole senza seguire la trascrizione letterale per dare unità al racconto.

La nostra rassegna inizia con "vivere per realizzarsi", con tre racconti di persone che avevano proprie aspirazioni lavorative e che in modo diverso hanno lottato e ottenuto un successo. Seguono i racconti di quanti sono partiti dal Senegal con l'obiettivo di completare gli studi universitari e si sono trovati a dover accettare lavori manuali per i quali non erano preparati: in Senegal gli studenti non lavorano, se non d'estate per aiutare la famiglia nei campi, e coloro che partono per motivi di studio non sono considerati emigranti, tuttavia essi lo diventano nella misura in cui, non trovando possibilità di realizzare il proprio obiettivo, abbandonano tale progetto e restano per lavorare. Un settore a sé rappresentano i *griot* che si realizzano in un'attività artistica, anche quando per lavoro si dedicano al commercio o entrano in fabbrica. Seguono nella parte "lavorare per vivere", persone che sono emigrate con lo scopo di trovare un lavoro più redditizio; molti tra questi non hanno continuato gli studi dopo i primi gradi scolastici perché volevano lavorare: un primo gruppo si dichiara soddisfatto dei risultati raggiunti, mentre nelle ultime testimonianze prevale la denuncia delle attuali difficoltà di guadagno, ma permane anche in queste la convinzione di aver fatto bene a partire.

3.1 L'affermazione personale

Tutte le persone intervistate avvertono lo scarto tra le condizioni di dura esistenza nel nostro paese e la migliore qualità della vita dei loro congiunti e amici in Senegal, derivante da quelle relazioni sociali di fratellanza, solidarietà, autonomia e libertà di movimento, di cui si può godere anche quando non si hanno buone condizioni economiche. La situazione di lavoro è vissuta come degradante rispetto a quella che si aveva in Senegal da parte di chi, essendo in possesso di requisiti per accedere a lavori qualificati, non prospettava per sé un lavoro manuale e non immaginava i sacrifici materiali e spesso le umiliazioni del sopravvivere facendo il venditore ambulante, specialmente all'inizio come abusivo. Notevole è la costante ricerca, da parte di molti, di migliorare lottando contro le difficoltà quotidiane.

Il mestiere tramandato ovvero il mestiere sempre sognato

L'alternarsi e il sovrapporsi di diverse attività lavorative nel racconto di MN il sarto ci mostrano un sofferto percorso coronato dalla soddisfazione di poter infine esercitare il mestiere per il quale si sentiva portato sin dall'infanzia e l'ancor viva spinta ad andare avanti per diventare uno stilista di fama nel campo della moda. È un esempio di persona che lascia un lavoro di successo in Africa e si trova a dover fare l'ambulante nel Sud dell'Italia. L'altalenarsi delle sue vicende lavorative dipende molto dal legame che stabilisce tra i sentimenti e il lavoro, così che l'amore e l'amicizia lo condizionano (talvolta in positivo, talvolta in negativo) nella realizzazione dell'attività per la quale si sente portato. Nel suo caso, essendo uno dei pochi che continua un mestiere appreso in Senegal che si tramanda in famiglia, è necessario rifarci alla sua precedente esperienza di lavoro e al percorso connesso a questa attività che lo porta in Italia.

Mi hanno mandato a imparare il sarto e aiutare mio nonno a Dakar quando avevo sette anni. Mio nonno piano piano mi ha insegnato a fare questo lavoro. Non sono mai andato a scuola, sono andato poco alla scuola coranica. Ho iniziato a lavorare a nove anni. Lì a Dakar oltre al nonno c'era mio fratello, che anche lui è un sarto come me e come mio nonno e mio zio: è tutta una famiglia di sarti. Lavoravo in una sartoria in cui c'erano almeno trenta persone, perché in Senegal si affitta un negozio, si chiamano altri sarti che vengono a pagare, ognuno si mette una macchina da cucire e un sedile per lavorare per conto suo, ognuno è autonomo, così riescono a pagare l'affitto e la luce e altre spese. Mio nonno era il responsabile di quella *boutique*: prendeva i soldi dalle altre persone ed era lui che pagava l'affitto al padrone.
Per un po' di anni sono rimasto lì; mio zio mi ha tirato fuori di lì e mi ha fatto fare anche il meccanico: due anni e mezzo. Sono andato al mercato a Hlm e lì ho imparato a fare il meccanico, avevo dieci, dodici anni. Poi ero stufo di fare questi mestieri e sono tornato di nuovo a fare il sarto: mio fratello faceva il sarto su misura e anche abiti da donna, perché mio nonno faceva il sarto da uomo, e sono tornato lì per vedere un po' il lavoro per entrare nel mondo del lavoro. Sono stato lì ancora un paio di anni, e poi - è un dono di Dio - dopo un anno ho cominciato a lavorare bene, ho cominciato a guadagnare soldi, e ho iniziato a vestirmi, a comprare vestiti e scarpe per la festa, perché non avevo un padre.
Nell'81 sono andato via dal Senegal perché avevo un contratto per lavorare in Niger, a Niamey. Ho fatto il Mali, ho fatto il Burkina Faso, otto volte; ho fatto il Niger, la Nigeria. Io avevo un negozio di sartoria a Niamey, capitale del Niger, ma dopo tre anni e mezzo ho deciso di venire in Italia, per migliorare il mestiere, perché in Africa per lavorare ci sono tanti problemi. Io sono stato un po' famoso lì come sarto e poi siccome c'è la mentalità *vudù* di far male alle persone, c'è la concorrenza: io avevo vent'anni e avevo uno dei negozi più grandi di Niamey e avevo paura che mi facessero del male, per cui ho mollato tutto lì, perché comunque qua in Europa queste cose di *vudù* non ci sono: io ho visto queste cose e avevo paura di rimanere lì che mi fanno del male e tutti mi dicevano di andare via e sono venuto in Italia per il mio mestiere, per lavorare, perché sapevo che è una capitale nella moda, nell'abbigliamento, è uno

dei paesi più conosciuti nel mondo, perché anche in Senegal, se i vestiti sono "*made in Italia*" si vende di più. Ho visto questa cosa, molto mirata per il mio mestiere, quindi io ho puntato in Italia. Non conoscevo nessuno; una parente che stava in Sardegna, nell'84, mi ha dato l'indirizzo, avevo preso il biglietto dell'aereo e sono venuto. Io non sapevo quello che trovavo lì. Quando sono arrivato ho iniziato a vendere in mezzo alla strada e visto che questo non è il mio mestiere l'ho lasciato.
A quel tempo non c'era un decreto per il permesso di soggiorno per gli stranieri in Italia e allora tra la fine dell'84 e l'85 sono andato in Francia, perché in Francia era un momento che se fai il sarto ti prendono, anche se sei in nero: sono andato lì, invece di vendere in mezzo alla strada, ho lavorato quattro anni e ho sposato nell'88 una ragazza francese. Non avevamo figli, ci siamo lasciati e sono venuto qui in Italia per andare avanti nel mestiere, a Torino, i primi di settembre dell'88. Facevo il dj nelle discoteche, cercavo sempre fino a che ho trovato una signora che mi ha preso a lavorare per il suo negozio e ho lasciato le discoteche perché era pesante per me e guadagnavo anche poco. Mi ha fatto lavorare un anno e mezzo nel suo negozio. Dopo ho trovato la casa, a Pianezza. Lì sono stato sette anni e lavoravo in casa, con la mia macchina da cucire, insieme a un mio amico. Questo mi ha fatto conoscere un po' di persone che mi davano lavoro, per inserirmi.
Quando lavoravo per la signora che aveva un negozio e mi occupava per tutto il mese, quello che mi dava di lavoro non era sufficiente, l'ho lasciata e ho cominciato a lavorare con un signore, facevo tutti gli abbigliamenti: giacca, pantalone, gilet, pantaloncini per uomo e donna. Però ho lasciato questo lavoro nel '90. Sono andato in Senegal nel '90, con la mia fidanzata che era incinta di due mesi, e quando siamo tornati, quindici giorni prima di Natale mi hanno chiamato a lavorare in fabbrica dove sono rimasto per quattro, cinque anni. Ma dopo [quando ho avuto i problemi familiari di cui ho parlato] andavo in fabbrica un po' nervoso, mi sono messo a bere per dimenticare. Loro volevano tenermi, ma ero io che non avevo proprio voglia di restare lì. Mi volevano molto bene: mi davano soldi e tutto quello che volevo, ma io non riuscivo più a lavorare, perché prima lavoravo bene. Loro mi volevano bene però alla fine io non potevo farcela più perché stavo male e allora mi hanno licenziato.
Quando ho avuto quei problemi io sono arrivato a Torino centro per vivere qui, lavoravo nelle discoteche, ad Avigliana, al Dottor Sax ai Murazzi: facevo il cameriere, due, tre volte alla settimana, ottantamila lire a sera: fai quattro ore, dalle undici alle tre di mattina; finito di lavorare a Avigliana tornavo a Torino, andavo dal Dottor Sax, facevo altre due ore.
Sono tornato a fare il sarto perché era il mestiere che mi è sempre piaciuto. Prima abitavo con una mia amica che aveva una casa piccolissima, dove la macchina da cucire non ci stava, e io non potevo stare senza guadagnare qualche lira: siccome io ho conosciuto tanti signori, tanti miei amici che c'erano nelle discoteche, per guadagnare qualche soldo per vivere e andare avanti sono andato a chiedere quel lavoro lì dei locali e mi hanno preso perché io andavo a portare i clienti, a fare allegria con i clienti. Non potevo che fare così in quel momento lì: il sarto era il mestiere che ho sempre sognato però in quel momento lì le possibilità non le avevo.
Poi è cambiato molto perché mi hanno presentato qualcuno che mi ha dato un lavoro come sarto; era un africano, ha aperto una sartoria e io lavoravo con lui, ma non pagava bene. Io ho tirato avanti un anno e mezzo, non è riuscito a fare niente e l'ho lasciato. Dopo ho trovato una fidanzata e ho iniziato a lavorare a casa mia, poco per

volta, avevo degli amici che volevano darmi una mano ed ho fatto due anni ancora con quelle persone lì. La sartoria ce l'ho dall'anno scorso, quasi un anno. Fino a un anno fa ho sempre lavorato in casa, ho lavorato in casa tre, quattro anni. Mettere su il negozio non l'ho fatto da solo. Non è stato abbastanza facile.
Del passato ci sono sempre le tracce nel lavoro in Francia, in Africa, tutti i paesi che ho girato per lavorare per questo mestiere: l'ho lasciato per qualche volta, però l'ho sempre fatto, anche in casa quando lavoravo in fabbrica, e questo percorso è lungo, però è cortissimo perché avevo questa idea di quello che volevo fare. Il mestiere l'ho migliorato perché adesso c'è più possibilità con i tessuti, perché io non posso creare senza avere in mano macchinari, tanti tessuti, tanti colori. Io vedo davanti a me, ci sono tutte le mie immagini davanti a me. Guadagno più adesso che in Africa, certo perché qua si paga di più. Non credo di aver lasciato indietro delle cose che mi dispiace di aver lasciato, non il lavoro, ma l'Africa non l'ho lasciata, perché sono venuto qua anche per costruire in Africa qualcosa, non solo qui: io voglio fare tutte e due le cose. Se fossi in Africa tutto il carico sarebbe sulle mie spalle. Io ho una giornata più faticosa di mio fratello, però con i soldi me la cavo meglio. Lì la giornata è più vuota, ci sono meno soddisfazioni. Io sicuramente non vorrei più tornare indietro, perché non sapevo fare un sacco di cose. Mai avrei avuto la possibilità di inquadrarmi, avere i macchinari, tessuti per quello che voglio fare. Invece questo per me è già un passo avanti, non indietro.
Sorprese qui? io il mio mestiere lo conosco molto bene, però in Italia - pensavo - una capitale della moda, c'è più possibilità di integrarsi se uno è capace, perché bisogna sempre vedere quello che uno è capace di fare. Io pensavo magari di trovare un'azienda che fa creazioni per una casa di moda, queste cose io comunque ero capace abbastanza a farle: ho fatto un sacco di spettacoli [sfilate], di lavori [modelli], non pensavo di venire qua e di non riuscire mai a inserirmi nel mondo della moda. Ho trovato tanti problemi: tutte chiuse le strade della moda. "Chi è?", però una parte, se non ti conoscono, non sanno che sei tu; già anche la prima cosa che sei un africano, non ci credono! Certe volte anche dove lavoro, tante persone che vengono e chiedono di fare, e tanti pensano che uno di colore, non possono credere che uno nero può inserirsi nel mondo della moda. È lungo, lungo! Piano piano, la gente vede, parlano di te andando in giro. Però ti vedono con la tua pelle e così non ti fanno neanche provare.
Io mi diverto a lavorare, mi piace avere successo, fare di più, guadagnare di più, magari avere qualcuno che mi dà una mano a allargare il mio lavoro, per muoversi di più, perché muoversi di più vuol anche dire più soldi: se devo lavorare da solo non posso muovermi; però in Francia mi conoscono: in Francia lavoravo con un italiano, si facevano centinaia di vestiti; lavoravo con tante persone di Parigi, perché vogliono dei completi che costano un casino di soldi, molti dei modelli che fanno sono miei. Adesso zero, però se potessi mettere le mie targhe sui miei vestiti, su vestiti da un milione e sei [di lire]!
Il mio successo lo misura il mondo della moda, i grandi stilisti. Io ho lavorato per i grandi della moda però il mio nome non è saltato fuori, perché loro possono mettere sulle strade giuste. Io posso inventare tutti i modelli che vuoi, ci sono dei modelli che sono miei. Se potessi inserirmi nel mondo della moda in un altro modo! Io lotto per aprire una strada mia, ho già avuto un po' di queste cose.
In Francia facciamo le sfilate; ci sono tanti stilisti che conosco, siamo collegati: certe volte mi chiama uno per andare a sfilare.

Ho preso questa strada, che sapevo che era lunga, di guadagnare soldi, farsi conoscere, muoversi, le tre cose insieme. Nel futuro quasi vedo qualche cosa che mi dà un po' di tranquillità, un po' di coraggio di andare avanti. Da un anno già c'è il futuro, c'è tutto, perché c'è la scuola, mi mandano i ragazzi come allievi, per questo in futuro io spero bene, se mi aiuta la salute. Perché il futuro è anche un futuro di testa. Tutto d'un colpo è arrivato l'articolo su *Torinosette*, "Giovani stilisti crescono", in cui si parla della mia sartoria, e poi mi davano un sacco di lavoro. Io penso questo: in futuro di allargarmi, di allargare genere, comunque va bene perché conosco un sacco di gente grazie al mio lavoro. Le voci girano. Tante volte qualcuno arriva: "Sei tu N.? mi hanno parlato di te": quello che volevo anch'io, di farmi conoscere; adesso questo è un cambiamento abbastanza bello. Adesso non penso a quando non lavorerò più, penso che lavorerò fino a sessant'anni! Mi piace lavorare e creare, fare soddisfatti i clienti, mi dà anche un modo di vivere allegro perché non sono mai solo, conosco sempre persone nuove, diverse. Già, io voglio queste cose della cultura, questo mestiere mi ha aiutato molto. (MN).

In lui prevale il desiderio di emergere, di avere successo, realizzando la sua creatività, ma insieme porta dal Senegal il sentimento del lavoro vissuto da un'intera famiglia ove il mestiere di sarto si tramanda per generazioni, come si sente echeggiare nelle parole dei suoi parenti rimasti nel paese. Dice il cugino:

È un lavoro nobile, *propre* [pulito, dignitoso, in senso morale] che dà l'opportunità di educare e formare molte persone, ma soprattutto di acquisire molte conoscenze. Il lavoro è una raccomandazione divina e un mezzo di devozione. Allo stesso tempo un mezzo di realizzazione personale. Ho scelto il mestiere di sarto soprattutto per amore. È un mestiere *propre*. Ciò deve aversi nell'abbigliamento, nel linguaggio, ma soprattutto nel cuore, perché ricevi molte persone che non hanno lo stesso temperamento e per questo devi essere tollerante. (DB)

Allo stesso modo il fratello:

Il mio lavoro rappresenta molto per me, in effetti è la mia vita. Amo ciò che ho fatto e credo che questa sia la cosa più importante. Non mi lamento, perché ho realizzato molto con il mio lavoro. Ho formato centinaia di persone che in seguito ho aiutato ad avviare l'attività. Il mestiere di sarto è fatto di conoscenze e di relazioni, perciò devi ispirare fiducia ed essere ricettivo, dato che devi ricevere ogni tipo di persona con umori differenti. Grazie al mio lavoro ho avuto molte conoscenze a livello nazionale e internazionale: molte personalità politiche, religiose, autorità tradizionali e diplomatici. Per me il fine del lavoro, del mio mestiere, è la trasmissione del sapere, formare persone, aiutarle ad acquisire i segreti del mestiere, per assicurare il ricambio. Così io aiuto i giovani e la società intera. (MNI)

Così la giovane nipote di ventitré anni:

Ho scelto questo mestiere perché mi piace e inoltre per guadagnarmi la vita e soddisfare i miei bisogni, ma anche perché è un modo di essere meno dipendente dai parenti e dal futuro marito. (DN)

Potenziare il talento

La soddisfazione per la riuscita nella ricerca di attività più gratificanti, in un continuo, seppur difficile, miglioramento della qualità del lavoro, si può manifestare anche in un'attività professionale non "creativa" come quella di MN il sarto: MF considera infatti la sua attività "inventiva", per il modo in cui la gestisce, quale "imprenditore di se stesso". Ci riesce molto bene, ed in effetti è una figura di riferimento, nella sua attività, per i senegalesi e per gli italiani, distinguendosi come persona che, pur non facendo capo ad una famiglia religiosa o artistica come i *griot*, ha saputo farsi da sé, si è creato una identità professionale - che non è semplicemente il "disbrogliarsi" -, grazie a una mentalità emancipata, anticonformista, pur arrivando da un villaggio dove le persone sono poco intraprendenti. In Italia, non appena avuto il permesso di soggiorno, fa un lavoro dipendente, ma torna poi, come molti altri, al commercio. Nella prima parte dell'intervista ci descrive una situazione economica, sociale e culturale di partenza che è diffusa tra gli emigrati per lavoro stabilitisi a Torino, ed in particolare si può notare, come per molti di cui si parlerà in seguito, il fatto che non emigra per bisogno, ma per intraprendere una propria strada.

Sono nato in un piccolo villaggio nel nord della regione di Louga e ho vissuto lì fino a quindici anni con i miei genitori: lavoravamo nei campi, abbiamo studiato anche il Corano. Poi sono dovuto andare a Dakar per cercare un lavoro migliore; quindi ho cominciato a fare il commercio. Da noi uno di quindici anni è già adulto, perché si comincia a lavorare a sei, sette anni. Quando vai in città non sei solo, perché hai dei cugini più grandi, che magari da dieci anni sono lì, e i primi tempi sei con loro. Tutti quelli che lavorano ai mercati affittano delle stanze. Quando arrivi dormi con loro magari un mese, due mesi, poi continui a rimanere con loro, pagando l'affitto per un'altra stanza per te e continui a lavorare. Sono sempre rimasto lì a lavorare come commerciante fino a quando sono venuto in Italia. Ho cominciato a fare il commercio ambulante, poi, mettendomi un po' di soldi da parte, sono riuscito a comprare un negozietto piccolo e lì continuavo a vendere roba di bigiotteria, poi ho cambiato anche genere di merce, vendendo *caisses de toilette*, creme per la pelle, tutte queste cose insieme con la bigiotteria. Io lavoravo bene, non avevo problemi di soldi quando facevo questo lavoro. Poi venne un momento che vedendo tante persone che venivano in Italia e guadagnavano più di me, anch'io volevo guadagnare di più e ho dovuto lasciar tutto con mio cugino e venire qua, a cercare di lavorare qua per guadagnare di più.
Nell'85 sono venuto in Italia perché avevo dei conoscenti: avevo un cugino, che adesso è a Macerata, che viveva qua a Torino con la moglie, che lavorava qua. Avevo il suo indirizzo, ci scrivevamo regolarmente, sono venuto qua da lui. Quando sono arri-

vato sono andato da mio cugino. Lui era un commerciante - adesso no, ma era un commerciante - e io facevo il commerciante come lui: d'estate andavamo a Rimini a vendere nelle spiagge e poi in inverno venivamo a Torino, andavamo nei bar a vendere ciò che vendevamo. Nel 1987 hanno dato il permesso di soggiorno, l'abbiamo avuto tutti e due; lui subito ha trovato lavoro come muratore; anch'io ho trovato lavoro da una ditta che si trovava a Valenza Po, lavoravo l'oro. Sono rimasto lì un anno e mezzo, poi ho lasciato e continuavo a fare commercio: compravo le maschere, tutto il legno, in Senegal e qua vendevo come grossista: giravo quasi tutta l'Italia e vendevo tantissima roba. È lì che ho cominciato a fare il commercio di nuovo, fino al '90 quando ho cominciato a vendere biglietti d'aereo appoggiandomi a un'agenzia. Da lì ho conosciuto un ragazzo che ha aperto quest'agenzia di viaggi e nel '93 sono andato da loro: ho fatto collaborazione per tre anni e poi mi hanno assunto definitivamente. Lì lavoro quasi da otto anni. Sono assunto part-time, ma sono libero di fare quello che voglio, andare quando voglio perché sono fondatore di quest'agenzia: non sono socio perché al momento della fondazione non avevo soldi, se no io sono considerato come un socio, e se non ci sono, loro fanno la mia parte. Oltre al mio lavoro principale sto avviando un *phone center*, da solo. A fine mese sarà aperto e se ne occuperà soprattutto una mia amica.

Credo che ho trovato nel cammino soltanto vantaggi e rispetto al Senegal è meglio perché il lavoro che faccio adesso, oggi come oggi, mi piace: è un lavoro tutto mio, inventato da me, che gestisco bene, so bene cosa faccio, come devo fare; vuol dire che sto bene, non ho nessun rimpianto sul percorso. E poi sicuramente sono sempre andato avanti, non sono mai andato indietro, non ho mai avuto il dispiacere di quello che faccio oggi: "Ah, preferivo quello che facevo ieri!". Non è mai successo, vuol dire che va bene.

Quando ho cominciato non avevo tanta conoscenza, i clienti erano pochissimi, adesso ne ho fin troppi, per dire. Adesso la mia preoccupazione è di trovare i posti, non di trovare i clienti.

Rispetto al Senegal, se parliamo di fare i soldi, è meglio il mio modo, perché si fanno più soldi.

Il reddito che ho non mi soddisfa, voglio sempre di più. Perciò comincio un'altra attività. Riesco a fare risparmi, però non sono soddisfatto. Penso che si deve sempre fare di più, avere sempre di più. Vorrei potenziare il talento: avere più talento vuol dire organizzare meglio le cose per soddisfare di più i clienti, per avere più clienti, per vendere di più, per guadagnare di più. Mi farebbe un gran piacere avere la mia agenzia a Torino. (MF)

La via dell'impegno sociale

Se per MN l'aspirazione ad emergere nell'attività di sarto di moda è stata coronata dal successo nell'ambito lavorativo al quale sin da bambino era destinato, diversamente accade nell'esperienza di migrazione di MD che racconta come desiderasse dedicarsi ad una professione intellettuale in ambito socio economico, mentre la sua vicenda è sfociata in un non previsto ma positivo sbocco nell'impegno sul terreno sociale nel quale si sente pienamente realizzato ("Sono soddisfatto forse meno di come sono, però di quello che ho fatto sì").

In questa intervista risalta in modo notevole la determinazione e la consapevolezza nella lotta intrapresa per riuscire a realizzarsi come persona in un lavoro adeguato alle proprie capacità e aspirazioni di impegno intellettuale e culturale, in un percorso diverso da quello d'imprenditore, desiderato dal padre. E si può notare come la misurata soddisfazione per il raggiungimento dell'obiettivo si accompagni all'impegno morale preso di fronte a se stesso di contribuire al sostegno economico della propria famiglia, che pure è benestante, un dovere non imposto ma sentito da tutti come prioritario.

Con la figura di MD si è già nell'area di quanti ambivano a perfezionare gli studi superiori ed hanno dovuto rinunciarvi.

In Senegal mi sono diplomato, ho frequentato l'università anche se in modo informale, Scienze economiche, Scienze politiche, e stavo per andare negli Stati Uniti perché avevo l'iscrizione per fare il *Marketing Management* che poi non ho potuto più fare in Italia. Da Roma, dov'ero venuto a trovare mio fratello, dovevo rientrare in Senegal e trovare un biglietto per l'America, e non avevo immaginato di finire in Italia perché è un paese che non mi ha mai affascinato. Quando sono arrivato in Italia ho trovato questa sorpresa pazzesca, che dopo una settimana pensavo di rientrare in Senegal talmente offriva poco; non mi interessava vendere per la strada, non avevo mai venduto niente, mi sembrava folle. Ho fatto un mese a Roma e quando ho deciso di aspettare sei mesi per chiedere il visto di nuovo sono venuto da un mio amico a Torino, ma potevo stare a casa sua solo per due settimane. Mi sono spostato a Milano perché mi interessava il nord. A Milano ho girato cercando lavoro. Ho sofferto, ho dormito per la strada, in macchine che mi prestavano, era inverno, poi ho dormito nella stazione di Milano, però preferivo quello che essere ospite nella casa di un compaesano, dove erano in dieci, quindici, e dove si dormiva male comunque. Stando fuori, per conto proprio, con le difficoltà che incontravo, era uno stimolo per me per il giorno dopo. Il giorno che ho dormito in un palazzo abbandonato occupato da stranieri, ho sentito all'alba che qualcuno diceva che nella zona di Lecco si trovava lavoro. Allora ho preso un treno per Lecco; non sapevo neppure dove fosse questa zona; mi hanno detto di passare nei bar attorno alle sette e lì incontravi gli operai, ci si informava dove erano le fabbriche. Infatti mi hanno detto che c'era una ditta metalmeccanica dove poi sono andato ed era la prima volta che ho lavorato in vita mia. Un lavoro durissimo. Una stamperia. Il primo giorno è stato un po' leggero perché dovevo imparare un lavoro manuale, poi il secondo giorno hanno aumentato la velocità della macchina; dovevo essere più veloce della macchina. Visto che era la prima esperienza di lavoro ho sofferto; dopo circa due settimane non ce l'ho fatta, sono stato male. Il signore mi aveva dato la casa, per cui quando mi sono messo in mutua mi ha detto che non era un lavoro fatto per me, mi ha licenziato, e il problema era lasciare la casa: era la prima casa che avevo in Italia. Ho conosciuto un sindacalista, ho fatto amicizia, quando non lavoravo andavo alla sede della Cgil e gli davo anche una mano con i senegalesi. Intanto imparavo l'italiano frequentando gli italiani, leggendo molto, ascoltando la radio. Ho cominciato a frequentare l'ambiente del sindacato lavorando presso un laboratorio chimico, nella zona di Lecco; facevo l'analisi dei colori per la produzione; un lavoro tranquillo, pulito, che mi dava soddisfazione perché lavoravo con il camice bianco, mi sentivo meno operaio; era un lavoro in cui ci voleva fantasia perché ti davano un colore e tu dovevi arrivare ad ottenere quel colore lì. Solo che mi ha creato problemi perché ad alcuni della produzione non andava giù che un senegalese o un africano lavorasse in laboratorio, per cui i rapporti non erano buoni con tutti. Lì ho lavorato un anno e mezzo e poi ho chiuso la casa, ho lasciato il lavoro e sono andato in Olanda perché una persona mi parlava dell'Olanda dicendo che gli immigrati stavano bene, non c'era razzismo. Ho chiesto il visto e sono andato ad Amsterdam. Ad Amsterdam era bellissimo. Dopo quarantacinque giorni in Olanda sono tornato [per motivi personali] in Italia. Sono tornato in un posto dove non avevo più niente, dovevo ricominciare tutto daccapo perché il lavoro l'avevo lasciato, la casa l'avevo lasciata. Allora avevo ancora un po' di soldi rimasti dalla liquidazione, e quando ho finito i soldi dovevo trovare lavoro, ho cominciato a fare cose che non mi appartenevano; non volevo pesare su nessuno e ho iniziato a fare volantinaggio, a imbucare nelle buche delle lettere, poi mi capitava di andare ai mercati generali al mattino a scaricare, mi davano cinquantamila lire ogni mattina e così fin quando ho letto su *Seconda mano* che cercavano un autista in un'impresa di trasporti di liquami industriali, e visto che avevo la patente per guidare i camion ho risposto a quell'avviso e mi hanno preso. Magari non era pesante per quelli che lavoravano lì, ma per me sì, caricare, scaricare. Ho lavorato sei mesi poi ho letto un annuncio su un giornale di un concorso per un corso di formazione per mediatori culturali, organizzato dalla Regione; non ci ho pensato due volte, ho fatto il test, sono stato accettato: avevano bisogno di quindici stranieri e io sono stato fortunato a far parte dei quindici; però ci voleva lo stato di disoccupazione: allora mi sono licenziato per fare il corso. Ci davano quattromila lire l'ora come borsa di studio. Nel frattempo frequentavo sempre la Cgil e ho avuto una proposta di collaborazione con un giornale che non c'è più che si chiamava *Non solo bianco*, della Cgil, usciva ogni sei mesi; scrivevo la mia esperienza, tutto quello che mi passava per la testa e mi davano un *tot*. Con questo sono sopravvissuto per la durata del corso, un anno e mezzo. Dopo è migliorata la situazione perché ho cominciato a lavorare per il Comune di Torino per l'Ufficio stranieri e anche con il Tribunale come interprete, cosa che faccio tuttora. Con il Comune ho lavorato sino a due anni fa.

Ho iniziato a lavorare in Comune anche in servizi sociali in questo quartiere, come cooperativa, perché il Comune non poteva assumere stranieri. Quindi ho lasciato l'Ufficio stranieri, ho proseguito a lavorare con i centri sociali, e nel '95 si è iniziato con il centro psichiatrico: a Parigi c'è un centro, e l'ispirazione è venuta da lì: il dottor Beneduce, psichiatra, ha avuto l'idea di aprire un centro psichiatrico nell'area sanitaria delle Asl; sono stato coinvolto e ci ho lavorato sino alla settimana scorsa. Il mio contributo era fare da ponte, da chiave di lettura, interpretare il malessere, il disagio del paziente, le problematiche del paziente. Ho lavorato come mediatore clinico. Il centro c'è ancora. Purtroppo attraverso il centro ci si rende conto di quanto è difficile, quanto è traumatica l'esperienza dell'immigrazione. Vi sono anche quelli che hanno subito la tortura, tanti come dal Ruanda, o dalla Nigeria le ragazze che lavorano sulla strada. È un centro importante, ricchissimo secondo me. Ho qui un ritaglio di giornale su un centro analogo a Roma: loro utilizzano di più la psichiatria classica, ma fanno più o meno la stessa cosa che facciamo noi. Quindi adesso abbiamo aperto, dal diciotto di questo mese, un centro di supporto psicologico familiare; stiamo nascendo con un'altra esperienza interessante. L'*équipe* è costituita da psicologi, psichiatri, sociolo-

gi e mediatori culturali, propone un aiuto psicologico o una terapia specifica, e psicologi specializzati si occupano dei minori. Aiuta inoltre l'immigrato nell'inserimento e adattamento con la cultura autoctona favorendo lo scambio fra cittadini di diversa nazionalità. È aperta a individui e famiglie di qualsiasi origine nazionale o etnica.
Mi interessa soprattutto perché lavorando nelle varie strutture, avendo vissuto anche alcune esperienze come cottimista, mi rendo conto che ho avuto a che fare con molte problematiche, quindi è utile mediare tra i conflitti, finché è possibile, che possono esservi tra stranieri. E quindi sto vivendo questa nuova esperienza, siamo al primo mese di apertura.
È un lavoro retribuito, il volontariato l'ho fatto, ma adesso non me lo posso più permettere. Io ho fatto tante cose gratis, per me è stato utile.
Il lavoro di adesso è pesante ma è utile, serve. Non mi pesa perché penso che il peggio per me sia passato: era più pesante, mi coinvolgeva, quando lavoravo all'Ufficio stranieri, che era legato alle problematiche dell'ambiente. Mi sentivo responsabile ma non ero in grado sempre di risolvere i problemi.
Rispetto al lavoro della fabbrica, che è durato pochi mesi qui, in un laboratorio chimico, non era male ma io non ero abituato alla regolarità del dipendente, ero appena arrivato e non richiedeva impegno intellettuale anche se era comunque un lavoro di ricerca chimica, ma schematico. Adesso faccio un lavoro dove ho bisogno di studiare, di leggere.
Io lavoro per realizzarmi come persona. Non è un fatto economico: io ho scelto di venire via dal Senegal non per necessità economica ma perché volevo fare la mia vita. Se avessi avuto un lavoro nel '90 in Senegal sarei venuto via lo stesso. Qua ho un progetto che deve ancora arrivare al suo termine, per cui non ho ancora necessità di rientrare. Il problema non si pone. Io ho avuto la fortuna di inventarmi sempre il mio lavoro.
Quando ero giovane volevo andare negli Stati Uniti e pensavo di fare un lavoro manageriale ma adesso non lo farei più; farei una cosa del genere ma in Senegal.
Io sono soddisfatto forse meno di come sono, però di quello che ho fatto sì.
Nel mio lavoro cambierei il rapporto economico, perché a casa, in Senegal, ho i parenti a cui mando i soldi tutti i mesi: ai nonni che mi hanno allevato, a mia madre perché non le bastano quelli del marito: mio padre ha lavorato, ha faticato moltissimo quando eravamo piccoli e la nostra cultura vuole che quando i figli sono grandi e lavorano contribuiscono, appoggiano la famiglia. Io devo aiutare: non è un dovere nel senso di obbligo, ma per valori etici, mi sono impegnato a dare un sostegno. Mi porta via una grossa fetta del guadagno. I fratelli grandi mandano anche loro denaro a casa, ricevono abbastanza denaro, ma anche prima stavano bene, solo che è il nostro dovere e lo facciamo.(MD)

3.2 Le aspettative degli studenti universitari

Si è detto che chi esce dal Senegal per completare gli studi non è considerato un emigrante, permanendo la distinzione tra l'emigrante per lavoro e lo studente. Tuttavia qui si tratta di persone che avevano progettato di frequentare l'università ed avere un'attività professionale confacente al titolo ottenuto, ma hanno dovuto rinunciare agli studi e trovare un'occupazione per vivere, e spesso hanno dovuto accettare lavori manuali per i quali non avevano predisposizione e non avevano ricevuto un'adeguata formazione. Si può notare che generalmente il loro primo tentativo è studiare in Francia, e che, venendo in Italia, non si sono recati in città come Perugia o Firenze, attrezzate ad accogliere studenti stranieri e verso le quali si orientano quelli che hanno prospettive di laurearsi più concrete, benché dure da affrontare, ma si sono fermati a Torino, città operaia industriale che poteva offrire un lavoro dipendente. Emerge in questi racconti il rimpianto per gli studi non completati, ma anche una positività nel valutare quello che hanno realizzato, e solo uno dice in modo esplicito "ho fallito nel mio campo" perché non ha raggiunto l'obiettivo di diventare professore o giornalista, e riversa molto concretamente sulla figlia progetti di affermazione attraverso gli studi.

Una scommessa da vincere, un obiettivo da raggiungere

Il più giovane e di più recente immigrazione, è l'unico che ancora mantiene vive le sue aspirazioni e lotta per realizzarle, benché senta che diventando operaio è già avvenuta in lui una profonda trasformazione e sono mutate le prospettive di riuscita derivanti dal portare a termine gli studi. L'attuale rinvio di questo progetto gli pesa, in quanto era stato destinato e cresciuto perché ottenesse una laurea, ed avendo deluso le aspettative della famiglia si propone qui di recuperare le possibilità sinora perdute, mantenendo fermo il suo obiettivo. Forse per questo al centro del suo racconto c'è la descrizione delle difficoltà incontrate nel frequentare l'università, sia in Senegal sia in Europa: questa sua descrizione può dare un'idea dei problemi che anche molti altri studenti approdati in Italia hanno incontrato nel loro paese e all'estero.

Io sono nato in una grande famiglia wolof, veramente numerosa. Mio padre lavorava a Thiès nell'ufficio del controllo. Non avevamo problemi economici. Aveva tanti figli, eravamo in sedici. Manteneva tutti lui, e già, e chi lo faceva?
Ho ottenuto il mio *baccalauréat* nel 1997. Nel nostro Paese non abbiamo tante università: recentemente è nata l'altra Università, la Gaston Berger, a Saint-Louis. Prima c'era solo quella di Dakar, quindi erano tante le domande in rapporto all'offerta. Alla Gaston Berger, poteva andarvi solo chi aveva avuto la menzione, cioè la valutazione di più di dodici nel suo diploma. È un'università in cui puoi studiare tranquillamente nel *campus* perché è un po' fuori della città. Io non avevo la menzione. Volevo andare all'università perché ero uno studente, volevo andare avanti nei miei studi, fino a trovare qualcosa. Quando ero piccolo avevo tanti sogni in mente: volevo diventare questo, quello; comunque ho sognato che forse potevo essere un insegnante, un professore. Uno che ha fatto i suoi studi fino al diploma e dopo non prosegue, cosa farà? C'era uno dei miei parenti all'Università, ha sostenuto la mia domanda; era alla Facoltà di Lettere moderne, quindi mi hanno orientato lì, mentre io avevo scelto la Facoltà di

Storia e Geografia, perché avevo voti molto buoni. Così è andata, mi sono iscritto alla Facoltà di Lettere moderne a Dakar. La prima volta che arrivi per iscriverti trovi tante difficoltà che non avevi al liceo da cui vieni. Lì c'era un problema di orientamento: non potevo immaginare che nella Facoltà ci sono millecinquecento persone, ci sono gli anfiteatri che non possono contenere questi studenti. C'è spesso sciopero.
A Dakar io abitavo in casa della sorella di mio padre che è lontana dall'Università. Ero un po' in ritardo rispetto agli altri perché ho fatto l'iscrizione a gennaio e quindi erano già finiti i corsi. Mi sono detto: io vado avanti, speriamo di passare questi esami. Però non avevo la volontà di proseguire questi studi letterari: non ero proprio convinto. Ho fatto il primo anno e non sono riuscito a passare l'esame, perché lì come studente di materie letterarie devi fare le ricerche sui libri, vai alla biblioteca e non li trovi, perché per millecinquecento studenti i libri non sono abbastanza, quindi se non hai i soldi per comprarli puoi passare tutto l'anno senza leggere niente. Se hai amici studenti quando vanno a restituirli li prendi, se no non puoi fare le ricerche. Io avevo la fortuna di comprare alcuni libri e per quelli che restavano li ho cercati negli avvisi. Quindi ho fatto con molta difficoltà il primo anno, non sono riuscito a farlo, non ho passato neanche lo scritto, quindi a ottobre ho ripreso. Non costa cara l'università, perché per iscriversi devi pagare cinquemilanovecento FCFA, che fa quindici-sedicimila lire. I libri non costano molto cari.
Ho rifatto l'anno e questa volta abitavo proprio all'Università, perché uno dei miei amici faceva la laurea e aveva ottenuto una camera. Lui la notte andava a casa sua, che era vicina. Quell'anno lì sono riuscito a passare il primo turno, ma agli orali non ho passato l'esame e dovevo riprendere a ottobre.
Il secondo anno ho fatto un lavoro come operaio, in un'azienda di tubi di plastica, quando non avevo corsi, sabato e domenica, così guadagnavo un po' di soldi per comprare i biglietti, per mangiare. Comunque la mia famiglia mi sosteneva, ma in quel momento mio padre non lavorava più, era in pensione; mia madre non lavora; avevo solo mio fratello che mi aiutava, ogni mese mi mandava qualche cosa.
Nella mia famiglia ero un'eccezione, sono andato solo io all'università; le superiori le hanno fatte anche gli altri. Uno ha fatto fino all'esame per andare all'università, non è passato e ha lasciato; è andato a fare il commercio, aveva aperto un negozio all'Università Gaston Berger. Mio fratello che è qua, lui anche ha fatto il commercio in Senegal. Nessuno ha seguito la strada di papà, nessuno ha avuto la fortuna di essere un agente pubblico che lavora negli uffici.
In questo periodo ho avuto la fortuna di avere una pre-iscrizione a Lille, così sono andato in Francia, ma era fuori di Lille, nella provincia. Dovevo prendere un treno per andare lì.
Per il visto non ci sono problemi, se hai la pre-iscrizione e tutti i documenti in regola ti danno il visto per studiare. Ma devi avere anche un conto bancario che dimostra che sei in grado di mantenerti. Era il 2000. Non mi aspettavo che gli studi fossero così cari, dovevo pagare per iscrivermi, poi devi pagare la camera. Ho pensato che mio fratello magari non aveva la possibilità di mantenere queste spese, visto che solo lui poteva mandar giù soldi per la famiglia e anche per i miei studi. Ho pensato e pensato, ho deciso che non ce la facevo a continuare, rischiavo di avere problemi, perché lì non è come in Senegal che puoi cercare gli amici, ero isolato. Ho pensato: "Visto che non ce la faccio a continuare gli studi, va bene, vado in Italia, così magari lì posso cercare di continuare gli studi", e sono venuto a Torino. Mio fratello ha la cittadinanza italia-

na e mi ha aiutato a trovare i documenti perché ha diritto di fare venire la famiglia. Sono venuto qui con un visto francese e mi hanno dato il permesso di soggiorno per ricongiungimento.
Ma sono andato all'Università con un'amica e mi hanno detto che se non avevo i documenti per iscrivermi, per quell'anno non potevo fare gli studi, dovevo frequentare l'anno successivo.
Sono andato a cercare un lavoro, perché non potevo restare lì senza fare niente e perciò sono andato a lavorare con le agenzie interinali: lavoro come operaio. Ho sempre trovato un lavoro, questa fortuna ce l'ho, perché il primo giorno che sono andato ho fatto domanda a "Italia Lavora", mi hanno chiamato lo stesso giorno: ho iniziato il giorno dopo a lavorare in una ditta che non è grande grande però è dietro l'Iveco, nella zona di Auchan. Ho fatto lì cinque mesi: prima mi hanno dato un mese, poi mi hanno rinnovato due mesi, poi ancora due mesi, quindi ho fatto cinque mesi fino a luglio. Facevo l'operaio generico. Era un'azienda - si chiama Euroweld - che lavorava alle dipendenze della Fiat perché faceva dei pezzi che noi tagliavamo alle presse. Facevo i turni.
Ho fatto dei corsi di italiano alla scuola Regina Margherita, due giorni alla settimana; ho iniziato a novembre fino a febbraio, poi non avevo più tempo di andare alla scuola. All'inizio andavo, perché facevo il primo turno o il turno di notte.
Dopo la prima fabbrica, era l'estate con le fabbriche chiuse e io sono rimasto luglio e agosto che non ho lavorato, sono andato con mio fratello, ad aiutarlo con il negozio, e ho fatto domanda all'Adecco. Il venti agosto ho iniziato a lavorare alla Bertone. Ho un contratto fino al trenta novembre e poi non lo so. In questa fabbrica, che è una fabbrica molto grande, ci sono tante etnie: ci sono dei peruviani, ci sono anche altri senegalesi, arabi, marocchini e anche italiani. L'altro giorno abbiamo fatto sciopero perché lavoriamo su una linea. A noi come lavoratori interinali hanno dato un giorno come permesso.
Guadagno abbastanza, comunque anch'io ho da mandare i soldi alla mia famiglia, ho da fare le spese di luce, eccetera, perché abito in una casa dove adesso siamo in due.
Quest'anno, per l'università, penso che è già partito, ma veramente io amo gli studi, voglio veramente studiare; magari sono rimasto questi anni senza studiare, però ho fatto tutto il mio percorso di studio, ho studiato magari quasi tutta la mia vita.
Sono cambiato? Qua ho cambiato la maniera di vivere, qua la vita è differente da come vivevo in Senegal, perché lì mi sentivo più in libertà, qua ognuno è affar suo. È cambiato perché il B. che era lì come studente non è più B. che è qua come operaio: guadagno magari qualche soldo di più che lì; adesso sono una persona differente da prima, perché adesso guadagno, partecipo alla famiglia con il mio contributo, sono più responsabile, mentre prima mi aiutavano.
Io non ho mai rinunciato al progetto di studiare, è un peccato, ho perso due anni, prima o poi ci ritorno, perché gli studi non finiscono mai. Ma oggi quando prendi la laurea non è detto che trovi subito lavoro e non farei Lettere come prima, vorrei fare Giurisprudenza, poi vediamo: alla fine Lettere non ha sbocco.
Lavoro, certo, per il reddito, perché io sto lavorando innanzitutto perché voglio risparmiare un po' di soldi, magari per tornare a studiare qui: se riesco a trovare un lavoro che mi permette di studiare e lavorare va bene, a part-time, regolare, non i turni che disturbano. Devo aiutare la famiglia; mio padre ha fatto così per me, e anch'io devo fare per lui, mio padre, mia madre, le mie sorelle e magari se loro ogni tanto

hanno problemi io li aiuto per responsabilità e ringraziamento per quello che hanno fatto. È quella la civiltà. (BS)

"Non ho la scelta - ma non rimpiango la mia vita"

Una delusione rassegnata per non aver potuto accedere agli studi universitari nel proprio paese a causa delle scarse risorse della famiglia, e per doversi adattare ad un lavoro manuale pesante e talvolta nocivo, accompagna MOD, ma non la rinuncia al tentativo di trovare ancora uno sbocco diverso con un'attività propria nella quale assestarsi. MOD aspira a un lavoro stabile perché la sua esperienza lo induce a non ritenere positiva, nell'attuale contesto di lavoro, quella mobilità continua nei diversi mestieri, considerata una valida prerogativa dai senegalesi, che caratterizza l'esperienza di lavoro in Senegal e in particolare quella di suo padre, che oltre ad essere stato insegnante statale, ha fatto l'agricoltore, il taxista, il commerciante. Il fallimento negli studi si riflette nel bilancio della sua vita che considera non riuscita ed anche, come vedremo più avanti, nell'ammirazione per le doti e per l'atteggiamento verso il lavoro della moglie e nelle prospettive di successo trasferite sulla figlia. Nel suo racconto emerge il problema del rapporto tra sapere teorico e sapere pratico, tra una preparazione umanistica generica e una specializzazione, che anche altri senegalesi hanno messo in evidenza, poiché nella ricerca del lavoro nell'emigrazione hanno visto quanto pesi la formazione professionale.

Vengo da una famiglia modesta, che non aveva molti mezzi per poter assicurare i miei studi. È per questo che ho finito presto i miei studi, all'università, al primo anno e mi sono detto che sono il figlio più grande della famiglia, che devo andare all'estero per meglio gestire la famiglia. Per questo motivo mi sono ritrovato prima in Francia, dove però non avevo le condizioni per lavorare, perciò mi sono detto di andare in Italia, per avere dei documenti e lavorare là. In Italia, inizialmente sono passato da Pisa, per fare le pratiche per ottenere i documenti. Alla fine sono venuto qui al nord, perché qui c'erano più possibilità di trovare lavoro, in più qui c'è una forte comunità senegalese. È per questo che sono arrivato a Torino. In Senegal se non sei qualificato, diciamo, intellettualmente, rischi di trovarti *dans les embarras du boulot*, in lavori che non ti piaceranno o lavori che ti rendono presto vecchio. Il Senegal è fra i paesi che avranno il maggior numero di studenti e allievi in difficoltà. È la ragione che mi ha spinto a lasciare il mio paese per l'estero.
Sono diplomato in francese e in arabo. Parlo l'inglese perfettamente e l'arabo.
Ho fatto fino al primo anno di università a Dakar, alla Facoltà di Lettere. Poi perché non c'erano borse di studio, ed erano i miei parenti che mi aiutavano, mi sono detto: meglio lasciare l'università. Non avevo le risorse, anche ottenere i libri su cui studiare era caro, e questo mi creava dei problemi alla fine dell'anno perché ci sono gli esami e se non sei ben documentato rischi di ritrovarti fuori dai corsi. Gli studenti dell'università hanno problemi a pagare i libri scolastici, perché non lavorano; invece qui in Italia uno studente ha una mezza giornata per andare a cercare da qualche parte

un part-time, per guadagnare qualche soldo. Al contrario in Senegal di lavori non ce n'è; se ce ne fossero sono sicuro che andrebbero a farli. Il problema è che non c'è niente da fare. Sia a Dakar che a Saint-Louis nei *campus* gli studenti si arrangiano; lo studente a volte taglia i capelli nella sua stanza e guadagna un po' di soldi, ma uscire per lavorare all'esterno, questo non succede.

Dopo questo primo anno di università ho cominciato a fare le pratiche per avere un visto per lasciare il Senegal. Al primo anno pensavo di poter ottenere una qualche borsa per andare a studiare in Francia, ma alla fine mi sono reso conto che c'erano degli studenti di livello molto più elevato di me. Allora mi sono arrangiato per un visto e sono venuto in Francia. Era l'anno 1996-1997.

In Francia ho dei parenti, ma non ero con loro. Ero un po' isolato, ero con delle vecchie conoscenze dell'università. A volte dormivo al *campus* dell'Università, nelle stanze. La mattina uscivo e andavo in città per trovare qualche cosa per lavorare. Alla fine sono arrivati i problemi, soprattutto per i *sanspapier* in Francia. A volte cammini per la strada, ti fermano senza documenti, ti portano in prigione, oppure ti rinviano. Alla fine siccome l'Italia stava concedendo documenti, ho deciso di andarci: a Pisa sono restato fino al 2001, per ricevere i documenti. Per quel periodo ho fatto lavoretti, come vendere per la strada fazzoletti, cose così. Non appena ho ricevuto i miei documenti me ne sono immediatamente andato da là, perché qui ho degli amici che mi hanno detto di venire a Torino una volta che i documenti erano pronti, perché qui è meglio, qui c'è una forte comunità senegalese.

Ho lavorato in conceria, ma non so se è l'aver fatto la scuola che mi fa pensare così, perché ci sono altre persone che fanno questo lavoro, ma io non posso lavorare la pelle, per l'odore. È per questo che ho lasciato Pisa per venire a lavorare qui. È l'agenzia interinale che mi ha preso, la Kelly Services, ci ho lavorato un anno e due mesi, ma ora mi ha assunto direttamente la fabbrica, l'Alcar. Il contratto dovrebbe valere per sei mesi. Il personale è un centinaio di persone. Ci sono due turni. È una piccola fabbrica. Quando si hanno i documenti e si cerca un lavoro, ti chiedono di andare nei punti di reclutamento, come questa Kelly Services, ce ne sono molti un po' dappertutto. Tu vai là, ti iscrivi, depositi la fotocopia del tuo libretto di lavoro e lasci il tuo numero di telefono; se ti chiamano è perché c'è un lavoro. Se tu vuoi quel lavoro, funziona. L'azienda per cui lavoro è qui a Rivoli. Il lavoro consiste nel dipingere delle macchine. È una filiale della Fiat. Ci sono dei pulitori, delle persone che innanzitutto arrivano e puliscono la carrozzeria, noi poi incominciamo a dipingerle, le macchine, lasciamo seccare la vernice, poi c'è un'altra *équipe* che viene e che mette la plastica. Il mio lavoro si ferma qui. In Senegal abitavo proprio accanto a un laboratorio di verniciatura e quando ero là a volte andavo ad aiutarli, andavo a vedere come facevano.

Se devo pensare al lavoro, mi chiedo cosa devo fare. Non ho la scelta. Se dico di amare questo lavoro è un paradosso, perché non ho ricevuto la formazione per questo. Anche se ho una cultura, ho fatto degli studi, non ho fatto formazione specializzata. Ho fallito nel mio campo. Avrei potuto essere un insegnante, un giornalista, un avvocato, non so. Ma ho abbandonato la mia vocazione e siccome non sono riuscito nella mia vocazione, non ho più la scelta. "Non appena si presenta un lavoro che è normale, mi sono detto, non ho la scelta". Ma io devo sostenere la mia famiglia in Senegal che è numerosa. La famiglia africana è di due generazioni. A volte entri in una famiglia, dove ci sono non solamente i nonni, ma anche le zie, gli zii. E io purtroppo sono il figlio maggiore della famiglia. Sono il più grande.

Prima di venire in Europa era un sogno; noi quando siamo al Paese, quando siamo in Africa che ci prepariamo per venire in Europa ci diciamo: bene, quando rientro porto del denaro, qui e là, non sappiamo ciò che ci attende esattamente. Ma la maggior parte quando vengono qui non hanno un mestiere, oppure hanno un mestiere, ma sanno lavorare con altri materiali. Perché in Senegal lavoriamo con il "*système D*", D come "*débrouiller*". Lo chiamiamo così in Senegal, il *système D,* cioè tutti si arrangiano. Prima vendevo delle carte del telefono e tessuti, ma ora non funziona, perché ci sono molti debiti. Ad esempio c'è uno che viene, che chiede due, tre carte a credito, poi lo chiami, chiami sempre e ti dice: ora non ho soldi. È per questo che mi sono detto che era meglio lasciar perdere.
Effettivamente ho dei rimpianti, perché ho fatto praticamente diciannove anni di studi per nulla. Questo è un rimpianto. Non rimpiango la mia vita, perché ho sempre del coraggio e non so quello che mi tocca domani. Lavoro regolarmente, ho fondato una famiglia e ora spero di poter migliorare, ma non rimpiango la mia vita. Solamente quello che rimpiango sono gli studi, quando vedo qualcuno che studia, perché ho studiato molto.
La prima cosa che non mi aspettavo quando sono venuto in Italia è di divenire un pittore [verniciatore], perché io non avevo mai preso un pennello in mano nella vita. Non avevo mai fatto un lavoro manuale. Solo l'agricoltura, che è un'altra cosa. Ma il lavoro manuale seriamente non ci pensavo, perché credevo di andare in un ufficio, essere un avvocato o un giornalista, non so. Ma non pensavo di diventare un lavoratore manuale. (MOD)

"Io volevo studiare - ho perso la speranza"

I progetti di MBK non erano realizzabili in Senegal, poiché non poteva usufruire di una borsa di studio per l'estero nelle materie che aveva scelto, che nelle università senegalesi non erano previste come corso di laurea. Venendo in Europa ha perso però la speranza di completare il suo percorso di studio, e si vede accomunato, in questa delusione, a molti suoi compagni di università che sono adesso all'estero e che, come lui, ormai si sono stabilizzati in attività di commercio o in fabbrica.

Mio fratello mi ha fatto venire qui, era a Torino, ora è a Biella; è operaio. Sono arrivato che avevo venti anni. Ho fatto il liceo francese, ho studiato franco-arabo, fino a diciotto anni. Ho finito il liceo nel 1988. Volevo continuare a studiare, però non avevo borse di studio, perché per franco-arabo si deve andare all'estero, ma è difficile avere borse di studio. Qui ho fatto più commercio che operaio; andavo ai mercati insieme a mio cugino. In fabbrica ho lavorato prima tre mesi, poi un mese e poi un mese. Non nella stessa fabbrica. Quando sono andato ho fatto una prova a Auchan, in quel momento non potevo capire bene quello che mi dicevano in italiano. Io parlavo francese ma loro non lo parlavano. Il secondo lavoro l'ho fatto a Leinì in un magazzino dove si preparava la merce da mandare ai supermercati. Si riempivano le scatole seguendo un elenco di ordinazioni. Sono rimasto tre mesi, ma ho voluto andarmene perché mi pagavano poco. Ero regolarizzato, mi aveva mandato la cooperativa, dunque non davano liquidazione. Nell'altra azienda, la Johnson Controls a Grugliasco, producevano i sedili delle automobili: ci sono nove posti, uno si mette qui, uno qui, un altro qui, di seguito, e noi facciamo il giro, cambiamo posto. Sono andato via da solo, perché volevo rimanere un po' con l'agenzia, ma quando è scaduto il contratto con l'agenzia mi hanno detto: "Se vuoi lavorare ti facciamo due anni di prova", un contratto di formazione, "se vuoi ti assumiamo subito". Non ho accettato perché anche loro pagano poco. Adesso faccio domande di lavoro, sempre con l'agenzia. Devo mandare del danaro a casa; riesco a mandarlo, comunque è difficile; per quello cercavo un lavoro che pagano un po' meglio.

In Senegal facevo il coltivatore, quando studiavo; alla fine dell'anno scolastico, per tre mesi ritornavo a casa per aiutare la famiglia.

Non mi aspettavo di rimanere qua tre anni senza ritornare, per motivi di denaro. Pensavo di guadagnare di più e tornare prima. Mi aspettavo più lavoro, pagato meglio. Da noi quasi puoi lavorare con tranquillità, con più calma.

In fabbrica nessun problema. Rispettano i diritti; alla Johnson Controls, nessun problema: però ci ho lavorato solo un mese; magari se ci lavoravo più di un mese conoscevo meglio la situazione. Invece a Leinì dove ho lavorato tre mesi, mi dicevano che pagavano quello che hai fatto, dipende dalle scatole che prepari, ma poi alla fine del mese non hanno rispettato quello che hanno detto, mi hanno pagato di meno e quando ho protestato mi hanno detto che non ero pagato a ore e allora ho deciso di andare via. In una fabbrica mi hanno pagato le ore, e anche lo straordinario.

Io volevo studiare. Il costo non era un problema, perché un mio fratello pagava per me, ancora dopo il liceo, però per andare all'estero ci voleva una borsa di studio. In Senegal non c'è l'università di arabo, e io dovevo andare in un'altra università: volevo andare in Arabia Saudita; lì se studi ti danno un aiuto. Non ci penso più. Dei miei amici di scuola in Senegal, ora ce n'è uno in Benin e gli ho telefonato, mi dice di andare. Ho perso la speranza, mi piace molto molto studiare. Non pensavo neanche di venire qua, quando ero a scuola, l'ultima classe di liceo. Dei miei amici che non hanno potuto continuare, uno adesso lavora a Cervia, vicino a Ravenna. L'ho visto l'anno scorso, è venuto qua.

Tra la fabbrica e il commercio, io se trovo un lavoro che mi pagano bene preferisco quello, perché mi serve; la fabbrica è meglio, perché è un lavoro sicuro, con la paga mensile, è meglio. Il commercio non è sicuro, soprattutto dopo l'estate finché non arriva Natale, e dopo dicembre rimane ancora un periodo che guadagni poco, finché non arriva la primavera; poi ricominci con l'estate. (MBK)

"Vivere per conto mio"

Nei percorsi di lavoro precedenti, lo sbocco è stato la fabbrica, mentre nei due seguenti si è scelto il commercio come attività congeniale. La vicenda universitaria narrata da HM non differisce da quelle di quanti hanno rinunciato agli studi per le difficoltà incontrate a Dakar e per non pesare sulla famiglia. Diversamente dagli altri, però, non dice di avere rimpianti, e la serenità con la quale descrive il proprio impegno nel commercio, che gli consente di dedicarsi alla *dahira*, fa intuire che abbia trovato una propria strada non priva di gratificazioni, benché non manchi neppure di difficoltà e fatica. Giocano in questa sua sicurezza senza dubbio due importanti fattori. Il primo è la sua personalità singolare che emerge sin dall'infanzia, poiché si descrive come "un bambino testardo" che viene mandato dal padre in una delle più dure scuole coraniche, affinché la sua indole ribelle venga domata; in effetti, se ne va dal Senegal per vivere "per conto suo" e per sei anni non vi torna. Il secondo fattore deriva dal prestigio della sua famiglia, di cui egli stesso parla con orgoglio, di cui "si porta dietro il nome", che gli fornisce un'immagine che genera rispetto e sudditanza. Egli stesso, come si è già visto nel paragrafo 2.3, si presenta attraverso l'ereditarietà: "Mio padre è il primo discendente della confraternita *murid*, il figlio maggiore di Cheikh Ahmadou Bamba. È il primo califfo di Touba dal 1927 al 1945. E poi lo è stato il suo fratello minore dal 1945 al 1968": il padre è *Khalifa*, capo della confraternita *murid* (*Khalifa* designa nella tradizione islamica la successione dal Profeta Maometto e per i *murid* il rapporto di discendenza dal fondatore Ahmadou Bamba), ed uno tra i più ricchi del paese, che ha cominciato a costruire le prime scuole per dare diritto a tutti di studiare (le scuole erano presenti solo in quattro principali città del paese).

Sono nato a Touba in una famiglia religiosa. Ho frequentato la scuola coranica fino a dodici anni, poi la scuola francese, fino al *Bac*. A Parigi sono stato per studiare, ma siccome non avevo i mezzi per farlo, sono stato obbligato a spostarmi, sono andato a Marsiglia. Non c'erano altre porte. Poi sono venuto in Italia, perché era il periodo della sanatoria del '90, sono stato a Milano, lavoravo là, poi sono passato a Brescia, prima ancora di venire a Torino.
La scuola francese è durata fino a diciannove anni a Touba al liceo, poi mi hanno orientato a Djourbel, poi sono andato a Dakar, all'Università e sono stato là fino al quarto mese, ma c'è stato un "anno bianco" [dovuto agli scioperi] e siccome ero già un po' avanti con l'età, avevo venticinque, ventisei anni, non volevo ricominciare a fare la stessa classe, e non volevo neppure essere laggiù a Touba, a contare ancora sulle persone, contare su mio padre, ho preso l'aereo e sono arrivato in Francia. A Parigi veramente senza aiuti non potevo fare degli studi. Avevo un amico d'infanzia all'Università, e mi aveva detto che se fossi arrivato avremmo trovato i mezzi. Quando sono arrivato ho visto che era impossibile: l'affitto, fare da mangiare, il fatto di essere là era un peso. Sono stato tre mesi al massimo. Poi sono stato a Marsiglia un mese; ho sentito dire che in Italia davano i documenti, mi sono detto che era meglio venire in Italia e vedere cosa potevo fare. Mi sono detto: "Vai a provare", perché per me personalmente, il fatto che fin dall'infanzia ho fatto la scuola coranica, mi ha aiutato molto nella vita: sono il solo della famiglia che vive per strada fuori dal Senegal; ce ne sono altri che sono studenti a Parigi, a New York, loro fanno i loro studi e poi tornano. In questo momento ce n'è uno che è studente ad Atlanta, negli Stati Uniti.
Da Marsiglia sono arrivato a Bolzano, dove avevo un cugino. Non ero nemmeno a Bolzano, ero al Moncenisio, in montagna. Era un grande albergo, c'erano molte attività. Lui lavorava come pizzaiolo; avevano bisogno d'un aiuto, così mi hanno chiamato. Prima lavoravo come operaio, era per avere dell'esperienza: la prima volta che ho passato la scopa, non so, dopo mezz'ora, così, avevo tutte le mie mani rosse, a Bolza-

no, in albergo: non l'avevo mai fatto. Ho lavorato là come lavapiatti, facevo tutto, la mattina mi alzavo alle nove per fare i letti e altre cose, le docce e altre cose, all'ora di pranzo ero in cucina, i piatti da lavare, fino alle sedici, poi rientravo, abitavo nell'hotel, la sera scendevo in cucina, per servire. Avevo tanti soldi. Un buon lavoro! Lo facevo con piacere perché la prima cosa che volevo era affrontare la realtà, vedere come potevo fare per imparare la lingua, non so, le cose da fare, il rispetto per esempio delle norme dell'etnia. Sono stato là otto mesi. Da là me ne sono andato, perché era anche duro, nel senso che negli alberghi non c'è che un giorno di riposo, si lavora sei giorni alla settimana, a volte mi svegliavo la mattina alle nove, scendevo e c'erano dei giorni che cominciavo alle nove di mattina e arrivavo nella mia stanza alle cinque del mattino dopo, a volte alle sette.

Poi sono passato a Brescia per vedere uno zio. Siccome là c'era un ambiente senegalese, sono stato là per vedere. Ho cominciato a fare del commercio di vestiti. In quel momento li prendevo in Francia, avevo il mio amico che da là mi inviava vestiti e io li rivendevo a senegalesi. Quando ti prepari per andare in Senegal si può fare del *business*, è una maniera per cavarsela; contavo su un amico a Touba nello stesso villaggio.

Poi sono arrivato a Torino, nel 1990. Lavoravo. Fino al 1992. Prima a Torino già ci venivo, facevo del commercio al dettaglio. È dal 1995 che mi ci sono stabilito definitivamente. Andavo fino a Livorno a prendere la merce. A Torino continuavo a fare le stesse cose di prima, del commercio; spesso andavo a Napoli per prendere delle scarpe o altra merce così, a volte c'erano dei mercati per i tessuti che vengono dal Senegal. Facevo del commercio verso il Senegal e dal Senegal. Questa è stata la mia attività principale fino ad oggi, non ho altre attività.

Rispetto all'attività che facevo nell'albergo a Bolzano sono più libero. Preferisco il commercio. Essere indipendente. Già nella vita sociale sei più libero quando ti occupi di commercio: è da un po' di tempo che la *dahira* ha bisogno di me; ho molto tempo per fare questo e per fare anche il mio lavoro e altre cose. Quando ero a Bolzano mi svegliavo alle nove e mezzo e lavoravo fino alle quattro o alle cinque del mattino.

In Senegal il commercio è meglio, costa meno. Qui non c'è lo spazio, è sufficiente prendere merce per duemila o millecinquecento euro e già l'alloggio è pieno. Poi certi problemi per il trasporto. Là è molto più facile, se hai i mezzi finanziari. Forse per molti altri no, ma per me sarebbe più facile. Per esempio già qui il fatto di avere due sacchi o un sacco di sessanta chili, da portare in treno...

Altri africani ce ne sono che fanno il mio lavoro. Ci sono dei senegalesi anche che vanno a Parigi per acquistare dei completi, cose così, delle scarpe. Per me personalmente, la concorrenza mi importa poco. Anche se abbiamo lo stesso *business*, se vendiamo le stesse cose, ognuno vende quello che può. (HM)

La ricerca del lavoro come epopea

Tra gli universitari che hanno abbandonato senza rimpianto gli studi per dedicarsi al commercio vi è pure un *griot* che ha frequentato tre anni del corso di Legge e si definisce "il re dei *griot*", ma ritiene qualificante la sua scelta lavorativa che deriva dalla tradizione di una famiglia di grandi commercianti in oggetti d'arte e antiquariato a livello imprenditoriale. La sua è anche una famiglia di nobili guerrieri che hanno combattuto per l'indipendenza del Senegal e hanno seguito Cheikh Ahmadou Bamba. La descrizione del suo andirivieni in Europa alla ricerca di lavoro, che appare come epopea, che anticipa la sua definitiva scelta di commercio d'arte, è segnata da episodi che rivelano il suo temperamento ribelle, la sua inquietudine e il desiderio di muoversi, di girare in Europa, il desiderio di fare una vita propria fuori dal Senegal, che lo porta a percorrere una strada separata da quella dei familiari e non del tutto approvata. La sua insofferenza per le regole che imbrigliano l'autonomia e la libertà di movimento, l'impatto di una natura libera da costrizioni con la rigidità della situazione produttiva europea, la reazione istintiva spesso lo intrappolano e fanno emergere lo scarto tra immaginario e realtà nella ricerca della sua strada. Traspare nel suo racconto, specie sulla giovinezza in Senegal, anche una valorizzazione del "vivere da *griot*", ma l'insieme della sua vicenda ci fa apparire più aderente alla sua figura il suo dichiararsi "re dei commercianti". È dunque sotto l'aspetto dell'amore per il commercio che vediamo qui il suo percorso lavorativo.

Dalla Spagna sono andato via perché ero troppo coglione. Lì in quel periodo non davano il permesso, però dopo tre mesi devi andare via, invece io non avevo voglia di andare via. In Spagna sono stato a Las Palmas, Tenerife (nelle Canarie spagnole) e Barcellona. Non conoscevo nessuno. Solo avevo l'indirizzo di un albergo, a Las Palmas, e sono andato per abitare lì qualche mese. Era la prima volta che andavo in un albergo, non sapevo neanche come si paga; dopo una settimana mi hanno portato un conto, e dico: "Dio! eh sì!". Però riuscivo anche ad arrangiarmi da solo. Alla fine ho cominciato a vendere le mie cose. Avevo portato una valigia piena di merce, almeno, se non ho soldi, posso venderla, per pagarmi da bere, da mangiare. Quando ho finito le merci, andavo nei negozi indiani, a comprare dei tavoli in legno, non male, e venderli. Ma non avevo il permesso di vendere. Ho avuto problemi con la polizia. Ho fatto un casino, veramente. Mi hanno fermato, mi hanno portato al posto di polizia, però stavo vendendo! e ormai anche il mio visto turistico era finito. Avevo uno zaino grossissimo! Ho pensato: "Ma quelli lì mi porteranno dentro, cosa faccio? scappo, forse mi conviene", però loro avevano il mio passaporto, perché in Spagna ci sono tanti turisti, i poliziotti si vergognano a prenderti, ti tolgono i documenti e ti dicono: "Seguici!", perché tanto ce l'hanno loro il passaporto. Io li ho seguiti fino davanti alla Questura, ho preso la mia borsa, ho dato una botta al capo: bum! E sono scappato. Solo che hanno tenuto il mio passaporto. È lì il problema. Il giorno dopo ho detto, ma come faccio? Perché mi piaceva muovermi, Malaga, di qui, di là, sai mi piace girare e poi non sapevo come dovevo fare. Ho detto: "Tento di tornarci per avere il mio passaporto". Sono andato, mi hanno preso in giro: "Eccolo lì, quello che ha massacrato il capo!", allora hanno chiamato il capo, il capo viene, incazzatissimo, però io capivo poco lo spagnolo, e mi ha dato uno schiaffo, ha detto: "Non ti voglio più vedere; dategli i suoi documenti, che si levi dai coglioni". Sono rimasto a Barcellona per venti giorni, poi ho detto: "Ma forse è meglio che vado in Francia". A Parigi avevo uno zio che viveva lì da quindici anni. Sono rimasto lì quattro giorni, però mi annoiavo. Lui andava a lavorare, fa il meccanico, ogni giorno mi dava qualche cosa per comprare un pacchetto di sigarette, ma io mica ero venuto per questo e avevo voglia di andare via, veramente, almeno cercare di farcela da solo, no? Sono andato un po' in giro, dalle parti della *Gare de Lion*, sai come qui fanno tanti centri sociali: trovano una zona un po' abbandonata, che sai che non c'è nessuno, vieni, apri, metti la luce, metti il tuo nome per la luce e poi abiti lì. E io alla fine ho cominciato a fare i mercati, a vendere qualcosa. Poi, ho fatto tante cose, tanti casini. Ho detto, ma è meglio che cerco di fare il mio commercio, perché a Parigi è un po' difficile, anche la vita. Sono andato in Bretagna, in estate a lavorare, lì avevo qualche amico. Alla fine ho trovato un poliziotto gentile, mi ha dato un documento per circolare, sono rimasto sei mesi in Bretagna, e quando avevo nostalgia dell'Africa andavo a Parigi, perché era più o meno come in Senegal, trovi tanti senegalesi, ce n'erano tanti a *Gare de Lion*, tutta quella zona c'erano più immigrati che francesi. Andavo se mi mancava un po' di aria, perché lì in Bretagna c'era poco o niente, mi piaceva Parigi. Poi sono andato in Prefettura per avere la licenza e ho trovato una bella amica che lavorava lì. Mi ha fatto un tipo di licenza per vendere, che durava però solo tre mesi. E poi cosa ho fatto? Cazzate.

Sono rimasto un anno e poi ho finito tutti i soldi, eh! Cosa dovevo fare? Sono tornato giù in Senegal e ho provato a stare lì per un anno. Però lì, noi siamo abituati che se uno viene [a chiedere denaro], se hai possibilità lo aiuti, no? Allora aiuti questo, alla fine non ti rimane niente; alla fine mi sono incazzato, ho detto, ma qui, qui è un casino, ma vado in Italia. Perché in Italia ero già venuto in vacanza, nell'85, a Rimini e a Riccione, mi piaceva un casino, vendevo anche, avevo preso una casa grande, pagavamo un milione al mese, per tre mesi, eravamo quattro, tutti senegalesi. Facevamo anche degli spettacoli perché non c'erano tanti africani. Siamo rimasti tre mesi lì e io volevo ancora fermarmi un po', e abbiamo pagato ancora tre mesi. Però il padrone forse diceva: che turisti sono questi? E forse è lui che ci ha denunciato. Se potevano fregarci i soldi era meglio ancora. Per quello forse è andato a denunciarci ai carabinieri. I carabinieri sono arrivati alle cinque di mattina, per cacciarci via, calci a tutti, alle cinque di mattina. Calci, bom bom, ci hanno caricati tutti sul furgone, siamo andati in Questura a fare le foto, e poi il foglio di via e poi noi sui giornali. Tutti i giornali, eh? "Li hanno mandati al loro paese". Ma a noi, veramente, ci avevano dato solo il foglio di via. Ma se uno ha solo il foglio di via e non ha il biglietto, dove va? Da nessuna parte. Sono tornato in Francia una settimana e dovevo depositare il foglio di via ai francesi. Avevo veramente ancora l'intenzione di venire qui, per comprare merce, per andare in Africa. Quando sono venuto a Modane, mi hanno beccato, mi hanno ridato ai francesi, io ero incazzato, mi hanno portato in tribunale, mi hanno chiesto: "Ma cosa vuoi fare?" "ma io voglio andare in Africa. Venivo a comprare merce qui e poi partivo da qui". E allora mi hanno portato all'aeroporto. Sono rimasto cinque mesi, e sono ritornato in Italia, ho preso l'aereo, sono sceso a Fiumicino. Vado a Rimini, perché c'ero andato verso l'estate, ma in inverno era vuoto, non c'era nessuno, e sono andato a Genova, lì, e stavo in albergo. Una sera sono uscito e ho bevuto tanto e il giorno dopo ho visto il proprietario dell'albergo, non ho mai visto una persona maleducata così, che prende stranieri che non hanno i documenti, li sfrutta, li fa pagare di più: aveva un comportamento bestiale e lui aveva un giornale, stava leggendo così, e voleva darmi uno schiaffo, e l'ho dato prima io lo schiaffo. I miei amici mi hanno detto: "Qui cacciano via tutti". Allora vedo che sono appena venuti, ho cambiato albergo per una settimana. Il mio amico senegalese a Genova non poteva ospitarmi, stava anche lui in albergo, da tanto, perché per avere la casa devi avere i documenti. Camminare per strada non si poteva, se ti vedevano i vigili, ti prendevano; entravamo nei bar per vendere, nascondendo anche in macchina, facevamo finta, ogni tanto avevamo il nostro contatto: non era facile, ma avevamo sempre la capacità di riuscirci. E poi sono andato a Lecce a trovare altri amici. Non mi piacevano le persone, gli alloggi, sai perché quando vai con una ragazza, il ragazzo euh euh!, alla fine la ragazza scappa e io prima mi incazzavo, bisticciavo, urlavo. Il maresciallo lì era simpatico. Mi dice: "Vai via di qui. Un giorno mi stufo e ti do il foglio di via" e poi mi hanno dato il permesso di soggiorno. Alla fine il maresciallo mi dice: "Ma non è meglio che vai via di qui? Vai a Torino, vai a Milano, forse lì puoi fare altre cose". La sera ho preso il treno, volevo andare a Milano e sono finito a Torino, pazzesco, eh? Ho detto: "Eh beh", sono finito a Torino, e sono sceso, ho chiesto di un albergo, mi hanno mandato vicino alla stazione. Era bello, perché si vendeva anche bene, perché c'erano anche i neri a Porta Palazzo, però ogni tanto ti sequestravano le merci, tutto eh?, ti facevano le multe. Comincio a fare i mercati, in via Po, anche lì la lotta con i vigili.

A Louga e a Dakar facevamo anche musica, come artisti, però mi sono interessato più di arte africana, perché questo era il mestiere che mio padre faceva, che era molto bravo a farlo: arte, antiquariato africano. I miei genitori viaggiavano già l'Europa prima che io nascessi. Facevano avanti e indietro, stavano otto mesi in Europa o in America, dipende, perché avevano anche dei clienti, sai, che si interessano d'arte, che fanno collezione d'arte.

Il commercio è l'unica cosa che so fare. Ho provato ad andare in fabbrica a lavorare, no?, però non sono capace; sono molto bravo, però non sono capace di stare fermo a fare la stessa cosa, mi innervosisce subito. Non mi piace. Se no vado in mutua sei mesi, sette mesi, non vado a lavorare. Sono bravo, ma non ho voglia. Non mi piace. E invece io sono commerciante d'arte, mi piace vendere arte africana e raccontare anche alla gente chi siamo noi; questo sì, guarda, è la cosa che più mi interessa fare. La merce ora la compro giù. Quando vado giù porto anche della merce da vendere in Senegal. La vendo all'ingrosso, oppure a qualcuno che passa. Io sono un grande venditore. I miei nonni, tutti, sono dei venditori.

Veramente tanti giorni vado nei mercati dell'antiquariato, no? ogni tanto faccio anche delle fotocopie, sai, sull'arte africana. In Italia tanti sono un po' curiosi però non si intendono bene dell'arte *africaine*, perché l'arte africana è anche cultura. I clienti alcuni hanno il negozio, vendo anche a clienti che fanno collezioni d'arte. Perché gli oggetti che vendo sono tutti dei simboli delle etnie, ogni etnia è diversa dall'altra, sai, come un quadro, le maschere sono così. Prima, tanti andavano in viaggio, portavano una loro etnia, un loro simbolo, come un passaporto: anche una maschera può essere un passaporto. Infatti ogni tanto faccio vedere le fotocopie, spiego, sai, cos'è una parte della cultura africana. Faccio veramente solo mercati di antiquariato. I miei pezzi sono d'antiquariato. Ogni tanto a qualche cliente basta che sia bello, però ci sono dei clienti che vogliono proprio l'antiquariato e mi chiedono questo e altri che mi chiedono altro, dei pezzi specifici che vado a cercare sotto ordinazione.

Quando sono tornato in Senegal lì lavoravo nel negozio di antiquariato di mio padre. Può darsi che guadagni meno, però stai meglio, perché non hai problemi, hai i soldi per quello di cui hai bisogno. Ma avevamo pensato di venire qui, di riuscire a fare tante cose, e invece le cose sono diventate più complicate di come possiamo immaginare. Vedi? Io lo conosco il mio lavoro. A parte il commerciante, forse sono un po' im-

prenditore, non lo so, forse ero più o meno nell'artigianato, però non vorrei fare altre cose.
Io anche se non vado ogni giorno al mercato, cerco di vendere a qualche cliente, sai sono un vagabondo. Faccio anche cinema, io sono un artista, sono anche un attore, io. Io faccio tutto.
Io sono re di *griot*, non solo *griot*. Di mamma e di papà. Abbiamo fatto tante cose, quando eravamo giovani, quasi ogni sera a casa mia tutti gli amici si presentano, sai, con le amiche; eravamo dei geniali, veramente, riuscivamo a creare le nostre cose, ogni tanto avevamo anche più soldi, ogni tanto ne davamo ai genitori una parte.
Faccio anche teatro, musica, anche cinema. Cinema l'ho fatto anche qui, con degli amici, con una regista qui a Torino. Anche in questo periodo mi stanno chiamando per un altro film.
Suono ogni tanto con gli altri. Come un po' di anni fa, abbiamo fatto uno spettacolo a Avigliana. Io suono il *balafon* perché mi piace di più, forse anche sono un po' pigro a suonare il *djembé*, lo faccio, mi piace però non è che lo faccio proprio come mestiere; ogni tanto quando degli amici hanno dei concerti, sanno che sono bravo e mi rompono un po'. (MDI)

3.3 L'arte come mestiere: i *griot*

Nella tradizione i *griot* sono i "professionisti della parola". Nel sistema delle caste appartenevano alla categoria inferiore dei *ñeeño*, categoria socio-professionale, ed erano relegati in una sottocasta. Al loro interno sussistevano suddivisioni tra i *griot* "ufficiali", maestri guardiani della memoria storica, e quelli "inferiori", cantastorie, impiegati in generi di divertimento. I *griot* erano allo stesso tempo musicisti, esorcisti, genealogisti, panegiristi, maestri di cerimonie, preti di culti magico religiosi[1] (Dieng, 2001, 37). I *griot* si sentono e sono considerati oggi artisti, in senso creativo.

Gli intervistati appartenenti a famiglie *griot* hanno trovato generalmente nel commercio di prodotti artigianali musicali la loro realizzazione in ambito lavorativo, mantenendo spazi per dedicarsi all'arte. La stessa attività individuale di commercio d'antiquariato di MDI rispecchia questa esigenza di sentirsi artista e l'insofferenza per il lavoro di fabbrica, comune nei *griot*. Ed anche se molti di loro si sono adattati al lavoro dipendente, hanno continuato ad aspirare ad altre soluzioni, cercando di conciliare la rigidità della vita da operaio con una partecipazione attiva alle manifestazioni artistiche. Per un aspetto la vicenda di MDI narrata in precedenza differisce da quella dei *griot* torinesi e suoi parenti, ai quali fa riferimento, perché essi hanno scelto sin da giovani di non seguire un *iter* scolastico istituzionale, ritenendo che la loro formazione si fondi soprattutto sulla cultura artistica tramandata in famiglia. Come dice TN: "Un *griot* non può riuscire negli studi, perché non ce n'è il tempo", che

---

1. Distesamente ne parlano Diop (1981) e Ndiaye (1988).

può significare anche: "Un *griot* non può perdere tempo con gli studi" perché deve dedicarsi all'arte, cioè a teatro, musica, in particolare le percussioni, e alla danza. Si crea così un rapporto tra questa cultura e il lavoro di migrante, perché in parte essa influisce sulla scelta del lavoro artistico come strada professionale, e certamente influisce nel contesto di accoglienza per la volontà di diffondere la cultura, farla conoscere e apprezzare, anche intervenendo attivamente a questo scopo. Una intera famiglia *griot* che si trasferisce a Torino non può non far sentire la sua voce e non lasciare un segno positivo nelle relazioni tra senegalesi e italiani.

YM, un *maître griot* intervistato a Louga, da un lato commenta con amarezza che si vanno perdendo i significati più antichi del lavoro in generale, come costitutivo dei legami sociali, ma dall'altro ribadisce che quello dei *griot* resta invece "un modo di vivere" e non solo di "guadagnarsi la vita", tanto che questa forte valenza identitaria li accompagna anche all'estero:

Il lavoro oggi è soltanto un modo per guadagnare denaro, ciò che non accadeva in passato quando rappresentava un fattore di unificazione. Attraverso il baratto, che era una forma di scambio, si tessevano molte relazioni sociali che rientrano nel quadro di un rafforzamento del legame sociale.
Oggi il lavoro non ha più questo carattere sacro, la dimensione economica è prevalsa su tutte le altre, tutto è guadagno e mercantilismo.
Lo statuto di *griot* era al tempo stesso una posizione sociale ed un mestiere. Questi *griot* sono obbligati ad aderire alle loro culture, che in cambio permettono loro di vivere e di guadagnarsi la vita. Essi sono depositari delle tradizioni e fanno da ponte tra due civiltà. Anche all'estero, i *griot* sono obbligati a vivere la loro cultura, perché è nello stesso tempo un modo di essere e un modo di guadagnarsi da vivere.

Si è detto che non tutti i *griot* da noi intervistati sviluppano la loro vena artistica come professione: soltanto BMS svolge questa attività come unico lavoro, oltre a diffondere la cultura musicale nelle scuole; mentre BBS ha lavorato in fabbrica, ma ha un suo gruppo musicale e si dedica ora al commercio di strumenti musicali. Tra i *griot* vi è anche una donna, MAS, che ha rilasciato una breve intervista in cui appare molto forte la sua immedesimazione nell'arte: "È l'arte che mi ha portata qui e voglio continuarla perché è ciò che mi ha portata qui"; infatti, a Torino partecipa a spettacoli e insegna danza presso il Centro Interculturale Alma Mater. Altri pur conservando e coltivando le loro doti artistiche partecipano solo di rado, o episodicamente, a spettacoli; ma molti, oltre a vendere vari prodotti o lavorare in fabbrica, si dedicano alla costruzione e commercio di strumenti musicali. Orgogliosi, tutti, di costituire un mondo a sé.

"Io voglio diventare famoso"

Con il percorso di lavoro di BMS si entra nel vivo dell'esperienza di un *griot* che ha perseguito con successo la strada dell'arte. Si sarebbe potuto inserire il suo percorso di lavoro insieme alle prime interviste riportate come realizzazione di sé, poiché è accomunato a chi ha raggiunto un successo professionale in Italia, passando attraverso diverse esperienze lavorative. In effetti anche lui è stato in fabbrica, e ciò ha costituito una parentesi nella sua carriera, in quanto è partito dal Senegal già avviato alla sua attività di ballerino con un ingaggio da parte di un organizzatore di spettacoli, ma non ha seguito itinerari lunghi e tortuosi prima di approdare a un esito positivo. La sua personalità artistica si caratterizza per il costante tentativo di mediazione delle culture europea e senegalese, che lo ha portato ad adottare un'immagine e uno stile musicale che si potrebbe definire di "africanizzazione con stile occidentale", nel senso che coglie il modo in cui gli europei vedono lo stile dei senegalesi e punta, come MN il sarto, a creare prodotti musicali nuovi, frutto di una mescolanza dei due stili, italiano e senegalese.

Sono andato alla scuola statale fino a quattordici anni e quando ho finito, la verità è che non ne avevo più voglia, volevo seguire un'altra strada che era fare l'artista.
Io sono un *griot*, che nasce già con i tamburi a casa: quando inizi a sederti, vedi già il tamburo; anzi fanno un piccolo tamburo e quando sei nato questo è tuo. Anche il mio papà era *griot*, però la parte materna è molto più praticante: la nonna è sempre lì che canta; da noi non abbiamo cose scritte sui nostri antenati, quello che hanno fatto, quello che non hanno fatto, quello che erano prima ancora, anni e anni prima: le cose vengono raccontate, e la nonna racconta. E tu racconti con una gioia; soprattutto quando sei *griot*, non puoi criticare la tua storia perché è la tua radice. Quando noi raccontiamo o quando ci raccontano siamo orgogliosi di ascoltare, però quando sei *guewel* [*griot*] non è che rimani estraneo, non puoi farci niente, sia che pratichi sia che non pratichi: come ti muovi, o come parli, si sente che sei un *griot*, perché ti muovi con la musica anche se non lo cerchi, anche come parli, come cammini, i gesti che fai. Un *griot*, come ti parla e, quando ti parla, come leggi la sua faccia, come fa: i gesti, gli occhi, tutto parla. Uno che non è *guewel* è molto più tranquillo, noi siamo molto più agitati, attivi, balliamo, saltiamo. Da noi dicono: "Il leone avrà sempre il figlio leone": non puoi essere leone e avere una iena. Da noi, già da piccolo, lo sei già dentro; poi, quando sei grande scegli. Se scegli "io non voglio fare l'artista", ma lo sei dentro! Guai se ti mettono la musica che ti piace, non puoi più stare fermo, anche se non balli c'è qualcosa di te che si muove; e senti anche altra musica di tutti gli altri stati, nazioni, ovunque, anche se non è la tua.
Nella mia famiglia sono l'unico così innamorato da fare l'artista perché sono stato educato da mia nonna che mi ha messo tante cose in testa. Ho dei fratelli che suonano, che cantano; però hanno anche un'altra attività che è fare il piccolo commercio. Se li metti in un concerto, lo fanno e lo fanno come si deve. È bello anche fare il piccolo commercio, però io ho seguito sempre questa strada. Adesso io sto anche insegnando nelle scuole, però più avanti non potrò più farlo perché se sono concentrato a insegna-

re, a fare scuola ai grandi, di percussione e di danza, a fare la mia musica, con le richieste dappertutto, perché adesso la musica afro la richiedono, non potrò più mescolare tutto! E poi c'è l'età.
Io sono venuto via grazie a una gara di spettacolo del '79-'80. Sono arrivati casualmente dei turisti. Uno mi ha preso da parte e mi ha detto: "Ma tu vuoi andare in Francia?" Io lo guardo e: "Ma chi non vuole andare in Francia? però io sono piccolo"; mi ha detto che potevo avere la luna. Questo è successo quando avevo quindici, sedici anni, poi quando è tornato in Francia ha iniziato a scrivere, scrivere, scrivere ai miei genitori, alla fine cosa dicono? "Vai, perché tanto ci sono i tuoi zii lì, e anche se non funziona, vedi di fare un'altra cosa". Sono arrivato a Parigi a fare gli spettacoli, ero molto giovane, nell'80, avevo diciassette anni. Ho iniziato alla grande a fare spettacoli. Mi portava dappertutto. Quando sono arrivato in Francia per prima cosa ho telefonato e sono andato dagli zii e ho visto un'altra strada sicura, che se quello non funzionava, almeno io non mi perdevo in Europa. E per fortuna sono un ragazzo (ragazzo!), che ho la capacità di capire che cosa posso fare per andare avanti. Poi mi sono stufato e ho detto: "Guarda, io sono di radice africana e devo fare quello che piace a me". E ho iniziato a cambiare. Sono venuto in Italia nell'83, a Rimini e a Riccione: facevo le discoteche. Un gruppo ce l'avevo già in Senegal, e quando sono venuto qua nell'89-'90 li ho recuperati uno alla volta. Quando sono partito da Rimini sono andato a Lecce perché ogni volta voglio cambiare. Di spettacoli ne ho fatti in tutta Europa: in Germania, in Belgio, in Svizzera, in Olanda, ad Amsterdam ero molto famoso. Sono venuto in Italia perché ho parlato con gli italiani. Ahi Ahi! [ride] adesso mi hanno messo in gabbia, non mi muovo più, perché ormai figli ne ho fatti due in Italia, se no ero già via perché io volevo coprire tutto il mondo. Allora, sono andato a Lecce, cominciavo anche a suonare, però non avevo ancora trovato il gruppo mio. Ma quando uno ha l'esperienza di fare spettacoli li fa ovunque. Da Lecce sono venuto a Torino nell'87, poi di nuovo a Lecce, poi stavo qui due mesi e tornavo a Lecce. Alla fine, trovando qua più spettacoli pagati meglio, ci rimango. E dal '91 sono arrivati tutti i cugini e fratelli che erano con noi da piccoli. E cosa facciamo? Formiamo questo gruppo, che abbiamo chiamato gruppo "Ceddo". Adesso ci sono tanti ragazzini: è tutto cambiato, però sono sempre famiglia.
La mia occupazione principale è la musica. Io faccio tante cose, ma cose che riguardano la cultura africana; insegno a scuola, a tanti bambini italiani, la nostra cultura, gli insegno anche come sentire la musica, perché se vedi tutta l'Europa, l'Italia è il paese più caldo come sangue, anche la Spagna. Io lavoro pagando la ritenuta d'acconto con i contributi. Io non dipendo da nessuno. Sono un piccolo pesce! Io lavoro da solo, lavoro anche con i miei ragazzi, e altre persone che siamo un gruppo molto forte, però sono io che creo tutto, che trovo tutto in prima persona, fino a che troverò qualcuno che farà tutto per me.
L'obiettivo più importante è poter mandare denaro giù al mio paese, mantenere chi è in povertà e dall'altra parte diventare qualcuno come personaggio. Guarda che l'artista non ha età, quindi uno che fa già l'artista e ci crede, il suo futuro è diventare qualcuno e rimanere sempre quel qualcuno che diventa, sino anche a cento anni; perché l'artista non invecchia. Quindi il mio sogno è diventare qualcuno nel mio campo, che possa anche aiutare tanta gente che non può.
Io ho quarant'anni. Non tornerò mai più in fabbrica! Questo che si sappia. Sono stato in fabbrica perché sono stato costretto, e intanto facevo anche la mia musica. Io balla-

vo, suonavo, ma ballavo molto e sognavo di essere una star dei ballerini sul piano mondiale, e perciò da noi si dice che l'arte non invecchia mai. Facciamo danza afro però quando vediamo qualunque ballo del mondo te lo sappiamo rifare, in due minuti, non abbiamo bisogno che ci insegni, ti vediamo muovere dieci minuti, okay, e lo facciamo meglio. Facevo anche discoteca e *break dance*, quella roba lì; abbiamo avuto successo in Italia, però tutti dicono: "Io voglio diventare famoso", e quando tu diventi famoso non te ne accorgi neanche. E la stessa cosa quando ero piccolo dicevo: "Quando andrò in Europa?" Arrivo in Europa e dico: "È questa l'Europa?", sto qua che mi trattano male, ma quando arrivo in Europa piglio moglie e tutto e dico: "Porca miseria!", cioè mai dire di no.
Ho lavorato in tante fabbriche io, tre anni e mezzo di fabbrica! Però facevo e non facevo. Me ne venivo via io da solo, perché dopo un po' di mesi soffro e non voglio più soffrire, ho sempre sofferto. Lavorare in fabbrica non è facile soprattutto quando non è la tua cultura. Io mi alzavo, andavo a lavorare, quando facevo il normale, poi a suonare sino alle tre di notte, poi tornavo a casa; quando dovevo fare la notte, andavo al pomeriggio, poi mi mettevo in mutua se dovevo andare a suonare, o chiedevo un permesso: se me lo davano bene, se non me lo davano andavo in mutua. Vado a suonare perché io amo prima questo suono che è dentro di me, che andare in fabbrica a lavorare. (BMS)

Il mestiere riconquistato

L'arte occupa un posto importante nei desideri di BBS che è stato costretto al lavoro di fabbrica, ma ne è sfuggito con il lavoro commerciale in strumenti musicali e creando un proprio complesso musicale e di danza. Il commercio degli strumenti musicali lo mette in contatto con gli altri senegalesi, e la partecipazione alla vita dei giovani torinesi che frequentano i locali notturni, dove si fa musica, gli permette di incontrare ragazze e ragazzi italiani con cui nascono amicizie. La sua può considerarsi una storia di successo nei propri obiettivi poiché è riuscito a lasciare la fabbrica e intraprendere il mestiere che più lo gratifica.

Sono cresciuto a Dakar, ho fatto la scuola francese fino al 1989, l'arabo l'ho studiato cinque anni, so parlarlo un poco e scriverlo anche. Non potevo fare più scuola perché aiutavo i miei genitori che facevano commercio, mi mandavano anche molto giovane, con un amico o un parente. I miei genitori è dal 1990 che fanno strumenti musicali, *djembé*; prima no, facevano commercio, in Europa, in Asia, in America, poi in Senegal. Nel 1991 ho cominciato a costruire gli *djembé*; e adesso a casa mia tutti li fanno: una fabbrica! Prima facevamo le *kora*, mi ha insegnato mio fratello, il più grande, perché lui è sempre stato l'artista della famiglia, ha imparato tutto da solo. Noi siamo *griot* di famiglia, sempre con gli strumenti musicali.
Dal 1990 costruivo gli *djembé*, ogni tanto suonavamo anche a Dakar, ma era più costruire che suonare. C'era della gente che veniva dall'Europa per comprarli e li portava in Europa e in America. Dal 1991 fino al 1997 ho fatto questo, poi sono venuto in

Italia, e ancora continuo a farlo qua in Italia. Sono venuto qui perché magari qua vivevo meglio, perché c'erano anche i miei fratelli. Io sono il più piccolo, il settimo.
Appena arrivato facevo il "vu cumprà", poi se c'erano *djembé* rotti facevo anche le riparazioni. Non avevo i documenti, se non hai i documenti non puoi lavorare in fabbrica; ma è stato per poco tempo, io sono venuto nel '97 poi nel '98 c'è stata la sanatoria. Ho vissuto sempre qua a Torino. Nel '99, facevo l'operaio alla Fiat.
Ogni anno vado in Senegal, ma non più di una volta perché ho troppo lavoro. Quando ero operaio appena mi davano un mese, o con i contratti corti, con le ferie; non avevo lavorato solo alla Fiat, ma anche alla Pirelli, in cooperativa, in posti diversi. Quando ho avuto il permesso di soggiorno ho iniziato subito a fare l'operaio, però volevo fare il commerciante. Questo negozio è da un anno che ci stiamo dietro, adesso dobbiamo aprirlo. Il negozio di *djembé* forse lo faremo più avanti, adesso facciamo all'ingrosso e questo intanto lo usiamo come magazzino, poi tiriamo fuori tutti gli *djembé* al momento; abbiamo un altro magazzino, a Pinerolo. Quando abbiamo consegne da fare affittiamo un furgone. Adesso apriamo il *phone center*, l'altro più avanti, perché noi non abbiamo il giro al dettaglio, ma all'ingrosso. Vendiamo a tanti, li ha contattati mio fratello.
Io non suono più con mio fratello, ho un altro gruppo con un amico; suona lo *djembé* con me, lui è anche ballerino, balla, canta. Esiste da poco, forse un anno. Con l'altro gruppo c'era troppa gente, così ho fatto il mio gruppo. Il nome è "Keur gë", significa casa, nel senso di Senegal, non casa come la mia casa, ma in senso largo. Suoniamo ogni due mesi, ogni mese, perché non è ancora un gruppo grande; stiamo prendendo contatti e tutto questo. Suonavo anche in Senegal, e a Torino da subito. (BBS)

"L'arte è il mio futuro"

Questa attrazione per l'arte è sentita fortemente da TN e proprio la sua ricerca di un ambiente che la coltivi lo porta a stabilirsi a Torino, dove sa che è diffusa la sensibilità per la musica e la danza senegalese. Anche nel suo percorso si nota il rapporto, conflittuale, tra sapere scolastico e arte. TN parte dal Senegal molto giovane, seguendo la sua vocazione, grazie all'influenza dello zio, benché i genitori non siano convinti della sua decisione. In Senegal spesso lo zio ha compiti educativi e mantiene sempre un'autorità sulla persona che è posta sotto la sua guida: affidare a un parente un bambino costituisce un elemento di coesione e di alleanza fra la famiglia materna e quella paterna.

A Louga ho fatto la scuola e contemporaneamente lavoravo un po' e poi facevo dell'arte classica. A scuola ho fatto fino al livello della quinta. Per questo interesse per l'arte non ho avuto tante preoccupazioni per la scuola. Di tanto in tanto ho fatto la scuola missionaria per fare dell'arte, un poco per volta. Io amo molto l'arte e quando lo zio mi ha obbligato a lasciare gli studi ho pensato che l'arte è il mio futuro. I miei genitori erano molto arrabbiati con me perché ero ostinato a fare dell'arte. Ma per questo, prima ero alla École Nationale d'Art in Senegal. Lì all'École Nationale ho lavorato sette mesi. Poi sono tornato a Louga e ho continuato con mio zio che ha un gruppo a Louga. Lui spesso organizzava festival, ho fatto di tutto per lavorare con lui,

perché era un *notable*, un professionista e un maestro, per migliorare la mia arte, e lui mi ha fatto arrivare qui in Europa.
Noi siamo di famiglia *griot*. Come dicono i wolof, un *griot* non può riuscire nei suoi studi, perché non ce n'è il tempo. È mia madre che è *griot*; mio padre era un insegnante e voleva che riuscissi negli studi. Perché non mi interessavano, no, veramente non mi interessavano, perché ho visto un'altra porta che può guidarmi su tutti i piani nel mondo. Mio zio era un *maître ancien*, organizzava spettacoli, fa i contatti, fa dell'arte; per questo mi ha detto che da Dakar dovevo assolutamente tornare a Louga, il paese dell'arte. Se diciamo il paese dell'arte, quello è Louga. Mi ha detto che dovevamo lavorare insieme, che era meglio che restare a Dakar; che non dovevo sprecare la mia cultura e per questo dovevo imparare altre cose dell'arte per diventare un professionista. E mi ha insegnato molte cose. Ogni volta se penso a qualche cosa che è *extra*, a suonare, lo posso fare facilmente, perché mi ha insegnato molte cose che mi interessano, che mi possono guidare in qualsiasi momento nella vita.
La scuola d'arte l'ho fatta a Dakar. Le persone di questa scuola mi hanno visto in un festival senegalese. Quando ho finito il mio spettacolo, mi hanno contattato e mi hanno proposto di andare da loro e di fare un'edizione insieme, un ciclo di formazione, e di entrare a far parte del gruppo. La settimana seguente ero a Dakar ed ero *apte*. Ho fatto la mia edizione e ho lavorato in quei mesi a Dakar, mi sono migliorato nell'arte, per diventare ancora più bravo. Poi sono rientrato su Louga e lì ho lavorato per degli anni. Lo zio mi ha fatto venire in Europa per un festival in Grecia, in *tour*, e poi in Italia.
Dopo la Grecia sono tornato in Senegal e poi sono partito per l'Italia. Prima sono andato a Lecce, poi a Brescia, perché mio fratello abita là. Qua a Torino avevo dei fratelli che erano già arrivati. Nella mia vita ho lavorato al sud, facevo il fabbro. Ma pensavo che non fosse meglio dell'arte. Il fabbro l'ho fatto fin dall'infanzia, durante gli anni di studio, durante le vacanze, per due, tre mesi.
In Italia ho fatto il fabbro e il muratore in un piccolo laboratorio. Per questo sono venuto via da Brescia, perché a Brescia le persone non conoscono l'arte. Io non voglio vivere da qualche parte dove non ne sappiano dell'arte. Per questo ho lasciato Brescia e sono venuto qui a lavorare, a guadagnare dei soldi: questo è il mio mestiere, è da anni che questo è il mio lavoro. È quello che voglio e quello che faccio. So che le persone che abitano qua conoscono bene l'arte; sono anni che ci sono persone, dei neri, che abitano qua da tanto tempo, che suonano le percussioni da tanto tempo. Ho dei fratelli che abitano qui a Torino che suonano come me. Io in Italia danzo anche. (TN).

3.4 Emigrare per guadagnare

Si è visto come sia importante la motivazione economica dell'emigrazione: trattandosi di persone che provengono dal bacino arachideo, che era una volta zona di richiamo dei *navétanes*, migranti stagionali, la spinta ad andare all'estero è dovuta principalmente ai danni subiti dall'ambiente rurale per gli sconvolgimenti conseguenti alla ristrutturazione mondiale del mercato delle arachidi e alla siccità causata dai mutamenti climatici (Mbow, 2001, 65).

Un'eco accorata di come il degrado della natura sia stato vissuto e percepito nella regione di Louga traspare da alcune tra le interviste fatte in quella zona. In particolare AN ne ragiona a lungo, rifacendosi anche alla sua esperienza come capo del villaggio di Keur Balla Seye ed alla conoscenza che quindi ha dei cambiamenti avvenuti non solo nel suo caso, ma nell'intera vita della comunità. Nella sua rievocazione il passato si tinge del rimpianto di un benessere quasi mitico, mentre permane la fiducia che anche chi va lontano conservi i legami con le attività dei padri:

Prima non c'erano queste migrazioni, c'erano solamente l'allevamento e l'agricoltura. Ma a quei tempi allevamento e agricoltura erano importanti perché il raccolto di ogni anno poteva nutrirti fino al raccolto successivo. A quei tempi pioveva, non era come adesso. Adesso manca l'acqua. Quando sentivi parlare di *gawi* o di *jungo*, erano vacche ottenute a partire dalla commercializzazione del miglio. Le persone potevano avere da due a tre granai per raccolto. Vendevi il contenuto di un granaio per comprare un vitello. Quando sentivi parlare di *gawi* a proposito di un bovino, voleva dire che era stato comprato grazie al miglio. A quei tempi ogni bovino aveva un nome. Quando si parlava di *njolor*, significava che rimanevi nei campi finché avevi il sole sulla testa. Anche questo viene dal miglio. Se senti dire *muñ*, se ti dicono che quel bovino si chiama *muñ*, vuol dire che bisogna saper essere perseveranti. Se non hai nulla ma resti perseverante, finirai per avere qualcosa. Se senti parlare di *jungo*, vuol dire che quel bovino è stato ottenuto grazie alla coltivazione, con la forza delle mani. Loro [i nostri padri] lavoravano davvero, l'agricoltura era florida. C'era abbondanza di arachide, di fagioli, di miglio. Si riempivano i granai fino al bordo per proteggere i raccolti dalle piogge, mentre ora un raccolto non ti basta neppure per garantirti il cibo. Non era proprio come è adesso. (AN)

Poco prima AN aveva parlato della "*brousse* lussureggiante" dove c'era foraggio nella stagione delle piogge come in quella secca, mentre ora la gente ha ben poco ed è costretta a cercare altrove i mezzi per sopravvivere. Tuttavia, resta il legame con la terra e con le proprie radici:

Louga allora era un piccolo borgo. Vedi ora come si è estesa. Le persone investono sempre nelle attività tradizionali delle generazioni precedenti. Non hanno abbandonato le attività dei loro padri. Anche quelli che emigrano comprano ad esempio due vacche che lasciano qui. Lo fanno per tradizione e per non abbandonare quello che facevano i loro padri. (AN)

Dalla fine dell'800 l'arachide è stata la principale coltura redditizia per la famiglia allargata, mentre oggi quella che non ha migranti in gran parte dei casi è al livello di sopravvivenza, costretta a inviare i figli piccoli da parenti e le ragazze a lavorare come domestiche, mentre le donne anziane fanno il piccolo commercio, gli uomini varie attività nel settore definito dell'informale e del commercio in città, e si accentua la pluriattività (Mbow, 2001, 66-69).

La spinta all'emigrazione per lavoro verso l'Europa e gli Usa è stata accentuata inoltre dalla chiusura all'immigrazione dei paesi africani ricchi. Su tutto ciò grava anche un incremento demografico essendo la popolazione passata dai tre milioni del 1960 (anno dell'indipendenza) agli attuali dieci milioni, mentre di recente, nel 1994, una svalutazione della moneta locale, il FCFA, ha esteso le categorie professionali e i ceti che hanno scelto l'emigrazione (Riccio, 2001b, 589).

Alcuni tra i nostri intervistati hanno deciso di non continuare gli studi e di venire in Europa per migliorare la loro situazione economica pur avendo frequentato le scuole sino alla soglia delle superiori, o (caso più raro) avendo ottenuto un diploma. Nei loro percorsi di lavoro ha prevalso forse una tendenza al commercio, mentre la letteratura più recente sull'emigrazione senegalese rileva una prevalente tendenza a scegliere la fabbrica. In effetti alcuni, e soprattutto gli ultimi arrivati, ricercano oggi un reddito fisso, sicuro, a causa delle attuali difficoltà nel commercio o per sottrarsi a umiliazioni della vendita ambulante. Dei percorsi di lavoro che seguono, i primi tre sono di operai, il quarto di un commerciante che preferirebbe fare l'operaio, e gli ultimi sei di commercianti. Vi è chi ha lasciato la fabbrica perché troppo faticosa, per motivi di salute, ma nessuno "perché non è la loro cultura", come invece hanno detto i *griot*. Per tutti vi è stata un'esperienza precedente di mobilità nel lavoro in Senegal, dove sin da piccoli coltivavano i campi, a quindici anni si spostavano per far commercio a Dakar, dove facevano anche altri lavori, come il taxista, il fabbro, il muratore; uno solo, GK, ha fatto il pescatore, provenendo da famiglia contadina. Se emerge una continuità significativa tra i lavori svolti in Senegal e quelli poi svolti stabilmente a Torino è soprattutto nel commercio, ambulante e fisso, e in quello artistico, mentre è meno frequente per lavori che si sono recentemente diffusi in Senegal, di carpenteria, meccanica, servizi vari ed è quasi nulla nell'agricoltura. Si può notare in particolare che il rapporto con il lavoro agricolo si è rotto già prima in Senegal e poi qui: solo due l'hanno fatto, come stagionali, in modo occasionale. L'eredità dell'esperienza in Senegal si può rintracciare comunque nella capacità di cambiare, nel fare contemporaneamente diversi lavori, nell'arrangiarsi.

"Si cambia ogni giorno attività"

ML è uno studente che decide di non continuare gli studi dopo la scuola media ritenendo più utile andare a lavorare all'estero e nel suo percorso dimostra una grande mobilità ed elasticità nella ricerca di un'occupazione. L'esperienza precedente all'approdo in Italia rende particolarmente significativa la scelta di Torino e della fabbrica, che gli sembra infine obbligata, in quanto riesce ad evitargli la disoccupazione e a dargli un'entrata economica sicura. Le occupazioni trovate attraverso le agenzie interinali non sembrano fornirgli più tale sicurezza, poiché si tratta di un lavoro da conquistare ogni volta, e oggi sempre più incerto, in un contesto economico che prefigura un futuro di precarietà. Egli mostra però una volontà di lotta quotidiana per i suoi diritti, non si arrende, ed è molto rispettato, per il suo modo di essere, dagli amici senegalesi.

Quando ero piccolo non abitavo con i genitori ma con il nonno, e quando è morto sono ritornato a Louga, nella città, ho fatto tre anni con i genitori, sono passato dalla scuola media a quella superiore, ma non c'era a Louga in quel momento e sono andato a farla prima a Saint-Louis e poi a Dakar e lì ho abbandonato gli studi perché non c'erano più motivi di andare avanti. Avevo frequentato tre anni, dovevo fare un esame, ma ho abbandonato prima e sono venuto in Europa. In Senegal non ho mai lavorato. Quando sono partito per il Belgio avevo vent'anni, ventuno.
Da Dakar, sono andato in Belgio, nell'86. Dopo il Belgio, in Francia, e dalla Francia, la Grecia; dopo la Grecia, l'Italia. Sono partito così, senza conoscere nessuno.
Dal Belgio, dopo sei mesi, mi sono spostato perché non conoscevo nessuno. Conoscevo persone in Italia e in Francia. Sono andato in Francia, avevo dei problemi, non trovavo lavoro; ho sentito che l'Italia dava i documenti, cosa facevo? Sono venuto.
In Francia sono stato un anno prima a Parigi e poi dopo a Besançon. La prima ragazza che ho conosciuto lì era italiana. Siamo stati un po' di tempo insieme e poi, bah! sono venuto qua. In Italia sono stato a Napoli, più di un anno, e poi a Varese, un anno. Da Varese sono arrivato a Milano, da Milano a Torino.
In Grecia ho fatto nove mesi; sono partito da Brindisi con la nave. Vivevo a Brindisi, ho fatto un po' di tempo lì a raccogliere i pomodori, nei campi. Ero vicino al porto, e ogni tanto dopo il lavoro nei campi venivo al porto. Un giorno ho parlato con uno, l'ho conosciuto, è passato del tempo e poi mi ha invitato a prendere il caffè al bar, abbiamo parlato e m'ha detto: "Ti faccio un visto per la Grecia": era il capitano di una nave. Ho avuto il visto, avevo il permesso di soggiorno italiano dall'88, sono andato in Grecia. Quando sono arrivato in Grecia mi ha fatto vedere un'agenzia dove fare la domanda per un lavoro, e ho trovato lavoro su una nave che faceva Brindisi, Patrasso, Atene; facevo il marinaio. Dopo un anno è scaduto quel lavoro, non volevo più restare e sono tornato in Italia. Da Brindisi ho preso il treno, sono tornato a Roma, da Roma a Torino, e qui finora ci sono restato sempre. Vado in Africa, in Senegal, ogni tanto. Sono quindici anni ormai che sono qui.
In Europa ho fatto tanti lavori. Il primo lavoro che ho trovato qua era in fabbrica, l'ho fatto un anno. Sono andato in Senegal, quando sono tornato non potevo più lavorare lì. Ho trovato un altro lavoro in un albergo-ristorante-bar con il *pub* sotto. Ho lavorato lì, nel ristorante, un lavoro stagionale. Poi sono andato a lavorare nei campi: ogni tanto ci sono dei lavori stagionali, ho lavorato anche a fare i gelati. Si cambia sempre, ogni giorno cambi attività, ogni giorno, non è che si fa la stessa attività per sempre. Se potessi trovare un lavoro fisso, senza cambiare, andrebbe meglio; qualcuno ha bisogno oggi, per tre mesi, quattro, funziona bene, mi fa un contratto di quattro mesi, la Questura mi fa il permesso di soggiorno rinnovato a quattro mesi, perché ho il contratto di quattro mesi. Cosa fanno? Per non superare il tetto, finito il lavoro, prendono un altro, e io devo cambiare ancora posto. Se no, mi dicono: "Va bene, la settimana prossima chiamaci, e ne parliamo". La settimana dopo chiamo, e mi dicono: "Passa

dall'agenzia", e all'agenzia mi fanno ancora un altro contratto, di nuovo, e io ritorno in fabbrica.

In Francia ci sono tanti lavori, ci sono tanti africani, che hanno delle fabbriche, dei negozi, dei ristoranti. Magari io qua posso lavorare per un anno, se quel posto di lavoro è sempre aperto, perché possono anche chiudere dall'oggi al domani, perché non so per quale motivo, dicono: "Dobbiamo chiuderlo, oggi, firma qua". E gli operai cosa fanno? Vanno a trovare un altro posto. Ma ci sono tanti africani che lavorano nei negozi, se hai visto Parigi com'è, beh! allora è più facile trovare lì un lavoro che qua.

Io ho accettato, però con quello che guadagno io devo mangiare, devo pagare la luce, devo pagare il gas, devo risolvere i piccoli problemi che ho, quanto devo risparmiare? Devo mangiare solo io? E mia moglie in Africa? Ci sono i miei fratelli, le mie sorelle, mia madre, mio padre. È un piccolo problema a cui bisogna pensare. Così si va avanti. Il lavoro non dipende da me, dipende dal padrone.

Adesso non è che mi trovi molto bene, perché lavoro in fabbrica, faccio i turni. Devo fare dieci ore al giorno. Quando prendo al mese un milione e seicentomila, un milione e settecentomila lire, dipende, se sto fermo quattro sabati senza lavorare, non riesco a vivere normalmente. E poi il tempo di lavoro al sabato è straordinario, costa più caro, però se me li paghi e dici: "Io li dichiaro all'INPS o dove", d'accordo, però se mi dici: "Te ne pago metà, ottomila lire all'ora", farà comodo a lui, ma non a me. Ma non ho scelta, se non lo faccio non vivo, o vivo male, faccio sacrifici.

Non so se farò venire qua mia moglie, è molto complicato. Io penso sempre che sia meglio che stia là, con quello che guadagno faccio un sacrificio, lavoro "come un negro", e poi tra un po' di tempo magari con i risparmi non dipenderò più da nessuno. Ma poi mi dicono che il lavoro non c'è più, siamo in crisi, dobbiamo mandare un po' di gente in cassa integrazione per un mese, ma cosa faccio io in cassa integrazione per un mese? Io non vivo! Allora vado all'agenzia e cerco di trovare altre cose da fare. Io le conosco tutte queste agenzie interinali. Non lo so se sono loro che sfruttano, ognuno si difende e dice: "Ho ragione io", l'agenzia, il padrone e io, "Il cliente". Ognuno dice: "Io ho ragione", chi ha ragione? Ci vuole giustizia, giudicare, dire: "Chi fa questo lavoro guadagna questo, chi fa quest'altro prende quest'altro", se c'è meno di questo guadagno non va bene, che li facciano pagare; se ti sfrattano dalla casa, che giudichino e facciano pagare. Non lo so se c'è questa giustizia, però io non l'ho mai trovata. Fanno il loro lavoro come devono fare, o come lo vogliono fare?

Oggi, se qualcuno mi dice: "Va bene, c'è un bel posto di lavoro qua a Genova o a Bari o a Foggia", a me non interessa, ci vado, basta che il lavoro sia importante, interessante, ci vado. Non è che devo fermarmi qua a Torino per sempre. Se non vedo altro, mi devo fermare a Torino. Si cambia sempre, dove mi trovo meglio, sto. Però sono rimasto più tempo qui a Torino che nelle altre città italiane, qui ho sempre trovato lavoro quando volevo. Magari finisco da una parte, sto fermo dieci, quindici giorni, un mese, dipende, e poi trovo un altro lavoro, anche se per poco, un lavoro temporaneo per due, tre mesi, quarantacinque giorni; però ho sempre trovato. Non sono mai stato fermo più di sei mesi senza trovare. (ML)

"Il delegato lo faccio da una vita"

In alcune interviste, come la seguente di AS e quella successiva di FD, le prospettive di un lavoro adeguato alle proprie capacità e aspirazioni sono chiuse, tuttavia l'apertura verso gli altri con un impegno sociale o religioso si rivela una risorsa che consente di affrontare serenamente le difficoltà.

AS nel proprio paese aveva dovuto lasciare il lavoro d'ufficio per la chiusura della ditta e viene a far parte di quel ceto medio scolarizzato che sceglie di diventare *modou modou* non offrendo il Senegal alcuna prospettiva adeguata. Ma in Italia risulta impossibile utilizzare il suo diploma. Il problema del riconoscimento degli studi fatti in Senegal è tra quelli più sentiti, e risulta una delle maggiori difficoltà incontrate nel processo migratorio, anche se non è stato approfondito nelle interviste. Come è accaduto a giovani africani con titoli di studio emigrati in Italia, egli vede così cambiare la propria condizione da impiegato a operaio. L'impegno sindacale, che già svolgeva in Senegal, lo aiuta certamente anche in Italia a dare un valore sociale al suo lavoro manuale di fabbrica.

Sono nato a Dakar nel 1951, però sono cresciuto a Louga da una sorella maggiore di mio padre dove ho fatto le elementari fino al liceo. Poi mi sono trasferito a Dakar per gli studi superiori: avevo diciotto anni. Ho vissuto anche tre anni in Casamance, una regione verde, la più bella regione del Senegal, a Ziguinchor. Ho fatto tre anni bellissimi a Ziguinchor.

A Dakar ho frequentato il Liceo Maurice de La Fosse, ma hanno trasferito mio padre, che era impiegato statale, a Ziguinchor e sono andato con lui. Poi è stato trasferito a Dakar. Ho fatto gli studi di ragioneria, ho avuto il mio diploma e ho lavorato come impiegato in un'azienda di macchine agricole. Nell'80 è fallita quest'azienda, e ho fatto consulenza un po' di qua e di là, e siccome non mi piaceva questo tipo di vita, ho detto: "Vado a tentare la mia vita all'estero". Ho deciso di andare via dal Senegal. Da Dakar sono venuto subito in Italia perché non ci voleva il visto per entrare, nell'89, mentre in Francia era difficile rimanere e ho scelto il Paese che mi offriva la possibilità di entrare senza difficoltà. Sono andato in Sicilia. Non avevo conoscenti, sono andato al buio. Appena arrivato a Catania ho visto che non era fatta per me: o me ne vado di là o torno in Senegal. La vita che ho visto lì non mi piaceva, il lavoro non c'era, poi non mi piaceva neanche l'ambiente. Ho detto: "Me ne vado nel nord a tentare la mia *chance*". A Catania sono stato cinque mesi. Per mia fortuna nel '90, sei mesi dopo, è uscita la legge Martelli e mi sono messo a posto con il permesso di soggiorno.

All'inizio ho lavorato di qua e di là, lavoracci sai, a Pino Torinese, dai fiorai, in nero; poi, avendo il permesso di soggiorno, ho trovato questo lavoro nel '91 e sono ancora lì.

Arrivato qua a trentotto anni, non puoi avere nessun riconoscimento degli studi; in Francia forse sì, ma in Italia era difficile, erano diffidenti per i nostri diplomi, e mi sono trovato questo lavoro in un'impresa di pulizia. Mi sono trovato bene e sono undici anni che sono lì. La mia vita è tutta lì. Poi nel 2000 è venuto a trovarmi mio fratello, anche mia moglie c'è. L'avevo sposata prima di venire in Italia.

Essendo sindacalista, sei sempre impegnato di qua e di là. Anche in Senegal facevo il sindacalista dove lavoravo; sono sempre stato dalla parte del più debole, non mi piace vedere sfruttare e maltrattare la gente, ho un cuore che mi porta proprio a difendere i più deboli. Siccome io faccio parte della classe debole, allora! Poi tra la Cisl e Cgil io ho scelto la Cgil perché c'è Lamine, lavoriamo da anni insieme, ci conosciamo, anche lui era della Cgil.

Non ho mai cercato di seguire mio padre: lui era militare nell'esercito francese, prima dell'indipendenza del Senegal, poi, arrivata l'indipendenza, o sceglievi la cittadinanza francese o stavi con il tuo Paese e lui ha scelto il Senegal e ha lavorato lì fino alla pensione. Lui poteva trovarmi un posto, ma a me non interessava. In Senegal lavoravo in azienda, e pure con degli italiani, in una società di macchine agricole.

Qui c'è più lavoro, c'è più possibilità di lavoro: già da giovani, se uno ne ha voglia riesce a infilarsi nel mercato del lavoro, anche in questo momento difficile che attraversiamo, c'è sempre un buco possibile. Invece da noi è difficile. Questo è un vantaggio qui.

Lavoro alla Teksid a Carmagnola: dalle otto alle quattro e mezza, tutti i giorni, però devo lavorare dalle sei alle quattro e mezza il sabato e dalle sei a mezzogiorno la domenica. In settimana il lavoro consiste nel fare il carrellista: io sono carrellista, faccio anche altri lavori però è la mia mansione principale. L'impresa di pulizia ormai non fa più solo la pulizia, fa tutto: infatti si chiamano imprese di pulizia e servizi vari. Con il carrello sposto i cassoni da portare via, in cui c'è l'immondizia, l'alluminio, i trucioli. Portiamo gli scarti dei macchinari della Fiat nei forni dove gli operai della Fiat li riciclano.

La mia è un'impresa esterna. Siamo trenta a lavorare lì dentro, ma è un'impresa di seicento persone, in varie città italiane, Torino, Cagliari, Mantova; ce n'è dappertutto.

La domenica, siccome la Fiat è ferma, dobbiamo pulire i macchinari per preparare per il loro lavoro della settimana; è un lavoro di pulizia che ora per legge non possono più fare e devono appaltarlo a imprese esterne. Gli altri sono carrellisti, ci sono le gru. Un carrellista ha il terzo livello, il manovale ha il secondo livello. Non facciamo lavoro dei metalmeccanici, noi sui macchinari non lavoriamo, loro hanno un lavoro più impegnativo: lavorano tredici ore, sono sempre lì.

Il lavoro del sindacalista è più pesante: se ci sono dei problemi tra il personale e l'azienda, oppure hanno avuto un richiamo verbale o scritto, vado a sentire il loro parere, la loro versione e quella dell'azienda e poi cerchiamo di aggiustare le cose nell'ambito del cantiere. Quando gli operai arrivano, ognuno si cambia, sa quello che deve fare, prende il suo mezzo e va a fare il suo lavoro. Se ci sono problemi il capo cantiere mi telefona, ormai tutti hanno il cellulare: "Hai voglia di venire qua, che c'è questo problema". E cerchiamo di risolvere il problema.

Adesso come sindacato abbiamo dei problemi che non sono più del cantiere ma dell'Italia intera: con questo cambiamento dell'articolo 18. Per i problemi interni, per esempio, quando l'azienda manda una lettera di contestazione a un operaio, l'operaio ha cinque giorni di tempo per rispondere alla contestazione; se la risposta va bene all'azienda, lascia perdere; se no, se non è soddisfatta, può fare un avvertimento o una multa o una sospensione, e noi, in base all'atteggiamento dell'azienda, se riteniamo che l'operaio aveva ragione però l'azienda ha fatto questo provvedimento disciplinare, abbiamo venti giorni per impugnare la decisione dell'azienda. Nel frattempo la decisione è sospesa. In questi casi telefono all'Ufficio vertenze che chiama l'operaio, non più il delegato. Io sono l'unico delegato lì. Sono membro del direttivo provinciale di Torino della categoria. Di questi tempi ogni tre giorni vado lì a discutere come comportarsi con il governo. Normalmente vado al sindacato esterno perché ci sono sempre vari problemi: ci sono tanti immigrati che lavorano nelle imprese di pulizia, quindi stiamo mettendo in piedi un coordinamento della Filcams per gli immigrati, con uno sportello per risolvere alcuni problemi, aiutarli a inserirsi nel mercato del lavoro. Io il delegato lo faccio da una vita, dal Senegal anche, mi è sempre piaciuto. Quando ho cominciato a lavorare lì c'era un delegato, ma per come si comportava e per come intendeva il sindacalismo a noi non ci andava giù. E proprio i funzionari della Cgil che venivano a fare le assemblee con noi si sono resi conto che quel delegato non era all'altezza e mi hanno proposto di mettermi, e i colleghi hanno deciso di votarmi. Su trenta addetti, sei sono stranieri in questo momento. (AS)

Alla ricerca di un lavoro più comodo

FD fa parte dei numerosi immigrati da Louga di origine contadina che non hanno potuto studiare, ma che hanno avuto una solida educazione di base coranica, alla quale si è accompagnata l'esperienza di lavoro a Dakar: questa cultura religiosa e la vita in una città grande e moderna, hanno contribuito a prepararlo alle difficoltà che si incontrano nell'emigrazione. Come nella precedente intervista, c'è nel suo racconto un atteggiamento positivo, anche nelle incertezze e nella precarietà attuale, dovuto alla disponibilità che mostra nelle relazioni sociali a favore dei suoi connazionali.

Ho fatto la scuola coranica per quattro anni a casa, mio padre era insegnante di religione, dopo sono andato a Touba dal fratello di mio papà. Anche lì ho studiato tre anni, poi, finito il Corano, sono andato a studiare arabo da mio cugino. A quattordici, quindici anni sono tornato a casa a lavorare la terra per circa tre anni. Poi ho cominciato a fare il commerciante a Dakar. Vendevo roba da mangiare: noi lavoravamo con mio zio che faceva il commerciante all'ingrosso, importava roba dalla Francia. Io avevo un magazzino a Sandaga, uno dei principali mercati di Dakar, dove vendevo la sua merce. Ho fatto quel lavoro per quattro, cinque anni, poi non mi piaceva più e sono tornato a casa. Mi sono sposato, a ventotto anni, e abitavo lì nella grande casa di mio papà: per me avevo quattro camere in cui abitavo con mia moglie e mia sorella.
Ho deciso di venire via per cercare un lavoro più comodo. Lavorare la terra non mi piaceva più. Sono venuto in Italia perché mi piaceva qui. Sono andato in Francia, ma per poco tempo. Subito sono andato in Italia, poi in Francia e in Senegal. Sono andato a Marsiglia a trovare una cugina, un cugino, per un mese, e poi sono tornato qui.
A Torino c'era mio cugino, prima vendeva, poi quando ha avuto i documenti è andato a lavorare a fare l'operaio. Io vendevo con lui, ambulante. Poi, quando ho avuto i documenti sono andato anch'io a fare l'operaio. Il mio primo lavoro l'avevo trovato con l'agenzia, dove fanno il libretto di lavoro, e mi hanno fatto un contratto di quattro mesi e, scaduti quelli, non l'hanno rinnovato. Era una ditta che lavora dentro la Fiat. Facevo lavoro di pulizia. Allora ho fatto la domanda di lavoro e l'ho portata a mano, nelle fabbriche. Dopo quasi quattro, cinque mesi ho trovato un altro lavoro: lì ho lavo-

rato otto anni. Un'azienda chimica a La Cassa, dopo San Gillio. Assunto a tempo indeterminato. Poi mi hanno detto che mancava il lavoro: non hanno mandato via solo me, hanno mandato via un po' di gente. Allora sono tornato nel mio Paese per quattro mesi. Avevo già sposato la seconda moglie e erano nati i bambini. Poi sono tornato qui.
A quel punto c'erano le agenzie interinali: mi ha assunto l'agenzia per dieci mesi, ho lavorato alle puntatrici, lo stampaggio, facevo i turni. Per un anno, sei più sei. Mi hanno licenziato di nuovo, mi hanno detto che mancava il lavoro: sono sfortunato, e dal 31 agosto del 2001 fino a adesso sono disoccupato. Vado a cercare, ma per adesso non trovo.
Dal ventidue ottobre sono andato in Senegal, sono stato novembre, dicembre, gennaio e sono tornato il due febbraio. Problemi, quando avevo il lavoro, non ne avevo: andavo a lavorare, poi tornavo a casa; io ho la macchina, pago l'assicurazione, tutto, metto la mia macchina a posto e vado a lavorare. Se mi ferma anche la polizia o il vigile o i carabinieri, controllano che tutto è a posto e mi lasciano lì.
Quando sono venuto qua avevo i documenti e ho trovato lavoro: non è che cercavo un altro lavoro per cambiare, se trovavo un lavoro più comodo di quello che facevo lo cambiavo, però quando ho trovato il lavoro io lo facevo tranquillo. Mi piace organizzare la *dahira*, per ricordo della mia religione che non ho dimenticato; mi piace, quando sono libero e non lavoro, fare un giro e andare a trovare gli amici. (FD)

Cambiare lavoro per progredire

Dal racconto di IL traspare un sentimento di soddisfazione per il successivo passaggio da contadino a commerciante e poi a operaio. Tuttavia non sfuggono al suo giudizio i limiti del sistema produttivo industriale, per quanto riguarda sia l'aspetto umano sia quello professionale, per l'organizzazione del lavoro nelle fabbriche dove le operazioni sono parcellizzate e dove l'esperienza di officina non dà all'operaio un mestiere, lasciandolo dopo anni di lavoro al punto di partenza, mentre in Senegal è ancora possibile a un singolo operaio realizzare un prodotto nella sua interezza.

Quando sono diventato più grande ho cominciato a lavorare: prima in agricoltura, con tutta la mia famiglia, poi sono andato avanti un po' e ho cominciato a fare il commercio al dettaglio a Dakar e vendevo roba che usano le donne, abbigliamento e quelle cose lì. A Dakar avevo dei parenti: sono andato da questi parenti, abitavo con loro e stavo lì magari sei mesi, poi tornavo là. Ho cominciato quando avevo quattordici anni così. Ho deciso di venire via.
Arrivato in Francia sono poi venuto in Italia, in Sicilia, perché conoscevo un amico in Sicilia. Io conoscevo solo lui e non avevo altri. In Sicilia facevo commercio: vendevo al mercato. Poi, dopo, sono venuto a Torino. Quando sono arrivato ho preso il permesso di soggiorno perché avevano cominciato a darli nel gennaio '87. Verso aprile, maggio ho preso il permesso. Ho lasciato la Sicilia perché lì lavoravo di meno. Ero ad Agrigento. Il clima è meglio, però non trovi lavoro.

A Torino conoscevo AL: siamo stati bambini insieme; è arrivato a Torino poco prima di me. Quando partivo dalla Sicilia, tutti mi dicevano: "Come fai a andare lì, la vita è troppo cara", ma io dovevo provare. E ci ho provato.
All'inizio, quando sono arrivato qui nell'87, facevo commercio: andavo sempre in giro a vendere. Poi sono andato avanti, avanti fino all'89, quando ho trovato lavoro.
Ho lavorato prima in provincia di Vercelli, da un giardiniere, ero andato al suo negozio a vendere; lui mi ha chiesto: "Hai voglia di lavorare?" e io gli ho risposto: "Sì, se lo trovo, sì". Mi ha detto che dovevo venire con i documenti. Io sono tornato a Torino e subito è uscita la legge di Martelli, e allora era più facile fare il libretto di lavoro e ho cominciato a lavorare. Da quando ho cominciato a lavorare non ho mai lavorato in nero, sempre con il libretto a posto. Ho cominciato lì e ho lavorato giugno, luglio, agosto, settembre, poi non riuscivo a trovare una casa a Borgosesia: abitavo sempre in un piccolo albergo, allora ho detto al padrone: "Devo tornare a Torino, perché non riesco a andare avanti così: pago troppo".
Ero già sposato prima di venire in Italia, dovevo mandare i soldi anche per la moglie.
Verso novembre dell'89 sono tornato a Torino e ho subito cominciato in fabbrica. Mi ricordo che a fine dell'89 le fabbriche cercavano degli operai, c'era tanto lavoro. Appena sono arrivato là, nella fabbrica di Pianezza, mi hanno fatto una visita e dopo tre giorni mi hanno chiamato.
È una fabbrica metalmeccanica, che fa pezzi per la Fiat. Questa azienda prima era grossa: sono andato avanti un anno e c'erano circa dieci senegalesi dentro e poi anche altri stranieri e anche gli italiani. Lavoro con un contratto da operaio di terzo livello. Adesso ci sono solo due senegalesi: io e un altro. Io e lui siamo entrati insieme. Da quando lavoro lì sono sempre al terzo livello. In fabbrica non ci sono problemi: veramente mi trovo bene con tutti. La vita che faccio qua è difficile perché vivi solo per lavorare. Se penso a un'attività da fare in Senegal penso al commercio. Ho lavorato tanto nel settore metalmeccanico, ma non è tanta esperienza perché sai com'è la fabbrica, come funziona: puoi andare avanti, ci sono operai che hanno lavorato trentacinque anni o di più però non sanno niente della fabbrica, sanno solo i pezzi che fanno e basta, non sono capaci neanche di mettere a posto la macchina. Non è solo per noi, è per tutti perché un capoturno magari non vuole insegnare a nessuno qualcosa, perché è così: io ho imparato a far la saldatura, ma aggiustare una macchina no, solo fare una saldatura e basta. Nella mia fabbrica c'è anche il sindacato. Io non ho problemi, perché lì tutto è in regola, tutto è a posto. Io gli scioperi li faccio, questo sì, perché gli scioperi li facciamo. (IL)

"Io ho il mio lavoro, tranquillo"

L'esperienza di emigrazione di MS, per il quale è vitale la ricerca di una occupazione che dia tranquillità, rivela i sentimenti di frustrazione, non sempre dichiarati in modo esplicito, di quanti si sono trovati nella condizione di aver bisogno d'un lavoro e si sono sentiti ostacolati dalla mancanza di mezzi e di aiuti, di un valido sistema di accoglienza, e insieme rivela il desiderio di farsi apprezzare per la serietà e l'onestà. Quanto all'esperienza di fabbrica, egli è tra i pochi che dichiarano di preferire il lavoro operaio, pur amando il commercio, non perché dà un maggiore guadagno ma soprattutto per il piacere che provava nel fare il carpentiere, ed è pure tra i pochi che cerca d'avere una continuità con il mestiere appreso in Senegal.

Sono nato a Boudi Thiekene e poi mi sono trasferito a Rufisque quindici anni fa; avevo ventotto, trent'anni. Prima di Rufisque lavoravo a Louga, perché non eravamo lontani. Fino ad alcuni anni fa andavamo a Louga a piedi o prendevamo un cavallo, perché non c'era la macchina come adesso. Poi sono tornato a casa, mi sono trasferito a Rufisque, poi a Torino. Per motivi di lavoro, sempre.
A Rufisque facevo il muratore; quando ho cominciato a lavorare, ho portato poi anche mio padre lì. Non è che ho abbandonato tutto, ho ancora casa a Boudi Thiekene. Anche a Dakar facevo il lavoro di muratore. Mi sono trasferito anche in Casamance, sempre per motivi di lavoro. A Kolda, anche per motivi di lavoro. Ma per tre mesi. Sempre per motivi di lavoro. Lavoravo con una ditta che mi ha portato lì. Sono stato in Casamance tre mesi, mi pagavano tutto. Non mi mancava niente. E poi quando è finito il lavoro, sono tornato a Dakar di nuovo, lavoravo sempre con loro. Durante la stagione secca lavoravo la campagna, poi dopo lì, andavo a Dakar, per fare il commercio o per fare il muratore, qualcosa, per guadagnare, perché ogni tanto mio padre mi mandava i soldi, e mi piaceva veramente fare vedere a mio padre che il figlio è bravo, quando è lì lavora, e se mi pagano a fine mese, mando i soldi a mia mamma per mangiare, per fare qualcosa a casa e tutto. Ero l'unico figlio maschio e allora lavoravo sempre con mio padre. La mattina, il pomeriggio, tutto.
Poi dopo mi sono detto: "Vado in Europa, vado lì per avere più soldi". Tutto per avere un po' di soldi. Allora è per quello che sono venuto qua.
Quando sono partito dalla Francia, sono venuto a Torino, e ho fatto anche qui carpenteria.
Il mio amico qua, ogni tanto è venuto a trovarmi in Francia, allora una volta mi sono detto: "Vado a Torino a trovare il mio amico". Sono venuto qua, mi è piaciuto. Potevo avere anche il documento. Allora sono stato qua. Loro sono sempre in Francia, mi telefonano, anch'io telefono a loro.
Lavoro sempre nel commercio con la licenza. Faccio i mercati di Perosa, Pinerolo, Piazza Santa Giulia qui a Torino, poi quando c'è vado anche la sera. Normalmente vendo borse, cinghie, cose tipo il falso. Roba legale, puoi vendere. Ogni tanto mi cambia un pochino il tipo di merce. Può cambiare, puoi mettere orologi, braccialetti, collanine, anelli, orecchini, puoi vendere calze, guanti, sciarpe. Anche in Senegal, prima di fare il muratore, facevo anche commercio. Mi piace fare il commercio. Facevo il carpentiere a Fossano, dalle parti di Centallo, l'ho fatto dal dieci settembre '90, per cinque anni. Dopo ho lavorato anche in una ditta che faceva capannoni, e poi sono tornato a fare commercio. I lavori di prima mi piaceva farli. Solo che quando il mio dottore mi ha detto che questo lavoro, se continuo, può darsi che mi fa male proprio, allora io ho cambiato. Pago anche tante tasse, ma va bene. Tanto è normale che pago le tasse, perché se non pago le tasse poi dopo ti ritirano il permesso di soggiorno o quando vai a rinnovarlo hai dei problemi. Allora ho detto: "Sono qua per regolarmi", volevo lavorare, essere tranquillo, non volevo fare nessuna cattiveria; volevo veramente regolarmi come hanno fatto gli italiani. Io ho il mio lavoro, tranquillo, pago le tasse, tranquillo. Perché come anche in Senegal, io qui sono dritto, non è che sono venuto qua per cambiare, no. Sono venuto qua per restare sempre con il lavoro,

venuto qua per cambiare, no. Sono venuto qua per restare sempre con il lavoro, tranquillo, pago quello che devo pagare al governo, basta.
Io guadagnavo di più da carpentiere. Fatica sì, era troppo pesante, perché facevo dalle sette di mattina fino alle sei di sera. E poi quando senti proprio stanchezza, allora basta! guadagnavo di più, allora il mio padrone pagava le tasse e tutto, ma adesso lavoro per conto mio. Guadagnavo di più. Solo che quando il medico diceva: "Se continui questo lavoro, allora può finire male perché è troppo pesante per te", allora anche se guadagnavo un mucchio di soldi, dovevo lasciarlo perché non è che lavoro e guadagno, poi dopo sto male. Anzi guadagnare poco e stare bene. Per me va bene.
Rispetto al commercio in Senegal qui forse guadagno di più, ma anche là guadagnavo. Ma io adesso vivo qui da solo e una giornata può andare bene e può andare male, ma quando va male, da solo posso arrangiarmi. (MS)

"La vita in Italia adesso è un po' più dura"

Tra le persone emigrate per trovare un lavoro migliore di quello che avevano in Senegal, sono molti quelli che iniziano a sentire il peso delle crescenti difficoltà economiche. Nelle loro interviste si dice come siano diminuite le possibilità di mantenere la famiglia, sia perché in Italia e a Torino si è avuta una crisi industriale ed economica, sia perché alcuni cominciano ad essere anziani e stanchi, senza avere chi li sostituisca. Sono molti oggi quelli che si dichiarano in modo esplicito preoccupati, perché sono peggiorate le opportunità di guadagno, specie nel commercio dove le tasse sono diventate alte e dove c'è una minore disponibilità al consumo da parte degli acquirenti. Cresce anche la preoccupazione tra gli operai nelle fabbriche per la recente riduzione di personale e cassa integrazione.
Qui di seguito sentiamo alcune delle voci di quanti parlano di questo disagio. Vi sono tra questi anche commercianti che preferirebbero lavorare in fabbrica.
Sono persone in buona parte venute dalla Francia per avere una licenza di vendita in un momento favorevole al commercio, e per alcuni l'Italia è "l'ultima sponda", un paese dove sono approdati come porto più sicuro per il lavoro ambulante, ma che spesso non interessa per suoi specifici connotati ed è considerato equivalente a qualsiasi altro luogo che dia possibilità di guadagnare. Malgrado i costi di quest'esperienza, l'emigrazione è vista come una riuscita nei propri obiettivi, perché comunque essi trovano qui le risorse che in Senegal mancavano, per mantenere le loro famiglie dignitosamente e talvolta anche agiatamente rispetto al livello di vita locale.

Da piccolo lavoravo nel campo, tenevo anche la vacca, gli animali così. Mio padre aveva gli animali. E ho continuato a fare così per tanto. Quando ero grande, a quindici, sedici anni, sono andato a Dakar, dove avevo solo mio fratello, quello più giovane, che adesso è in Spagna. A Dakar sono stato fino a che sono andato in Spagna, sempre per prendere soldi. A Dakar andava bene, però gli amici tornavano di là e anch'io vo-

levo andare per vedere. Ho fatto anche sei mesi in Spagna, poi sono andato per due anni in Costa d'Avorio. Sono tornato in Senegal, e di nuovo in Spagna, sei mesi. Poi ancora in Senegal. Sempre a vendere. Ho imparato in Senegal a vendere. Ho imparato perché mio padre vendeva prima di me, io qualche volta ero con lui. A Dakar, in Spagna, in Costa d'Avorio, vendevo sempre. Però qua ho lavorato: ho lavorato in una fabbrica. Per un anno e mezzo. Adesso non più, perché stavo male. Mi sono fermato questo agosto. Lavoravo fuori Torino in una falegnameria. Adesso ho ricominciato il commercio. All'inizio non avevo la licenza. Giravo da un mercato all'altro; prendevo gli oggetti da grossisti italiani: collane, borse, portafogli, cinghietti, orologi. Quelli che vendono le cose africane adesso non ci sono qua, sono un po' lontani: a Roma, Milano. Qua sono troppo care, non le puoi vendere. Per questo vendo altre cose.
In Francia e anche in Spagna non ho trovato i documenti. Io qua ho trovato i documenti e sono rimasto qua. Sono qua perché mi hanno dato i documenti ma non mi importa niente dell'Italia. Ho anche degli amici italiani. Qua ho trovato che la vita mi va bene: io vivo bene qua. Anche a Catania qualcosa ho trovato da mandare alla famiglia per mangiare. (GN)

Babbo prima lavorava come commerciante, poi anche la mamma lavorava. Babbo aveva una *boutique* nel villaggio. Vendeva olio, riso, zucchero, cose così. Non andavo alla scuola coranica. La mamma aveva le mucche, il babbo aveva le mucche. Quando ero un po' grande guardavo la mucca. Quando ero più grande facevo il commercio: compravo pecore, agnelli e poi li vendevo a Dakar. Sono andato prima in Francia. Sono venuto via perché in Senegal non c'era lavoro. Se compri un motore e vai a Dakar non guadagni niente. La mamma era vecchia e non lavorava più, come potevamo mangiare noi? In Francia sono andato per lavoro, per mandare soldi a mia moglie. Mia sorella aveva un amico in Francia, del nostro villaggio. Ad Avignone facevo il mercato: vendevo borse, orologi, come qua. Sono venuto via dalla Francia perché sono razzisti e poi per prendere il permesso di soggiorno italiano. Prima non avevo i documenti in Francia, poi sono venuto in Italia, ho preso i documenti, lavoro qua tranquillo. Lavoro tanto ma mando alla famiglia da mangiare. Sono venuto a Torino nel '90 con il treno. Sapevo dell'Italia da gente che viveva a Torino e loro hanno detto: "Andiamo a Torino". Prima per lavorare non avevo la licenza, adesso ce l'ho dal 2001. Ho cinque figli, no sei figli adesso. E due mogli. Con il lavoro qua le faccio vivere bene. Quando sono venuto qua nel '90 prima ho comprato una macchina e giravo nei bar come ambulante. Ero solo: mangiavo e lavoravo, sempre così. Adesso ho la licenza, un lavoro al mercato, se c'è posto mi metto, se non c'è posto torno a casa, e poi pago tante tasse, pago sempre, pago, pago: per questo non posso andare in Senegal, perché devo pagare tanto. (MK)

Quando ero piccolo ho fatto tante cose, ho fatto la raccolta delle arachidi, del grano, dei fagioli, lavoravo la terra nel campo dei miei genitori. Ci vivevamo, se ce n'era troppo vendevamo qualche cosa, mai tutto. Quando sono stato un po' più grande sono andato a Dakar a fare il pescatore; sono andato nel '76 a diciannove anni e l'ho sempre fatto, per undici anni. Mio fratello invece ha sempre lavorato i campi. A Dakar c'era e c'è ancora una parte della famiglia, mio zio, mio cugino. I miei ultimi giorni di lavoro sono stati nell'86. Io ho avuto l'occasione perché c'è un altro mio amico, un mio fratello che vive qua; quando è tornato in Senegal mi ha prestato dei soldi, mi ha

fatto il biglietto, mi ha procurato il visto per entrare in Europa. Questo mio amico viveva in Francia. Io sono arrivato per prima cosa ad Avignone, ho fatto lì cinque anni. Abitavo con amici e facevo il mercato con loro. La vita a Avignone non è male, io sono venuto qui, però la vita a Avignone non è male, no. È che con la legge francese, se non hai il documento va male; se hai il documento francese, la licenza, allora non c'è problema. Quando non ho avuto il documento francese potevo solo fare quello italiano. Qui ho la licenza, la patente, posso anche guidare per andare al mercato. Ogni tanto ho fatto il mercato senza licenza, però non devo, non è bello; alle undici passano per prendere la tassa, dipende quanti metri prendi, quattro metri va bene; anche senza licenza devi pagare lo stesso. Paghi anche per un metro per mettere la roba, poca, ma se non ti danno posto, non si paga però non si guadagna niente; devi avere minino tre metri, quattro metri per guadagnare qualcosa. Quando sono venuto qua a Torino avevo amici, gli stessi che mi avevano chiamato; nell'88 quello che abitava qua mi ha chiamato, mi ha detto: "Vieni, vieni, vieni!". Questi li conoscevo da quando ero in Senegal.
Eh, la vita in Italia, prima era dura, adesso è un po' più dura; non ti so spiegare, no. Quando sono venuto a Torino non c'erano problemi, adesso un po' di più. Quando devi rinnovare il permesso di soggiorno ti chiedono tante cose, per rinnovare è un po' dura anche se io sono a posto, dall'87 fino ad adesso sono stato a posto, da quando sono arrivato qua, subito nell'87. Sono venuto qui prima di vivere ad Avignone; sono arrivato a Torino nell'86, da Dakar, poi quello che mi ha fatto venire qua mi ha detto: "Devi andare a Catania, per prendere il permesso di soggiorno, devi andare subito perché se non lo prendi non puoi restare qua". Dakar-Torino, Torino-Catania; poi quando ho avuto il permesso di soggiorno sono tornato qua, tutto nell'86. Dopo sono andato ad Avignone, fino al '91. Poi sono tornato a Torino. Non faccio mai una settimana fuori, sempre a Torino: sono dieci anni adesso che sono a Torino. (GK)

Ho fatto la scuola coranica. Poi ho lavorato a Rufisque, per vendere. Poi sono partito dal Senegal e sono venuto in Italia a lavorare. Ho fatto un po' di lavori di fabbrica a Bra. Ho fatto anche l'ambulante nei bar. Adesso ho i documenti per vendere al mercato di Porta Palazzo, di via Madama Cristina, sempre in giro per Torino.
In Italia sono arrivato per lavorare, perché c'è la famiglia, e c'è poco lavoro nel paese. Per quello si vuole venire qua in Italia, per lavorare. Adesso io ho cominciato a lavorare, però quello che ho guadagnato non basta, perché pago tante tasse; sai che con la licenza che hai adesso si pagano tante tasse. C'è anche ogni tanto il problema dei documenti, quando voglio rinnovare. Tanti problemi. Anche per quello bisogna aiutare un po', se possibile.
Sono arrivato in Italia grazie al mio amico venuto prima di me. Noi siamo cugini. All'inizio ci sono stati tanti problemi di documenti, però adesso ho i documenti, la licenza di lavoro. Solo che le tasse che pago sono un po' care. Lo sai che pagare la casa, pagare le tasse, pagare la macchina, poi mandare i soldi in Senegal, al paese, è un po' duro.
Per portare su la mia famiglia non mi bastano i soldi che guadagno ogni mese, per mantenere mia moglie qua. È troppo caro.
Qui al momento faccio solo il mercato. In Senegal ogni tanto quando vado, guido la macchina, faccio il taxista, ogni tanto; lo facevo già prima di partire, però poco tempo, poi sono venuto qua. Quando sono arrivato qua, prima facevo l'operaio, poi: "Vo-

glio provare!" perché si deve avere il diritto di cambiare, cominciare a provare, a guardare un posto, se va bene, va bene, se non va bene, cambiare ancora, andare in fabbrica. Provare a vedere come funziona, se è buono o no. Mi piace tutto il lavoro, quello che è importante è lavorare, mi piace tutto. Però voglio cominciare a guardare questo tipo di lavoro, se funziona bene, bene, se non funziona lo cambio.
In Senegal ho fatto quasi tutti i lavori, in campagna, con mio papà; l'ambulante, a vendere al mercato, girare. Lo sai il Senegal com'è. Ho fatto anche il taxista, in Senegal.
Dico la verità, qua è un po' meglio, se no non venivo qua per lavorare, per guadagnare qualcosa, per mantenere la mia famiglia, capito? Se il lavoro che io faccio qua è uguale a quello del Senegal, io resto in Senegal, capito? Perché io ho guadagnato un po' più qua. Un po' di più. Non ho guadagnato tanto, però per lo meno qua è meglio, guadagno di più che in Senegal.
Prima di avere la mia licenza per cominciare a lavorare, a vendere qua, io non pensavo che avrei pagato queste cifre che pago adesso, io non pensavo che devo pagare le tasse che pago adesso; non le pagavo prima. Non l'ho saputo prima. Adesso quello che guadagno, dico la verità, va quasi tutto per pagare le tasse, adesso è un po' duro, sì, sì, pago tanto.
Io lavoro per mantenere la mia famiglia, loro vivono bene, tranquilli, hanno una casa, mangiano bene, compro roba per loro; lavoro così, non lo so come esprimermi, perché la gente deve lavorare. Perché hai famiglia. (AD)

A Torino ho lavorato poco, due, tre anni, poi ho dovuto fare l'ambulante. Ero metalchimico, operaio, poi non ho più trovato, adesso faccio il commerciante; quando trovo lavoro mi piace, se non c'è lavoro devo fare il commerciante, ma con il lavoro si guadagna meglio.
Al mio villaggio, a nord di Louga, abitavamo in tanti, mio padre, le mogli e tutti i fratelli, e si lavorava solo nei campi: arachidi, miglio, fagioli.
Ho fatto la scuola coranica, solo quella, fino a quattordici anni. Finita la scuola andavo a casa a lavorare il campo. Dopo ho anche fatto il commerciante in Senegal, nel '79 ho cominciato, fino a adesso, ambulante; ogni tanto andavo a casa, ogni tanto alla capitale. Il commerciante lo facevo solo a Dakar, ambulante; ogni tanto andavo al mercato, ogni tanto no. Gli altri fratelli lavoravano i campi; io non sono il più vecchio, ho un fratello più vecchio di me. Ho venduto tante cose, non posso dirle tutte: vestiti, anche mutande da donna, anche maglie, e altre cose, roba da mangiare no, ma anche altre cose. Sono venuto in Italia perché volevo aiutare la famiglia; ero già sposato, con due figlie: sono tutti in Senegal. Quando ho i soldi li mando, ma quello che ho adesso non basta neanche qua, perché qua è molto caro: paga l'affitto, paga la luce, paga tutto. Anche per fare il commerciante si paga, la licenza. Quando sono arrivato ogni tanto ho avuto problemi per rinnovare il permesso di soggiorno: se non lavoro non c'è licenza, rinnovarlo è difficile. Adesso però sono regolare.
Ogni anno o ogni due anni, torno in Senegal. Compro delle cose lì, ma non tanto, non ho tanti soldi, anche per i regali, è difficile, e loro lo sanno.
Però è caro, si paga tanto, come si fa a vivere? Non ho trovato fortuna.
Al mercato il posto non è sicuro, perché c'è il sorteggio; poi devi scrivere il nome, la licenza; dopo quando sono le otto e mezza chiamano; se arrivo tardi non trovo posto, vado via.

Il mio lavoro è vendere. Di tutto, occhiali, portafogli, orologi, oggetti piccoli. Quando ho i soldi, il magazzino me li dà. C'è poca differenza tra quanto pago e quanto ricavo dalla vendita; non guadagno tanto, adesso vendo poco perché adesso il lavoro sul mercato è poco, non si guadagna tanto, non comprano, dopo l'euro. Adesso ho comprato un'auto da una settimana per fare i mercati fuori.
Il lavoro in Senegal non lo farei ancora, se non si guadagna, si guadagna poco, non c'è lavoro, è poco. È diverso il commercio là. Qui ci sono più soldi, qualcuno vende bene, però in Senegal il commercio è difficile.
Lavorare mi piace, ma il lavoro in fabbrica. È più regolare, il guadagno è più sicuro e regolare. In fabbrica mi trovo bene. Non c'è più fatica. Anche con le persone mi trovo bene. Se posso cerco lavoro in fabbrica, ma cerco e non trovo, ho tanto cercato e continuo a cercare. Con le agenzie interinali. Farei un lavoro di fabbrica. Ma in Senegal, vorrei mucche e pecore, mi piacciono gli animali. (MG)

A Ngandialam io facevo il contadino, lavoravo la terra, tutta la famiglia lavorava la terra. Il villaggio è trenta chilometri a nord di Louga, alla periferia di Louga.
Mio padre aveva tre mogli, c'erano tanti bambini. In Senegal c'è anche mia moglie, sempre a Ngandialam, e cinque figli miei: tre femmine e due maschi. Il maggiore ha ventidue anni e restano in Senegal.
Io non ho fatto la scuola, ho fatto la scuola coranica solamente, fino a dieci anni, e poi ancora a lavorare i campi. Dopo i campi, ho lavorato come commerciante, e basta.
Per quindici anni ho fatto il commerciante in Senegal, ho iniziato a venticinque anni a fare l'ambulante fino a quaranta, sempre a Louga, anzi soprattutto a Rufisque, nella regione di Dakar.
Poi la Francia, perché in Senegal non guadagnavo bene, e ho avuto difficoltà per mantenere la famiglia. Ero già sposato. In Francia stavo a Lione, dall'82, poi a Marsiglia, nell'85. Sempre come ambulante, vendevo roba varia, occhiali, orologi, tutto. Meglio Marsiglia, sono stato tanto tempo là, era tutto meglio. Sia a Lione che a Marsiglia conoscevo persone, tanti amici. In Francia ho avuto problemi con i documenti, e sono venuto qua per questo, nell'87. Subito a Torino, poi a Catania ancora nell'87, sono solo passato, per avere il permesso di soggiorno. Sempre a fare l'ambulante.
Il problema è che non ho posto fisso al mercato, vado a Porta Palazzo, tutti i giorni.
Prima non abitavo qua, ma in corso Vercelli, nell'88-'89-'90, abitavamo tutti in corso Vercelli, poi abbiamo cambiato casa insieme, e dal '92-'93 stiamo qua.
Vorrei far venire qui mio figlio se possibile, il maschio, per lavorare, perché io sono stanco; gli altri dopo. (KS)

La denuncia di questo peggioramento della situazione trova concordi tutti gli intervistati, anche quelli che godono di condizioni di lavoro più vantaggiose, come MDI, con il suo commercio avviato e gratificante di oggetti di antiquariato:

Però è dura qui in Italia. Sai perché è dura? Perché hai delle attività, quando apri la partita Iva, loro non ti danno una mano per respirare: sai che qui, dei commercianti per fare le attività, se hanno una base possono avere dei prestiti, no? Però devono avere delle garanzie, anche delle possibilità. Invece noi che siamo qui come immigrati, non possiamo avere delle garanzie, capisci? Almeno, boh, si dovevano dare secondo

me, ogni tanto, dei prestiti iniziativi. Anziché aiutarti ti mandano degli INPS, da pagare, alla fine ti crollano i piedi. È difficile, uno inizia, fa un'attività, tac tac tac, paghi questo, paghi là, devi vivere, anche noi abbiamo una famiglia da aiutare giù, eh? Non come qui che fai le tue cose e non hai i genitori a carico, può darsi che qui ogni tanto i genitori aiutano i figli, e invece noi in più pensiamo anche ai genitori, sai alla fine le cose sono un po' *compliquées*. E *voilà*.
Veramente forse era meglio prima, no? Perché prima forse noi non eravamo a posto con i documenti, eravamo un po' venditori così, sai, però non pagavi niente, cercavi di cavartela, di farcela per vivere e tutto. Però invece devi metterti anche a pagare le tasse, senza neanche avere aiuti, un fondo per iniziare le cose.
Il problema, secondo me, non sono le tasse, perché le tasse, anche è normale pagarle, uno lavora e con il lavoro devi pagare le tasse. Però se c'è un fondo per avere più merce, per fare una piccola attività, devi pagare le tasse, paghi i tributi, se hai la possibilità di avere un prestito di un *tot* di soldi, no? tu fai del commercio, poi puoi pagare le tasse. Però se vuoi avere dei crediti, questi dicono: "Garanzia". Cosa garanzia? Io una volta sono andato in una banca dove dicevano che avrebbero aiutato il piccolo commerciante, ma sai, hanno bisogno delle garanzie. Io pensavo di chiudere l'attività, perché se continui a pagare le tasse, anche se le cose non vanno tanto bene, cosa fai alla fine? Se non stai attento, alla fine sono più i debiti che, come si dice, i profitti.
(MDI)

Malgrado questa situazione, ci pare che nessuno metta in discussione né la validità della scelta d'emigrare, né la validità del lavoro commerciale, bensì denunci soltanto le condizioni attuali nelle quali si esercita l'attività. La riuscita è infatti commisurata a quell'importante risultato che consiste nell'inviare somme di denaro in Senegal, che, per quanto ridotte dalla tassazione, permettono alle famiglie di fare un salto di qualità nella loro situazione economica.

3.5 Il lavoro di migrante

Negli ultimi venti anni è comparso sulla scena italiana il *modou modou*, migrante internazionale, recente prodotto della crisi economica senegalese. In Senegal il suo apparire è considerato l'unico fatto emergente nuovo, insieme al movimento di emancipazione delle donne, dopo l'indipendenza e la decolonizzazione: si tratta di un fenomeno sociale, prima che economico, culturale e religioso che si forma nel tempo nel passaggio dall'economia agricola a quella commerciale e dell'informale, frutto dell'incontro negli anni settanta di giovani provenienti dal mondo rurale - in prevalenza wolof, di tradizioni contadine e di cultura religiosa *murid* - con l'economia di scambio urbana e l'organizzazione dello stato moderno di funzionari e intellettuali occidentali. Nell'approfondita ricostruzione di questo percorso M. Ndiaye (1998, 239 sgg) descrive la combinazione eccezionale di circostanze che a suo avviso ne hanno fatto il protagonista di una civilizzazione moderna che ha in sé i connotati più dinamici dell'attuale processo di sviluppo, che si adatta perfettamente allo spazio della globalizzazione per il suo spirito di iniziativa in un complesso contesto economico ove regna la competitività. Ciò che distingue l'analisi di Ndiaye dalle varie ricerche sull'emigrazione senegalese è l'accento posto sul profilarsi negli Usa d'una affermazione del *modou modou* in ruoli di alto livello non solo nel commercio ma anche nell'industria e nel sistema finanziario. Nell'ambito italiano e torinese non si riscontra questa prospettiva di mobilità verticale, e i percorsi di lavoro descritti dai protagonisti mostrano piuttosto una "mobilità orizzontale" che caratterizza l'approccio al lavoro dei senegalesi nel nostro contesto, sulla quale ci sembra utile soffermarci.

Come si dice in Senegal, "*Touki ligeey la*", "l'emigrazione è un modo di lavorare", e il *modou modou*, è "colui che fa il lavoro di emigrante". Questo coincidere dei due connotati di emigrante e lavoratore, che prescinde dal tipo di attività svolta, e il fatto che nella cultura senegalese, in particolare in quella *murid*, si dia valore in primo luogo all'attività lavorativa in quanto tale, fa sì che la maggior parte degli immigrati non mostrino quel culto del lavoro che fa dipendere la realizzazione di sé da una gerarchia di valore delle occupazioni. Come nota anche B. Ndiaye (2000, 80), i senegalesi pensano che gli italiani hanno il culto del lavoro e lo considerano essenziale allo sviluppo della persona, mentre per loro è solo un mezzo per vivere. In effetti, mentre nella cultura europea il presentarsi attraverso la propria attività costituisce quasi una "dichiarazione di identità" e un tramite per essere introdotti ad ambiti di socializzazione adeguati al proprio *status,* nelle nostre interviste soltanto chi si presenta come un artista che punta ad emergere si qualifica riferendosi alla sua professionalità. M. Ndiaye (1998, 215) ricorda che "non è necessario scegliere i mestieri, tutti i mestieri portano alla riuscita" ed è appunto la riuscita della quale si è detto nei percorsi di lavoro che fa lo *status*.

Nell'ambito di questo orizzonte culturale possiamo dire cosa significhe per ciascuno il lavoro? Agricoltura, commercio, lavoro di fabbrica o edile, professioni, mestieri, arti, sono sicuramente vissuti in modo diverso e non è facile capire il grado in cui ciascuno si identifica nella propria attività, e dunque il peso e il ruolo che le dà nella propria vita, il tipo di impegno che le dedica, la soddisfazione che ne riceve.

Ad una prima analisi si direbbe che per moltissimi immigrati il lavoro sia una sorta di contenitore da cui ricavare il necessario per vivere ed adempiere ai propri doveri, senza attribuire importanza a quale ne sia il contenuto, anche perché il cambiamento di lavoro è spesso messo in relazione soltanto alle maggiori possibilità di guadagno che esso offre. Come efficacemente dice un ex emigrante intervistato in Senegal, PFT: "L'esperienza che ho ricavato dall'emigrazione è che non vi sono *sottomestieri*. La finalità del lavoro è poter soddisfare i propri bisogni senza chiedere l'aiuto di nessuno".

In questo atteggiamento dei *modou modou* verso il lavoro si vede un'eredità dell'esperienza senegalese nella quale raramente si parla di disoccupazione, essendo tutti inseriti in un'economia informale (Treossi, 1995,

196) che consente una continua mobilità. M. Ndiaye, descrivendo i connotati del *modou modou*, porta ad esempio i tredici mestieri dell'eroe popolare del Gambia Jack Josin, e osserva che più che di una professione o di un mestiere si tratta di un complesso di attitudini, comportamento e condotta[2]. Altri confermano come i *modou modou* si presentino come un nuovo fenomeno morale e sociale, con un nuovo modo di pensare, di fare e di essere collettivo che supera l'ambito delle professioni. Si afferma spesso anche nelle nostre interviste che in Senegal nessuno sta con le mani in mano, e che la mobilità si intreccia al "disbrogliarsi":

Perché in Senegal lavoriamo con il *"système D"*, D come *débrouiller*. Lo chiamiamo così in Senegal, il *"système D"*, cioè tutti si arrangiano. Il *"système D"*, come definizione, sono forse gli studenti che l'hanno inventato, ma io l'ho sentito così. Perché è il paese che è così, che non ha il materiale necessario per lavorare. Se per esempio vuoi disegnare, colorare e non hai i colori, è il sistema D che si mette in gioco. Cerchi di sfumare un po' per vedere. Il senegalese lavora sul sistema D fino ad oggi. Questo per dirti che in Senegal, in Africa, il problema maggiore è l'adattamento a un ambiente. Mio padre è stato professore, dopo ha lavorato nei trasporti, è diventato taxista e agricoltore e lo faceva prima, e adesso si occupa di commercio. Hai visto i lavori che ha fatto? Cambiare lavoro è normale, per me è una cosa estremamente normale. Io vorrei cambiare lavoro ma tenuto conto dei problemi che incontro, penso che ci arriverò, come ti ho detto, se installerò un *cyber*, se sarò tranquillo, se avrò un piccolo risparmio, che riesco a lavorare, non so, fermare i viaggi all'estero, educare i miei figli e lavorare a fianco di mia moglie. Invece per la generazione di mio padre era difficile fermarsi su un solo lavoro; la maggior parte delle persone che hanno la stessa età di mio padre non hanno mai un lavoro fisso, ogni volta cambiano, ora sono nel commercio, ora nel trasporto, ora nell'agricoltura, a volte restano a casa senza lavorare. Mio padre lo vedi, non smette mai di lavorare. (MOD)

Se la mobilità nel lavoro è indiscutibile, e in gran misura, per quanto riguarda i migranti, si è superata la tradizione per cui il mestiere si tramandava, MD fa notare che questo fenomeno del disbrogliarsi presenta varie facce: infatti riguarda in prevalenza le persone che si spostano dalla campagna alla città per accumulare il denaro necessario alla partenza, e molto meno vale per coloro che sono nati ed abitano nelle città, che spesso hanno alle spalle l'appoggio della famiglia; inoltre il disbrogliarsi si differenzia dall'arrangiarsi, l'inventarsi soluzioni, il darsi da fare che è una caratteristica dei senegalesi (*gorgolu*, fare l'uomo, letteralmente), perché comunque si va alla ricerca dell'attività che procura maggiori guadagni. In questo senso tale atteggiamento lo si può ritrovare all'estero. Ci sembra che il carattere omologante delle occupazioni cercate in Europa, cioè questa mobilità orizzontale, non sia da at-

---

[2]. Ndiaye (1998, 6): "Ma cosa pensare dei *Mòodu* d'America e Francia, di Spagna e Italia, della Costa D'Avorio e del Gabon i quali, benché vivano in contesti molto diversi, presentano gli stessi tratti di carattere e la stessa inclinazione di pensiero e azione?".

tribuire di fatto a un'idea delle attività come indifferenziate, ma in modo particolare alle limitate opportunità offerte dal mercato (anche in relazione alla mancanza di qualificazione professionale richiesta dalla società industriale sviluppata). È possibile in effetti trovare, nelle numerose testimonianze riprodotte da vari autori, esempi di come si lasciano lavori che non si ritengono adatti per sé (Riccio, 2000, 22), così come si descrive talvolta la preferenza per lavori modesti piuttosto che per altri migliori (Riccio, 2001c, 163-166).

In realtà dalle nostre interviste sono emersi insieme il bisogno di guadagnare e le predilezioni, in particolare per chi pensava a lavori qualificati, come si è visto già nei percorsi di lavoro:

Avrei potuto essere un insegnante, un giornalista, un avvocato, non so. Ma ho abbandonato la mia vocazione e siccome non sono riuscito nella mia vocazione, non ho più la scelta. "Non appena si presenta un lavoro che è normale, mi sono detto, non ho la scelta". Ma io devo sostenere la mia famiglia in Senegal che è numerosa. (MOD)

Necessità e desideri vengono ribaditi in numerose testimonianze, e poiché quelle riportate in precedenza nei percorsi di lavoro sono tutte maschili (per l'esiguo numero di donne da noi intervistate, di cui solo due lavorano in modo sporadico, se si eccettua l'artista *griot*), si può ascoltare come questi sentimenti vengono espressi da parte delle donne:

Mi piacerebbe fare di tutto. In fabbrica, lavoro di casa, tutto! Il tipo di lavoro che mi piacerebbe fare è lavoro di casa, pulizie e guardare gli anziani. (PD)

Quando si parlava dell'Italia io credevo che si trattasse veramente di un paese molto grande e bello, ma va bene lo stesso però, perché c'è lavoro. È meglio che in Senegal, per questo è buono, c'è lavoro e si riesce a vivere. Non mi importa che lavoro fare, ma non l'ho ancora trovato, mi piacerebbe lavorare. Forse il commercio. Comunque voglio fare molte cose, e non ho ancora cominciato. Avevo trovato lavoro in un ristorante, ma mi sono ammalata il secondo giorno che lavoravo, aiutavo in cucina, forse un altro lavoro così. (CF)

Io aspetto che il bambino sia grande per portarlo all'asilo e lavorare tutto il giorno, anche se trovo lavoro in fabbrica voglio andare, anche al ristorante, a aiutare come cuoca, a lavare i piatti, tutto. Mi piace cucinare, più di tutto. Mia madre sarebbe contenta, ma mia madre vuole solo che io trovi un lavoro per mandare loro i soldi. Lavoro perché ho questa responsabilità. Ma anche se non c'era, avrei cercato lavoro per me, per quando voglio comprare qualcosa comprarla, quando voglio fare qualcosa farla. Se guadagnassi di più non manderei tutti i soldi, manderei questo e il resto lo userei per me. Mando tutto perché è poco. Io ho sempre voluto lavorare, trovare da lavorare. (FB)

Questo [che faccio ora] non posso dire che è una professione, è la mia passione, ma non è la mia professione. La mia professione proprio proprio, è cucinare. La mia passione, ce n'è tante. Ho tante cose che so fare, che faccio per passione. Ma la mia professione è cucinare, mi piace. Perché lo facevo anche in Senegal, se c'è un battesimo, se c'è una festa qui faccio tante cose, alla fine diventa una professione. (SN)

Spesso le difficoltà incontrate nella ricerca del lavoro sono affrontate con un atteggiamento che potrebbe definirsi fatalista, poiché si dice che ci si affida al destino, ricorrendo all'immaginario e all'ideologia (che comprende teorie, credenze, miti, che portano a giustificare i comportamenti e le scelte). Ciò permette di coprire di fronte a sé prima ancora che agli altri quelle che potrebbero apparire come sconfitte e consente di sentirsi in armonia con se stessi nelle situazioni avverse, ma nessuno in realtà è così fatalista da lasciare il proprio futuro nelle mani di Dio. Pur accettando qualsiasi occupazione per sopravvivere, abbiamo visto come ciascuno sia alla ricerca di una migliore soluzione e in alcuni casi inventi una propria attività. Due frasi colte in due successive interviste alla stessa persona (MF) sono indicative; la prima, in un momento di difficoltà: "Io penso di continuare a lavorare con il mio lavoro fino ad andare in pensione, però oggi come oggi non lo so cosa succede domani, perché è difficile dirlo: quando uno crede in Dio, il suo destino lo lascia a Dio"; e diversi mesi dopo, quando il suo progetto di lavoro comincia a realizzarsi: "Sui progetti non ho cambiato. Quando la pensione? Non lo so neanche. Io vado in pensione quando voglio. Dipende solo da me. Lo deciderò al momento".

In ogni modo per la maggior parte degli immigrati, come scrive Riccio, c'è "non un'alternativa ma comunque un dilemma tra vendere o trovare un lavoro dipendente" (Riccio, 2001c, 161), e molti autori, soprattutto quelli che si sono occupati del meridione e del centro Italia, sostengono che vi sia una netta preferenza per il commercio; altri descrivono il commercio come vocazione, essendo il mestiere tradizionale per eccellenza (Treossi, 1995, 199). Questa predilezione per il commercio è espressa nella maggior parte delle nostre interviste, soprattutto da coloro che in Senegal non hanno avuto altre esperienze che la vendita al dettaglio, provengono da zone agricole e spesso non sono scolarizzati, oppure, all'opposto, da chi proviene da famiglie di grandi commercianti che trattano prodotti di qualità.

Il carattere di attività per antonomasia del lavoro commerciale non emerge soltanto nelle interviste torinesi, ma lo si coglie anche dalle informazioni date dai familiari rimasti in Senegal; infatti, quando l'attività dell'emigrante resta avvolta nel carattere di genericità, essa viene generalmente assimilata al commercio.

No, i ragazzi [gli emigrati] non dicono quello che fanno là. Quello che fanno, non lo dicono. È il loro segreto. E noi, non abbiamo gli strumenti per saperlo. Dicono che fanno del commercio. (AN)

I parenti degli immigrati spesso sanno poco o nulla dei percorsi umani e professionali dei loro congiunti e sono soprattutto le donne che vivono nei villaggi a non avere alcuna informazione sul tipo di vita e di lavoro dei mariti ed anche dei figli e dei fratelli in Italia. In effetti nell'immaginario di queste donne l'Italia non esiste che in quanto luogo di lavoro, e in quanto tale appartiene a una sfera protetta, su cui vige tradizionalmente, fra i coniugi ma non solo, un reciproco rispetto del silenzio. Se da un lato i migranti senegalesi non hanno l'abitudine di raccontare ai propri parenti e amici il tipo di vita condotta in Italia, né le attività svolte, dall'altro sono le donne stesse che nella maggior parte dei casi non hanno interesse a chiedere informazioni al riguardo o non osano farlo.

Di lui [mio marito] so solo che è in Italia. Non so cosa faccia là. Non lo so, non gliel'ho mai chiesto. Può darsi che se lo volessi sapere, e se glielo domandassi, me lo direbbe, ma io non voglio. (AWN)

No, non so cosa fa mio figlio in Italia. Non gliel'ho mai domandato. Tutto quello che so è che si occupa bene della sua famiglia. (SMM)

Se pur poche sono le donne che conoscono dettagli della vita sociale o di lavoro dei mariti, dei figli e dei fratelli all'estero, tuttavia su un punto convergono le preoccupazioni e i pensieri sugli uomini in Italia: il rigore nel rispetto delle norme e dei precetti religiosi. Questo aspetto suscita nelle donne apprensione per la difficoltà che implica lavorare e vivere lontano da casa seguendo le regole religiose, ma anche orgoglio e stima, perché, seppur lontani dalla famiglia e dal paese, hanno saputo mantenere fede alle radici. Il rispetto dei doveri religiosi equivale così a mantenere salda la propria identità, non solo religiosa, ma anche sociale e culturale e diventa un mezzo per andare e non perdersi. Questa preoccupazione rivela quello che, nella migrazione senegalese, è avvertito e vissuto come il rischio massimo, cioè perdersi, sposare una filosofia di vita che è differente da quella di partenza.

Penso che faccia del commercio. Non mi dice che cosa fa là. Mi interessa, ma io non glielo chiedo. Credo che sia dura perché un musulmano può svolgere solo lavori leciti. Quando non lavora, penso che venda. Non so se ha amici. (NS)

Penso che faccia del commercio. So che vive come viveva qui. So che quando si alza si dedica ai suoi obblighi religiosi, che poi va a lavorare e quindi torna tranquillamente a casa. Certamente lavorare in Italia è più difficile. È veramente dura. Il lavoro quando lo fai come si deve, è difficile. Quando vuoi al tempo stesso lavorare seriamente, rispettare i tuoi doveri religiosi, evitare ogni cosa negativa, è per forza difficile. (FS)

Penso che faccia del commercio. So che per quello che riguarda la religione compie molto bene i suoi obblighi. (NAD)

Il commercio può considerarsi come l'ambito di lavoro nel quale, in Senegal, si situa la figura del migrante, al punto che di fronte a storie di "non riuscita", Perrone (2001b, 137) ha visto "un immaginario del commercio in grande" con sguardo rivolto a emigrati diventati ricchissimi, come strumento di promozione sociale, in famiglie che vivevano in un'economia vernacolare in religiosa attesa.

Per quanto riguarda il commercio ambulante, praticato almeno inizialmente dalla maggioranza degli emigrati in Italia, M. Ndiaye (1998, 215, 262) ha fatto notare che tale attività, un tempo stigmatizzata anche in Senegal, ha acquisito quasi uno statuto "eroico" negli ultimi venti anni, e non solo non è un disonore ma si è elevata ad attività nobile nel processo di universalizzazione del modello del *modou modou,* mentre Treossi (1995, 200), nella ricerca a Faenza, ritiene che sia percepita come attività che conferisce uno *status* molto elevato all'interno della comunità senegalese. L'argomento è ripreso da diversi studiosi di situazioni locali e con verifiche anche in Senegal, come quella effettuata da Riccio (2002, 191) in riferimento agli anni sessanta, quando l'aspirazione era diventare impiegato, funzionario, o insegnante, dipendente statale, e alla successiva caduta di queste aspettative con il blocco delle assunzioni, che ha indotto anche i ceti medi all'attesa di un reddito con l'emigrazione e il commercio. A questo riguardo MD osserva che "il commercio è considerato dai senegalesi l'attività per antonomasia in quanto era l'attività del Profeta, benedetta dal Profeta".

Se il commercio è tenuto in tale considerazione (o se è avvenuto tale cambiamento nella considerazione del commercio ambulante), si può ritenere che ciò negli ultimi venti, trent'anni, sia dovuto alle rimesse degli emigrati che hanno elevato il tenore di vita delle loro famiglie e sono diventati un pilastro dell'economia nazionale, sviluppando soprattutto tale attività; ed è questo forse il maggior motivo di soddisfazione per gli emigrati stessi. L'importanza attribuita al lavoro commerciale, nelle nostre interviste, dipende dal fatto che all'arrivo in Italia con i flussi migratori nei primi anni ottanta è stato un'ancora di salvezza per chi non aveva preparazione professionale e in particolare per chi era entrato come clandestino, benché Torino per il numero limitato di irregolari sin dagli inizi si differenzi dal sud, dalle zone costiere e dalle isole, e anche da città industriali del nord come Milano (Sinatti, 2000). A Catania ancora nel 1990 metà degli immigrati commercianti erano clandestini (Scidà, 2001, 162). Inoltre il commercio ambulante, lavoro allora non diffuso in Italia, costituiva una nicchia di mercato che garantiva un'autonoma gestione dell'attività, alla quale gli immigrati potevano facilmente accedere grazie all'esperienza precedente familiare e individuale acquisita nel paese d'origine e alla rete di accoglienza che li introduceva al lavoro. Allo stesso tempo ha consentito ai senegalesi di essere identificati come gruppo con propri caratteri culturali, con una propria tradizione lavorativa anche nei confronti degli emigrati di altri paesi, ed ha preservato la comunità dalla frammentazione consentendole di mantenersi unita.

3.6 Il commercio: un modo di essere

Numerose ricerche sull'ambulantato descrivono come molti senegalesi dediti a questa attività abbiano subìto un vero trauma e allo stesso tempo come permanga la profonda ambivalenza tra paura e orgoglio che l'attività del commercio può comportare (Riccio 2001c, 164)[3]. A Torino, forse anche per le sue caratteristiche di città industriale, l'ambulante senegalese non era visto come quella forte minaccia economica che Riccio (2002, 186) descrive per le zone turistiche costiere, Rimini in particolare, e forse per questo i traumi provocati dalla rischiosa e deprimente vita di ambulanti, specie se privi di autorizzazione, non appaiono evidenti né sono descritti, nelle nostre interviste, se non da chi si è sentito avvilito perché aveva i requisiti per accedere ad un'occupazione qualificata. Tuttavia alcuni intervistati fanno notare d'essere a conoscenza di come questa situazione abbia arrecato a diverse persone disagi psichici, per l'umiliazione piuttosto che per le difficoltà economiche, per il senso di inferiorità e inadeguatezza che si ripercuote anche nei rapporti con la famiglia e in particolare con la moglie anche in Senegal, e che ciò non emerge essendo i senegalesi reticenti nel rivolgersi al centro di assistenza psicologica, che pure a Torino svolge ormai un'attività intensa da diversi anni.

Una volta regolarizzati, ed una volta avviata una stabile attività, gli immigrati che si dedicano al commercio sono propensi a mettere in risalto sia il valore pratico sia quello ideale di questa attività.

Il valore pratico materiale del commercio è visto soprattutto nei vantaggi che si traggono dall'autonomia di iniziativa che è frutto di una lunga tradizione d'organizzazione informale del sistema commerciale tradizionale. In effetti ciascuno si rifornisce individualmente dai grossisti, o da uno di loro che acquista per tutti in altre città (Treossi, 1995, 201), e con il tempo, dal 1985, ci si è potuti valere di una razionalizzazione dell'approvvigionamento e della vendita, per cui in una prima fase vi è stata la nascita del grossista, nella seconda un aumento della distribuzione al dettaglio ambulante, in seguito l'amplificazione dei settori merceologici, e infine la specializzazione individuale della vendita di merci (Scidà, 2001, 167-168). Non si è vista però, nei percorsi di lavoro descritti, quella capacità di sviluppare l'import-export che è considerata da alcuni autori un nuovo modello di circolazione transnazionale creato negli ultimi vent'anni di emigrazione esterna al continente africano (Riccio, 2000; 2001b, 592; 2001c, 162). In particolare Riccio (2000) lo vede

---

3. Ndiaye (2000, 69) descrive la vergogna sentita da alcuni suoi intervistati che per non farsi riconoscere vendevano la sera quando giungeva il buio.

come un nuovo modo di stabilire relazioni multiformi con ambienti sociali e produttivi diversi, che garantisce agli immigrati la possibilità di sfruttare ogni fattore della loro duplice appartenenza salvaguardando la loro autonomia, in relazioni commerciali transnazionali che consentono di mettere a punto, piuttosto che subire, i differenziali demo-economici tra diversi paesi per utilizzarli come risorse, senza necessariamente stravolgere i propri punti di riferimento culturali e sociali. Anche se in ambiti più limitati, gli immigrati che lavorano a Torino si avvalgono di un sistema informale quasi autosufficiente di reti che collegano legami di appartenenza e attività commerciale, nell'interazione con il contesto economico e di compravendita all'ingrosso italiano.

Questa autonomia di iniziativa viene descritta come possibilità di mettere in campo qualità congeniali quali il talento, l'arrangiarsi, che pure fanno parte di un eredità tradizionale e familiare, di cui si valuta l'aspetto pratico:

Penso che si deve fare sempre di più, avere sempre di più, vorrei potenziare il talento: avere più talento vuol dire organizzare meglio le cose per soddisfare di più i clienti, per avere più clienti, per vendere di più, per guadagnare di più. (MF)

Nelle interviste si apprezza il fatto che nel commercio non si pongono limiti alla possibilità di guadagno, oltre al fatto che l'ammontare delle entrate non è conosciuto all'esterno (diversamente da un salario contrattuale) e soprattutto perché il guadagno è immediato:

L'unica spiegazione che mi sono dato è che siamo impazienti come popolo. Tendenzialmente il senegalese è un venditore per antonomasia: vuole vendere subito e avere i soldi. (MD)

I senegalesi in genere dell'autonomia apprezzano soprattutto il non dipendere da altri:

Ho continuato sempre a fare il commerciante: lavoro con le persone, ma solo, solo come persona: io, senza capi, autonomo; c'è scritto anche sul permesso di soggiorno: autonomo. (MOK)

Io e mio fratello (che è in Senegal) facciamo più o meno la stessa cosa: lui è un commerciante, fa quello che vuole, se non ha voglia di andare a lavorare non ci va, come se domani non ho voglia di andare al lavoro non ci vado. Facciamo lo stesso: non dipendiamo da nessuno. (MF)

Io non dipendo da nessuno. Sono un piccolo pesce! (BMS)

Con quello che guadagno faccio un sacrificio, lavoro "come un negro", e poi tra un po' di tempo magari con i risparmi non dipenderò più da nessuno. (ML)

Riccio fa notare che questo è il *refrain* dei senegalesi che sono orgogliosi di lottare in mille avversità, pur di non avere un *boss*. Inoltre osserva che essi tengono uniti due riferimenti etici e simbolici all'apparenza giustapposti, quello della solidarietà, dell'aiuto reciproco, del senso associativo e comunitario, e il totale individualismo nell'esercizio del commercio, per cui ciascuno rischia in proprio, perché il successo individuale è un valore e la competizione, la sfida, sono opportunità per produrre riuscita, reddito. Aggiunge che è un codice di comportamento che evidenzia l'orgoglio della riuscita individuale e che non c'è tra di loro nessuna forma di sfruttamento (Riccio, 2001b, 592; Ndiaye, 1998). Anche Scidà fa notare che non esiste alcuna forma di "caporalato" o sfruttamento nella struttura organizzativa del commercio ambulante (Scidà, 2001, 167).

Nelle nostre interviste questi aspetti sono accennati: non si parla di concorrenza, ma di fare ciascuno il proprio lavoro senza interferenze con quello altrui. L'indipendenza è vista sia come un valore in sé, di emancipazione, sia come condizione essenziale per decidere scadenze e modi d'organizzare la propria giornata, di disporre della propria persona nel tempo e nello spazio, e di dedicarsi maggiormente alle relazioni sociali e familiari: la libertà di movimento data dal commercio consente infatti di recarsi nel proprio paese quando lo si decide e restarvi a lungo mantenendo un contatto diretto con la propria famiglia, i parenti e gli amici; e in Italia richiede la collaborazione reciproca, permette di avere una vita di comunità, di allargare l'ambito delle proprie relazioni, di crearsi nuove conoscenze:

Dovessi scegliere un lavoro che mi piace e che vorrei fare è il commercio. Fare import-export. Una cosa che hai la possibilità di avere più contatti. Perché la prima cosa che mi piace è di capire la gente, di vedere la gente, di vedere veramente la realtà. Sì, già vedo di tutto. Un maleducato, quello così così. Di tutto. Ma così secondo me è anche il bello di questo lavoro. Hai la possibilità di avere contatti con delle persone, magari anche, non so, quelli che hanno la possibilità di fare tante cose, capisci? Ad esempio puoi avere un contatto con quelli che hanno le fabbriche, e poi, non so, con quelli che vendono al dettaglio. Sei tra due mondi molto diversi. Mi piacerebbe questo. (HM)

Come si è detto in alcune interviste, la libertà di tempo e di lavoro che si ha nel commercio permette di dare un aiuto ai propri fratelli. Anche quest'ultimo obiettivo è considerato un *refrain*: "Tutti dichiarano che vorrebbero fare fortuna per aiutare i fratelli e il Senegal a uscire dalla crisi" (Perrone, 2001a, 137). Nelle interviste si trova anche confermato, come già rilevato da altri ricercatori, come i non scolarizzati antepongano l'aiuto da dare alla famiglia, e gli scolarizzati quello al Senegal.

Ci è parso comunque che le relazioni (di cui si parlerà nei capitoli 4 e 5), siano considerate più importanti del fattore economico in sé, e che le aspettative nel lavoro si appuntino maggiormente sui comportamenti delle persone che non sui benefici materiali. Questo perché al di là del fatto che il commercio sia un lavoro indipendente e autonomo, è anche un'attività (economica) personalizzata, come ha sottolineato Latouche, secondo il quale il mercato garantisce un incontro tra uomini e non tra due funzioni e la contrattazione (*waxale* in wolof) è un rapporto sociale che permette un compromesso tra le parti al fine di evitare che la spersonalizzazione elimini uno dei due partecipanti. Pensiamo al *wis*: la quantità supplementare di merci offerta dal venditore in forma di regalo alla fine della transazione (equivalente al "buon peso", applicato sostanzialmente nei generi alimentari), che è definita da Latouche (ed. it., 1997, 73) come un "*surplus* di socialità" e che ben si coniuga con il ruolo del dono nelle società africane.

Infine, nell'elogio del commercio, vi è il fatto che si tratta di un'arte per la quale non tutti possono sentirsi portati o avere le qualità per eccellere. Riccio (2001b, 591; 2001c, 161) a questo riguardo nota che è allo stesso tempo segno di identità e richiede dunque lo *jom* (la dignità), ma per quanto ci si possa distinguere nell'abilità di vendere o ci si voglia distinguere per prodotti di qualità (e non di ogni genere, come se si chiedesse l'elemosina), il commercio ambulante nelle sue varie strategie è per tutti un'arte per accrescere il guadagno, la riuscita.

Si può comprendere dall'insieme dei connotati attribuiti al commercio come per molti questa attività sia un tramite per la conservazione della tradizione senegalese, non solo di quella culturale e artistica ma dei suoi valori morali, comportamentali. Come sia in sostanza uno stile di vita. Se si dovessero sintetizzare i motivi della tendenza a preferire il commercio alla fabbrica e ad altro lavoro dipendente da parte di persone che non hanno titoli di studio e competenze per accedere ad attività professionali, artistiche o artigianali, potremmo dire che esso offre la possibilità di vivere in modo più aderente alla condizione di benessere fisico e psicologico, inteso come situazione interiore di serenità, di tranquillità della propria coscienza rispetto ai valori che caratterizzano il comportamento previsto dalla società e che costituiscono un bagaglio morale alla partenza. Concretamente, una "condizione di salute" che si ritiene caratterizzi la vita in Senegal, che consiste nella socializzazione, nel non sottoporre il corpo a un tipo di fatica cui non si è abituati (orari rigidi, inquinamento ambientale, ritmi imposti), nel darsi margini di tempo libero personalizzati per poter rispettare i tempi della preghiera, nell'essere sano per gli altri. Il commercio è visto cioè come un'attività a dimensione umana, dove l'uomo è centrale nella relazione con gli altri.

Il commercio è tenuto in una considerazione talmente particolare da essere definito persino come un "non lavoro", al punto che in wolof si usano, nella conversazione in Senegal, due termini diversi (*jaai* e *ligéey,* vendere e lavorare), laddove vendere indica un modo di essere, un modo di vivere che consente a sua volta di conservare quel tessuto relazionale necessario alla vita. In questo senso lo si distingue dal lavoro vero e proprio che è quello dipendente e in particolare da quello di fabbrica. Questa distinzione terminologica è affiorata talvolta nelle interviste:

All'inizio, quando sono arrivato qui nell'87, facevo commercio: andavo sempre in giro a vendere. Poi sono andato avanti fino al 1989, quanto ho trovato lavoro. (IL)

A Torino ho lavorato poco, due o tre anni. Poi ho dovuto fare l'ambulante. Ero metalchimico, operaio, poi non ho più trovato, adesso faccio il commerciante; quando trovo lavoro mi piace, se non c'è lavoro devo fare il commerciante, ma con il lavoro si guadagna meglio. (MG)

È una distinzione terminologica significativa che ci sembra sia presente nella cultura di molti senegalesi, ma ormai è senz'altro più diffuso l'uso del termine "lavoro" nel descrivere l'attività commerciale, specie in un'intervista in un contesto italiano:

Adesso io lavoro, anche qui lavoro, come in Senegal. Mio padre, mia madre, come me, lavorano; tutti dei commercianti. Io sono il maggiore, il più vecchio, gli altri sono più piccoli, ma tutti lavorano come me, commercianti. Ho cominciato a lavorare con i genitori. Qui in Europa, in Italia, lavoro al mercato; in Senegal ci sono due negozi dei miei genitori. (GK)

Mi trovo bene in Italia, riesco a mandare un pochino di soldi, ho trovato un lavoro, sono un commerciante. In Italia c'è il lavoro, è la cosa che mi piace di più. (MUK)

Si era visto d'altra parte come nell'emigrazione il lavoro dell'emigrante venga spesso associato al commercio.
Considerando le caratteristiche sinora descritte, ci si potrebbe chiedere se il commercio possa essere visto anche in Italia, così come si è suggerito per il Senegal, come una forma di resistenza alla modernizzazione. Boubakar Ly (1997, 47) ha efficacemente analizzato alcune dinamiche di cambiamento dei valori nella società senegalese, ravvisando nel commercio una delle forme di resistenza alla modernizzazione del paese. Secondo Ly, il commercio presenta delle relazioni "da uomo a uomo" rapportabili alla parentela che fanno intervenire nella relazione commerciale un "valore culturale archetipico", sì che esse costituiscono "una sorta di «investimento» non solo commerciale ma anche sociologico". A questo proposito può essere utile tener presente l'avvertimento di M. Ndiaye (1998, 11-14) che confuta i luoghi comuni che riducono l'informale al commercio e identificano i *modou modou* con il venditore ambulante, mentre essi sono gli attori "dell'attività di iniziativa" anche nel commercio e passano attraverso i servizi, i trasporti, e ogni attività nuova, per imporsi, come si è detto, nell'industria e nella finanza.
Modernizzazione e occidentalizzazione sono associate e in Senegal costituiscono un problema molto sentito. B. Dieng (2001, 58) descrive come il mito della modernità sia trattato nei video, e porta ad esempio sceneggiature in

cassette audiovisive (come *Ibra-Italien* d'una famosa *troupe*) sul fenomeno migratorio e sui riflessi in Senegal nella degenerazione dei valori tradizionali a causa del denaro e del consumismo sul modello occidentale.

Nel contesto italiano saremmo portati a dire che nell'organizzazione del lavoro e della vita della maggior parte delle persone dedite al commercio, piuttosto che una resistenza alla modernità si può forse ravvisare una difesa delle tradizioni, quando si teme di perdere la propria identità e più spesso come conseguenza del vivere in gruppi chiusi, in abitazioni comuni poco aperte all'esterno, che in diversi casi ha limitato l'apprendimento, dopo anni di permanenza in Italia, della lingua straniera.

Ciò vale anche per chi lavora in fabbrica e vede ripercuotersi le regole del sistema produttivo industriale nel quotidiano, poiché si modifica il ritmo di vita, si riduce la socializzazione tradizionale, cambiano le reti di relazioni; ed anche per chi fa lavori dipendenti come il dj, il cameriere, o chi è assunto nei servizi. Tuttavia da queste attività può nascere anche un nuovo tipo di orgoglio del lavoro moderno che si impara a svolgere e una diversa utilizzazione delle occasioni offerte dalla società industrializzata. Più che una dichiarata difesa dalla modernizzazione, abbiamo notato una ambivalenza dei sentimenti per cui, mentre si apprezzano i vantaggi offerti dal sistema produttivo capitalistico che si sviluppa con beni di consumo e reti di comunicazione sempre rinnovati, d'altro canto si manifesta talvolta un timore, se non una esplicita critica, nei confronti della mentalità occidentale che è frutto della produzione e del consumo di questi beni, perché induce l'individualismo e il desiderio dell'arricchimento come fine in se stesso. Lo sguardo sull'atteggiamento degli immigrati senegalesi in Italia è comunque diverso a seconda del tipo di contesto al quale ci si riferisce. Perrone (2001b, 125 e 141) riferendosi al centro-sud osserva che i nostri "vu cumprà" producono inconsapevole resistenza alla occidentalizzazione con la loro vita di musulmani osservanti e la loro partecipazione alla *dahira*, ed esprimono questo nella diversità dei consumi che sono bassissimi; ma osserva inoltre che la reazione alla società dei consumi varia a seconda del flusso d'arrivo e della sistemazione raggiunta nella vita domestica: in quelli che hanno abbandonato le prime sistemazioni c'è la ricerca di modernità e di prodotti tecnologici nei consumi personali, nelle abitazioni, nell'arredo. Giulia Sinatti (2000, 80), riferendosi a Milano, descrive come sono cambiati gli atteggiamenti degli immigrati, poiché gli ultimi arrivati riadattano subito i propri obiettivi in base alle possibilità reali, aspirano a una migliore qualità della vita per se stessi in Italia, essendo mutati i fattori di attrazione non più misurati sul dislivello di reddito tra Italia e Senegal, ma sull'accedere a determinati modelli di consumo.

3.7 Tra commercio e fabbrica

L'atteggiamento verso il commercio appare meglio definito nel raffronto tra commercio e fabbrica, sempre presente, poiché la maggior parte degli emigrati ha vissuto entrambe le condizioni di lavoro passando dall'una all'altra occupazione, sovrapponendo le attività o integrando il lavoro dipendente con quello di venditore. I frequenti passaggi da un posto di lavoro ad un altro dipendevano dall'offerta di lavoro che permetteva di scegliere in base alla stagione, in base ai guadagni e ai propri progetti di spostamento (Fall, 1998); il licenziamento era richiesto più da parte loro che dai datori di lavoro (Treossi, 1995, 202). Si è visto pure come le reti commerciali non siano sistemi chiusi, per cui studenti, operai e dipendenti dei servizi possono incrementare i loro guadagni collegandosi alle reti dei loro familiari o conoscenti; non abbiamo notato però quel ritorno temporaneo al commercio estivo per gli operai non solo per incrementare il reddito, ma per un ri-adattamento, "un tuffo" nella vita di comunità e di relazione, in un'attività autonoma, varia, che costituiva una pausa dalla fabbrica, dalla vita di città (Perrone, 2001b, 144). Un po' come si sarebbe fatto in Senegal, nella stagione del lavoro nei campi. Attualmente, come dicono alcuni intervistati, non è più così facile mantenere due attività impegnandosi anche in modo episodico nel piccolo commercio:

A parte la mia attività come operaio non riesco a svolgere altro. Per esempio in questo mese di agosto, durante le vacanze, sono andato a trovare i miei amici a Sanremo per vedere cosa potevo fare per fare del piccolo commercio, ma non ha funzionato. (MOD)

Diventa sempre meno facile anche passare dalla fabbrica al commercio, come era avvenuto per i molti che dopo aver ottenuto il permesso di soggiorno erano entrati nell'industria per poi tornare nuovamente alla vendita. Come abbiamo sentito dire nei percorsi di lavoro da un operaio che ha fatto per anni il commerciante:

In Italia non c'è problema, solo che trovare lavoro è un po' difficile. Quando non c'è lavoro, è difficile. Mi piacerebbe sempre vendere, come ho già fatto prima in Senegal. Il lavoro di metalmeccanico mi piace. Non sono contento. Non troppo. Sai, quando c'è un altro lavoro, come fai? Mi piacerebbe fare il commerciante a Torino, ma non ho il libretto di lavoro, come si chiama, la licenza. Se non c'è non si può lavorare, non si può vendere qua. (GT)

Qualcuno è riuscito ancora di recente a dedicarsi al commercio, anche grazie all'organizzazione familiare, come BBS che non appena avuto il permesso di soggiorno ha iniziato subito a fare l'operaio e ora realizza il suo obiettivo di vendere strumenti musicali. In verità, i percorsi di lavoro mostrano come in passato molti abbiano lasciato la fabbrica non soltanto perché preferivano un lavoro autonomo, ma spesso perché non riuscivano fisicamente a reggere la fatica, i ritmi, gli orari stressanti. La durezza del lavoro è descritta da molti di quelli che hanno fatto o ancora fanno l'operaio, insieme alla constatazione del nuovo tipo di fatica, dell'isolamento dai connazionali, dello scarso guadagno, della nocività:

La vita che faccio qua è difficile perché vivi solo per lavorare. (IL)

Comincio a essere stanco, a essere stufo. (MKL)

I senegalesi vanno a trovare tutti. Qua non hanno tanto tempo: quelli che lavorano alle sei, sette del mattino vanno via a lavorare fino alla sera perché devono lavorare e a mezzogiorno restano nelle fabbriche a mangiare, poi vanno al pomeriggio e tornano, tu vedi per la strada, alle sei, alle sette di sera e qualcosa anche. Non so, in Senegal si vive meglio forse perché in Senegal si lavora meno. (GN)

A Torino sono arrivato all'inizio dell'89. I primi tempi ho avuto difficoltà con il lavoro, poi piano piano riesci a guadagnare e avere contratti, però a tempo determinato, sempre come operaio. Faccio i turni, è stancante, sì. Altri della famiglia vorrebbero venire, ma è difficile, noi vogliamo aiutarli, però con quello che riusciamo a guadagnare, con le spese, aiutare diventa difficile. La vita che facciamo qui è mica facile. (BSO)

È relativo alla salute. Cioè se continuo con questi materiali tossici, la mia vita non sarà compromessa, non prenderò un cancro o tumore? Perché ti puoi mettere delle maschere e tutto il resto, ma è nocivo. (MOD)

La fabbrica, vissuta generalmente come fatica, è stata descritta nei percorsi di lavoro come una costrizione o un vero e proprio intrappolamento da chi aspirava ad un'attività libera, autonoma, artistica, gratificante, personalizzata, come dai *griot* che volevano dedicarsi alla musica o dal sarto che desiderava creare modelli:

Non tornerò mai più in fabbrica! portarmi in fabbrica è come prendere una lepre selvatica e chiuderla in una gabbia, si uccide in due giorni, e la stessa cosa a me, metterci lì dentro in fabbrica vuol dire che sei ammazzato; lavorare in fabbrica non è facile soprattutto quando non è la tua cultura. (BMS)

Il commercio è l'unica cosa che so fare. Ho provato ad andare in fabbrica a lavorare, no?, però non sono capace; sono molto bravo, però a me, io non sono capace di stare fermo a fare la stessa cosa, mi innervosisce subito. Non mi piace. Se no vado a fare mutua sei mesi, sette mesi, non vado a lavorare. Sono bravo, ma non ho voglia. Non mi piace. E invece io sono commerciante d'arte. Mi piace vendere arte africana e raccontare anche alla gente chi siamo noi; questo sì, guarda, è la cosa che più mi interessa fare. Io anche se non vado ogni giorno al mercato, cerco di vendere a qualche cliente, sai, sono un vagabondo. Faccio anche cinema, io sono un artista, sono anche un attore, io. Io faccio tutto. (MDI)

D'altra parte non tutti quelli che lavorano nel commercio rifiuterebbero un lavoro in fabbrica, per vari motivi:

Lavorare mi piace, ma il lavoro di fabbrica. È più regolare, il guadagno più sicuro e regolare. In fabbrica mi trovo bene. Non c'è più fatica. Se posso cerco lavoro in fabbrica, ma cerco e non trovo, ho tanto cercato e continuo a cercare. (MG)

Sono arrivato nel 1988. Non ho mai avuto problemi con il permesso di soggiorno. Però cercare lavoro, sono vecchio [ha 47 anni], non riesco a trovare lavoro in fabbrica. Per il mondo del lavoro devo fare il commerciante. Quando c'è un posto al mercato, metto la bancarella e lavoro, con la licenza. Se non c'è posto allora faccio l'ambulante. (MUK)

Per cui questo lavoro è un tipo di investimento: era un sacrificio inizialmente perché non mi potevo permettere alcune cose che si permettevano i miei connazionali. Avere tanti soldi per andare a casa e starci sei mesi: non ne ho mai avuti. Avere la libertà di alzarmi quando voglio, lavorare quando voglio. Io avevo degli orari. E poi quell'alternativa di vendere non mi interessava, è una cosa che non mi appartiene. Questa scelta mi ha comportato difficoltà familiari, perché mio padre che è un imprenditore non condivideva la scelta di "sapere quanto prendo al mese", perché dice che non c'è nessuno più sfortunato di chi sa quanto prende al mese. (MD)

Gli studiosi dell'emigrazione senegalese hanno notato la propensione a trovare occupazioni dipendenti con il succedersi dei flussi migratori. A questo riguardo Scidà (2001, 170-171) ha individuato tre fasi (esplorazione, itinerante, stabilizzazione) che portano all'abbandono dell'attività ambulante, che viene lasciata agli ultimi arrivati come temporanea, e a una scelta del lavoro industriale. Questo processo si accentua in città come Milano (Sinatti, 2000), tuttavia lo si vede come orientamento diversificato per età, stato familiare, livello di istruzione, provenienza urbana o rurale. Vi è pure chi vede una distinzione delle destinazioni più connessa alla provenienza: verso il commercio dal mondo rurale, verso la fabbrica dal contesto urbano (Mbow, 2001, 73 sgg) e chi ritiene che gli immigrati continuino a fare il lavoro che avevano in Senegal (Treossi, 1995, 197-198). Benché non si possa ipotizzare quale sia la tendenza all'occupazione sulla base delle nostre interviste e per la fluidità di una situazione di mercato di cui non sono chiari gli sviluppi, ci sembra di notare che attualmente anche diverse persone scolarizzate si dedichino a questa attività, che la tendenza all'ambulantato più recente sia dipesa dalla pressione delle tasse (rinunciando ad un'attività stabile per evitare il controllo della finanza sulle vendite, sino a che vigeva lo scontrino di cassa), che lo spostamento verso i lavori dipendenti abbia riguardato chi otteneva, andando in fabbrica, il permesso si soggiorno e inoltre ci sembra allo stesso tempo di poter dire che sempre più per i giovani arrivati di recente, specie se hanno un titolo di studio, la fabbrica rappresenta una condizione pesante ma più decorosa ed anche più funzionale a un nuovo stile di vita del vendere come ambulante o di altro tipo di commercio non qualificato.

Se il commercio consente di affermare la propria cultura, la propria mentalità, il proprio modo di vita, si vedono anche lati positivi nell'apprendere modalità nuove di lavoro, così come nel conoscere i nomi degli attrezzi, saper lavorare alle macchine automatiche, per gli uomini; saper tenere una casa all'occidentale, frequentando scuole alberghiere e di cucina, per le donne. In questo apprendimento le persone tengono a far bene il proprio lavoro, in quanto non è un fatto economico in senso prioritario, ma anche un fatto sociale perché fonte di rispetto e riconoscimento.

Le nostre interviste a quanti lavorano in fabbrica confermano per molti aspetti quanto scrive B. Ndiaye (2000, 72): coloro che iniziano a lavorare come salariati subiscono un processo di trasformazione a contatto con la nuova realtà; insistono volentieri sul fatto di aver imparato un linguaggio specialistico; trovano stimolante l'apprendimento di un mestiere; hanno acquisito una consapevolezza più marcata della scansione del tempo; provano la novità del ricevere una busta paga, essendo in Africa riservata a pochi e in genere agli istruiti, mentre oggi rientra anche nella realtà degli emigrati. Avviene, in misura diversa, un adeguamento mentale alla programmazione, alla progettazione, e si ha un minor abbandono alla volontà divina.

Ciascuno ha comunque una diversa reazione al sistema di fabbrica. Nei racconti dei percorsi di lavoro, abbiamo già visto che c'è chi nota i limiti del lavoro parcellizzato, mentre alcuni hanno messo l'accento sulle condizioni di sfruttamento della manodopera immigrata:

Ho provato anche a lavorare in fabbrica, ma non sono riuscito. Anch'io non l'ho mai fatto, non è il mio sistema di vita. Però anche lì sfruttano tanti stranieri. In produzione dovevamo fare ottanta [pezzi], sai, tanti africani non sanno della produzione, non sanno questo, loro devono lavorare, può darsi che se devono lavorare lavorano come sempre; sai, può darsi anche che a volte fanno di più della produzione, loro sono fatti anche così, tanti. E la Fiat li obbliga a fare dei pezzi di più. Alla fine, della gente che lavorava lì restano solo degli stranieri a lavorare, perché sono i più sfruttati. Veramente quello che ho visto non mi è piaciuto: c'è più sfruttamento che lavorare. (MDI)

Mentre un'esigenza che accomuna sempre più chi desidera lavorare nel contesto produttivo occidentale è quella della qualificazione, che oggi è considerata un limite di partenza, anche se in Senegal si sono svolti lavori analoghi nelle officine meccaniche, nelle carrozzerie:

Qua è un po' difficile, perché c'è un lavoro che se non c'è qualificazione, come si dice, non puoi farlo; perché ci sono tanti lavori che mi piacciono, che non posso avere, lo so. (AD)

La maggior parte quando vengono qui non hanno un mestiere, oppure hanno un mestiere ma in Senegal lavorano con altri materiali.
Io quando sono arrivato in Europa, non sapevo che ci fosse del lavoro come quello che faccio oggi, perché io non sono formato per questo, ma mi sono arrangiato ed ecco mi sono specializzato in materia, ma prima non sapevo tenere un *pistoletto*, ma a forza che me l'hanno proposto, sono riuscito. Prima come ti ho detto, non avevo un mestiere e quando mi chiedevano cosa facessi, io dicevo che ero un artista. Perché non sapevo fare nulla. Solo avevo delle idee in testa, avevo gli studi, ma non poteva servirmi a niente. Quando veniamo qui, davvero, tutti i senegalesi che vedi qui, rari sono quelli che hanno degli studi. Sono per esempio quelli che lavorano nella siderurgia, nel ferro. Loro l'hanno già fatto in Senegal. (MOD)

Descrivendo le attività sia regolari sia episodiche nelle fabbriche, nell'edilizia, nella piccola meccanica, nei magazzini, e citando altri ricercatori, Riccio (2001b, 593) nota che i senegalesi sono molto sensibili allo sfruttamento e alla discriminazione sul lavoro, e che anche per questo preferiscono il commercio. Riferendosi ai lati negativi della fabbrica, Perrone (2001b, 143-144) osserva che al centro-nord gli immigrati sono inseriti in piccole aziende meccaniche e tessili, con mansioni dequalificate di basso prestigio e senza prospettive e dopo un periodo nel quale si è vissuta la fabbrica come promozione sociale ci si lamenterà del clima rigido, del regime di lavoro, dei molti incidenti, della freddezza dell'ambiente e dell'abbandono delle relazioni nella comunità a causa degli orari. A questo proposito si potrebbe osservare che il lavoro di fabbrica viene visto come sfruttamento anche perché diventando "regime di vita", e arrecando danni materiali al corpo, intacca l'idea di prestazione di lavoro come dimostrazione di "sanità sociale" riferita ai doveri verso le persone vicine.

Di fronte alla varietà di atteggiamenti individuali è arduo formulare attraverso le interviste una valutazione generalizzabile del rapporto con il lavoro. Si può notare comunque che se i lati duri della fabbrica sono stati messi più in evidenza, la descrizione dei lati positivi del commercio è controbilanciata dalla descrizione di incertezze, di contrattempi, superati grazie a una grande disposizione d'animo alla pazienza. In particolare le attività autonome che richiedono spirito di iniziativa richiedono anche costante impegno e totale dedizione:

Io lavoro lì assunto a part-time, ma sono libero di fare quello che voglio, andare quando voglio. Sì, è vero, quando sono qui sono legato al lavoro: qui ho perso il tempo per andare fuori Torino, per esempio per andare a Milano o a Roma, perché ho una clientela che lavora con me quasi ventiquattro ore su ventiquattro: uno vuole partire, a mezzanotte chiama: "Prenotami per il tal giorno, voglio partire"; e tutti i giorni, anche il sabato e la domenica, la mattina all'orario di partire devo presentarmi in aeroporto. Per questo motivo non ho il tempo per fare tante altre cose. Posso dire che la domenica ce l'ho quasi libera perché ho solo due ore che devo essere all'aeroporto. Lo sento come un peso, però quando una cosa ti piace, anche se c'è del negativo non lo senti personalmente, perché potevo non farla. Perché quando la cosa non è un obbligo, la fai per piacere, perché hai un dovere, quello di lavorare e di guadagnare, tutto quello che fa parte del lavoro ti fa piacere farlo. (MF)

Così non sempre l'abbandono della fabbrica per un'attività autonoma implica maggiore libertà o un ritmo di vita più rallentato: BMS, ad esempio, con l'uscita dalla fabbrica si è dedicato all'attività artistica indipendente, congeniale alla propria indole, ma si è accollato ritmi occidentali nel conciliare gli orari del suo lavoro di musicista con quelli della diffusione della cultura senegalese nelle scuole e della divisione degli impegni familiari:

Dipende, perché io, se lavoro con la scuola sono occupato quasi venti ore al giorno, okay. Io mi alzo alle sette e mezza, porto mio figlio a scuola, che entra alle otto e un quarto, otto e venticinque; vado a lavorare, a insegnare, alle materne, a fabbricare tamburi, o a insegnare a cantare sino alle quattro del pomeriggio, vado a prendere mio figlio - guarda che giornata! - lo riporto a casa e lo lascio a casa se c'è qualcuno; vado a fare le prove per il mio spettacolo fino a mezzanotte; e ci sono anche dei locali dove iniziano a suonare all'una o alle undici di sera, e faccio prima, e vado lì a suonare a volte sino alle quattro e dormo dalle quattro alle sette e mezza. E ogni tanto quando faccio un concerto vado anche fino alle cinque. Ma io sono sposato, ho la moglie! Però purtroppo mia moglie ha un lavoro che finisce alle sei e mezza, come può finire alle cinque e mezza: se finisce alle cinque e mezza per me va bene, faccio festa! Perché prendo mio figlio, se non va a calcio, vengo qua, taglio un'ora, aspetto che arriva lei e riparto. Sino a che la sua nonna non va più a lavorare sono costretto a tenerlo finché non arriva la mamma, un'ora. E io riparto. Con mia moglie non mi vedo mai; quando arrivo dorme, quando mi sveglio è già partita; sabato e domenica è ancora peggio. (BMS)

Ogni volta hai una giornata intensa, o hai delle cose, certe cose da fare. A volte ti puoi anche svegliare la mattina, fino alla sera, alle cinque, e rischi di fare una settimana vuota senza vendite, dipende. A volte è anche duro, per esempio il fatto di prendere il treno per Napoli, per tutta la notte, poi arrivi la mattina, arrivi là, esci, fai tutta la giornata a fare gli acquisti, poi aspetti fino alla sera, in meno di ventiquattro ore vai a Napoli, compri quello che devi comprare, lo metti nelle sacche, in meno di ventitré ore vai a riprendere il treno: il mio lavoro dipende molto. (HM)

Il tempo libero, io? Io forse ho sempre tempo libero, o forse neanche ho tempo libero. Io anche se non vado ogni giorno al mercato, cerco di vendere a qualche cliente, sai, sono un vagabondo. Veramente tanti giorni vado nei mercati dell'antiquariato, no? E poi sto lì fino alla sera. Oggi mi sono alzato presto. Sono andato a dormire alle cinque, però mi sono alzato lo stesso. Mi sono alzato a che ora? Mi sono alzato alle otto, otto e mezza e sono andato a trovare quel cliente. Qui si lavora soltanto, non si vive. Veramente là [in Senegal] si vive, anche se si lavora poco. (MDI)

E in conclusione, sul lavoro di immigrato, nella sua dimensione esistenziale, la riflessione appassionata di MDI può estendersi, a nostro avviso, alla maggior parte delle persone intervistate:

Il lavoro fa parte, secondo me, del senso della vita. Il lavoro è per vivere, per avere voglia di lavorare anche per dare a chi puoi; anche dare una mano per creare qualcosa. Veramente ogni tanto ci penso, ogni tanto ci penso, pazzesco, ogni tanto ci penso, perché anche oggi stavo dicendo a un mio amico: "Ma guarda, noi siamo venuti, eh? Per cosa? Per i soldi, no?" E siamo qui, ogni tanto soffriamo, ogni tanto siamo contenti, però non siamo abituati così, vai fuori di testa, capisci? Sai che noi immigrati siamo qui perché avevamo pensato: "Quando veniamo qui troviamo tanti soldi", no? Invece siamo qui e alla fine anche lo stress mi becca, anche a noi, sai com'è? È lì, il guaio è lì. Ogni tanto alla fine, stai un po' di tempo qui, anche tu vai fuori [di testa], perché è il sistema di vita.
Non siamo abituati, eh!, perché uno sta solo? "ma tu cosa fai lì solo?" Sai, ti dicono così; e invece siamo qui a lavorare, anche ci facciamo il culo, eh? Soffriamo, però è bello, perché è italiano, perché è bello girare, poi imparare, così, dalla vita: è diverso da quando sei a casa tua, è diverso quando vai fuori. E poi lavoriamo qui, abbiamo dei soldi, andiamo giù, quattro mesi, cinque, però ti servono quattro, sei, sette, otto milioni, nove, dieci, venti: se vado lì, posso stare lì anche qualche mese, devo fare questo e poi devo fare l'altro e poi dico: devo risparmiare per creare le mie cose, alla fine ogni tanto torno anche con le mani *vides*, senza fare vacanza. Una volta, due, tre: la prossima volta dici: "No, questa volta no, tengo i miei soldi da parte, devo comprare altre cose", perché sai, non c'è proprio niente da fare, però quando vai lì vedi le cose così, alla fine impazzisci, se no che senso ha. Forse siamo dei missionari, no? No, secondo me. Io lo dico agli amici, eh? Forse siamo qui soffrendo e tutto e poi lavoriamo e poi mandiamo in Africa e offriamo a loro e poi torniamo di nuovo e ricominciamo. Non è gran cosa quello che hanno in Africa, può darsi che uno sta male, cosa fai? Se hai soldi gliene dai, dipende da te offrire qualche cosa, quello di cui ha bisogno, se li hai li dai volentieri, con buon cuore, no? Se no, mi dispiace non li ho, ma automaticamente subito pensi a come fare ad aiutarli. È così, noi siamo qui, giù c'è poca cosa, hanno problemi. Per questo siamo scappati tutti con l'immigrazione. Secondo te, se noi tutti senegalesi non scappavano a fare l'immigrazione, il Senegal non poteva avere guerra civile? Ecco, mica vogliamo mantenere la famiglia e vedere che poi va male?! (MDI)

Già nei percorsi di lavoro s'era visto come la situazione lavorativa negli ultimi anni sia peggiorata: i vantaggi materiali del commercio ambulante o fisso nei mercati sono stati via via rosicchiati per la saturazione degli spazi dovuta alla concorrenza di un crescente numero di immigrati, per nuove tasse, e il diminuito potere d'acquisto dei clienti; mentre nell'industria si è avuta la riduzione del mercato del lavoro e si è sviluppato un sistema di lavoro interinale che colpisce anche le giovani generazioni di italiani. Se tale situazione di disagio sembra non mutare il giudizio positivo che si dà delle proprie scelte, un diverso "immaginario del lavoro" trapela nelle interviste in modo indiretto, come avviene nelle risposte alla domanda su quale futuro vorrebbero per i propri figli (riportate nel capitolo 6) ove si afferma che non si vorrebbe per loro "il lavoro di migrante" ma una professione qualificata alla quale si accede con studi universitari: non perché aspirino ad uno *status* elevato, ma per evitare loro fatica e sacrifici come quelli da essi sopportati.

Sinora il migrante ha mirato a quel maggior guadagno che lo avrebbe fatto giudicare un *réussi* agli occhi della famiglia e della comunità, e i lavori manuali e faticosi, che non costituivano un'elevazione sociale nell'ambiente di accoglienza, gli hanno conferito uno *status* sociale elevato nel paese d'origine. Infatti, adottando parametri coerenti con la cultura senegalese, i percorsi di lavoro descritti, che nella nostra gerarchia di valori sono definiti mobilità orizzontale (nella quale non si ha salita), rappresentano per essi una mobilità sociale verticale: perché c'è l'ascesa, la riuscita, quando si riesce a dare alla famiglia un tenore di vita superiore a quello che avrebbe se si fosse rimasti, e quando si possono aiutare parenti e amici, "ricevere e essere ricevuti". L'immaginario dell'emigrazione arriva al punto che lo *status* della persona è già valorizzato se possiede un passaporto o per il solo fatto di essere partita e approdata in un paese estero.

Perrone (2001b) descrive questa acquisizione di *status* ricordando la tradizione secondo cui le caste erano distinte in quelli che danno e quelli che chiedono, che ritiene oggi riferibile al migrante che si colloca nella categoria elevata in quanto è diventato "colui che dà". La famiglia conferma questo *status* divenendo essa stessa dispensatrice dei beni nei confronti dei richiedenti, e ancora oggi, pur essendo note le condizioni disagiate della maggior parte degli emigrati in Europa, la riuscita resta confermata dal benessere acquisito dalla parentela.

Attraverso le stesse interviste ai familiari in Senegal si vede chiaramente che chi fa del migrante di ritorno periodico un *réussi* è la società stessa, è il contesto relazionale della famiglia allargata che comprende parenti, amici, i vicini, che riconosce uno statuto sociale accresciuto e che beneficia a sua volta dei sostegni economici attraverso il principio della redistribuzione dei beni in base a precise norme sociali di diritti-doveri che regolano la società senegalese, società a maglie strette. Questa riuscita è provvisoria in quanto, come si è detto, viene negoziata ad ogni ritorno e la sua condizione è una nuova partenza. La posizione acquisita dal migrante andrebbe tuttavia riconsiderata nell'ambito del cambiamento che sta avvenendo in Senegal nel rapporto con il denaro affluito nel paese in gran parte per le rimesse dall'estero, e nel rapporto con la ricchezza in genere: da un lato si profila un possibile sovvertimento gerarchico del sistema di relazioni, in particolare a livello primario, nelle famiglie, mentre in ambito sociale già si vede una desacralizzazione del lavoro poiché tende ad essere considerato solo per il denaro che procura, non più come elemento unificatore, legame sociale, sacrale. Se la povertà è sempre stata considerata la perdita delle relazioni sociali comunitarie che sono connesse alla capacità, seppur minima, di essere una risorsa per la famiglia allargata, oggi si sente aleggiare nelle interviste la nuova concezione del denaro diffusa in Senegal quando si dice che un tempo le relazioni facevano la ricchezza ed oggi è la ricchezza che fa le relazioni.

Del resto, le stesse conferme dell'emigrato come *réussi* introducono elementi di superamento della tradizione, poiché chi emigra ed ha successo influenza la degerarchizzazione sociale (che avviene anche per motivi diversi), poiché essendo fonte di denaro comincia ad acquisire diritti di decisione un tempo riconosciuti per via gerarchica ai genitori e ai figli primogeniti. Secondo Mboup (2000, 105 e 107) le reazioni di ribellione aperta, ancora rare, rischiano di svilupparsi in fretta, perché si può osservare una volontà di ridistribuzione dei ruoli, al fine primario di razionalizzare la gestione dei contributi finanziari dei *modou modou*, e non va sottostimata la portata reale della loro influenza nel processo di disgregazione delle strutture familiari tradizionali, benché essi non siano né i primi né i soli attori.

Nella nostra ricerca in Senegal nei villaggi la famiglia ci è apparsa ancora fondata sui rapporti tradizionali, e ci è sembrato confermare quanto descrive Abdoulaye-Bara Diop (1981, 7-8), per il quale la società wolof ha superato nell'ambito dell'organizzazione economica e politica quell'eredità di stratificazione in ordini, strutture religiose, e caste fondata su fattori socio-professionali, ideologici, politici, religiosi, di un sistema che faceva del wolof un "*homo hierarchicus*", tuttavia nella stratificazione sociale a livello primario (nella parentela e nelle alleanze, nei matrimoni endogamici benché in declino), sussiste il principio gerarchico che dà potere e *status* regolando le relazioni all'interno tra i membri della comunità, fondato su fattori biologici come l'età e il sesso, dando la superiorità agli anziani sui giovani, ai figli primogeniti sui minori, agli uomini sulle donne.

Tra gli emigrati a Torino questi valori sembrano persistere: non abbiamo trovato da parte del *modou modou* quella rivendicazione del diritto di un uso autonomo del denaro che apre le porte all'individualismo come comportamento sociale, quando non ne è già un riflesso e se talvolta le persone intervistate hanno difeso la libertà di scelte di vita privata, come quelle matrimoniali o professionali, non hanno messo in discussione le gerarchie parentali.

Certo, con il prolungarsi della loro permanenza all'estero, diverranno sempre più pressanti i fattori che potrebbero aprire una crepa nella considerazione di sé e del proprio lavoro fondata sui valori della cultura tradizionale che definiscono la riuscita, se perdureranno le attuali difficoltà economiche e la mancanza di prospettive di miglioramento della propria vita quotidiana, avendo di fronte il costante assorbimento familiare dei guadagni, non di rado per consumi superflui e, in particolare per i giovani, nel continuo confronto tra il proprio livello di vita e quello degli italiani, a parità di condizioni lavorative.

4. Solidarietà familiare e coesione sociale

Nel capitolo 2, in particolare nel paragrafo su "Lavoro e valori sociali", sono stati riportati diversi brani da cui emerge quanto spesso i vincoli familiari di responsabilità vengano posti al centro delle scelte di vita e di lavoro e quanto sia importante il ruolo svolto dalla famiglia nelle fasi che portano alla decisione di emigrare e nell'organizzazione materiale e simbolica della partenza.

Volendo ora passare ad un'analisi più articolata di come sono percepite e come operano le relazioni familiari, rileviamo innanzi tutto che le interviste raccolte tanto a Torino quanto in Senegal offrono su questo tema una gamma di spunti molto ampia. Da un lato vi sono infatti le storie di vita che in generale iniziano dal racconto delle prime vicende dell'infanzia e quindi danno spazio alle figure che vi hanno avuto maggiore peso; d'altro lato, quando il discorso si sposta sulla condizione attuale di migrante, ricorrono frequenti gli agganci materiali ed emotivi con i parenti in Senegal. Inoltre, nei colloqui di approfondimento le domande sulla "giornata tipo" della generazione precedente hanno spesso indotto a rievocare il mondo dei genitori o dei nonni, con riflessioni interessanti anche per il confronto con la vita che si conduce oggi. Infine, un'altra fonte importante sono le interviste fatte in Senegal all'interno delle reti di famiglia, perciò con un esplicito accento sul significato dei legami con il parente lontano.

Soprattutto per quanto riguarda gli aspetti scaturiti attraverso le storie di vita, in cui le esposizioni sono state condotte in modo libero dalla persona intervistata, ci troviamo di fronte ad una grande varietà di contesti narrativi differenti e differenti rilevanze attribuite alle varie figure della famiglia. Per tentare di mettere a fuoco alcuni tra i temi che paiono di maggior rilievo, può convenire in prima istanza una scansione tra le considerazioni relative alla famiglia di origine (genitori, ma non solo: vedremo come in molti casi le persone ricordate come riferimento principale appartengano ad un ambito più largo) e quelle che invece parlano della famiglia che è poi stata costruita: mogli o mariti, figli e figlie.

4.1 Il legame con i padri e le madri

In alcuni racconti spicca il padre; nel caso di FT si è già visto che è stato il padre a decidere ed organizzare il suo viaggio, trasferendo su di lui e sul fratello la sua esperienza di migrante:

Il viaggio lo ha fatto mio papà, non lo sapevo neanche, è tornato quel giorno e mi ha detto che dovevo andare in Francia. Mio papà era già venuto in Francia nel '74, poi nell'83 non va più, poi nel '90 è venuto e poi è tornato. È in Senegal. Non va più in Europa. Perché c'è qua mio fratello e lui rimane giù; non è vecchio, però è ora di riposarsi. Mio padre che era già a Parigi ha preparato il visto, perché se ero solo io non riuscivo a trovare il visto per venire fino a qua.

Da parte sua il padre, intervistato in Senegal, si mostra riconoscente nei confronti dei figli, cui anzi attribuisce il merito del proprio riposo attuale e del benessere dell'intera famiglia:

Nelle famiglie in cui ci sono degli emigrati, sono questi ultimi che reggono tutti i carichi familiari. Nella mia stessa casa, sono i miei due figli che stanno in Italia che mantengono la casa. I miei due figli mi hanno chiesto di non viaggiare più e di lasciare a loro carico le spese della famiglia. Uno di loro ha costruito la casa in cui viviamo attualmente, l'altro ha una casa a Louga. Ciascuno ha una vettura in garage. L'emigrazione è una cosa buona per il villaggio. (PFT)

Anche AF attribuisce al padre un ruolo decisivo per l'inizio della sua esperienza di migrante e anzi si sente in debito verso di lui non solo perché lo ha nutrito e allevato, ma perché lo ha avviato nel mondo nel senso più ampio, educandolo e dandogli principi religiosi e morali. Nel capitolo 2 abbiamo riportato un brano molto suggestivo in cui AF racconta della "conferenza di famiglia"[1] attraverso cui suo padre, prima che lui partisse, ha voluto rafforzare questa trasmissione di valori ("il *foula* e il *fayda*" in wolof), in una continuità patrilineare della trasmissione che egli evoca con riconoscenza ("grazie, padre mio, grazie, ti debbo dire grazie mille volte al giorno, sei tu che mi hai nutrito, sei tu che mi hai immesso nel mondo") e che a sua volta ribadisce come giusto rapporto filiale da perpetuare:

---

1. Cfr. Ndiaye (2000, 58-62) circa l'importanza dei "consigli" con cui la famiglia e la comunità propiziano la partenza di chi ha deciso di migrare. Boubacar Ly (1997, 44-45), discutendo dei "processi di razionalizzazione" che si innestano sulla "persistenza dei valori tradizionali", scrive che i "consigli di famiglia [...] cominciano a nascere e a svilupparsi con estrema rapidità", con la funzione di ribadire i principi fondanti dei legami di parentela "sulla nuova scacchiera sociale" in cui la famiglia si sparpaglia "ai quattro angoli del territorio".

Ho cominciato a fare ciò che mio padre ha fatto, perché se hai un figlio, se un giorno vuoi metterti a riposo, tu vuoi che tuo figlio cominci ad aiutarti, è per questo che si vuole fare un figlio.

Narrando di quando, da ragazzo, voleva giocare a football, AF aveva parlato molto anche della madre, utilizzando espressioni altrettanto intense, ma significativamente diverse, con più esplicite venature d'affetto e maggiore spazio per le emozioni: con il padre "si parla", con la madre "si scherza", è il suo commento. La madre desiderava che studiasse, allora cercò di convincerla, pur se aveva già il consenso del padre:

Mia madre non voleva che giocassi a football, è mio padre che ha voluto. Così dovevo studiare per fare piacere a mia madre e nello stesso tempo fare piacere a mio padre, lui voleva che giocassi. Andavo sempre a parlare con mia madre, perché le volevo bene e le spiegavo: "Io voglio farti piacere, però per favore aiutami, perché io amo lo sport". Le ho detto: "Non ti inquietare, posso arrangiarmi per fare un poco quello che vuoi, non voglio fare nulla su cui tu non sia d'accordo". Allora lei mi ha detto che era d'accordo e io di tempo in tempo andavo al football e ho fatto gli esami, ma non sono passato. Lei era un po' arrabbiata.

In altre situazioni, invece, tra padre e figlio vi sono stati momenti di contrasto; così MKL racconta che suo padre dapprima non voleva che lui partisse, ma dopo qualche mese lo "ha aiutato a pagare il biglietto". Appare invece più complesso il caso di HM, che rivendica la propria scelta di rendersi autonomo dal padre, figura con una posizione sociale molto forte, perché discendente diretto del fondatore del muridismo:

Allora mi sono detto che non volevo neppure essere laggiù [a Touba], contare ancora sulle persone, contare su mio padre, allora volevo fare la mia vita da solo. Allora mi sono detto di andare all'avventura, la famiglia non aveva voluto [che io partissi]. No, non c'è stata una rottura completa. Semplicemente non erano d'accordo, ci sentivamo regolarmente, anche loro, per esempio, sapendo che io ero a Torino, facevano di tutto per chiamarmi, no, rottura, no. Ci sentivamo spesso, solo che non erano d'accordo, ma ciascuno ha diritto a fare il proprio cammino.

D'altra parte, HM (capitolo 2 "Lavoro e valori religiosi") parla con grande rispetto del ruolo di "guida" che suo padre svolgeva sia sul piano religioso sia rispetto all'organizzazione della vita della comunità: era stato lui, infatti, a creare la *dahira* "*à son sentiment*", allo scopo di garantire una rete di aiuto reciproco estesa anche fuori del paese:

La *dahira*, la parola "*dahira*" non è Cheikh Ahmadou Bamba che l'ha fatto, è mio padre che l'ha fatto. L'ha fatto, era una specie di cooperativa, si raggruppavano spesso, non so, i quartieri o i senegalesi fuori, o qui a Torino, o in America.

Mio padre era il dirigente dei terreni. All'estero faceva cose molto più vaste che in Senegal. Aveva commerci. Viaggiava molto. Uno dei primi a viaggiare è stato mio padre. Ha fatto tante cose per il Senegal, ha creato per primo delle scuole francesi, ha cominciato con il proprio denaro a costruire le scuole, a fare le prime scuole.

Le funzioni del padre ora sono passate al fratello maggiore di HM; intervistato in Senegal, ABM mette a sua volta in risalto la figura paterna ed anzi sottolinea di essere molto meno potente, pur se i suoi compiti sono simili, tanto nel dirigere la vita della comunità quanto nel viaggiare all'estero per mantenere i legami della confraternita:

Il nostro ruolo è dirigere le persone, indirizzarle sulla retta via. Certe volte occorre viaggiare perché ci sono persone da vedere e si è costretti a viaggiare perché i *talibé* sono dappertutto.
Mio padre faceva molte attività, anche in Italia, era amico del famoso Direttore Generale della Fiat, Agnelli. Faceva attività di pesca, di commercio, era un suo amico. Non c'è una grande differenza, aveva soltanto più mezzi di me. Faceva più attività.

Anche SMM, la madre di HM, ha un ruolo importante nella vita della confraternita e l'abbiamo infatti incontrata in precedenza, nel capitolo 2, a proposito della dimensione femminile del muridismo; quanto al figlio, nell'intervista fattale a Darou Salam dice che non sa con precisione quale sia la sua attività in Europa ma ne rispetta le scelte, pur se giudica strano che un *marabut* fatichi lui stesso anziché vivere delle offerte dei discepoli:

No, non so cosa fa mio figlio in Italia. Non gliel'ho mai domandato. Tutto quello che so è che si occupa bene della sua famiglia. Il lavoro non è una cosa abituale per i *marabut*, ma lui è coraggioso e ama il lavoro. Potrebbe non lavorare, qui riceverebbe delle *hadiyas* [doni che il *talibé* fa al suo *marabut*].

Tornando al tema del senso di responsabilità verso i genitori, si è già visto nel paragrafo su "Lavoro e valori sociali" come il volersi e doversi prendere cura della famiglia sia spesso la motivazione principale che orienta la decisione stessa di migrare e poi il corso della vita lavorativa. Limitandoci qui ad alcuni brani che sottolineano in particolare l'atteggiamento nei confronti del padre e della madre, troviamo tra gli altri MOD che dice:

È un senso di responsabilità, di responsabilità sociale, perché per esempio in quanto membro di una famiglia, non mi sento tranquillo a rientrare a casa, finché mio padre mi nutre e mia madre mi nutre, no, io devo avere la responsabilità di andare a cercare del lavoro e di lavorare, di aiutarli e di soddisfare i miei bisogni. È per questo che lavoro.

MS racconta a sua volta che nell'infanzia lavorava con il padre ("ero l'unico figlio maschio", commenta) e ora vuole essere "bravo" nei suoi confronti e dargli sostegno:

> Per noi la cosa importante è la famiglia; vogliamo lavorare, perché quando uno ha un padre di cinquant'anni, non vuole più che suo padre faccia niente. Deve dargli una mano, non vuole più che il padre venga a lavorare con sé. Noi giovani andiamo a lavorare, poi portiamo da mangiare al papà, alla mamma, tutto. Non vogliamo che loro facciano più niente, perché vogliamo così, noi. Perché quando uno ha cinquant'anni, sessant'anni, vogliamo che loro riposino un po'; noi adesso prendiamo mano per lavorare, per mantenere padre e mamma e sorelle e figli e tutti loro. [Ci occupiamo] di tutta la famiglia.
> Devo mantenere anche mio padre, per fare vedere a mio padre che il figlio è bravo, quando è lì lavora; se mi pagano a fine mese, mando i soldi a mia mamma per mangiare, per fare qualcosa a casa e tutto.

Così BBS parla del padre come di "un bravo uomo" che manteneva una famiglia molto numerosa e di sé dice:

> Sì che devo aiutare la famiglia; mio padre ha fatto così per me e anch'io devo fare per lui, mio padre, mia madre, le mie sorelle e magari se loro ogni tanto hanno problemi io gli do, sì, per responsabilità e ringraziamento per quello che hanno fatto. È quella la civiltà [rapporti all'antica tra figli e genitori]. Tu hai educato, hai dato tutto... [tuo figlio] non passa neanche a vedere come stai o magari ti senti al telefono e boh! Questo non ha senso.

MD è stato "regalato ai nonni" da piccolo e vedremo più avanti, proprio a partire da alcune frasi di questa intervista, che situazioni simili possono essere raccontate come molto positive, diversamente da quanto si tende a pensare nella cultura occidentale, né allentano i legami con i genitori. Anzi MD sottolinea che quest'ultimo è un fatto morale, non una costrizione:

> Qui non ho il problema della famiglia da mantenere, ma a casa, in Senegal, sì, perché ho i parenti a cui mando i soldi tutti i mesi: ai nonni che mi hanno allevato, a mia madre perché non le bastano quelli del marito: mio padre ha lavorato, ha faticato moltissimo quando eravamo piccoli e la nostra cultura vuole che quando i figli sono grandi e lavorano contribuiscono, appoggiano la famiglia. Mio padre ha settantacinque anni. Io devo aiutare: non è un dovere nel senso di obbligo, ma per valori etici: mi sono impegnato a dare un sostegno.

D'altra parte, MD si considera anche diverso dal padre, con cui mantiene un rapporto ma di cui non condivide la mentalità, anche per certi aspetti contraddittori, tra religiosità e spregiudicatezza, che si sono trasferiti ai suoi fratelli:

Con mio padre sono abbastanza in contatto però in conflitto, siamo diversi, sono un po' la pecora nera della famiglia. Anche perché è molto religioso, per cui tutti i miei fratelli tendono a seguire lui, hanno seguito il suo modello. Invece io sono cresciuto con i nonni che erano più aperti, lasciavano fare, ero l'unico nipotino che avevano, mi concedevano tutto. Allora sono il più trasgressivo. Fumo le sigarette, mio padre non l'accetta. Infatti quello che faccio è tutto autonomo.
Difficilmente [i fratelli] si modificheranno stando in Europa, non perché sono già adulti, non dipende dall'età: è per il carattere che ognuno ha; loro hanno quell'educazione di mio papà che è molto forte: che dal mondo occidentale loro non hanno bisogno di altro che la ricchezza.

Così MD, anche pensando alle scelte future dei figli, preferisce ribadire una prospettiva di libertà:

Il lavoro i miei figli se lo sceglieranno loro: io sto facendo un lavoro che a mio padre non piace.

Se nel rapporto con il padre conta il rispetto, verso la madre i toni sono talvolta più esplicitamente segnati dall'affetto, come abbiamo visto poco sopra nel caso di AF. Ecco qualche altra frase significativa tratta da varie interviste:

La mia famiglia è sempre a Louga. Io non posso dimenticare i miei genitori. Non posso restare tanto tempo in Italia senza vedere la mia famiglia. Mia mamma ha un figlio soltanto: sono io. Ha un figlio solo, non posso restare tanto tempo da qualche parte per degli anni senza vedere mia mamma. Mia mamma vuole vedermi spesso, perché mi ama e io la amo. Non posso restare tanto tempo senza vederla. Se io lavoro qua, dopo un po' parto e vado a trovare i miei genitori per due mesi, tre mesi, quanto riesco. (TN)

Quando li ho, alla fine del mese mando i soldi a casa mia, alla mia famiglia, mia moglie, mia madre, mia sorella. Mio padre vive a casa sua con la sua nuova moglie. Casa mia è con mia madre. Siamo nove, della stessa madre: uno è in Spagna, uno è deceduto, io sono in Italia, e gli altri sono donne, sono sposate, nutrono i loro mariti, solo una non è sposata e vive con mia madre a casa. (ML)

L'espressione "casa mia è con mia madre" suona molto suggestiva e richiama una dimensione materna dell'affettività che è stata rilevata anche in altri studi sulla società senegalese. B. Ndiaye (2000, 109) da una delle interviste da lui raccolte riprende la frase: "Si dimentica un po' il carattere matriarcale, educativo del proprio ambiente"; una traccia simile del rapporto con la madre, che viene associato al ricordo dell'infanzia, echeggia anche nella frase di esordio di una delle interviste fatte a Torino: nell'iniziare il racconto della propria storia di vita TN dice:

Non so come incominciare a spiegare la mia vita *maternelle*, perché la mia vita *maternelle* è difficile raccontarla, perché ho fatto tante cose nella mia vita. Non posso spiegarti la mia vita *maternelle* completamente.

Secondo Evelyne Coratella e A. Lamine Sow (s. d., 112) l'importanza della linea materna va ricondotta a radici africane antiche[2] su cui si è innestata in seguito la prevalenza del riferimento patrilineare; scrivono infatti che "per descrivere più precisamente la famiglia wolof, bisogna sapere che per tradizione africana, la parentela si fonda fondamentalmente sul lignaggio materno, il *meen*. Vi viene sovrapposto secondariamente un lignaggio paterno (*xeet*, "ceppo" o *geño*, "cintura") il cui ruolo si è rafforzato con l'introduzione dell'islam poi con gli usi francesi" e proseguono specificando anche attraverso i proverbi quali siano le differenze accreditate dalla cultura wolof: la madre trasmette il sangue, la carne, l'intelligenza "e, eventualmente, un potere magico (*ndëmm*) abbastanza potente per «mangiare l'anima degli altri»". Il padre, invece, trasmette le ossa, i nervi, il coraggio e "dei poteri magici molto meno potenti di quelli della madre".

Della madre c'è chi ricorda con rispetto anche la grande attività. Molti racconti delle giornate delle donne nei villaggi ne rievocano la vastità dei compiti, dal badare a casa, cibo e bambini al procurare acqua e legna, al coltivare i campi; per qualcuno, anzi, ne scaturiscono commenti poco amichevoli circa la condizione attuale delle mogli degli emigrati, che secondo alcuni intervistati non fanno più nulla:

Mia mamma: da noi, fino ad adesso nei villaggi quelli che lavorano di più sono le donne. Oggi ci penso: mia mamma come lavorava. Non posso crederci! Perché sono le donne che si alzano la mattina, proprio prima mattina, quando è ancora buio... andare a cercare l'acqua nei pozzi, arrivare a casa, devono pestare il miglio per avere la farina, devono fare il caffè, dopo il caffè ti danno il primo mangiare del mattino per avere la forza di andare nei campi. E poi vengono nei campi a lavorare anche per loro, perché anche loro hanno i loro campi, fino all'ora di pranzo: ritornano a casa a fare il pranzo, delle volte ti portano il mangiare e poi ritornano nei campi, fino a pomeriggio tardi. Vanno a casa a fare cena e lavare i bambini e magari hanno un bambino addosso tutto il giorno. Facevano tutto questo durante un giorno, vuol dire che non si fermavano un secondo. Si fermano solo quando vanno a dormire e dormono anche poco perché sono le ultime a dormire e sono le prime a alzarsi.

Le donne che vivono a Dakar, come mia moglie, non fanno un bel niente! Non fanno niente, veramente. Cosa fanno? La mattina si alzano, pensano alla colazione, prima

---

2. Cfr. anche Ifi Amadiune (1997, 1-26) che ragionando di "un matriarcato basato su relazioni affettive" si rifà alle ricerche storico-sociologiche che hanno portato lo studioso senegalese Cheikh Anta Diop ad argomentare che proprio il matriarcato è la base dell'unità culturale africana. Discutendo dei diversi fattori che incidono sulle relazioni tra uomini e donne in Senegal, Eva Evers Rosander (1997, 164) rileva che spiccano in particolare due componenti: quella islamica che "identifica la donna come un essere sottomesso e paziente" e quella "africana [che] che sottolinea la madre dalla personalità forte e potente".

cosa e lavarsi, farsi la *toilette*, farsi belle. Preparano i bambini o dicono ai bambini di prepararsi da soli [ride]. Non fa neanche un centesimo di ciò che faceva mia mamma. (MF)

FB racconta di come la madre gestiva un ristorante, MS parla della madre *griot*, religiosa ed artista, FD accenna alla madre insegnante, mentre SN ha appreso dalla madre l'arte dei massaggi e in questo caso la linea di trasmissione è tutta per via materna:

Come avevi cominciato a fare i massaggi ai bambini? Da mia mamma, mia madre ha preso da sua mamma, io ho preso da mia madre. L'ho sempre fatto, anche in Senegal.

Un apprezzamento di tipo diverso è quello espresso da CS, che ricorda di essere cresciuta con la nonna perché "mamma s'era sposata ed era andata via da un'altra parte"; aveva però mantenuto con lei un rapporto ("veniva a trovarmi"), tanto che anche quando CS si è trasferita in Italia, chiamata dal padre, è con la madre che si è consultata circa la scuola da frequentare:

Poi sono venuta qua e ho fatto il liceo delle Scienze sociali, l'ho scelto io, più o meno insieme a mia mamma, però è una cosa che volevo fare io

e conclude:

Sì, mia mamma era abbastanza emancipata.

C'è chi invece non è cresciuto con la madre per certi vincoli di genere indotti dalle tradizioni: MN dopo la morte del padre è stato affidato al nonno, perché la madre non poteva "tenere anche il maschio" oltre alle due figlie femmine; CF invece è rimasta a Thiès con la nonna quando sua madre si è spostata nella città del marito, Dakar, così la vedeva "soltanto durante le vacanze" ed è lì che ha conosciuto un giovane che "abitava molto vicino a mia mamma" e - sposandolo - anche lei è andata a vivere a Dakar, per seguirlo poi in Italia.

Notiamo infine come SN racconti di avere trovato affetto e sostegno da parte di un giovane che nei suoi confronti si è comportato come un figlio, prendendosi cura di lei:

Come l'hai trovata questa casa? Ho parlato con un senegalese, un ragazzo bravo, che mi aiutava, mi prendeva come sua mamma, eh sì. All'inizio, ogni mese pagava la mia casa, dice: "No, sei mia mamma, non preoccuparti". Ogni mese, cinquecentoventimila lire; me l'ha pagato per più di due anni, dice: "Non devi dire a nessuno, l'ho fatto con il mio cuore, sì sì". Adesso ho fatto amicizia con tutta la sua famiglia. Gli avevo detto che adesso la casa non è come prima, sono cambiate tante cose, e a me non piacciono i problemi. Perché non sono più giovane, non voglio stare con le giovani, è una cosa che non mi piace, ma non posso fare niente, meno che cercare un'altra casa. Allora lui: "Stai attenta, stai tranquilla, io vado a cercare, se cerco, trovo qualcosa, te lo dico". Mi ha detto: "Mamma, ho trovato qualcosa, ma è piccola, è una mansarda"; ho detto sì, sono venuta qui, l'ho vista, ho detto: "Ma è un po' caro per me". Lui dice: "Non c'è problema, ti piace?" Ho detto: "Sì", e così sono venuta a stare in questa casa, fino a adesso. E mio figlio è bravo con me, dice sempre: "Se avevo una casa grande te la lasciavo perché sei molto brava". Sì, ho fatto un'altra famiglia a Torino.

4.2 Parentele allargate

Nella sua analisi dei "processi di razionalizzazione e cambiamento dei valori sociali in Senegal", Boubakar Ly (1997, 29-30) scrive che "una delle principali caratteristiche delle società senegalesi tradizionali, è che la parentela non si presenta soltanto come un semplice fatto (biologico e sociologico). Essa è anche un valore e come tale viene desiderata e cercata". Ma quali erano tradizionalmente i campi di applicazione delle relazioni di parentela? Lo stesso autore poco oltre sottolinea che queste ultime erano organizzate secondo un sistema classificatorio che nella denominazione attribuita implicava gli atteggiamenti da osservare: "così, per esempio, era richiesto di chiamare «padre» e di avere nei suoi confronti un atteggiamento da «figlio» o da «figlia», non solo il padre genitore ma anche tutti i fratelli germani, tutti i fratelli dal lato paterno (per via della poligamia), tutti i fratelli uterini[3] e tutti i cugini. Era lo stesso per le altre categorie di parenti che venivano a costituire altrettante madri, nonni e nonne, fratelli e sorelle. La parentela appariva così come un valore sociale".

Di tale nozione più ampia, che oltrepassa i limiti del rapporto biologico, si possono cogliere tracce nelle interviste torinesi; sono infatti numerose le persone che ricordano di essere cresciute presso vari parenti o di avere trovato in figure diverse dai genitori il riferimento formativo principale. È anzi molto interessante come alcuni diano risalto a questa differenza dai costumi che hanno incontrato in Europa, annettendo ad essa una valenza importante tanto sul piano sociale quanto su quello culturale:

La famiglia senegalese non è come la famiglia europea. La famiglia europea si ferma alla mamma, al papà e a un figlio. C'è il padre, la mamma, il figlio o la figlia. Invece la famiglia africana è [comprende] due generazioni. C'è il nonno, la nonna, il padre, quelli [i nonni] della madre, i figli. A volte entri in una famiglia, dove ci sono non solamente i nonni, ma anche le zie, gli zii. (MOD)

In Senegal vedi una grande famiglia che hanno quasi tre case, così [vicine] tutti insieme, nessuno si separa e compra una casa, tutti vivono insieme, bambini, cugini, fratelli, sorelle, il padre, le madri, abitano una casa. (MBK)

---

3. Nati cioè dalla stessa madre, mentre i fratelli "germani" hanno in comune entrambi i genitori.

Da parte di mia madre io sono il settimo fratello. C'erano anche due altre mogli, mio padre ha tre mogli e mia madre è la prima delle sue mogli. Io sono cresciuto nella famiglia, una famiglia veramente numerosa. Non è la stessa cosa come qua, dove ci sono le famiglie con tre persone, quattro, lì è totalmente differente: tu puoi trovare una famiglia dove ci sono venti o trenta persone. Vivevamo in una casa grossa, dove stavamo solo noi, anche gli altri fratelli di mio padre con le loro famiglie, eccetera. Una grande famiglia. (BS)

Come precisa MD, di cui poco sopra abbiamo già riportato l'accenno al fatto che era stato "regalato ai nonni", si tratta di relazioni che si inseriscono in una nozione complessa e polivalente dei legami familiari, cui la mentalità occidentale oppone resistenza, ma che è invece ben radicata nella tradizione di molti paesi africani:

La mia infanzia, è stata un'infanzia che forse per un occidentale può essere traumatica, perché sono nato in una città che è Louga e a due anni sono stato regalato ai miei nonni, per cui quando lo racconto qua lo vedono come una cosa brutta, mentre io l'ho sempre sostenuto, l'ho gradito, per l'educazione, per l'impegno che i miei nonni hanno messo nel farmi studiare. Io infatti sono stato dato alla nonna, la madre di mia madre, perché lei non ha avuto la fortuna di avere un figlio maschio. Invece mia madre ne aveva. Mi hanno cresciuto degnamente, quando vado giù sto più tempo con la nonna che con i genitori. I miei nonni stavano a cinquanta chilometri da Louga, sotto Louga a trenta chilometri dal mare [indica sulla carta la città di Kebemer]; sono cresciuto da loro, erano peggio dei miei [economicamente] ma non mi mancava niente; quello mi ha reso anche un po' propenso a essere autonomo; non avendo i mezzi mi sono arrangiato fin da piccolo.

Allevare figli di altri è presentato da qualcuno come un piacere:

Io sono nato a Dakar, in Senegal, nel 1951. Però sono cresciuto a Louga, una città a duecento chilometri da Dakar, da una sorella maggiore di mio padre.
[Sono cresciuto dalla sorella di mio padre] perché da noi in Senegal si usa così: noi ogni tanto i figli li diamo ai nostri fratelli, ai nostri cugini, alle zie, anche agli zii per far crescere i bambini: non è un favore ma è un piacere crescere i figli degli altri, da noi. Non c'era una ragione particolare [come il non avere figli]: tu ne puoi avere quattro, un'altra ne ha tre, e puoi anche darle da crescere tutti e quattro i figli.
La zia non era sposata perché lei era già anziana, perché è del 1898, quindi quando sono nato lei aveva già cinquantatre anni, però aveva i figli: tre femmine e un maschio. Viveva nella casa familiare, la casa dei genitori, perché per eredità hanno ereditato una grande casa e vivevamo tutti quanti lì. Io sono cresciuto con cugini, nipoti (figli dei miei cugini). Sono cresciuto con loro.
Noi, a mezzogiorno - non so se hai mai mangiato in una famiglia senegalese - siamo tutti intorno a un *bol*, un piatto, tutti la mano dentro, e ci dividiamo quello che c'è. Non è come qua, ognuno ha il suo piatto. Noi siamo più uniti, più... non direi più umani perché siamo tutti esseri umani, però noi pensiamo di più al prossimo. (AS)

131

L'ultima frase dà il senso concreto di che cosa significa condividere casa e cibo e anche in altre interviste è proprio il mangiare insieme che viene evocato come simbolo del legame di famiglia:

Mio padre aveva tante mogli. Eravamo tutti insieme nella casa. Perché noi stiamo sempre nelle case così; anche mangiare, mangiamo insieme, non uno per uno. Voi fate il tavolo e quello che vuoi prendere prendi, noi facciamo solo un piatto. (GN)

In molti casi, è da un nonno o da una nonna che si è ricevuta l'educazione e l'orientamento anche culturale che ha poi segnato le scelte nella vita. Così BMS, uno dei *griot* già incontrati nel capitolo 3, parla della nonna come di colei che lo ha "ripescato" da una famiglia che stava crescendo troppo in fretta, lo ha educato ed è a lei che deve tutto:

Noi siamo undici figli: il primo è nato a Louga; io, il secondo, sono nato a Louga, il terzo è nato a Louga; dopo il terzo a Dakar. Perché da noi in Senegal si fanno dieci o undici figli, ogni madre, per loro è una cosa normalissima. Però io, quando sono andato a Dakar, che dovevo lasciare Louga, anche se sono nato lì, per stare con la mamma, perché ogni figlio vuol stare con la mamma, però la mia nonna, vedendo che la mia mamma sta per avere sempre figli in continuazione ha detto: "Uno me lo prendo" e quell'uno ero io. E se io sono diventato qualcuno adesso io dico grazie a mia nonna, perché io mia mamma non la conosco tanto. Quando ero lì ero inserito a scuola, io ero lì, a casa con la mia nonna, con il nonno il capo di famiglia (in Africa hanno quattro mogli, cinque, sei, sette, perché è la nostra religione). La mia nonna è la prima moglie di quel nonno lì, lei è il simbolo della famiglia, è ancora viva; è mancato quest'anno il suo primo figlio che aveva settantanove anni; suo marito è morto, lei per fortuna è ancora viva. E grazie ai suoi racconti siamo diventati artisti.

Un altro fratello, pur non essendo cresciuto con lei, serba ugualmente un ricordo intenso di quella nonna:

Andavo a Louga perché c'è mia nonna lì, mia nonna ha cento anni ed è ancora sana, comanda e si fa ancora il cibo da sola, la famiglia è lì; tre fratelli miei sono nati a Louga, tutti gli altri sono nati a Dakar, perché poi mia mamma è andata a Dakar con mio padre. (BBS)

L'importanza del rapporto con i nonni emerge anche dal racconto di HB:

Sono nato a Touba. Sono nato in una famiglia religiosa, mio nonno era un *marabut*. Sono nato là, ho imparato il Corano e la lingua araba; così come parlo il francese, ho imparato tutto nella mia infanzia. Sono cresciuto con mia nonna, a Touba. Dopo aver imparato quello, sono tornato a Touba da lei, da mia nonna. Non mi ricordo bene gli anni, non mi ricordo più. Con mia nonna stavo bene, lei mi voleva molto bene, faceva tutto perché io potessi riuscire nella mia vita. Nella casa là c'è molta gente, tutta la famiglia a parte i miei genitori: i miei zii, le loro mogli, i loro figli.

Mio padre era commerciante, è per questo che era andato a Dakar. I miei zii coltivavano arachidi, miglio, mais. Anch'io lavoravo i campi, durante le vacanze: le passavo a coltivare anch'io arachidi e mais. In Senegal i bambini imparano tutto quello che i loro nonni hanno imparato, che sia coltivare o altro; quello che i tuoi nonni, tuo padre, fanno, tu lo impari.
Mio nonno mi ha insegnato queste cose, lui è un grande saggio, ha scritto tutto: se tu resti a casa tua, sei chiuso, e poi se ti muovi, puoi vedere, puoi vivere nel mondo e capire di più. È per questo che i senegalesi escono tanto dal loro paese per vedere, è un'idea comune. È per questo che noi là in Africa, soprattutto in Senegal, teniamo a quello che i nonni dicono; mio nonno faceva solo questo nella vita, era un musulmano, pregava, lavorava. Aveva della gente che lavorava i campi per lui, il mais, le arachidi: e una parte era per lui, in cambio dell'insegnamento del Corano.

Alla fine dell'intervista, HB torna a parlare della nonna, con toni in cui si mescolano affetto, riconoscenza, ammirazione:

I miei genitori sono ancora a Dakar, io ritornerò da mia nonna. Sta ancora bene, io le auguro una vita ancora lunga, perché le voglio molto bene. È la sola che conosce tutta la mia vita, è lei che mi consiglia, che mi consiglia cosa fare. Ogni tanto mi chiama, e mi dice: nella vita devi fare questo, non devi fare quest'altro. È un bene, perché ha già vissuto prima e dunque deve sapere le cose buone e quelle cattive. Se voglio fare qualcosa ne ho parlato con lei, *mam*, come diciamo, lo faccio; per esempio prima di viaggiare fino in Italia, ne ho parlato con lei: "Voglio andare in Italia per vedere com'è là, come si vive laggiù". È lei che mi ha detto: "Se vuoi vivere la vita in piedi, sapere molte cose, devi partire". Lei non è partita, perché è una donna. I vecchi, in Senegal, non si sono allontanati tanto.

Quanto a MDI, che è già comparso nel capitolo 3 come "re dei *griot*" e "grande venditore", ecco come parla del nonno:

Mio nonno anche era un commerciante, però mio nonno trattava altre cose, non trattava l'arte *africaine*. Mio nonno trattava, vendeva dei tessuti, tessuti fatti a mano, anche oro. Vendeva a Louga, però mio nonno era *equilibré*, ai tempi; lui ha vissuto più di cento anni, lui, sì il padre di mio padre. I miei nonni sono i primi che hanno seguito Sérigne Touba, perché loro erano dei *thieddo*, erano dei guerrieri, erano anche nobili.

La figura centrale dell'infanzia di SN è stata invece la sorella di sua nonna, che lei chiama direttamente nonna:

Io sono cresciuta da mia nonna, la sorella di mia nonna. Adesso è mancata, a Dakar. Perché mia mamma prima abitava a Dakar, bambara ma nata in Senegal; Mali e Senegal c'è stato un tempo che non andavano d'accordo, tutte le maliane sono tornate giù e tutte le senegalesi sono tornate in Senegal, perché i due paesi non andavano d'accordo, è per questo che mia mamma è andata. Io sono nata in Senegal, mia mamma è andata dopo che sono nata io. E io sono cresciuta con la sorella di mia nonna. Ero piccola, appena nata sono andata da lei, è così da noi, sono andata così dalla sorella di mia nonna, cresciuta lì. Non sono mai andata a scuola perché mia nonna non voleva, diceva sempre: "No, non mi piace che vai a scuola", per andare a scuola è difficile, se non hai soldi, e mia nonna non aveva soldi. Dopo la scuola coranica ho lasciato tutto, e andavo sempre dietro a mia nonna.

In seguito, una zia ed uno zio hanno aiutato SN a migrare, prima a Parigi, poi a Torino, all'interno di quelle ramificazioni del sostegno familiare oltre i confini del Senegal di cui si sono già visti diversi esempi in tema di reti di solidarietà.

Anche rispetto al legame con il padre vi sono situazioni in cui il termine viene utilizzato per estensione; in particolare, può essere chiamato padre il fratello maggiore. Così MOK dice:

Abito con tre, quattro, cinque senegalesi: mio fratello maggiore, mio "padre". Io sono il secondo, non il primo dello stesso padre e stessa madre. Lui è anche arrivato prima qui, due anni prima

dove la precisazione: "Io sono il secondo, non il primo dello stesso padre e stessa madre" interviene a chiarire una sua precedente asserzione: "Io sono il maggiore, il più vecchio".

Lasciando per ora da parte i fattori di maggiore complessità nelle relazioni familiari connessi alla poligamia, notiamo che l'importanza del primogenito è segnalata in vari scritti sulle famiglie senegalesi, sia in termini di autorità che gli viene riconosciuta dai fratelli minori sia però anche in termini di responsabilità di cui deve caricarsi e non sempre ne è felice: non per nulla MOD dice di sé: "Io purtroppo sono il figlio maggiore della famiglia. Sono il più grande"; invece AF lo presenta quasi come un privilegio: "Io sono il primo di mio padre e mia madre, quello che chiamano *tau* in wolof. Gli altri che vengono dopo di te sono un po' gelosi". B. Ndiaye (2000, 24) a questo proposito scrive:

Il figlio maggiore deve essere di esempio e di sostegno per gli altri, a prescindere dai problemi che ha o da quanto possa capitargli. È il maestro, il terzo genitore, posizione mai contestata, obbligo che gli altri fanno sentire. È duro se il maggiore non ha possibilità di lavorare. È un fatto culturale

e poco oltre (*ibid.*, 25), da un'intervista da lui raccolta riporta la frase:

Il fratello maggiore sostituisce il babbo quando è assente. Lo vedi come se fosse tuo padre, gli dai lo stesso rispetto che devi alla mamma.

Nel caso dei due fratelli FT e GT - intervistati a Torino - e del loro padre PFT- intervistato in Senegal a Keur Ndiouga, vicino a Touba - le relazioni di parentela assumono denominazioni diverse a seconda di chi parla. Il padre, infatti, li chiama entrambi suoi "figli" ed avevamo anzi già visto poco sopra un suo commento a proposito del fatto che "i suoi due figli" gli hanno chiesto "di non viaggiare più e di lasciare a loro carico le spese della famiglia". GT invece afferma:

La mia famiglia è originaria di Louga, ma adesso mio papà è morto. Sono mancati sia la mamma che il papà che stavano a Louga. Adesso abbiamo ancora una parte della famiglia che sta a Touba. Quando torniamo andiamo a Touba. Lì c'è mio fratello grande.

Quanto al "fratello grande", in un accenno ai rapporti tra il primogenito e FT, il padre usa la locuzione "*son père*".

Sono dunque numerose le testimonianze che mostrano come i legami familiari siano strutturati secondo articolazioni che vanno molto al di là della dimensione mononucleare che oggi prevale in Europa. A questo diverso tessuto di relazioni si riconnettono anche altri aspetti che risultano interessanti per ragionare delle prospettive differenti secondo cui certe situazioni possono essere vissute più serenamente in quanto percepite come normali in base alla cultura interiorizzata, mentre nei paesi di immigrazione si tenderebbe a considerarle pesantemente dolorose. È questo il caso, in particolare, dei lunghi periodi di distacco tra mariti e mogli; vedremo più avanti come parlano di tale esperienza alcuni tra i soggetti intervistati, sia a Torino sia in Senegal, ma riteniamo utile riportare qui qualche passo relativo alle famiglie di origine, per mostrare quale sia lo sfondo entro cui molte e molti hanno costruito le loro concezioni e le loro aspettative circa il vivere insieme o separati.

A Thiès c'era mio padre, mia madre era a Louga, e ogni settimana, ogni venerdì, mio padre veniva a Louga; per sorvegliarmi meglio mi aveva portato a Thiès quand'ero piccolo, per educarmi come un padre deve fare. Ecco perché vivevo lì, ma ero nato a Louga e ho fatto i miei studi a Louga. (IS)

Cosa so io di Louga? Io non so tanto, perché sono nato lì, perché mia mamma è di Dakar, comunque un uomo ogni tanto trova una donna e poi la porta a casa sua. Solo che mio padre aveva un'altra moglie, allora ogni tanto ogni moglie va a Louga tre mesi per restare con lui [il padre], e poi torna ancora a Dakar. Allora io andavo così a Louga, e poi andavo ogni tre mesi là. (MDI)

Nel capitolo 3 sono stati riportati lunghi brani della storia di vita di MDI, in cui vi erano accenni a come i suoi genitori viaggiassero molto per i loro commerci, il padre in Europa, la madre in Senegal. La dislocazione delle famiglie su più sedi abitative e di lavoro va considerata in rapporto al peso che ha avuto già nei decenni passati il fenomeno della mobilità sul territorio. È questo un aspetto, come discusso in precedenza (cfr. capitolo 2), che ha contribuito a disegnare l'orizzonte culturale delle esperienze migratorie, poiché il viaggio verso paesi più lontani - ed i riflessi che questo può avere sull'organizzazione della famiglia - si inserisce spesso in realtà in cui la solidità dei legami ha imparato da tempo a fare i conti con periodi più o meno lunghi di separazione e con un reticolo variegato di luoghi tra cui dividere attività e affetti. Mourtala Mboup (2000, 71-72) ne tratta a proposito delle migrazioni stagionali, spiegando come la stessa parola *nawetaans* derivi dal wolof *nawet* (stagione delle piogge) e scrive che proprio nella regione di Louga questa è una dinamica "storicamente accertata" tanto per il periodo anteriore quanto posteriore all'epoca coloniale.

Varie interviste mostrano la persistenza di tali interconnessioni tra economia di villaggio, relazioni parentali plurilocali e spostamenti di breve durata sul territorio, prima del salto verso altri continenti. MUK, nato a metà degli anni '50, racconta:

Sono nato a Kanteyene. A un anno e mezzo la mamma è morta. Allora mio padre, mio fratello, la famiglia, mi hanno preso e mi hanno portato a vivere via, da un'altra parte. L'altro villaggio si chiama Saloum, era lontano, quasi duecento chilometri o anche di più. Stavo con uno zio.
Lavoravo in agricoltura; ho cominciato quando avevo sette anni. Tutta la mia famiglia era di contadini. Dopo Saloum, sono andato a Dakar. Non mi ricordo quando, ero giovane però. Sono stato sette anni a Dakar. Abitavo lì, tutta la famiglia è andata a Dakar: un po' a Louga e un po' a Dakar.

Anche il suo matrimonio è stato deciso all'interno dei rapporti di famiglia, in un continuo pendolare tra più residenze, con l'intervento di diverse reti di appoggio tra parenti d'origine e di acquisto:

Mia moglie abita a Louga. Non ho mai abitato a Louga: andavo a Louga non so, ogni due settimane, a passeggiare, a trovare qualcuno, mio zio... andavo spesso. Ho conosciuto mia moglie lì; era legata alla mia famiglia, l'ha scelta mio padre.
Io a Dakar, mia moglie a Louga. Abbiamo avuto tre bambini, un maschio e due femmine, sempre mentre io ero a Dakar. Stava a Louga perché stava male, per quello l'abbiamo lasciata là, perché la sua famiglia se ne occupava. Stava male alle gambe, non riusciva a camminare, dopo il primo bambino. La sua famiglia così la poteva mantenere, ma anche io la mantenevo, tutti pensavano a lei lì. Il problema è solo mantenere la famiglia.

GK, di pochi anni più giovane, è passato attraverso esperienze abbastanza simili: famiglia di Louga ma con un ramo a Dakar, lavoro nei campi del villaggio di origine, trasferimento a Dakar a fare il pescatore, matrimonio all'interno della famiglia e lo stesso è avvenuto in seguito per sua figlia:

Sono nato a Juinguineo ma vivo a Louga. Juinguineo è nella regione di Kaolack però io vivo a Louga, sono nato solo a Juinguineo, la mia famiglia è tutta di Louga, era di passaggio. Sono cresciuto a Louga, mi piace, ho casa lì, a sette chilometri da Louga,

fuori città, sette chilometri per arrivare a casa mia. Mio padre era di Louga, mia mamma, tutti sono di Louga.
Quando ero piccolo ho fatto tante cose, ho fatto il raccolto delle arachidi, della semola, dei fagioli, lavoravo la terra nel campo dei miei genitori. Quando sono stato un po' più grande sono andato a Dakar a fare il pescatore. A Dakar c'era e c'è ancora una parte della famiglia, mio zio, mio cugino, ce n'è tanti lì, abitano sempre a Dakar. Quando torno lì a Dakar, in Senegal, devo andare lì e stare a casa loro due giorni, tre giorni e poi vado su a trovare la mia famiglia.
Mia figlia è grande, ha quattordici anni; è nata l'anno dopo la mia partenza. E l'anno scorso, quando ha fatto quattordici anni, si è sposata, ha già un marito - sempre un parente, un parente vicino: io sono sposato con la figlia di mia sorella e il marito di mia figlia è sempre un parente stretto. Mia moglie vive con la sua famiglia e io ogni tanto la devo aiutare e c'è anche il marito di mia figlia che aiuta la ragazza. (GK)

Intervistata a Kanteyene, la moglie NS dice della propria vita che non è cambiata rispetto al passato: attività in casa e nei campi, un po' di ingrasso di ovini grazie a dei progetti di microcredito, rammarico per le lunghe assenze del marito ("è da molto che non lo vedo") e lo stesso vale ormai anche per sua figlia, perché anche il marito di questa è emigrato, in un rinnovarsi dei legami che debbono reggersi tra due continenti.

4.3 "Comunità al maschile": uomini lontani da mogli e figli

Con i due ultimi casi abbiamo iniziato a vedere le tracce non soltanto dei rapporti con la famiglia di origine ma anche di quelli con la nuova famiglia costruita a partire dal matrimonio. Passando ora ad una rassegna più sistematica di tali aspetti, ricordiamo innanzi tutto che nel capitolo 2, discutendo del sentimento dell'emigrazione e del ritorno, avevamo sottolineato quanto pesino le caratteristiche distintive dell'emigrazione senegalese, costituita in larga misura di uomini partiti da soli, che vivono anche per lunghi anni all'estero senza progettare di chiamare presso di sé moglie e figli (come provano i dati sui ricongiungimenti familiari men che rari) e che tuttavia mantengono con loro un forte legame, ribadito dai ricorrenti ritorni e dall'attesa di ristabilirsi prima o poi in Senegal.

Nell'ambito di questa dimensione prevalente di "comunità al maschile" (Landuzzi, Tarozzi, Treossi, 1995), nella parte citata sopra abbiamo riportato molte testimonianze relative alle implicazioni anche affettive ed emotive di tale modo di viversi in un "vai e vieni" continuamente segnato dallo sforzo di mantenere i contatti, tra viaggi, telefonate, rimpianti, desideri, disillusioni, speranze.

Tra gli uomini che vivono a Torino senza le famiglie si può notare che nelle interviste molti menzionano appena di sfuggita le mogli e per lo più dicono di non potere trasferire in Italia né loro né i figli perché qui la vita è troppo dura, trovare casa è difficile, le spese sarebbero eccessive, il distacco dal proprio ambiente riuscirebbe pesante. Sono generalmente pochi accenni che mostrano una tenace persistenza degli assetti tradizionali: le mogli vengono considerate soprattutto in relazione ai figli da allevare; la loro vita in Senegal, specie per chi proviene dai villaggi, resta all'interno delle consuetudini garantite dal fatto che esse risiedono quasi sempre presso la famiglia del marito, anzi - come abbiamo appena visto - in vari casi il matrimonio stesso è avvenuto all'interno della cerchia dei parenti o dei conoscenti.

Annotazioni di questo tipo ricorrono in molti dei passi che stiamo per riportare; la prevalente patrilocalità dell'organizzazione familiare era già emersa nelle pagine precedenti per quanto riguarda le generazioni delle madri e dei padri, ma si conferma come un tratto che dura tuttora, perché nella maggior parte dei casi le donne sposandosi vanno a vivere presso la famiglia del marito. Quando però quest'ultimo è quasi sempre lontano, perché emigrato in Europa, anche i rapporti accettati per antichi costumi ne possono risentire; converrà tornare più avanti su tale questione, ragionando di alcune dinamiche innovative che sembrano profilarsi negli equilibri tra i generi in relazione alle modifiche indotte dalle dimensioni transnazionali che vanno ridefinendo comportamenti e attese di donne e uomini.

Tornando alle risposte raccolte nelle interviste, si può rilevare che molti, pur dando voce al rimpianto di vivere separati, preferiscono sottolineare che la loro situazione di migrante è certo difficile, però consente di fare fronte alle proprie responsabilità, mentre per moglie e figli viene ribadita l'importanza che restino nell'ambiente di origine:

Io sono sposato e ho due figli: uno del '96 e uno del '98. Mi sono sposato in Senegal. Noi ci siamo conosciuti perché lei è una ragazza del mio quartiere di Dakar, che conosco da quando era piccola, la conoscevo da tanto tempo. Noi siamo di Imbel. Ci conosciamo, e poi, quando ho deciso di sposarmi, io mi fido di lei, è una brava ragazza, ho parlato con lei, anche lei era contenta di sposarsi con me e ci siamo sposati. Lei è ancora lì con i bambini. Non credo che li farò venire qui, perché qui è difficile far ambientare una persona che lì ha tutto, ha una casa grande, ha tutta la sua famiglia, ha il suo lavoro, tutto. Portarli qua, che è difficile trovare casa, i bambini arrivano qua e fa freddo, lì hanno tutto il cortile, hanno le strade, si divertono, vanno dove vogliono, è più difficile vivere qua, quando uno non è abituato. (MF)

Sono sposato, ma non ho figli. Mia moglie l'ho sposata una delle volte che sono tornato; l'ho conosciuta, vive dove abito io, nello stesso quartiere, ci sono tre porte tra casa mia e casa sua. Non so se farò venire qua mia moglie, è molto complicato. Io penso sempre che sia meglio che stia là, che lavoro, con quello che guadagno faccio un sacrificio, lavoro "come un negro", e poi tra un po' di tempo magari con i risparmi non dipenderò più da nessuno. (ML)

Del resto, le decisioni sono prese tenendo conto di tutta l'economia familiare, non riguardano soltanto il singolo individuo:

In Senegal c'è mia moglie e due figli, un maschio e una femmina. Ma niente altre mogli, c'è il mio fratello minore che si deve ancora sposare. (MOK)

Magari poi vado a una cabina a chiamare in Senegal, la famiglia. Mia moglie è in Senegal. L'ho sposata, è una mia nipote, figlia di mia sorella, di Louga. E abbiamo una figlia, ma poi basta mogli. Sono due anni che non torno, volevo tornare quest'anno però non è ancora facile; non ero pronto per fare il biglietto e tornare, ma adesso sì. (GK)

Spesso le informazioni si limitano a poche parole sul numero delle mogli e dei figli, dove vivono, con quali altri parenti abitano; come notato in molti studi, questa sobrietà di accenni risente certamente del riserbo per cui nella cultura senegalese agiscono forti vincoli di pudore a protezione della propria intimità[4] e dei sentimenti non si parla, soprattutto con persone esterne al proprio ambiente. Così resta appena qualche traccia, specie a proposito della moglie, mentre viene detta qualche parola in più sui figli, perché su di loro si investono desideri e attese, talvolta anche nella speranza di ricevere in futuro un sostegno, in particolare dal primogenito:

In Senegal c'è anche mia moglie, sempre a Ngandialam, e cinque figli miei: tre femmine e due maschi. Il maggiore ha ventidue anni e restano in Senegal. Vorrei far venire qui mio figlio se possibile, il maschio, per lavorare, perché io sono stanco; gli altri dopo. (KS)

È altrettanto sobria l'intervista di MG, dove però l'accenno al fatto che non è stata la sua famiglia a fargli conoscere la moglie e forse ancor più il dirne il nome lasciano trasparire più esplicita la nostalgia:

Mia moglie l'ho conosciuta a Dakar, non con la famiglia; si chiama Fatim. Certo mi piacerebbe tornare in Senegal però bisogna guadagnare per i figli. La più grande ha sette anni. Ma come si fa a farle venire, stanno lì.

Nel successivo colloquio di approfondimento, sollecitato a parlare di come vede il futuro dei figli, una femmina e un maschio, MG afferma che per ora è presto, vanno ancora a scuola sia l'uno che l'altra e per entrambi spera che abbiano un lavoro "uguale", però poi commenta che "il maschio aiuta la famiglia" mentre "la femmina si sposa e va via". È uno spunto che converrà riprendere per discutere delle dinamiche di genere e dei molti segni che si possono cogliere in varie interviste circa il carattere patriarcale della organizzazione sociale di riferimento.

Come a KS anche a MOS la vita di migrante pesa; i figli però sono ancora troppo piccoli, né vorrebbe che ripetessero le sue esperienze:

---

4. Cfr. Ndiaye (2000, 9) circa il *kersa*, pudore.

Per noi è difficile partire con la famiglia, famiglie grandi. Anche chi è capo famiglia non può portare la moglie qua. Non lo so [quando tornerò]. Io non voglio rimanere qui; quando sarò vecchio dovrò tornare, per un ricambio, per sostituirmi, ho un figlio ma è piccolo, ha dodici anni, qua è un po' dura. Non so i figli... io non voglio che mio figlio si sacrifichi come me, star qua, senza moglie, stanco. Ho due femmine, cinque maschi, sì. Io voglio che studiano bene, che studiano bene.

All'inizio dell'intervista, rispondendo molto succintamente alle domande che gli venivano rivolte, MOS aveva accennato al fatto di avere due mogli e molti figli e aveva parlato dei contatti che mantiene:

Sono sposato. Ho figli. Sei, sette. Perché ho due mogli, non è che non voglio dire: sì, sono sette. Uno piccolo di due anni. Mi sono sposato prima di partire. No, con una prima di partire e poi l'altro dopo. Una moglie regolare come in Italia va bene, ma anche se ne hai due va bene [intende per la possibilità di mantenerle]. È troppo difficile fare venire le mogli qui, io vado via con le ferie. Quando lavoro un anno ho un mese; posso avere qualche giorno di più. Non ho fatto mai più di un mese e quindici giorni, cioè meno di due mesi. Conosco i problemi, quindici giorni, possono dare l'aspettativa. È poco. Telefono io ai bambini. Sì, quando vado lì è una festa.

Per IL, che si è lasciato alle spalle "una grande famiglia" è duro essere qui dove "vivi solo per lavorare", ma pensa che sua moglie avrebbe difficoltà ad adattarsi, perciò è meglio che resti in Senegal dove vive con i genitori di lui:

Ero in una grande famiglia. Ho un fratello qua e un fratello là e degli altri e ho anche due sorelle. Una è già sposata e la più piccola no. Io sono sposato e ho la moglie giù e ho un figlio di cinque anni. È tanto che sono sposato, solo che ho fatto il figlio un po' tardi. Io ero già sposato, ero sposato prima di venire in Italia. Dovevo mandare i soldi anche per la moglie, lei vive insieme alla mia famiglia. La vita che faccio qua è difficile perché vivi solo per lavorare. Far venire mia moglie? Quello è difficile, anche mia moglie non vuole venire tanto qua e cambiare tutta la vita e queste cose lì; vive con i miei genitori, è abituata così. Se viene qua deve cambiare tutta la cultura, qualcuna magari viene ma non cambia niente, perché può vivere insieme come vivono gli italiani.

Diversi mettono in rilievo soprattutto i figli; BN, intervistato insieme all'amico GN con cui vive e che proviene dal suo stesso villaggio, menziona la moglie soltanto per dire che "sta in casa, non lavora, si occupa della famiglia", mentre dei figli - un maschio e una femmina - racconta che vanno entrambi a scuola e "abitano tutti insieme, con mio padre, con i parenti". Avere figli risponde ad un bisogno profondo e dà senso alla vita: così AC dice di disapprovare "le coppie che non vogliono figli, cosa fanno se no nella vita", mentre BBS afferma:

Adesso non so cosa faccio, se sposo una senegalese, un'italiana, una nigeriana, quello che viene, viene, ma voglio sì dei bambini, tutti vogliono dei bambini.

In alcune interviste si avverte però anche qualche spostamento; HB dà importanza alla scelta che farà quando deciderà di sposarsi: sarà "come vorrà Dio" ("*inshallah*"), ma non spetterà ai genitori:

Mi sposerò, *inshallah*, mi devo sposare in futuro. Non sono i genitori che scelgono la moglie!

Infine, in tema di migrazioni senza la famiglia vogliamo uscire dall'ambito tutto maschile considerato finora, per segnalare un caso in cui è invece una donna ad avere compiuto un percorso di anni lontana da casa: separatasi dal primo marito ("non andavo d'accordo", dice nell'intervista), SN ha lasciato in Senegal un figlio e una figlia ed ha vissuto in Francia e poi in Italia per riuscire a guadagnare abbastanza per sé e per aiutare la famiglia materna, fiera di poter fare regali alla moglie di suo figlio, anche se "lui non mi chiede" e di poter dire a sua figlia, che intanto è emigrata a sua volta e lavora e studia negli Stati Uniti e le offre un appoggio: "Lascia i soldi lì, i soldi adesso non mi servono. Posso fare le mie piccole cose per avere qualcosa". Da alcuni anni SN si è risposata ed ecco come parla della sua condizione e delle sue intenzioni attuali:

L'ho sposato in Senegal da due anni, lo conoscevo da prima, era il mio primo fidanzato, poi ci siamo separati, è da trent'anni che non lo vedevo, un giorno lui si separa da sua moglie ed è andavo a vedere mia zia: "Siccome sono solo e ho sentito che è sola, allora è meglio che..." [risate]. *Però vivete lontani*. Sì, mi dice sempre: "Stai, fai le tue cose, è meglio". Là sì, mi piace, ma senza lavoro non posso. Lui non viene qui, io non ho casa, ho una casa piccola. Se ho una casa grande, almeno due camere sì, ma qui è solo la casa per me. Se trovo una casa più grande lo porto qui, almeno per un mese. Lui è pensionato adesso. Ma non si vede, sai che in Senegal a cinquanta, cinquantacinque anni sei pensionato, è presto, cinquantacinque anni adesso non è niente.

4.4 Voci incrociate tra Italia e Senegal

Nei casi in cui in Senegal è stato possibile intervistare le mogli o altri parenti, è opportuno prendere in considerazione insieme quanto viene detto sull'una e sull'altra sponda a proposito di come è vissuto il distacco e di come più in generale le vicende dell'emigrazione incidono sulle relazioni tra le varie persone coinvolte.

Vediamo in particolare quanto emerge dalle due famiglie di MS e AD, cugini tra di loro, provenienti dallo stesso villaggio di Boudi Thieckene, che a Torino fanno i commercianti e abitano nella medesima casa sovraffollata, insieme a molti altri connazionali, entrambi emigrati per cercare di mantenere la famiglia (si vedano i brani dalle loro interviste riportati nel paragrafo "Emigrare per guadagnare" del capitolo 3), entrambi con il rammarico di vivere lontano da mogli e figli:

Non mi manca niente qui. Mi manca solo non avere la mia famiglia, tutto il giorno. (MS)

Poi c'è anche il problema della mia famiglia di lì, perché loro mi mancano: ho due mogli e tre figli a Louga. Del Senegal mi mancano le mie mogli, i miei figli. Io telefono sempre. Mi dicono sempre: "Papà vieni, vieni". (AD)

In Senegal è stata possibile un'articolazione abbastanza ampia di incontri entro la rete delle parentele: a Boudi Thieckene le interviste hanno coinvolto FS, sorella di MS; NAD, sorella di AD e prima moglie di MMD, a sua volta cugino dei due uomini e come loro emigrato a Torino, ma in quel momento in vacanza nel villaggio; lo stesso MMD; NDN, seconda moglie di MMD. In precedenza, l'*équipe* dell'Università di Saint-Louis aveva intervistato, in un colloquio collettivo, le due mogli e la madre di AD a Louga, dove intanto questi ha trasferito la famiglia. Si tratta quindi di un materiale piuttosto ricco, che tocca molti aspetti; qui ci limitiamo a riprendere qualche spunto più direttamente legato alle relazioni tra mogli e mariti e a come sono vissute le lunghe assenze degli emigrati.

Possiamo notare, innanzi tutto, che sono numerose le conferme di come queste famiglie vivano sì separate, ma in rapporti che rimangono stretti e di come per altro il dispiacere della lontananza si accompagni a considerazioni molto pacate sul fatto che si tratta di scelte che vanno accettate, perché possono rispondere meglio ai bisogni familiari. Nei confronti dei congiunti emigrati c'è rispetto, perché - come viene detto in diverse interviste - chiunque preferirebbe restare nel proprio paese e perché si pensa che la vita all'estero sia dura. Da un lato viene data voce ai disagi dei distacchi, ma dall'altro è condiviso il senso di responsabilità che accomuna tutte le persone della famiglia e attorno a cui si organizzano obblighi e attese, degli uomini così come delle donne.

Parlando di suo fratello, FS afferma:

Lavorare in Italia certo è più difficile, è davvero duro. È difficile quando fai il tuo lavoro come si deve; quando vuoi nello stesso tempo lavorare seriamente, rispettare i tuoi obblighi religiosi, evitare ogni cosa negativa, per forza è difficile. [Il fratello] viene quando può, quando ha il denaro, dipende

e perciò ritiene anche giusto che i periodi in Senegal siano dedicati alla famiglia, senza altre preoccupazioni:

142

Quando viene, si riposa. Perché quando resti tanto tempo senza vedere la tua famiglia, sette mesi o un anno e non hai che tre mesi per stare con lei, in un lasso di tempo così ridotto non c'è spazio per il lavoro. È meglio che ti riposi, che approfitti di quei momenti per stare con la tua famiglia.

D'altra parte, pur se "le lunghe assenze" di suo marito le pesano, ecco come si esprime NAD rispetto alla possibilità di un rientro definitivo oppure all'eventualità di emigrare a sua volta per vivere insieme:

No, io non vorrei che rientrasse definitivamente. Vorrei che venisse e ripartisse di tanto in tanto, così può fare fronte ai bisogni della famiglia. Perché se resta qui senza niente da fare, non vale la pena. Non voglio raggiungere mio marito, fino a quando ho un'occupazione preferisco restare qui.

Come mette invece in evidenza la madre di AD, la vita della sua generazione era ben diversa, quando le giornate venivano trascorse insieme, a casa come nei campi e vi era una forte partecipazione delle donne ad attività condotte in comune:

Andavamo nei campi e nello stesso tempo ci occupavamo della casa. Stavamo sempre insieme ai nostri mariti, stavamo insieme a casa e andavamo anche insieme nei campi. Oggi le mogli degli emigrati non fanno praticamente nulla ma sono molto sole, vedono i loro mariti soltanto occasionalmente. Non hanno né fame né sete, però sono sole

ma MGD, una delle mogli di AD, interviene subito per commentare:

È vero che siamo sole ed è normale che sia così, in assenza del capofamiglia. Se avessi i mezzi per soddisfare i bisogni della famiglia, mio marito non avrebbe bisogno di andare così lontano. La vita nel paese non è facile, gli uomini responsabili non possono restare senza rispondere alle numerose sollecitazioni della famiglia e dei parenti.

Poco oltre, però, con parole che forse lasciano trapelare un po' di più anche i sentimenti e non soltanto la ragionevolezza di fronte alle necessità, a proposito dei mariti che emigrano aggiunge:

L'inconveniente è che stanno a lungo in Italia e quando tornano, non dura.

Un secondo aspetto interessante riguarda l'importanza che viene data al lavoro sul piano morale, come responsabilità nei confronti della famiglia, ma anche per essere una brava persona; nel paragrafo "Lavoro e valori sociali" del capitolo 2 si è già visto che per MS e AD si tratta di un codice di comportamento cui vogliono attenersi. In modo simile, insistendo sul termine wolof *teranga* (che indica un'attività che permette di vivere degnamente e di preservare il proprio onore), MMD del proprio lavoro di migrante dice:

È la mia *teranga,* perché nessuno vuole emigrare. Se le persone potessero scegliere, resterebbero nel loro paese, avresti la tua *teranga* nel tuo paese, ma se non hai scelta è meglio emigrare, bisogna farlo.

Che le famiglie in Senegal mostrino piena fiducia nell'onestà del comportamento degli emigrati appare allora un fattore rilevante di incoraggiamento e di sostegno. Tanto FS quanto NAD, parlando dei rispettivi fratelli MS e AD, si dicono certe del fatto che il loro congiunto vive rettamente, pur se entrambe non sono bene informate circa l'attività che svolge; è interessante, anzi, come esse utilizzino le medesime parole per distinguere tra ciò che "pensano" e ciò che "sanno", il che probabilmente allude anche a una distinzione tra ciò che importa meno e ciò che conta veramente:

Penso che faccia del commercio. So che vive come qui, so che da quando si alza si dedica ai suoi obblighi religiosi, che poi va a lavorare e quindi torna tranquillamente a casa. (FS)

Penso che faccia del commercio. So che per quello che riguarda la religione compie molto bene i suoi obblighi. (NAD)

Quale che sia il suo lavoro, FS è sicura che suo fratello poi se ne torni "tranquillamente" a casa, proprio come MS nella sua intervista ha usato più volte la parola "tranquillo" per caratterizzare il tipo di vita "in regola" che conduce a Torino. Si tratta di canoni morali appresi in Senegal, ma che restano validi anche lontano da casa e il cui rispetto contribuisce a fare sentire saldi i legami anche nella separazione.

Gli aspetti che sarebbe interessante discutere a partire da questo insieme di rapporti familiari sono numerosi: dal confronto tra i modi di vivere e di lavorare delle generazioni precedenti e di quelle attuali, alle diverse dinamiche di cambiamento indotte dall'emigrazione nel caso delle famiglie che si sono trasferite in città rispetto a quelle rimaste nel villaggio, a qualche segno di disagio legato al problema dei matrimoni poligamici. Mentre infatti le due mogli di AD, intervistate insieme a Louga nella casa in cui vivono con la suocera, si alternano a parlare in buona sintonia tra di loro, nei colloqui di Boudi Thieckene NDN, seconda moglie di MMD, lascia trasparire un certo scontento: preferirebbe infatti o che il marito rientrasse definitivamente oppure raggiungerlo lei stessa all'estero e lavorare "come lui", perché la sua lontananza le pesa ("mi manca"). Anche altre frasi di NDN a proposito dell'aiuto che rimpiange di non potere dare a sufficienza al proprio padre ormai anziano oppure a proposito dell'eccessivo carico di attese e di richieste che i parenti e i vicini riversano su suo marito, fanno pensare che non si trovi pienamente a proprio agio nel mondo in cui è entrata con il matrimonio e che all'interno di questo il marito sia l'unico riferimento cui si sente legata e con cui vorrebbe vivere, in Senegal o all'estero, ben diversamente dalla prima moglie NAD, che invece appare soddisfatta del suo ambiente attuale e di cui abbiamo riportato sopra il brano in cui dice che non desidera il rientro definitivo del marito né desidera raggiungerlo: come infatti precisa poco oltre, per lei è meglio il "vai e vieni", pur che guadagni.

Anche parlando delle attività che svolgono, le due donne si esprimono in modi differenti e danno una descrizione in parte diversa delle incombenze tipiche, più numerose nel racconto di NND, mentre da NAD alcune delle più faticose - prendere acqua al pozzo o pestare i cereali - vengono date come superate, diventate ormai un ricordo di quanto dovevano fare le donne in passato. Proprio NAD, del resto, nel parlare di come sono organizzati i turni per i lavori domestici mette in risalto che c'è una successione in cui conta l'età e l'ordine di ingresso nella famiglia:

Chi organizza i turni? Le donne; è quella insediata da più tempo [la prima moglie] che prende il primo turno e così di seguito. *È la più anziana che organizza?* Sono le più anziane, ad esempio mia suocera era la più anziana ed era lei ad assicurare il primo turno, ma ormai lei non prepara più e io ho preso il suo turno, poi è la mia *co-épouse* che lo prende, eccetera.

Dalla diversità del carico di lavoro elencato da NND sembrerebbe però che non si tratti soltanto di un avvicendamento in cui le più anziane precedono le più giovani, ma di una gerarchia per cui alcuni compiti non vengono svolti da chi occupa un gradino più elevato[5]. La condizione di minor prestigio della seconda moglie può forse pesare di più se il marito è assente e restano soltanto i disagi di dover vivere in un ruolo subalterno nella famiglia acquisita.

Oltre a Boudi Thieckene, anche un altro villaggio - Keur Balla Seye - fa da sfondo comune ad un gruppo di interviste in cui le consonanze e le differenze nei discorsi fatti da mogli e mariti possono suggerire considerazioni più generali sulle ripercussioni che l'emigrazione comporta sulla vita tanto di chi parte quanto di chi resta. L'insieme è costituito da un lato dalle tre interviste fatte a Torino con GN, MK, BN e dall'altro da quelle a Keur Balla Seye con AWN e ARS, prime mogli rispettivamente di MK e BN e con AN, zio di GN e capo del villaggio. Le storie dei tre emigrati sono simili sia tra di loro sia rispetto a quelle viste sopra nel caso di Boudi Thieckene: il lavoro nei campi e un po' di commercio nei primi anni, il bisogno di guadagnare come ragione principale della decisione di partire, gli spostamenti e le tappe tra reti di solidarietà e abitazioni condivise, il desiderio di mantenere i contatti con il luogo di origine, una vita su due sponde che MK sintetizza efficacemente alla fine della sua intervista, dicendo:

---

5. Mboup (2000, 104) rileva che la famiglia tradizionale wolof "funziona sulla base di una gerarchia non egualitaria, temperata da effettive pratiche comunitarie". Ci sembra un'osservazione che si adatta bene alla situazione che stiamo considerando in cui la condivisione dei lavori tra le donne si accompagna alla disparità dei carichi.

Se sto meglio qua o in Senegal? Tutti e due perché il Senegal è il nostro paese; qua, vivo qua; tutti e due sono casa mia, tutti e due. La famiglia là, il lavoro qua. In Senegal il tempo è più bello, ma non ho i soldi, mancano i soldi.

Si tratta di colloqui in cui prevalgono le risposte brevi; pur se appena per qualche accenno, traspare però tanto un certo orgoglio per il fatto di riuscire a mantenere bene la famiglia quanto la tenacia dell'attaccamento con il mondo di origine:

Ho cinque figli, no, sei figli adesso e due mogli. Le avevo già tutte e due prima di partire. Loro sono in Senegal. A me dispiace, ma in Senegal non c'è lavoro, non c'è niente e così ti trovi qua con le mogli che mancano. Con il lavoro qua le faccio vivere bene. Tornare in Senegal, dipende: se ho i soldi... se non ho i soldi, resto qua e lavoro. (MK)

Quando sono partito ero già sposato, avevo sposato una donna del mio villaggio. Allora avevo una sola moglie. Adesso ne ho due. Avevo già dei figli. Li ho lasciati lì, con mia madre, che è morta due anni fa. I miei figli adesso hanno dodici anni e otto anni. Adesso da Torino torno almeno una volta l'anno. Non posso restare di più! L'ultima volta sono stato sei mesi fa. Sto un mese, due mesi, prima di tornare qua. In Senegal la cosa più bella che ho sono mogli e figli: la mia famiglia tutta. Qua sono solo, ho solo gli amici. (GN)

Anche molte considerazioni delle due donne intervistate a Keur Balla Seye suonano simili a quelle registrate a Boudi Thieckene: AWN e ARS non sanno molto dell'attività dei loro mariti, commentano che la vita nel villaggio è diventata meno dura grazie all'emigrazione, sembrano ben adattate al sistema dei ritorni periodici. Anzi, ARS dice:

Voglio che lui [il marito] venga di tanto in tanto, ma non che torni definitivamente perché se resta qui non avrà lavoro.

Alla domanda se desiderino raggiungere il marito all'estero, entrambe le donne non solo danno invece una risposta differente dal caso dell'altro villaggio, ma ne ragionano ponendosi su un piano diverso dai mariti, che hanno parlato in termini affettivi del fatto che sentono la mancanza delle loro mogli. AWN e ARS, infatti, affermano entrambe che emigrerebbero volentieri per guadagnare, fare del commercio, avere un lavoro, senza menzionare ragioni legate alla possibilità di stare con il marito. Da quanto raccontano delle loro occupazioni, esse non si limitano a quelle tradizionali in casa e nei campi, ma AWN sta già partecipando (e anche ARS vorrebbe riuscirci) a piccoli progetti innovativi per avere reddito, come l'ingrasso ovino. Sono dunque donne energiche e attive, nonostante un'affermazione assai poco plausibile fatta da BN, secondo cui sua moglie "sta in casa, non lavora, si occupa della famiglia" e che poi ancora insiste nel sostenere che "le donne da noi non lavorano la campagna". Che tale immagine non corrisponda alla realtà è confermato, del resto, da quanto dice nella sua intervista il capovillaggio AN; egli infatti mette in risalto come siano proprio le donne ad impegnarsi in progetti condotti in comune e come sia a loro che i mariti emigrati affidano le bestie che comprano e la terra da coltivare.

4.5 Un forte legame di solidarietà e di rispetto

Lo scarto tra le idee più consuete sull'irrilevanza delle attività delle donne che BN ha portato con sé in Italia e la nuova attenzione che esprime invece AN, essendo testimone sul posto dei processi di cambiamento di cui le donne sono protagoniste nella vita del villaggio, è uno dei molti segni di quanto siano complessi gli intrecci fra tradizioni che persistono e mutamenti che si profilano nelle dinamiche messe in moto dai processi migratori, con effetti che incidono in profondità anche sulle relazioni di genere tra uomini e donne.

Il materiale raccolto nelle interviste fatte a Torino e in quelle fatte in Senegal fornisce su tali aspetti diversi spunti, pur se non era stata prevista su di essi un'indagine sistematica e se quindi si tratta per lo più di osservazioni e commenti all'interno di discorsi diversamente orientati. Vi è però in particolare un caso che ci sembra di grande interesse e cui scegliamo perciò di dedicare un piccolo spazio a sé: nelle parole di MOD e di sua moglie BIN gli aspetti tradizionali ed innovativi si intrecciano in un suggestivo dialogo a distanza da cui appare forte tanto il legame che li unisce quanto il rispetto reciproco e la solidarietà con cui condividono il progetto di un'attività che consenta loro non soltanto di vivere insieme ma di sentirsi entrambi realizzati nelle loro capacità e aspirazioni.

Nel capitolo 3 è riportato un brano in cui MOD narra del suo percorso di migrante e delle vicende per cui ha interrotto gli studi ed è arrivato a Torino dove svolge un faticoso lavoro manuale. Vediamo ora con quanto rispetto egli parli del livello di formazione e delle possibilità di lavoro di sua moglie, lui che ha il rammarico di avere "fatto praticamente diciannove anni di studi per nulla":

Io sono sposato. Mia moglie è in Senegal, vive a Louga. Lei non è come me. Lei ha ricevuto della formazione come segretaria in un istituto italiano. Ma il problema, la difficoltà è che a Dakar ha trovato un lavoro nell'amministrazione, ha lavorato un po' per la compagnia elettrica, come l'Enel in Italia. Poi ha lavorato per l'amministrazione dei commercianti a Tivaouane, ha fatto un anno là. Ora a Louga il problema è che non c'è tanta offerta di lavoro. La domanda è superiore all'offerta. Cioè di segretarie ce ne sono, di qualità come lei, ora deve trovare qualche cosa per poter lavorare nell'amministrazione.

Più avanti MOD esprime in termini ancora più generali la convinzione che le donne debbono poter accedere all'istruzione e alle qualificazioni professionali:

Perché per me, la mia filosofia, mi sono detto, non so se voi lo sapete, la donna africana è al grado zero dell'umanità, vuol dire che non hanno coscienza del lavoro, hanno coscienza del lavoro, ma non hanno qualificazione. Perché la maggior parte delle famiglie non manda le bambine a scuola. E [l'educazione] è quello che conta più per me, è quello che conta di più nel sottosviluppo, perché se non ci sono i due sessi nel lavoro, se è solo l'uomo che lavora, uno lavora, rientra, mangia, è tutto. Al contrario, se tutte le due tendenze lavorano, questo non soltanto migliora le condizioni di vita della famiglia, ma produce lo sviluppo del paese. È per questo che, come vi ho appena detto, voglio fare dell'economia per mia moglie. Come ho detto, lo sviluppo passa sempre per il lavoro. E se la donna non lavora, non si va avanti.

Così le sue delusioni si trasformano in speranze e desideri proiettati sulla figlia:

Per mia figlia tutto quello che ho perso nella mia vita voglio garantirlo a lei. Io ho fallito negli studi, mi sono detto che non so se avrò la salute ancora, ma vi assicuro che farò del mio meglio perché mia figlia sia fra l'*élite* del paese in Senegal. Sua madre e io, tutti e due, abbiamo avuto delle esperienze di qualificazione, ma non ci è servito. Come vi ho appena detto, se non avessi fallito negli studi, se non avessi fallito nella mia via, sarei oggi giornalista o avvocato, perché era questo che volevo, era questo che mi motivava. Come vi ho detto voglio fare di tutto, sia per mia moglie che per mia figlia. Quello che io voglio è creare qualcosa per mia moglie e per assicurare l'educazione dei miei figli, perché è questo che è importante, non tornare con una bella macchina, eccetera, l'avvenire è di preparare per i figli, perché per noi è già finita.

A Torino conduce una vita dura e la lontananza dalla famiglia gli pesa, però non riterrebbe saggio né chiedere alla moglie di raggiungerlo né tornare ora in Senegal:

Quando si tratta di vivere in Europa, avrei preferito vivere con mia moglie e i miei figli e non di più, perché più membri della famiglia hai in Europa, più hai dei problemi. Non sono dei problemi economici, ma problemi di comprensione. Per esempio, se vivi con tua moglie e con i tuoi figli, lavori, ma quando viene lo zio in casa, per esempio, i bambini piccoli cominciano a dire: "Zio, vattene", e comincia a dar problemi. Dunque il futuro per me è mia moglie e i miei figli, avere qualche cosa di presentabile, qualche cosa di più sviluppato, anche per la regione di Louga, sviluppare le cose là. Non so ancora quando rientrerò in Senegal definitivamente. Perché se rientro così sarebbe difficile vivere, perché ho una moglie, una figlia, sono il figlio maggiore della famiglia, ci sono dei fratelli, delle sorelle che mi aspettano, allora se rientro così mangio quello che resta e poi non resta più nulla. Per rientrare definitivamente bisogna installare qualche cosa che possa assicurare il futuro.

Con la moglie BIN vi sono stati due incontri a Louga; nel primo, realizzato dall'*équipe* dell'Università di Saint-Louis, BIN parla di come vive nella casa della suocera, dividendosi i compiti domestici con le altre donne della famiglia, del lavoro cui aspira, di come il marito le manchi pur se si telefonano tutti i giorni e ragiona sui cambiamenti positivi e negativi portati dall'emigrazione, scegliendo di iniziare dall'aspetto di cui evidentemente avverte di più il peso:

Credo che inizierò dagli svantaggi: quel che mi dispiace nella mia vita di famiglia, è l'assenza di mio marito. Comunichiamo quasi ogni giorno per telefono, ma non è sufficiente. Questo si ripercuote sull'educazione dei figli. L'autorità del padre è sempre necessaria, anche se noi riusciamo, bene o male, ad allevare i nostri figli.

Gli aspetti positivi sono invece quelli economici e sociali, anche grazie alle reti di solidarietà familiare per cui: "L'emigrazione è come una catena: una volta che un componente della famiglia è partito, tutti gli altri possono sperare". Ma BIN pensa che non sia bene che i giovani si lascino prendere dall'ossessione di andare all'estero e, parlando di sé, aggiunge:

Non è questo il caso degli intellettuali, che vogliono restare a lavorare nel paese. Io, per esempio, non penso di andare a vivere laggiù, ho il mio diploma e desidero lavorare qui.

Circa i cambiamenti della condizione femminile, sottolinea che c'è stata una crescita di responsabilità ma vanno nello stesso tempo mantenuti i rapporti tradizionali:

Le mogli degli emigranti fanno da madre e da padre nello stesso tempo, perché sono obbligate. Tradizionalmente le donne educano i figli, con l'emigrazione continuano a svolgere questo ruolo anche senza la presenza del padre. Questa responsabilizzazione si traduce nella gestione della casa: in famiglia ci sono ruoli che spettano a ciascuna: a me, a mia suocera, eccetera. Finché le persone li rispettano non ci sono problemi.

In tema di partecipazione politica, BIN osserva che "c'è la democrazia nel paese ma anche nella famiglia", concludendo per altro con una dichiarazione in cui il rispetto per suo marito appare radicato nei valori religiosi cui aderisce:

Non c'è l'obbligo di seguire il marito nelle scelte politiche. Tutti però possono sbagliare e se mio marito arriva a convincermi, posso cambiare posizione o intenzione di voto. Non perché sono sottomessa, ma ci sono realtà che contano di più; ad esempio se mio marito mi obbligasse a votare per un certo candidato o anche a non andare a votare, confesso che lo farei, non perché io abbia paura di lui, ma perché sono musulmana e il mio ruolo non è quello di disobbedire a mio marito.

Alcuni mesi dopo, BIN è stata nuovamente intervistata ed ha così potuto parlare anche dei cambiamenti che intanto sono sopraggiunti nella sua vita: si è perfezionata in informatica ed è diventata vice-presidente di un progetto, un GIE (*Groupement d'Intérêt Économique*) per l'alfabetizzazione delle donne e l'avvio di attività produttive, sostenuto da un'organizzazione americana. Il GIE è nato da tre giorni appena, lei stessa segue dei corsi perché vuole imparare a scrivere e far di conto nella sua lingua nazionale, la sua lingua materna. Continua però a coltivare quello che da tempo è il desiderio di cui abbiamo già trovato un cenno nelle parole di suo marito. BIN ne parla con ritegno e al tempo stesso con passione:

Il mio progetto personale, non vorrei svelarlo, ma non fa niente. Il mio desiderio più ardente è aprire un negozio informatico, un negozio veramente multimediale in cui ci sia un centro telematico, fotocopiatrice, trattamento dei testi, tutto, tutto quello che è in rapporto in generale con l'informatica e la comunicazione. È il mio desiderio più ardente, il mio primo progetto, bisogna pregare per me. È vero, non ho voglia di lasciare il mio paese, voglio lavorare qui, investire per i miei figli.

Accennando alla sua giornata, BIN parla della sua "bella bambina" e del fatto che ora c'è in casa una donna che fa i lavori. Anche se spesso l'aiuta, lei così può consacrarsi di più ai suoi studi; prima non l'aveva voluta, perché voleva sperimentarsi, mettersi in grado di gestire la casa e allevare un figlio, ma adesso che ha imparato ritiene utile avere una domestica: sono stadi diversi, si tratta di imparare a fare tutto, così quando la bambina ha avuto un anno ha preso la domestica. In passato ha gestito una cassa di microcredito a Tivaouane ma era costoso e faticoso e si è ammalata: non era un lavoro che le interessasse, non corrispondeva alla sua formazione. Intanto la sua esperienza è cresciuta, ha fatto diversi *stages* e ora si sente preparata ("sono pronta, so che sono pronta", dice) e ha maggiore fiducia in se stessa. Quanto a un viaggio in Italia, non vorrebbe andarci per lavoro, semmai per una vacanza; ama il suo paese e ribadisce ancora che vuole investire lì per i figli: è per loro che ha il suo progetto. I vantaggi che vede nell'emigrazione sono forse quelli culturali: c'è possibilità di maggiore conoscenza e suo marito le spiega come sono gli italiani, simpatici, ospitali, più generosi dei francesi, ma non è l'Eldorado.

L'affetto e la solidarietà che legano i due coniugi traspaiono da molte loro frasi, da come ciascuno parla dell'altra, dallo scambio continuo che permette loro di condividere esperienze e progetti anche a distanza, dall'orgoglio con cui il marito insiste sull'importanza del lavoro qualificato di cui sua moglie è capace, così come dalla vivacità con cui BIN rivendica che non c'è nessuna ragione che il padre di MOD sia scontento dell'emigrazione di suo figlio:

Questo non riguarda che lui, non è affare di suo padre. Ha fatto quello che voleva, perché impedire ai figli di fare quello che vogliono? [I genitori] avevano detto che doveva studiare fino all'esame finale, tutto quello che gli chiedevano era di avere il *Bac*, una volta che l'ha ottenuto non c'erano più impegni e lui ha mantenuto la promessa.

Il legame tra moglie e marito appare rafforzato dal fatto che entrambi danno grande importanza alla loro autonomia: "Amo la mia indipendenza", dice più volte BIN, mentre MOD - alla fine della sua intervista - sceglie di descriversi come "un anticonformista". Per l'uno e per l'altra la volontà di seguire le proprie inclinazioni e di tentare anche esperienze innovative si accompagna però ad un profondo senso di responsabilità e di solidarietà nel desiderio comune di realizzare qualcosa di utile non soltanto per sé e la loro figlia: come BIN dice di volersi impegnare lì dove sta, per il suo paese, così MOD associa una valenza più ampia al suo desiderio di vedere valorizzate le capacità di sua moglie, parlando dell'istruzione e del lavoro delle donne come di una dimensione irrinunciabile per lo sviluppo sociale.

4.6 Mentalità in mutamento

Nel caso appena considerato spicca l'intensità della condivisione e dello scambio all'interno della coppia, in termini che introducono molti elementi di novità rispetto alle relazioni più tradizionali e mostrano come moglie e marito possano essere solidali nel desiderio di evadere da certi schemi culturali del passato.

È un esempio significativo di come si stanno trasformando le mentalità circa il lavoro delle donne e circa il suo confinamento nella sfera correntemente definita come riproduzione oppure di come si manifesta invece la tensione a vederne riconosciute le valenze anche produttive. In una delle interviste fatte a Louga dall'*équipe* dell'Università di Saint-Louis, troviamo a questo proposito alcune riflessioni che ci pare utile riportare. BBM, insegnante e padre di un migrante, inizia infatti il suo ragionamento ricordando i "tempi antichi", in cui il lavoro si fondava essenzialmente sui valori agricoli e richiedeva tanta manodopera, per cui vi era coinvolta tutta la famiglia allargata tradizionale, dal capofamiglia alle diverse mogli, ai figli e alle figlie, ai nipoti e alle nipoti e commenta:

La concorrenza tra le mogli e tra i loro figli non era di per sé negativa perché rivaleggiavano nel dedicarsi al lavoro. Tradizionalmente le diverse mogli di uno stesso matrimonio potevano anche essere amiche. A quell'epoca c'erano dei detti che esprimevano perché la donna debba lavorare molto nella casa coniugale soprattutto per la riuscita dei suoi figli: "*Ndéy tankou guilèm la*" ["Una madre è come il piede di un cammello"], "*Liguéyyou ndéy agnoup dom*" ["Tale madre, tale figlio"].
Ai nostri giorni, tutto è cambiato, specialmente nella concezione del lavoro che hanno le donne e i giovani. Oggi, le donne lavorano soprattutto per essere in grado di badare

a se stesse, c'è questa volontà di indipendenza e di autonomia delle donne attraverso il lavoro.

In tema di organizzazione della famiglia conviene notare che sia nel gruppo di Boudi Thieckene sia in quello di Keur Balla Seye sia nel caso di molti altri tra i soggetti di cui abbiano riportato brani nelle pagine precedenti, l'orizzonte di riferimento resta quello tradizionale: reti di parentela allargate, patrilocalità degli assetti abitativi e quindi mogli che - pur con il marito lontano - restano incluse nella famiglia di lui, regimi matrimoniali frequentemente poligamici, un sistema di valori che porta a considerare principale per gli uomini il compito di mantenere la famiglia e per le donne quello di allevare i bambini e vivere di conseguenza come normali anche i lunghi distacchi.

Non mancano però soggetti con vicende almeno per qualche aspetto diverse. In particolare, tra le persone intervistate a Torino vi è un piccolo sottoinsieme di casi in cui l'esperienza migratoria è vissuta in coppia: BSO, AS, FD sono uomini che si sono fatti raggiungere dalle mogli, mentre CF, PD, FB sono donne trasferitesi a Torino per stare con i mariti.

Poco numerosi nell'insieme delle persone incontrate nel corso di questa ricerca, i casi di ricongiungimento familiare non risultano frequenti per l'emigrazione senegalese in generale e per quella in Italia in particolare. Mboup (2000, 134) osserva però che, pur se di entità modesta, si tratta dell'avvio di una pratica finora assente; anche Papa Demba Fall (2001, 188) accenna alla "maggiore propensione" a farsi raggiungere dalle mogli che si sta manifestando tra i "migranti italiani".

Quanto al gruppo dei tre uomini intervistati a Torino, per BSO la scelta è stata causata da problemi di salute del suo primo figlio:

Mia moglie e mio figlio sono venuti per il bambino, per i problemi all'orecchio, per farlo curare, adesso va bene. Invece il più piccolo è nato qui.

AS, a Torino da undici anni, si limita ad un accenno:

La mia vita è tutta lì. Poi nel 2000 è venuto a trovarmi mio fratello, anche mia moglie c'è. L'avevo sposata prima di venire in Italia. No, non abbiamo figli [ha perso due volte il figlio].

FD dà invece un'informazione più ampia: dopo tanti anni di lavoro a Torino si è fatto raggiungere dalla prima delle sue due mogli, insieme ai due bambini, mentre un terzo è poi nato in Italia:

Ognuno ha il suo gusto. L'ho fatta venire perché mi piaceva vivere con mia moglie. È più faticoso economicamente però non è che devo lasciare mia moglie là, vivo da solo, perché quando è venuta mia moglie possono passare anche due anni senza che vado là, puoi andare avanti fino a quando vuoi.

152

Circa le attività della moglie, è interessante come in due risposte successive ne parli su due piani diversi, riferendosi prima alla vita di casa e poi alle funzioni che svolge come responsabile della *dahira* torinese (è figlio di un *marabut*):

Lei faceva lavoro di casalinga: stare a casa, cucinare... Vivevamo con mio cugino e mio fratello. Mia moglie mi aiutava anche a fare l'organizzazione della *dahira* e tutto.

E la seconda moglie? FD non dice nulla di lei in modo esplicito:

Anche se avevo il lavoro mi piace ogni anno andare laggiù a trovare papà e mamma, la famiglia. Quando c'era mia moglie non è che tornavo ogni anno: dal '97 a adesso io sono andato da solo due volte e sono andato con loro una volta. Andavo un mese, quindici giorni.

Venendo alle tre interviste delle donne, in esse troviamo numerose considerazioni che vanno ben al di là delle sole questioni di opportunità e danno invece spazio alle ragioni legate ai sentimenti, sia nei confronti del marito sia verso le altre persone della famiglia, tra la convinzione che venire a Torino è stato giusto e il dispiacere perché il ricongiungimento non è ancora completo e "giù" sono rimasti affetti che causano rimpianti:

Quando ci siamo sposati lui era già partito per l'Italia, perché lui era venuto qui in Italia nel '90. Ci siamo conosciuti perché siamo parenti. Mi sono sposata nel '92, sono venuta qui in Italia nel '96; era lui che voleva farmi venire, perché lui lavora qui, ogni anno ha solo un mese, perché lui lavora undici mesi, ha solo un mese di ferie, ad agosto. È troppo poco. Mi fa venire qui. Sono stata contenta di venire. Mi manca mia mamma, mio papà, ma c'è il marito. Per il futuro spero di vivere bene, con mio marito, trovare lavoro, qualche cosa da fare. Siamo venuti qui solo per lavorare. Dobbiamo tornare al paese. Il bimbo anche deve tornare al paese. È nato qui in Italia, ma è senegalese. C'è gente che ha detto che lui è italiano, ma lui non è italiano. No. È nato qui, ma non è italiano. È senegalese. Andrà a scuola in Italia, ma gli daremo anche un'educazione senegalese. Suo padre è venuto qui per lavorare, quando torniamo in Senegal, quando lui [il figlio] vuole venire, può venire. Per quando [potremo] tornare giù, devi chiedere a suo padre. Perché noi donne musulmane, gli uomini decidono tutto quello che facciamo. Noi donne non decidiamo niente. (PD)

Io sono nata in Senegal, a Kaolack. Quando avevo ventidue anni mi sono sposata. Mi sono sposata con mio marito che era di Kaolack. Ho deciso io. Lui veniva a trovarmi. Io prima ero giù con mia figlia, dopo sono venuta qui. Mio marito fa adesso undici anni che è venuto. Quando mi sono sposata ho avuto una bambina, nata il 15 febbraio '89, che adesso ha dodici anni e si chiama Aissatou. Lei è giù con il fratello di mio marito. Perché il fratello di mio marito vive a Dakar con sua moglie. Io sono rimasta giù e mio marito veniva a trovarmi ogni anno. Quando veniva in Senegal lui faceva solo un mese lì, sempre così. Gli uomini vogliono sempre portare qui le donne però non hanno la casa e non possono portare la moglie. Io stavo nella famiglia di mio marito, una famiglia grossa. Io ero sola. Io sono l'unica moglie di mio marito. Sono stata lì dieci anni: mi occupavo della casa: lavavo sempre i vestiti di sua madre e delle sorelle, dei fratelli, tutto, poi la cucina. Io volevo vivere con mio marito. Non mi faceva paura venire qui. Nel '98 sono venuta qua. Mio marito ha fatto la domanda per il ricongiungimento. Ha aspettato tanti mesi per i documenti, poi, quando i documenti sono arrivati, sono venuta con i suoi fratelli. Lui aspettava. Sono arrivata a febbraio. Prima non mi piaceva perché quando sono venuta qui, quando mio marito andava a lavorare io restavo da sola a casa. Sola, sola fino alla sera. Perché dove abitavo in Senegal noi facciamo sempre le feste, poi io qui non conoscevo nessuna. Prima io piangevo sempre. Anche io ai primi tempi qui ero sempre malata. Poi il mio bambino è nato nel '99 [va a prendere e mostra le fotografie]. Io l'ho fatto crescere all'africana [ride]: quando uscivo lo mettevo sempre dietro e quando lavoravo in casa, sempre dietro. Adesso è quattro anni che non vedo mia figlia. La sento: quando telefono lei dice sempre: "Mamma vieni, quando vieni?". Non la faccio venire perché lei adesso studia lì in francese. Dell'Africa di più mi manca mia madre e la mia bambina. Qui quello che mi piace di più è il mio bambino, perché mia madre non può venire. Se fossi ancora in Senegal sarei partita per l'Italia, ma solo qui. Perché mio marito è qui e io non posso vivere in altri paesi. (FB)

Venute per stare con il marito, le tre donne si sono impegnate nella ricerca di un lavoro, con l'orgoglio, quando vi riescono, di essere di aiuto alla famiglia ma anche, come dice FB, per potere usare il denaro per sé. Nelle loro frasi le radici culturali e religiose appaiono tenaci, ma non certo irrigidite in una adesione statica al mondo di origine; CF, in particolare fa un'affermazione molto netta in tema di poligamia:

Siamo sposati da otto anni, dal 1995. Otto anni; voglio avere altri figli, quando le cose saranno a posto. Sono solo io la moglie, della gente ha quattro mogli o più. Mio padre aveva tre mogli, il suo due. Io non ne voglio altre, e lui neppure.

A conferma dei segni di cambiamento che emergono a proposito di tale questione (che pesa profondamente nel condizionare sia i rapporti di genere sia le dinamiche familiari) appaiono interessanti i commenti fatti da due degli uomini intervistati a Torino, il primo disincantato e ironico, il secondo cautamente critico:

I bambini non sono tanto coccolati come qui, perciò c'è anche tanta mortalità infantile, perché non sono seguiti come sono seguiti i bambini qua. Qua ne fanno uno o due o tre massimo, possono seguirli tutti. Lì ne fanno tredici, però questi tredici li fa una mamma, però un papà te ne fa quaranta e non riuscirà mai a seguirli tutti, però "quando diventate grandi portatemi i soldi perché sono papà". Capito? (BMS)

Sicuramente là ci sono delle cose che vorresti che saranno cambiate, però è difficile, per esempio la poligamia. È una cosa che io penso che bisogna cambiarla, perché è una cosa che porta tante difficoltà all'uomo e alla donna. Non è che è solo la donna

che ha dei problemi, perché nel momento che uno ha tre o quattro mogli, deve mantenerle tutte, con i figli, non vive più, pensa solo cosa dargli. La poligamia non è un obbligo né dell'uomo, né della donna, però è una cultura molto radicata, che tutti trovano normale.
Tutti gli anni [i miei parenti] cercano di convincermi di prenderne un'altra, però io, vivendo qua, vedendo il modello italiano, ho capito che non ce la faccio, se io ero là magari oggi sono già alla terza o quarta moglie. Io sono cambiato su questo lato, non ho voluto averne un'altra, ho capito che non ce la faccio, anche se mia moglie non mi darebbe nessun problema, anzi per lei è normale, io devo farlo perché è giusto per lei, ma io non lo voglio fare. (MF)

Come si esprimerebbe sua moglie se venisse a sua volta intervistata? Non possiamo saperlo e anche se il ragionamento di MF appare molto centrato su di sé e su quanto sarebbe faticoso per lui mantenere una famiglia più grande, senza che vi compaiano accenni sul piano dei sentimenti, è in ogni caso un segno dei processi che si sono aperti e che stanno mettendo in discussione taluni assetti tradizionali.

4.7 L'aiuto alle famiglie in Senegal

Al di là dell'interesse che rivestono i casi da cui traspare qualche tendenza al mutamento dei rapporti, vogliamo tornare ora al tema portante di tutto questo capitolo, riprendendo in esame i modi più largamente diffusi attraverso cui si esprime anche materialmente la forza dei legami di famiglia. Per quanto riguarda gli aspetti economici - che però, come vedremo immediatamente, hanno anche profondi significati culturali e sociali - la strategia adottata dai senegalesi migranti all'estero può essere definita di "ottimizzazione del reddito" (Mboup, 2000): pur variando l'appartenenza sociale, il livello di istruzione, gli anni di residenza e il grado di inserimento nella realtà italiana, i senegalesi che sono emigrati alla ricerca di un lavoro in Italia tendono ad operare un accrescimento dei risparmi il più elevato possibile.

L'obiettivo ultimo è quello di far fronte ai propri doveri nei confronti della famiglia in Senegal, la quale, a sua volta, ha investito sulla partenza di uno dei suoi membri. L'invio imprescindibile delle rimesse appare così da un lato come il rimborso di un debito contratto con la famiglia (che può essere estinto anche attraverso la preparazione della partenza di un nuovo membro del nucleo familiare, che sostituisca o aggiunga nuove risorse, alimentando così ulteriormente le catene migratorie), dall'altro come il compimento di un dovere inerente alle relazioni familiari che sono alla base della società senegalese. In questo senso tale fenomeno - basti pensare che le rimesse costituiscono in certi villaggi della regione di Louga il 90% dei redditi familiari - ha per i senegalesi, come per gli altri gruppi di immigrati, un importante valore simbolico, oltre che concreto e tangibile, tant'è che più che la quantità di denaro è il fatto stesso del suo invio ad avere importanza (Marchetti, 1994, 316). La frequenza delle rimesse denuncia così la densità e la complessità dei rapporti esistenti con il paese d'origine; si tratta di legami che coinvolgono la sfera economica, ma non secondariamente la dimensione sociale, culturale, religiosa e psicologica.

Presso i senegalesi il mantenimento della famiglia è infatti percepito come un imprescindibile obbligo morale, assunto dall'immigrato al momento stesso della partenza. Con l'invio del denaro egli ribadisce il suo legame con il proprio paese e in particolare con la famiglia, la quale spesso - come abbiamo visto sopra - è essa stessa promotrice della scelta migratoria del singolo (Zucchetti, 1997).

Tale senso del dovere è strettamente legato alla nozione di *jom*, termine che in wolof significa onore. Secondo A. Sylla (1994, 88)[6], esso denota il "senso dell'onore che si traduce nel rifiuto di rendersi immeritevoli e nel costante sforzo di essere all'altezza di ciò che si aspetta. Avere del *jom* significa essere capaci di fare il più grosso sacrificio per proteggere la propria rispettabilità. È il sentimento di una dignità che non sopporta di essere schernita".

L'impegno dell'emigrante verso chi è rimasto in patria deriva appunto dai concetti di *ngor* e *jom*; *ngor* è affidabilità, legata all'idea di libertà, nobiltà, onestà di carattere, mentre *jom* - nel suo significato di saper fare sacrifici per proteggere la propria rispettabilità e dignità - rinvia al fatto che un concetto centrale nell'educazione senegalese è costituito proprio dal rispetto, che implica non soltanto un semplice precetto morale, ma comporta azioni concrete.

In particolare i doveri morali e materiali nei confronti della propria famiglia e del gruppo di appartenenza ricadono soprattutto sui primogeniti, ai quali spetta un ruolo delicato e di grande responsabilità nell'istruzione dei fratelli minori e più in generale negli obblighi verso il gruppo familiare. Come riporta B. Ndiaye (2000, 24) "è duro se il maggiore non ha la possibilità di lavorare, poiché non può dare una mano a una sorella o a un fratello nel bisogno. Spetterebbe a lui provvedere al vestiario, allo studio e alle necessità altrui. È un fatto culturale". Questa responsabilità che ricade sul figlio maggiore costituisce spesso una spinta ad emigrare, come alcuni colloqui hanno testimoniato.

Vengo da una famiglia modesta, che non aveva molti mezzi per poter assicurare i miei studi. È per questo che ho finito presto i miei studi, all'università, al primo anno e mi sono detto che sono il figlio più grande della famiglia, che devo andare all'estero per meglio gestire la famiglia. Per questo motivo mi sono ritrovato prima in Francia, dove però non avevo le condizioni per lavorare, perciò mi sono detto di andare in Italia, per avere dei documenti e lavorare là. La mia famiglia in Senegal è numerosa. E io purtroppo sono il figlio maggiore della famiglia. Sono il più grande. (MOD)

---

6. Cit. in Ndiaye (2000, 21).

L'ambito degli impegni spesso è ancora più ampio: i parenti stretti, padre e madre, fratelli e sorelle, i coniugi e i figli sono i principali beneficiari dei trasferimenti finanziari degli immigrati, ma ad essi si aggiungono i parenti della famiglia allargata. In effetti la tradizione gruppocentrica della cultura e del modello di vita senegalese influenza in larga misura le modalità di risparmio e di invio delle rimesse in patria. In questo senso pesano le aspettative della famiglia allargata che, nell'ambito della gestione complessiva delle proprie risorse, ha sostenuto la partenza di un suo componente.

Se essere in grado di rilevare la sfida sociale, come scrive Mboup (2000, 107), dunque di assumere e espletare il proprio dovere nei confronti della famiglia, è un onore e motivo di prestigio e rispettabilità all'interno della propria società, d'altra parte vi è un rovescio della medaglia che grava sui migranti. Si tratta dell'"obbligo della fratellanza", che in numerosi casi genera disagio psicologico e difficoltà materiali per il dover sostenere in Africa numerose persone, le cui attese si accrescono. La spirale delle aspettative, non solo di una famiglia, ma di un intero villaggio, viene alimentata dalla condizione stessa del migrante, che è precaria e provvisoria e viene rimessa in discussione e negoziata a ogni ritorno temporaneo in Senegal. Come confermano le interviste del capitolo 2, un senegalese che torni al paese non può permettersi di presentarsi a mani vuote, perché deluderebbe le attese che pesano su di lui e comprometterebbe la propria dignità e quella della propria famiglia.

Solo la lontananza da casa consente di mettere da parte del denaro per sé, perché una volta in Senegal, sia che si tratti di un ritorno temporaneo, che di un tentativo di ritorno definitivo, in ogni caso i beni accumulati vanno ridistribuiti all'interno del gruppo allargato e fra i più bisognosi.

A questo proposito si è già accennato come le aspettative e i doveri da assolvere pesino sulla persona, fino a generare, in alcuni casi, quello che potremmo definire "stress della solidarietà": significativo è il racconto di un senegalese[7] che, riflettendo su questi temi, evidenzia come "il lavoro, per noi, è soddisfare i nostri bisogni primari, mentre per gli italiani si tratta di ottenere il massimo e ciò porta lo stress e l'atmosfera pesante nell'ambiente di lavoro. In Senegal non è la competizione a portarti lo stress, ma il peso della responsabilità, della solidarietà".

Ndiaye (2000, 80) afferma che "la solidarietà degli immigrati senegalesi è attestata dal fatto che l'80% dei loro guadagni viene inviato ai parenti rimasti a casa come rimessa. Quando rientrano, poi, tutti i parenti, anche se abitano a centinaia di chilometri di distanza, vengono a prendere la loro parte del guadagno". Lo stesso autore (*ivi*) riporta anche testimonianze secondo cui:

Quando torni a casa tutti ti chiedono qualcosa. Per il solo fatto che sei stato via chiunque si aspetta da te un regalo o altro. La catena dei parenti è lunghissima. Nessuno ti domanda se tu hai guadagnato abbastanza per dare qualcosa a tutti, semplicemente

---

7. Cit. in Ndiaye (2000, 79).

pretendono... è difficile dire di no e va a finire che dai più di quanto puoi... Il fatto di essere un emigrante accresce il tuo prestigio, per questo cerchi di dimostrare che tutto è andato bene.

Bisogna tuttavia segnalare che non tutti rientrano in questa logica e vi è anche chi dichiara di non condividere la consuetudine secondo cui, al momento del ritorno in Senegal, le risorse accumulate debbono essere ridistribuite sotto forma di regali:

Fare i regali non è obbligatorio. Io faccio come voglio fare. Non è obbligatorio che mia cugina o mia sorella mi dicano: "Tu sei andato a fare, mi devi portare questo regalo, mi devi fare così". No, no, io ho fatto quello che mi piaceva fare. (FD)

Anche in Senegal c'è chi si lamenta per l'atteggiamento nei confronti dei parenti emigrati al momento del loro ritorno, come nel caso di una moglie:

La gente crede che i *modou modou* siano iper-ricchi; non si rendono conto che devono mantenere una famiglia. Vengono a chiedere tutto il tempo che sono in Senegal. Danno via tutti i soldi in modo che restano raramente più di un mese. (BIN)

A volte emerge anche una nota di rammarico, come per il familiare MNI, che mentre dice che la madre si lamenta per gli invii irregolari di denaro da parte del figlio emigrato in Italia, spiega questo comportamento attribuendolo all'eccessiva generosità dell'emigrato, che disperde i suoi guadagni distribuendoli, in Italia, a persone che non sono della sua famiglia.

Vi sono però anche casi in cui fondi trasferiti dai migranti possono essere individuati più esplicitamente come investimenti destinati all'impianto di attività imprenditoriali in Senegal. Nelle interviste abbiamo riscontrato qualche accenno a progetti che mirano al futuro, alcuni già in fase di avvio, altri ancora più vicini a sogni da realizzare.

Quando penso a concretizzare i miei progetti, beh già ho cominciato, ho cominciato a inviare dei PC, dei computer, perché con il lavoro che faccio non riesco a risparmiare a sufficienza per poter avviare l'attività. Ogni mese prendo qualche cosa e dico, ecco, questo è per il mio progetto, non li tocco [i soldi]. Per il *cybercafé* ho già un locale, in città, vicino alla stazione, un locale, è di mio padre, da utilizzare quando servirà. Ho il locale, ho qualche apparecchio, ma il problema è l'installazione, il contratto che bisogna fare per la connessione. Tutto questo richiede molti soldi, perché il fratello di mia moglie fa questo lavoro, ripara i computer, ha molte conoscenze in questo campo. Ma quello che mi ha detto è che il minimo per cominciare sono dieci milioni di FCFA, a parte gli apparecchi, per cominciare bene. Gli ho detto che io non ho quella somma, che se ci arrivo con dei risparmi, bene, se non ci arrivo chiedo dei prestiti, se mi possono aiutare. Per concretizzarlo, veramente conto di farlo entro il dicembre 2003. Non sarò là io. Sarà mia moglie che lo gestirà, perché è il suo campo. Io sto seguendo un corso di formazione, intanto faccio un corso di italiano, altrimenti non funziona. Se fosse stato in inglese o in francese [il corso di informatica] sarebbe stato meglio, ma è in italiano, allora faccio anche un corso di italiano e un corso di avvicinamento al PC. È un corso privato, in via Don Bosco; anche il corso di italiano è in via Don Bosco, angolo via Bari. Conto di perfezionare innanzi tutto la lingua italiana, perché i computer richiedono una buona conoscenza della lingua, innanzitutto. (MOD)

Anche il mio progetto è di ritornare a vivere in Senegal. Se io ho la possibilità di ritornare domani a lavorare lì, tranquillo, torno subito; però adesso non ho la possibilità di ritornare, perché mancano i soldi. Adesso ho una famiglia giù, se trovo un po' di soldi me ne vado, perché finché c'è la famiglia, io non posso restare sempre qua. Quando torno in Senegal mi piacerebbe avere un negozio, vendere. Perché io ho sempre fatto del commercio, anche prima di venire qua, in Senegal mi occupavo sempre di commercio. (AD)

Sai che l'ultimo anno più o meno sono stato qui, però avevo in progetto di andare a comprare dei terreni, fuori no? A Dakar, verso Bargny, è una bella zona, ci sono le spiagge. Un bel posto, lì. E poi cosa faccio? Un po' di coltivazione, faccio la mia casa lì, tranquillo, anche lavoro; mi piace anche viaggiare, io forse sono un viaggiatore, però non mi piace stare un po' di tempo in un posto. Sì, quando vado giù sto dalla mia famiglia. L'attività che voglio fare in Senegal, veramente io quello che avevo pensato, può darsi un sogno, con tanta gente creare lì dei progetti che loro possono fare dei lavori, perché tanti viaggiatori anche, prima non lavoravano da nessuna parte, quelli che sono andati in giro perché non avevano possibilità, hanno preso l'aereo, sono venuti, non sapevano cosa dovevano fare, non avevano neanche idea, sai. Giù anche con poca acqua la terra si può lavorare, e poi secondo me iniziamo a fare questo [progetto]. Io penso di tornare giù, puoi fare un po' e poi basta. Qui si lavora soltanto, non si vive. Veramente là si vive, anche se si lavora poco. (MDI)

4.8 La solidarietà in Italia

La portata dei legami di solidarietà si manifesta anche sul piano delle reti associative. Presso i senegalesi, infatti, la tendenza a costituirsi in associazione, in Senegal e in Italia, sia che si tratti delle *dahira murid*, sia di organizzazioni laiche, è fortissima. Già in Senegal l'associazionismo costituisce una realtà straordinariamente ricca e complessa di gruppi che coordinano attività e mettono in comune risorse, con lo scopo di raggiungere obiettivi comuni, che si collocano sul piano sociale, culturale, religioso e finanziario. Tali associazioni sono create sulla base delle classi d'età, del vicinato (per città, quartiere, villaggio, eccetera), della professione, dello statuto sociale, della confraternita religiosa e rispondono al sistema di valori dominanti, che poggia sulla logica collettiva, sul dovere di solidarietà e sul reciproco sostegno morale ed economico. Sono forme istituzionalizzate e organizzate della solidarietà, su cui si fonda la struttura sociale senegalese. Per avere un'idea del forte sviluppo del movimento associativo in Senegal basti pensare che in numerosi casi il totale delle persone membri di una o più associazioni e *groupement* in un villaggio supera la popolazione totale.

Anche in Italia la maggior parte dei senegalesi sono membri di una struttura associativa. Si tratta di modalità d'adattamento personalizzate, sia per le reti d'appoggio a Torino, sia per il tipo di lavoro ricercato, oltre che per un'organizzazione familiare abitativa individualizzata, ma si sente generalmente la necessità del diffondersi di queste strutture per ricostituire l'architettura della vita comunitaria originale, oltre che per promuovere la solidarietà finanziaria fra i membri che risiedono all'estero. "Creare un legame di solidarietà e amicizia fra i membri, sostenere gli incontri e gli scambi d'idee, favorire il sostegno reciproco, morale e finanziario, aiutare tutti i membri in difficoltà, favorire l'educazione culturale dei figli", sono motivi evocati dai responsabili delle associazioni di migranti (Dieng, 2000, 154).

Queste associazioni nascono perciò per assicurare ai propri membri sicurezza e protezione sociale all'estero, sostegno finanziario in caso di bisogni urgenti e, in caso di decesso in Italia di uno dei soci, il rimpatrio della salma in Senegal.

Uno dei principali fattori di coesione è la prossimità geografica tra persone originarie dello stesso villaggio o della stessa zona, ma può essere anche la prossimità socioculturale (gruppi di studenti, donne, commercianti...), e talvolta tali organizzazioni raggruppano migranti residenti in diversi paesi all'estero, uniti dalla stessa provenienza territoriale. Si trovano comunque casi in cui le associazioni non hanno una forte identificazione territoriale e raccolgono membri di diverse zone d'origine del paese, realizzando progetti comuni in Senegal attraverso investimenti collettivi.

A Torino, come abbiamo visto, è presente una *dahira*, che continua a costituire un punto di riferimento per la comunità senegalese. Si trovano inoltre piccole associazioni di recente nascita e di ancora modesto profilo, formatesi sulla base dell'appartenenza in Senegal ad uno stesso villaggio o quartiere di città. È inoltre recente la ricostituzione a Torino dell'associazione senegalese del Piemonte, che è però ancora in fase di ripresa delle attività.

Io qui conosco solo i senegalesi. I senegalesi dovunque sono si conoscono, sono tutti legati, come fratelli; anche se non ci conoscevamo al paese, una volta qui siamo come fratelli, ci aiutiamo a vicenda, è quello che ho constatato. Ci sono delle possibilità, delle *dahira*. Noi ne facciamo parte, dei *murid*. Ogni venerdì ci si vede, se si hanno dei problemi si parla dei problemi, tra senegalesi. Organizziamo delle manifestazioni per riunire le persone. Se manca questo del Senegal, possono sparire dei valori tradizionali, si cerca di creare quest'atmosfera dove puoi sentire una volta alla settimana proprio le cose originali del Senegal. (IS)

Abbiamo un'associazione che è nata due anni fa; ogni tre mesi ognuno di noi, non c'è *murid*, non c'è *tidjane*, fa cinque euro; tutti i senegalesi. Per un giorno che - non si sa mai - uno è morto; se una madre ti è mancata, prendono una cosa per te, se sei malato, ogni mese ti danno trecento euro, o trecentomila lire, per la tua famiglia, l'associazione. Io sono dentro. Non è proprio *tontine*, quasi, più o meno. *Voilà*, se hai bisogno di una cosa importante. (SN)

Fra i senegalesi incontrati nell'ambito della nostra ricerca diversi hanno espresso la volontà di costituire cooperative che propongano una soluzione all'accoglienza dei senegalesi di recente arrivo e offrano un orientamento per trovare lavoro, alloggio, corsi di formazione, biglietti aerei, risorse per costituire imprese e fare commercio. In ogni caso questi propositi ci sono parsi più sogni che progetti, poiché sono vaghi e da lungo tempo in attesa di essere intrapresi con determinazione. Tuttavia resta la percezione della necessità di creare non più soltanto un punto di appoggio e ritrovo per i senegalesi fuori patria, ma nuove soluzioni per una più profonda e proficua interazione con il tessuto socioeconomico del territorio d'accoglienza.

Se da un lato le associazioni di senegalesi emigrati si formano per rispondere a esigenze solidaristiche nell'ambito delle comunità all'estero, dall'altro sono orientate alla realizzazione di progetti collettivi in Senegal. In questo caso si tratta soprattutto, ma non esclusivamente, di organismi che raccolgono membri provenienti dallo stesso quartiere o dallo stesso villaggio, che uniscono le proprie risorse per intervenire in aiuto della collettività senegalese a cui appartengono.

A questo proposito si può constatare che gli investimenti produttivi effettuati sulla base di risparmi individuali vengono concentrati soprattutto nelle zone urbane, dove esistono, seppur carenti, interventi statali, mentre gli investimenti collettivi si hanno soprattutto in zone rurali, dove gli interventi pubblici sono pressoché assenti: qui gli emigrati, pur contribuendo al mantenimento della famiglia allargata, si dedicano maggiormente al miglioramento della condizione sociale, economica, sanitaria dei villaggi d'origine, con interventi in comune con organizzazioni che mettono a disposizione, presso il villaggio, attrezzature e infrastrutture di vario genere. Queste associazioni dispongono di autonomia finanziaria e decisionale; gran parte o la totalità del *budget* è costituito dalle quote dei membri e ciascuna ricorre a iniziative di varia natura per il reperimento di fondi.

I progetti più frequentemente realizzati dalle associazioni di migranti sono le infrastrutture scolastiche e sanitarie: scuole e centri primari o secondari di salute, pozzi e cooperative, costruzioni di strade e di moschee costituiscono un'altra percentuale importante degli investimenti collettivi. La realizzazione di strade permette di far uscire dall'isolamento i villaggi e di accrescere la mobilità dei loro abitanti, mentre un facile accesso alle località più lontane dai centri urbani può contribuire allo sviluppo di attività e di scambi fra i villaggi e le città circostanti. La realizzazione di pozzi risulta indispensabile per lottare contro la carenza d'acqua, che costituisce uno dei principali fattori di ostacolo alla più importante attività di sostentamento nei villaggi: l'agricoltura (Dieng,

2000, 223). Altre realizzazioni sono la costituzione di *foyer* per i giovani (una delle categorie sociali più deboli e meno considerate nei progetti di sviluppo) e l'introduzione di tecnologie a disposizione dell'intero villaggio per l'alleggerimento dei lavori domestici affidati alle donne.

Come ti avevo detto, adesso vorrei aprire una cooperativa, provare a trovare un lavoro, un lavoro fisso, un lavoro che io possa fare con quattro o cinque amici, se ne avessi la possibilità. Io, come ho detto, mio padre aveva due villaggi, la terra là è a quattro chilometri da Louga. Ci vivrei con un fratello maggiore, un fratello, che lavora là. La terra ce l'ho, non manca, ma il problema è avere le possibilità, non so, di comprare del materiale, di fare della coltivazione; non è così facile, ci vuole denaro. Può darsi [che ci riesco] nel giro di dieci anni, o prima. L'idea che avevo, come tutti i senegalesi, non dico il sogno americano o cose così, ma la cosa che volevo di più era questa. Io posso avere la terra, tutta quella che voglio, parlo di chilometri, però nonostante questo ho girato il mondo. Mio padre aveva dei villaggi, ce n'erano due in cui vivevamo io e mio fratello, che è là. Sono dei chilometri, dipende dalla possibilità che hai per lavorare la terra. Là, per esempio, se qualcuno ha bisogno della terra, tu gliela cedi per coltivarla e poi è affar suo. Non si va a domandargli qualche cosa, se ha bisogno di un certo numero di metri, glieli si dà. Mi piacerebbe, mi piacerebbe, se ne avessi le possibilità. Non ho mai pensato a una somma precisa o a un momento in cui realizzare questo progetto, per me, come ho detto, [lo farei] se avessi la possibilità di avere, per esempio, circa trenta, quarantacinque milioni di FCFA per cominciare a lavorare con altre persone che sono restate là. Per esempio vorrei lavorare con altri senegalesi che sono a Torino. Voglio andare con quelli che sono restati là senza lavoro, in un gruppo. Vorrei fare una specie di cooperativa con trenta, quaranta persone. È il gruppo che fa la forza. Ci credo nelle cooperative. È come ti dicevo. La *dahira* è questo. Lo scopo inizialmente era questo, è mio padre stesso che ha creato questo. Il muridismo, come si dice, la famiglia, è una famiglia molto grande. (HM)

Io ho fatto un'associazione, no? secondo me, noi che siamo qui, possiamo fare di più, possiamo fare dei movimenti qui per creare delle cose giù, per aiutare loro, almeno riescono a essere un po' più stabili, no? Secondo me così loro possono aiutare noi e noi possiamo aiutare loro, così anche noi possiamo essere anche più tranquilli, no? E lavorare. Come un mio amico, anche lui fa delle cose per un'associazione degli handicappati, sai che in Africa la terra [su cui si cammina] è calda no? Anche lì in Africa loro [gli handicappati] sono come si dice, malmessi per fare la loro attività, sai, devono strisciare, e la terra è calda, se invece dai loro carretti o qualche cosa, possono [lavorare]. Anche quello che pensavo oggi: ci sono tanti ciechi, lì in Senegal tanti vanno, cantano, no? Sono bravi, eh, però sono bravi anche a suonare, si può formare un gruppo, per esempio, no? Aiutare a fare tante cose per portarli in giro. Ho scritto già delle cose per l'associazione, è già un po' di tempo, eh? È un'associazione di qui. Secondo me, noi possiamo fare tante cose, però anche noi siamo un po' confusi, per un po' di difficoltà nei nostri problemi, abbiamo bisogno di avere un po' di respiro. (MDI)

Qui a Torino ho collaborato con due ONG, una si chiama Mais l'altra si chiama Rete, nel '94 abbiamo cominciato questa collaborazione: lì nei villaggi di Konkun e Nguer

Malal abbiamo portato tanti mulini, botteghe di villaggio; ci sono villaggi che non avevano neanche l'acqua e abbiamo fatto un allacciamento da un *forage* per fare avere l'acqua a cinque villaggi vicini a loro; [le ONG] da allora continuano a fare dei progetti per migliorare la vita dei villaggi. (MF)

4.9 Il sentimento della fratellanza

Nit, nitai garaban - La persona è la cura per la persona[8]. Come valore fondante della società senegalese, la solidarietà ha acquisito nell'esperienza dell'emigrazione accezioni ulteriori rispetto a quelle connesse alla vita condotta in Senegal, poiché si è provato come l'aiuto materiale reciproco sia spesso la base che consente di sopravvivere nei paesi occidentali.

A Parigi avevo degli amici. Quando sono partito dal Senegal e sono arrivato in Francia, loro mi davano da mangiare, da bere, non pagavo niente, fino a tre mesi, quattro mesi, quando ho cominciato a lavorare. Quando ho cominciato a lavorare, allora, ho pagato come tutti; come qui. Se qualcuno arriva qua che non ha niente, allora noi gli diamo una mano, tre mesi che non paga niente, qua. Dorme, mangia, finché comincia il lavoro. Quando comincia il lavoro, allora, paga come tutti. Noi senegalesi facciamo sempre così. Lo facciamo sempre, per avere veramente solidarietà. (MS)

Proprio il confronto con lo stile di vita occidentale ha fatto balzare con maggiore evidenza ai loro stessi occhi il valore della fratellanza, il senso della vita comunitaria che è da tutti riconosciuto come aspetto che conferisce identità ai senegalesi:

Infatti io ho conosciuto degli amici marocchini, della Costa d'Avorio, che venivano a mangiare da noi, e loro ci hanno detto: "Voi senegalesi avete una cosa che neanche noi in Costa d'Avorio ci sogniamo: uno che arriva a casa tua a mezzogiorno si mette a mangiare con voi". Capisci? Siamo più uniti: se a mezzogiorno arrivi a casa mia, ed è pronto il mangiare e tu te ne vuoi andare, uno crede che... Invece qua su novanta, cento famiglie, il novantanove per cento se non ti hanno invitato, non ti fanno mangiare. La diffidenza è lì. (AS)

Qui in Europa non c'è questa fratellanza che quando vedo uno lo aiuto, gli do da mangiare, lo porto a casa mia, perché qui è diverso: c'è la paura. Non tutti gli europei, diciamo la maggior parte, non tutti. Per esempio in Italia, se vai al sud è molto più accogliente, è molto più familiare; al nord sono più tesi. Io dico questo perché io ho girato più di un italiano, per modo di dire, perché ho girato l'Italia, tutti i paesi, quasi; e io li ho visti ognuno come vive; vai in Francia ed è un altro modo di vita, perché l'Italia è molto più africana che la Francia. Vai in Danimarca: è molto più fredda ancora; vai in Svezia, peggio. (BMS)

---

8. Proverbio wolof citato in Coratella, Sow (s.d., 126).

La sensibilità verso la vita comunitaria ha consentito ai senegalesi di percepire le differenze di cultura all'interno della società italiana, tra il nord e il sud, in particolare perché nel sud hanno visto sopravvivere relazioni familiari più vicine a quelle senegalesi, il rispetto e la cura degli anziani, convivenze familiari più ampie, e soprattutto perché si sentono accomunati ai meridionali da una storia d'emigrazione in Piemonte nella quale hanno incontrato una dura accoglienza, in specie per il rifiuto di dare alloggi o per lo sfruttamento con affitti esosi.

Il concetto fondamentale, ripetuto agli italiani che si interrogano sulle relazioni tra i senegalesi qui e in Senegal, è quello della fratellanza, condensato nella frase "siamo tutti fratelli", che può apparire enfatica, ma è aderente ad una profonda radice culturale che prescrive un comportamento basato su regole di educazione, alle quali si attribuisce un'importanza fondamentale per la conservazione dell'identità senegalese.

Secondo questo principio l'identità individuale si definisce innanzitutto a partire dal gruppo, dalla comunità di appartenenza. Nella comunità di villaggio l'individuo non è mai considerato isolatamente, bensì come membro del gruppo. E nell'emigrazione questo concetto si estende a tutto il Senegal.

Sì, ho amici qui. Fuori siamo tutti fratelli, amici senegalesi. (MOS)

In Francia conoscevo qualcuno, però non parenti: perché per noi, anche se arrivi in un paese e vedi un senegalese, basta. È sempre un parente, questo ti può aiutare. (IL)

Qui a Torino ci sono due tipi di rapporti, quelli con la comunità africana, in particolare con quella senegalese e dall'altro lato i rapporti con gli italiani. Per la comunità africana non ho avuto dei problemi, perché sei senegalese, non dico che sei senegalese, dico che sei mia sorella, perché nella nostra cultura è così, ci si dice fratello, sorella, ci si conosce, non ci sono problemi. (MOD)

Dell'Africa mi manca soprattutto la fratellanza: noi siamo più uniti, siamo meno individuali, meno egoisti. (AS)

Sono venuto qui recentemente, ma mi sto ambientando, sistemando, ma non ho avuto grossi problemi. Non ho il permesso di soggiorno, e come clandestino la vita è più difficile, non puoi lavorare, io lavoro qui nel negozio, aiuto mio fratello. Io qui conosco solo i senegalesi. I senegalesi dovunque sono si conoscono, sono tutti legati, come fratelli, anche se non ci conoscevamo al paese, una volta qui siamo come fratelli, ci aiutiamo a vicenda, è quello che ho constatato. (IS)

È così che ci hanno educato, noi di Louga. Noi abbiamo avuto questa educazione, perché la regione di Louga è grande, ma è piccola, perché noi tutti siamo lo stesso, ci si conosce. Se ci si è visti in Europa, per esempio io ti dico: "Quel signore là è mio fratello", voi credete fratello dello stesso padre e stessa madre, ma no, fratello del Paese, fratello della regione. Poi tra noi, come per esempio con le persone che vivono in altre regioni, come la capitale, Dakar, Saint-Louis e tutti, c'è una piccola differenza.

Perché se io vedo uno di Louga, io lo considero come un fratello dello stesso padre e stessa madre. (AF)

Alla luce di questa concezione appaiono più chiari i riferimenti, che troviamo numerosi, al rispetto reciproco, all'"essere gentile" con la gente: sono le forme concrete della fratellanza, ed i termini usati non hanno un senso generico, ma acquistano una pregnanza legata a tutta la tradizione della comunità senegalese.

La vita è per fare, scoprire quello che succede e aiutare le persone che sono indietro. Se posso aiutarti, è a tappe; perché l'educazione, prima di tutto è in casa, secondo a scuola, terzo per strada: sono le tre educazioni. Dopo l'educazione viene il rispetto. Se tu hai sempre dato alla gente rispetto, il rispetto è reciproco; dopo il rispetto viene il sentimento, essere gentili con la gente. (AF)

L'educazione fornisce regole condivise di comportamento e ciascuno sa che è tenuto ad agire secondo quanto ci si attende da lui, anche al di fuori del proprio paese, in particolare ad aiutare le persone bisognose.
Quando ci si sposta all'interno del proprio paese, ed a maggior ragione all'estero, le persone sono spinte a ricrearsi una rete di appoggi sia a maglie strette sia larghe, così come avviene nella propria società d'origine. Si riallacciano legami con persone che possano ricoprire ruoli di riferimento, a cui dare rispetto e aiuto, fratelli maggiori e minori e conoscenti con cui essere in buoni rapporti, perché legati da un pur vago vincolo di cognome o di etnia.

A Parigi non facevo niente, allora c'era un mio fratello che mi aiutava. Non proprio mio fratello, ma un mio parente. Ogni mese mi dava qualcosa, e anche mio zio mi diceva: "Per questo non preoccuparti che proprio non c'è lavoro per uno che non ha il permesso di soggiorno".
A Torino ho parlato con un senegalese, un ragazzo bravo, che mi aiutava, mi prendeva come sua mamma, eh sì. All'inizio, ogni mese pagava la mia casa; diceva: "No, sei mia mamma, non preoccuparti". Ogni mese, cinquecentoventimila lire; me l'ha pagato per più di due anni. (SN)

In molte ricerche ci si è soffermati sul concetto di fratellanza e solidarietà per descrivere il percorso di emigrazione attraverso le reti di accoglienza, fatte in primo luogo dalla parentela allargata e in secondo luogo dalla comunità di villaggio; reti ampiamente utilizzate dagli emigrati, specialmente nel primo periodo e per quelli meno scolarizzati, che non conoscevano la lingua e avevano solo il mestiere di venditore ambulante. Anche se nelle nostre interviste abbiamo notato che molte persone sono partite senza appoggi familiari ed alcune hanno poi trovato un amico nei paesi europei che le ha aiutate e talvolta sono state sostenute da relazioni con donne europee, è certamente vero che più spesso si emigra seguendo contatti e reti sociali: "Un senegalese non parte mai da solo, ha sempre un indirizzo in mano" (Riccio, 2000, 21). Abbiamo infatti raccolto numerose testimonianze sull'importanza che riveste questo ombrello di rapporti su cui contare.

Arrivato in Francia sono poi venuto in Italia, in Sicilia, perché conoscevo un amico in Sicilia. Io conoscevo solo lui e allora dovevo andare da lui perché non avevo altri. In Sicilia facevo commercio: vendevo al mercato. Poi, dopo, sono venuto a Torino. (IL)

Anche nel '98 sono passato dalla Francia. Mi sono fermato in un albergo vicino a Charles de Gaulle. Poi c'era uno di Dakar. In Italia avevo degli amici. Sono arrivato a Lucca e sono rimasto lì per due anni. E poi sono venuto qua. Prima a Lucca vendevo calzini, tante cose, sai. Poi sono venuto qua. Mio fratello mi ha chiamato per venire qua. Mi ha aiutato mio fratello a trovare lavoro. (GT)

Nell'85 sono venuto in Italia perché avevo dei conoscenti: avevo un cugino, che adesso è a Macerata, che viveva qua a Torino con la moglie, che lavorava qua. Avevo il suo indirizzo, ci scrivevamo regolarmente, sono venuto qua da lui. Quando sono arrivato sono andato da mio cugino. Lui era un commerciante - adesso no, ma era un commerciante - e io facevo il commerciante come lui: d'estate andavamo a Rimini a vendere nelle spiagge e poi in inverno venivamo a Torino, andavamo nei bar a vendere ciò che vendevamo. (MF)

Mia sorella mi ha detto di andare in Francia: aveva un amico in Francia che aveva i soldi e poi anche noi potevamo andare in Francia. Era un amico del nostro villaggio. Sapevo dalla gente che veniva in Francia. Sapevo di gente che viveva a Torino e loro hanno detto: "Andiamo a Torino". I primi tempi stavo a casa dell'amico, poi sono venuto qua. (MK)

Io ho avuto l'occasione perché c'è un altro mio amico, un mio fratello che vive qua; quando è tornato in Senegal mi ha prestato dei soldi, mi ha fatto il biglietto, mi ha procurato il visto per entrare in Europa. Questo mio amico viveva in Francia. Io sono arrivato in Francia per prima cosa, ad Avignone. Prima stavo lì, ho fatto l'86, l'87, l'88, l'89, il '90, il '91: cinque anni. Abitavo con amici e facevo il mercato con loro. Da Avignone sono venuto a Torino, quando sono venuto qua a Torino avevo amici, gli stessi che mi avevano chiamato, mi avevano detto: "Vieni qua", nell'88 quello che abitava qua mi ha chiamato, mi ha detto: "Vieni, vieni, vieni". Questi li conoscevo da quando ero in Senegal. Sono andato ad abitare da lui, sempre facendo il commerciante. (GK)

Quando ho deciso di aspettare sei mesi per chiedere il visto di nuovo, parlando con un altro senegalese di Milano, mi ha nominato una persona con cui sono cresciuto, abbiamo fatto l'infanzia assieme, e mi ha detto che stava a Torino; allora avevo un appoggio perché questa persona era qua. (MD)

Le funzioni sociali delle reti dei senegalesi sono comunque molteplici, persistenti e tenacemente ricostruite in Italia, costituite dalla famiglia allargata, dalle *tontine* a cui si partecipa, dalle associazioni di villaggio o di altro interesse, e dalle confraternite religiose. A Torino il primo grado di rete sociale tende a coincidere con le case in comune, ma accade di frequente che tali convivenze si sciolgano o si modifichino per la grande mobilità degli abitanti e per il loro graduale inserimento in altri contesti. Per nuove funzioni, nuove rappresentanze, c'è invece l'associazione di immigrati. Si costruiscono reti di reti, che in Italia non sono più perfettamente incastrate né sovrapponibili. Al ritorno in Senegal si ritrovano i vecchi rapporti. Le "connessioni transnazionali" tra questi luoghi vengono costruite e mantenute attraverso la mobilità delle persone. Si è notato che non si tratta tanto di un sistema di reti chiuso su se stesso, ma di un processo di costruzione multipla e continua di nuovi legami (Riccio, 2000; Riccio, 2001b).

Ancora una volta dobbiamo però evitare generalizzazioni eccessive. Nel quadro complessivo di una situazione sociale regolata dalla solidarietà e dalla fratellanza, abbiamo infatti visto nella parte sui percorsi di lavoro come vi siano casi - pur se rari - di persone che sin dal loro arrivo in Italia hanno preferito una strada solitaria, che le ha portate a non accettare l'ospitalità e ad affrontare enormi disagi, pur di mantenere la propria autonomia e identità.

Sono stato sempre solo in Italia, nel senso che non mi sono mai inserito nell'ambiente senegalese. Questa è una scelta che ho fatto dai primi mesi in Italia, deriva dal fatto che non condividevo questo modo di ghettizzarsi: ho visto che tutti facevano lo stesso lavoro, si frequentavano tra loro, parlavano male l'italiano perché non lo parlavano con nessuno; non mi interessava stare dentro quella dimensione. Per cui ho sofferto, ho dormito per la strada, in macchine che mi prestavano, era inverno, poi ho dormito nella stazione di Milano, però preferivo quello che essere ospite nella casa di un compaesano, dove erano in dieci, quindici, e dove si dormiva male comunque e poi finiva che cadevo in quella logica e non potevo più uscirne. (MD)

Il rapporto con i connazionali, e con gli stessi familiari che vengono in Italia, può diventare problematico se si seguono percorsi di vita e di lavoro diversi da quelli più diffusi, mentre alcune posizioni acquisite in ambito sociale possono provocare in chi le esercita una sorta di disagio nei confronti dei propri connazionali.

Nel mio lavoro avevo una figura che mi complicava la vita perché con gente in difficoltà pensavano che io avessi il potere o l'autonomia che avevo in Comune per poterli orientare, per dargli una mano, aiutarli. Questo mi metteva in difficoltà perché avevo un ruolo e mi investivano di un altro ruolo, e allora ho lasciato perdere. Sono arrivato qua nel '90, nel frattempo sono arrivati altri tre fratelli miei e non ho mai vissuto con nessuno di loro, perché siamo completamente diversi. I miei fratelli sono passati tutti da Torino, io li ho inseriti, con i documenti, ma li ho indirizzati in un'altra strada. Un ultimo la settimana scorsa era qui ma l'ho mandato via di qua, perché ha un'idea su questo mondo che non andava: io qua ho costruito delle cose, ho un'immagine, dei rapporti, per cui non posso concedere a mio fratello di commettere per esempio alcuni tipi di reati per cui poi rispondo io. Quindi l'ho messo su un treno. (MD)

L'accenno finale di quest'ultimo brano evoca una questione di cui abbiamo trovato qualche traccia anche in altre interviste. Il forte senso della comunità rende infatti molto sentito, da parte di tutti, il problema dell'illegalità e in particolare della droga, che si traduce in una cattiva immagine della comunità senegalese. Probabilmente molti di quelli che rientrano in circuiti illegali, o li sfiorano, sono conosciuti, sebbene pochi lo ammettano e si dica che sono tutti emarginati dagli altri. Lo spaccio è vissuto (anche in Senegal) come realtà negativa per eccellenza ed è considerato il massimo rischio per chi emigra, poiché la vendita e ancor più l'uso di droghe sono peccati religiosi e sociali, che fanno uscire dalla norma, da ciò che è lecito, dal senso dell'onore e della dignità di sé.

La diffidenza tra i senegalesi è la diffidenza tra i senegalesi che vivono qua: perché qua siamo in Europa, ognuno fa la sua vita, e c'è gente che delinque - lo sai benissimo - c'è gente verso la droga. Allora siccome tu non sai con chi hai a che fare, sei più riservato. Però ci sono tanti senegalesi che vedo qua, io con loro non voglio avere a che fare, perché io so che giri sono, gente pericolosa, a me non interessa. Invece se vedo un altro che ha bisogno, che io conosco le sue condizioni, ho visto com'è, sono pronto a aiutarlo. (AS)

La presenza di senegalesi che spacciano qui a Torino è un problema grosso, però io non li conosco, non faccio niente per loro. Per esempio, io ho avuto un collega che ho saputo che fa questo lavoro. Io non li ho mai frequentati. È molto sbagliato [che il giudizio negativo degli italiani su di loro ricada su tutti], perché se io conosco te, so quello che fai sul lavoro, poi dopo conosco un altro italiano che fa un lavoro brutto, non è che io penso che anche tu fai quel lavoro. Quelli che fanno cose brutte, li lascio da una parte. Quelli che vendono droga, non ho mai voluto sapere se vendono droga o no. Se l'ho saputo una volta, non sono mai andato da lui. Anche se io sono un responsabile qua dei senegalesi, se ho conosciuto una persona che è entrata nel mio gruppo, però non è una persona corretta, lo mando via. Quelli che vendono droga a me non fanno niente e non voglio saperne niente. (FD)

5. Solitudine e amicizia

A chi è abituato ad arrangiarsi con poco, ma non a sentirsi escluso dai rapporti di comunità con le persone, specie se viene da un villaggio molto povero, la solitudine nel paese straniero forse procura la sofferenza maggiore. Ci si trova soli in molti casi se si arriva senza rete di sicurezza sociale, a volte "all'avventura"; oppure quando si entra come clandestini o si diventa tali, ma anche perché nei primi anni si fatica ad inserirsi nell'ambiente esterno.

Io la cosa veramente difficile che mi ricordo, quando sono arrivato, è di essere sempre in casa, di non poter uscire perché non sai dove andare. Finisci il lavoro e sei sempre a casa. Questa è la cosa più difficile perché ti senti imprigionato, ti senti proprio chiuso: non sai dove vai, con chi parlare. Adesso io esco quando voglio, non ho questi problemi, io personalmente non li ho; però l'ottanta per cento dei senegalesi ce l'hanno perché come ho detto i senegalesi non escono perché non sanno dove andare: non ci sono dei centri culturali, dei locali, non riescono a avere i contatti: lavorano e poi ritornano a casa. Continui a frequentarli quando vai nelle case: vedi che le sere sono tutti lì. È difficile che nei ristoranti o nei bar o nelle discoteche li trovi, questa è una cosa che si nota. (MF)

Malgrado il tempo passi, spesso le persone che si incontrano quotidianamente non entrano davvero nella propria vita, e i rapporti più stretti restano quelli a distanza con la famiglia, e a Torino con le persone con cui si divide la casa, con i parenti stretti.

Prima non mi piaceva perché quando sono venuta qui, quando mio marito andava a lavorare io restavo da sola a casa. Sola, sola fino alla sera. Perché dove abitavo in Senegal noi facciamo sempre le feste; poi io qui non conoscevo nessuna. Prima io piangevo sempre. Io qui ai primi tempi ero sempre malata. Era difficile conoscere altri senegalesi, non andavamo alla *dahira*. La *dahira* c'è solo ogni domenica. Mio marito va ogni tanto, ogni tanto no. Poi ho conosciuto una donna qua vicino di Louga, che adesso è andata in Senegal. Lei è tanto brava, mi ha aiutata. Qualche volta facciamo delle feste, mangiamo insieme, non tanto. Anche noi donne facciamo una *dahira*, ogni mese. Adesso da un po' non si fa più perché non c'era il presidente. (FB)

Qui non ho ancora amici, solo la moglie del fratello maggiore [di suo marito] e di suo cugino. (CF)

Sì, sono un po' solo; vedo mio fratello, ma non puoi scherzare come con gli amici; così non lo puoi fare, è più anziano. Ha un altro modo di pensare, sì. (MBK)

Con gli italiani non ho rapporto, sto sempre con i senegalesi. Perché io ormai sono vecchio, non posso andare in giro, a ballare, in discoteca. Alle sette di mattina vado al lavoro, poi torno a casa alle due, all'una, sono stanco. (MUK)

In questo isolamento gioca a volte una forma di autoesclusione, perché molti si sono isolati dalla vita sociale italiana e cercano solo i propri connazionali, rafforzando così la nostalgia per la propria terra, un luogo dove non si è mai soli, né abbandonati.

Ti trovi anche tu con gli altri al bar? Io non vado al bar. Vado solo al lavoro. Arrivo, finisco il lavoro e sono a casa. In casa siamo in due. Quando finisco il lavoro sono a casa. Se non sono a casa, sono qua. (GT)

Qui, nessuno, io non frequento nessuno, nessuno. Se c'è un battesimo, sì, vado, se no non vado da nessuna parte, sempre a casa, io non esco, io sono sempre a casa, e dove vado? Non mi piace andare dalla gente così. E non mi piace andare in giro, perché io se vado in giro, butto soldi. Il mercato sì, mi piace, vado al mercato, a comprare le cose, vado a fare le spese, e poi sono a casa. Al mercato conosco tanti italiani, tanti tanti. (SN)

Quando sono venuto qua nel '90 prima ho comprato una macchina e giravo nei bar come ambulante. Ero solo: mangiavo e lavoravo, sempre così. (MK)

Qua sento la solitudine: mi sento più solo perché lì avevo le amiche, dei ragazzi. (BS)

In Senegal è diverso perché non sei mai fermo, sei sempre in giro: sei non solo da una casa all'altra, ma da una città all'altra perché in mezzo Senegal tu hai dei parenti che vuoi andare a visitare, che poi la sera devono fare una festa; allora vuol dire che non sei mai fermo, sei sempre in giro. Qui invece io è un po' che non vado da mio cugino a Macerata, perché, lavorando all'agenzia, i mesi che devo lavorare, non posso muovermi da Torino perché non si può, devo lavorare, e poi il momento che ho vacanza, subito ho voglia di prendere un biglietto aereo e andare a trovare la famiglia e allora non vado [a Macerata]. Quando ho vacanza quindici giorni, non vado a Macerata, vado direttamente a Dakar. (MF)

5.1 Il sentimento dell'amicizia

Le persone incontrate distinguono i rapporti di amicizia dalla semplice conoscenza o frequentazione e spesso dicono di avere ben pochi amici intimi; questo concetto di amicizia stretta è associato alla fiducia, che è una componente fondamentale nel guidare i rapporti sociali.

Le case sono sempre aperte, ma non in tutte le parti. Si ha bisogno di creare una protezione alla sfera più personale, anche se è subordinata, a detta di tutti, all'aspetto comunitario e relazionale. La riservatezza è anch'essa essenziale. La cultura africana in genere dà un'importanza fondamentale al fatto che non tutto si può sapere e si può dire. Lo stesso processo di socializzazione, che dà all'individuo la sua identità di fronte agli altri, è tradizionalmente strutturato per gradi successivi di iniziazione culturale che dipendono anche dal ruolo sociale. In questo modo si sottolinea l'importanza del sapere di chi è più anziano, ma anche il fatto che nessun saggio o anziano può sapere tutto e ciascuno si relaziona con altre componenti della società, perché il sapere ancestrale agisca a beneficio di tutti.

Questi concetti sono strettamente legati tra loro ed a quelli di rispetto e gentilezza di cui si è già scritto in precedenza. Si lega alla gentilezza l'importante accezione dell'amicizia intesa come rendere servizio, fare qualcosa per qualcuno, poiché i sentimenti nella cultura senegalese vanno esternati non tanto con le parole quanto con azioni concrete.

In Senegal per esempio se devo aprire un negozio alle otto di mattina, e non posso farlo, lascio a qualcuno le chiavi, così se non ci sono, apre lui, anche per un giorno, due, tre; sai, lì ti fanno il piacere, sai. In Senegal, fare qualcosa per uno, questo fa diventare più solida un'amicizia; questo deve essere fatto da chiunque e dappertutto, non solo, è normale, è giusto. (MDI)

L'aprirsi, il confidarsi, non è semplice per chi cresce in una cultura che sottolinea la riservatezza sugli argomenti più intimi.

Amicizie e compagni sono due cose differenti. Amici, nel senso che capisci, io adesso sono uno che non dà confidenza, proprio. Se ci sono delle cose che, non so, se mi succede una cosa, preferisco tenermela, soffrire io da solo, capisci? Anche qui purtroppo, già sei arrivato qui, sei pieno di problemi fino a qui, amici no. In Senegal sì. Amici anche, sì, delle donne. Con una ragazza. Sì, parliamo anche di cose profonde. Vedo anche che lei mi confida delle cose anche per i propri fratelli o cose così. L'amicizia, quello che non è facile è avere fiducia in una persona. È questo, frequentarsi un po'. Non ho nulla da nascondere a nessuno, niente, però ci sono delle cose che per esempio, fosse per me, non le racconto a chiunque, no. Può darsi che uno racconti i suoi problemi, io, capisci, mi metto al suo posto, quello che potrei fare al suo posto. (HM)

No, i senegalesi non sono tutti fratelli, sono amici e alcuni non sono amici: alcuni sono amici e altri no. Non tutti i senegalesi sono amici, alcuni non li conosco. Qui in questa casa andiamo tutti d'accordo. In quella di corso Vercelli no. All'inizio non si andava d'accordo, perché non ci si conosceva; dopo ci siamo conosciuti e siamo andati d'accordo. (MG)

Sì, ho amici qui; è vero. Noi non siamo abituati a parlare tra noi; non parliamo. Sì, siamo riservati. No, non leggo. Lavoriamo, quando arriviamo accendiamo la Tv e guardiamo. (MOS)

Non lo so, però io dentro di me penso che sono troppo chiuso verso gli altri. Può darsi che non sia vero. A me piace avere tutto il mondo vicino, però non ci riesco mai abbastanza, per questo mi dico che è colpa mia, che non riesco a essere amico di questo, amico di quello. Io non riesco mai a avere quello lì come amico perché sono troppo chiuso, e poi io non riesco mai a buttarmi: arrivare, presentarmi a una persona, raccontare la mia vita, essere l'amico, non ci riesco! Io per essere amico di una persona magari ci vogliono tre o quattro anni. Sì, questo lo vivo come un difetto, perché io voglio avere tutto il mondo amico. (MF)

Alcuni senegalesi, di fronte alla diversa mentalità italiana, riflettono sul tema del riserbo, della cautela nell'instaurare rapporti profondi di amicizia; e l'aprirsi all'altro assume un ruolo molto prezioso per la persona, quando avviene. Il senegalese ha molto *kersa*, pudore, non descrive se stesso in prima persona. Per i senegalesi il termine *yëg*, riguardo, è importante e copre l'intero campo semantico di rispetto, riguardo, venire a trovare (Ndiaye, 2000, 9).

Sì, ho fatto un'altra famiglia a Torino. Torino per la gente mi sta bene, perché posso dire di aver conosciuto tutti i senegalesi di Torino, uomini e donne. *Come ti trovi con le altre donne senegalesi di Torino?* Brave, sono brave con me. Se qualcuna mi vede, solo stanno lì davanti a me, mi tengono come la loro mamma, hanno rispetto di me, le senegalesi. Per questo non mi lamento. *Ti rispettano perché sei arrivata qui tra le prime?* Non solo per questo, perché mi rispettano per il mio comportamento, per questo mi rispettano. Perché un senegalese non è che rispetta Anna perché Anna è italiana, perché Anna ha soldi, no. Loro ti rispettano per il tuo comportamento e per come è il tuo modo di fare. Un senegalese è così. Rispetta troppo la gente il senegalese. *Ma non parlano molto.* Per questo! Un senegalese, tu puoi abitare con lui dieci anni, che non parla con te. Ma un giorno che entra qui, Anna è Anna, vengono qui, a pulire, allora, "Anna dammi, dai", ma fare amicizia con un senegalese, l'ho detto [è difficile]. (SN)

Si mette qui l'accento, al di là delle forme di comunicazione, sulla disponibilità ad aiutare gli altri con servizi di vario tipo, dimostrando fiducia e apertura.

Riflettendo su amicizia e conoscenza, risultano evidenti alcune differenze nell'atteggiamento che si ha in Europa e in Senegal.

È divertente. Sai, uno può darsi, sai qui cambia, non siamo in Africa, può darsi che se eravamo in Africa, uno si fidava dell'altro, invece qui può darsi il sistema, capisci, sai è proprio diverso. Sì, ho tanti amici io che sono italiani, che sono degli amici. Sì, ogni tanto, uno è venuto un po' di tempo fa, per farmi un massaggio perché avevo il colpo della strega, non so. Mi faceva male, malissimo. *Voilà*. Ho tanti amici senegalesi e anche italiani. Sai che si dice che è più facile avere compagni che amici, no? Amico è proprio amico, no? Gli amici sono pochi. Può darsi che compagni siano anche amici, puoi essere lì insieme, però ognuno ha problemi diversi dall'altro, alla fine può darsi anche che uno vuole aiutare l'altro, e poi non può, non è che non vuoi, anche ti dispiace, sai, ci sono tante cose nei rapporti. Il vostro concetto di amicizia è diverso dal nostro. Dipende con chi hai confidenza, perché uno ha anche confidenza in un amico, per farsi una carezza, no? No, è diverso di qui, però più o meno le cose giù sono uguali, sai può darsi tante cose se mettiamo a fare la differenza. (MDI)

La manifestazione davanti agli altri dell'affettività, o dell'intimità, è un comportamento in contrasto con la cultura senegalese, e appare invece più significativo l'interesse per le sfumature nella concezione dei rapporti: varie persone intervistate indicano la *camaraderie* come una relazione con persone socialmente vicine, alla pari, che si instaura tra compagni di lavoro, tra persone frequentate spesso, ma con le quali non si ha molto in comune e sottolineano la differenza con l'amicizia, concetto strettamente associato a confidenza, fiducia, intimità.

Non è facile capire la natura concreta delle relazioni dei senegalesi a Torino. Per quanto riguarda i rapporti tra connazionali, alcuni di loro si frequentano solo superficialmente, ma abbiamo notato che, soprattutto tra i giovani, donne e uomini, vi sono legami d'amicizia importanti; molti preferiscono frequentare solo senegalesi, date le numerose difficoltà di inserimento, altri invece incontrano i compatrioti solo in occasioni particolari e si sono creati nuovi legami, una famiglia sostitutiva di quella rimasta in Senegal.

I Senegalesi a Torino li vedo qua, ma li vedo o quando c'è una serata senegalese, o così. Ce n'è pochi, ci sono due o tre persone che vanno a casa loro. Li vedo solo fuori dalla Bertone. Alla Bertone ne conosco tanti, ma solo "ciao", "ciao, come stai?". (FT)

Ci incontriamo sempre a casa degli amici, poco al bar. Non ho amici senegalesi, non ci frequentiamo, non facciamo quasi nulla assieme. Ogni tanto mi manca l'ambiente, per cui se so che organizzano qualche cosa vado. Mi invitano ma evito ogni tanto di andare. Non frequento la *dahira*. Sono anni che sono qua, le amicizie le ho qua, il lavoro l'ho impostato qua; sono abituato alla vita qui, per cui avrei difficoltà a fare le stesse cose [in Senegal]. (MD)

Tra i senegalesi intervistati, otto di essi dichiarano di vivere in piccoli appartamenti con degli amici. In alcuni casi si tratta in realtà di convivenze tra uomini che, avendo alcune conoscenze in comune, si sono messi d'accordo per vivere insieme per necessità. Altri, soprattutto i più giovani tra quelli incontrati, instaurano invece tra coinquilini rapporti d'amicizia che proseguono anche dopo numerosi cambiamenti di abitazione.

Un aspetto fondamentale dei rapporti in genere, ma che è una premessa irrinunciabile ad una vera amicizia, è il rendersi reciprocamente visita, il mangiare insieme, cosa che richiede fiducia. Ciò a volte diventa difficile da realizzare con gli italiani, un po' per la situazione delle abitazioni senegalesi, un po' per la diffidenza reciproca. Ma è evidente che se non si è accolti in una casa non si stabiliscono legami approfonditi. Non si tratta di inviti, più rari nelle abitudini senegalesi: chi conosce poco l'Europa si chiede infatti se davvero non si possa andare a trovare qualcuno senza essere invitati o senza avvertire; e tale convenzione è vista come un limite posto dal contesto esterno ai rapporti reciproci.

D'altra parte per crearsi conoscenze e quindi amicizie a Torino è necessario uscire molto di casa, soprattutto la sera, frequentare i locali oppure avere un lavoro che metta in contatto con molte persone. Neppure con gli amici, senegalesi o italiani, sono molte le frequentazioni, limitate spesso dalle esigenze di lavoro e dalla poca conoscenza o interesse verso le occasioni di incontro che la città offre: ci si accontenta spesso dei pasti insieme e di qualche ora passata al bar.

A casa vengono amici, senegalesi, italiani, vengono, ce n'è tanti che vengono. Da Pinerolo vengono a trovarmi; adesso, vengono a trovarmi da Susa, poi ogni tanto andiamo a mangiare, se vogliono mangiare fuori, o andiamo a mangiare a casa di qualcuno di loro. Oppure ogni tanto vado a cucinare anche un po' di *couscous*, di cucina senegalese, andiamo sempre. Siamo amici veramente con un buon rapporto, con loro. (MS)

Io non ho mai avuto problemi da quando sono qua: ho tanti amici, sono sempre in giro. Adesso sono molto più vecchio, non è come una volta che tutte le sere andavo nelle discoteche a ballare, e tutte queste cose. Però ancora adesso tutte le settimane facciamo delle cene tra amici. Sono amici che mi sono fatto qua, sono quasi tutti italiani. Frequento più italiani perché con il mio lavoro, conoscendo tanti senegalesi, quasi tutti i senegalesi vengono da me per fare il biglietto, non proprio tutti ma posso dire un novanta per cento, però loro difficilmente li vedi uscire, andare a ballare, o mangiare o anche andare al bar a bere qualcosa. Allora chi esce sicuramente può anche andare a trovarli nelle loro case, però quando uno vuole andare in discoteca, a divertirsi, va con i suoi amici italiani che sono di qua, conoscono bene i posti migliori. Anche per noi i primi anni è difficile. (MF)

In fabbrica e nei servizi o anche nei mercati raramente si creano vere amicizie, la maggior parte non frequenta i colleghi al di fuori dell'orario di lavoro. Anche nei mercati non è facile instaurare rapporti profondi.

Ho stretto rapporti di amicizia con le persone con cui lavoro. Il tempo non ce lo permette, perché cinque minuti è troppo poco, il tempo di fare una pausa fuori. A volte usciamo dal lavoro insieme per chiacchierare in macchina, ci si scambia i numeri di telefono. È la *camaraderie*, non l'*amitié*. Non ci vediamo spesso fuori del lavoro. (MOD)

Non ho amici italiani di Torino, non tanti. Dove lavoro ho amici, però lavoro da poco. Sono amici per lavoro. (FT)

In fabbrica non ci sono problemi: veramente mi trovo bene con tutti. Io frequento solo senegalesi. Italiani conosco solo compagni di lavoro. Poche volte li vedo fuori del lavoro: non è che vado a trovarli o queste cose. (IL)

Io vado d'accordo con tutti. Ai mercati ci sono cambiamenti, a volte vado in un mercato dove non conosco nessuno, ma se uno è bravo, è uno che vuol parlare, trova una persona che ti vuole avvicinare, che ti vuole parlare, scherzare; invece se c'è il cliente, se tutto va, magari non hai neanche il tempo di andare a parlare a tanti. Invece se siamo così che non c'è niente, uno che è vicino a te, al banco, può parlarti, scherzare un po'. Ogni tanto ti capita un amico senegalese, che è vicino a te, ogni tanto capita un amico italiano, marocchino o cinese, indiano, tanto al mercato trovi tutte le razze. Allora lì i rapporti, veramente sono rapporti belli, non siamo lì per litigare, no, andiamo lì per lavorare. Io ho i miei amici qua, quando c'è il mercato, anche il giovedì andiamo a giocare insieme a calcio, calcetto. Sono italiani. Domani andiamo a giocare. (MS)

L'amicizia tra le donne non è così frequente. In parte perché molte arrivano per raggiungere il marito e almeno per i primi tempi raramente escono di casa e raramente lavorano, se si eccettuano quelle che frequentano i mercati o i corsi di lingua, o ancora la *dahira* femminile. Un'occasione per stringere rapporti è data dalle feste familiari. Si cerca comunque di darsi sostegno reciproco per quanto possibile, considerate le numerose difficoltà derivanti dal trovarsi isolate nella gestione di nuovi spazi, di nuovi problemi, di rapporti diversi e di fronte a una realtà da scoprire.

Ogni tanto vado a trovare una mia amica, questa che mi ha trovato il lavoro, abita vicino a me, dove abitavo prima, passavamo il tempo insieme. Anche lei lavora, anche lei è della mia zona in Senegal. Ma lavora sempre, non c'è tempo, va anche fuori. Ho solo lei come amica, l'ho conosciuta qui. Lei ha una bambina piccola. Ora la vado a trovare il sabato e anche la domenica, anche ogni tanto la sera vado a trovarla. Ogni tanto. Questa mia amica adesso non lavora, perché non sta bene, forse è per questo che ha lasciato il lavoro. Io non conosco altre persone con il mio lavoro. Non frequento persone neanche per la preghiera. Noi il sabato e la domenica andiamo a fare la spesa, non andiamo da nessuna parte, sempre a casa. Ogni tanto vengono gli amici di mio marito, e ogni tanto lui va a trovarli. Loro sono bravi, sono tutti senegalesi. (FB)

Di donne senegalesi ne conosco. Ci vediamo per chiacchierare, discorriamo e basta. Ogni tanto ci sono occasioni particolari: feste, battesimi e altre cose. Io non vado tanto lì, sono andata solo una volta, perché non ho tempo. Si riuniscono ogni mese, ogni quindici giorni, non so. Ho preso subito contatto con le altre donne senegalesi, perché quando siamo arrivati qui in Italia, abbiamo trovato il gruppo di donne che abbiamo conosciuto, del mio paese. (PD)

Amicizia no, non è facile per me, non mi piace, non parlo neanche quasi con le senegalesi, perché io ho cinquantadue anni, è qualcosa, per fare amicizia con una senegalese che viene qui [in Italia] per suo marito, non mi piace. Non voglio problemi, ho paura di affrontare le senegalesi così. Sono a casa, se qualcuno ha bisogno di me. Come adesso, c'è qualcuno a casa, se ha bisogno di me per parlare, se hanno problemi con il loro marito, ma amicizia proprio... *Di che genere di problemi parli?* Se una deve fare un lavoro, se ha paura di dirlo a suo marito, allora viene da me: "Ho visto un lavoro ma ho paura, parla con lui"; perché io so come si fa con loro: "Guarda, lei è una donna, anche lei deve lavorare, i soldi con uno solo che lavora non bastano; lasciala andare, almeno se lei deve comprare una piccola cosa sua". "Ah - mi dice - allora va bene", perché mi rispettano! Le donne hanno paura, ma i senegalesi non picchiano le loro donne, mai. Hanno un carattere più chiuso, tanto da noi si dice sempre: "Una donna deve rispettare suo marito", alla fine dentro la tua testa c'è, non paura, ma rispetto. Questo. Perché loro non sono qui per lavorare, sono qui per il loro marito, e i figli. Se c'è lavoro, lasciala lavorare. (SN)

Non si è approfondito il discorso sul mantenimento di amicizie con persone rimaste in Senegal, anche se è stato detto che ad ogni ritorno queste si ritrovano e vengono ripresi i rapporti. Molti senegalesi hanno viaggiato parecchio in Italia e in Europa e ne hanno approfittato per crearsi legami più o meno profondi con persone con le quali restano in contatto.

Io ero in Francia con il mio amico qua, anche lui ogni tanto è venuto a trovarmi in Francia, allora una volta mi sono detto: "Vado a Torino a trovare il mio amico". Sono venuto qua, e mi è piaciuto. Poi puoi avere anche il documento. Allora sono stato qua. Loro sono sempre in Francia. Loro mi telefonano, anch'io telefono a loro. (MS)

Di qua di Torino, quelli che conosco sono quelli della squadra dove gioco; ma ne ho conosciuti altri a San Benedetto, perché d'estate noi andiamo al mare per vendere; lì ho conosciuto altre persone. Poco fa mi facevano degli squilli al cellulare, non per telefonare, fanno gli squilli ogni giorno per dirmi che non mi hanno dimenticato. Mi piace soprattutto l'aria che prendi al mare all'aperto; d'estate dove andiamo noi, è meglio il mare. Sì, faccio amicizia con la gente del posto.
I miei amici con cui eravamo a scuola in Senegal, ora ce n'è uno che è in Benin e gli ho telefonato, mi dice di andare. Dei miei amici [che non hanno potuto continuare gli studi] uno adesso è qua, e lavora a Cervia, vicino a Ravenna. L'ho visto l'anno scorso, è venuto qua a trovarmi. Nostalgia? Sì sì che la sento! (MBK)

5.2 Rapporti con gli italiani: percezione e vissuto

Il rapporto con gli italiani è ovviamente complesso: è difficile crearsi legami con i torinesi, per il problema della lingua, per abitudini e mentalità diverse, per mancanza di spazi e attività di incontro comune, specialmente per chi ha un lavoro pesante o che prende molto tempo.

Fare nuove conoscenze risulta più semplice per i giovani, per coloro che hanno studiato, per coloro che si dedicano alla musica: andando in giro la sera è facile incontrare ragazze e ragazzi disponibili a scambiare qualche parola, a ballare insieme, a stringere amicizia; in questo i migranti giovani sono più vicini ai loro coetanei italiani che ai connazionali adulti.

In generale si può dire che i senegalesi non hanno preconcetti nel crearsi rapporti con gli italiani, ma in molti casi non sanno da dove iniziare, né trovano l'energia per cercare di superare le barriere culturali e di lingua, mentre agli occhi dei connazionali spesso i rapporti di amicizia con italiani assumono il segno di un'integrazione, specie quando si instaurano relazioni di tipo sentimentale con italiane.

Varie persone tra quelle intervistate raccontano di aver incontrato sulla loro strada amici sinceri e profondamente disponibili, che li hanno aiutati nelle situazioni difficili quando la rete solidale senegalese veniva a mancare. Una piccola parte dei senegalesi conosciuti che per vari motivi si trovano isolati dalla loro comunità, arrivano ad affermare di apprezzare gli italiani ancor più dei loro connazionali, soprattutto per la schiettezza.

Il rapporto con gli italiani è come il rapporto tra di noi. Ho degli amici italiani. Molti senegalesi, non è che non frequentano gli italiani perché non vogliono, ma perché non si sentono di frequentarli: non capiscono la lingua, per parlare con loro, per dialogare; o li hai conosciuti fuori, e loro non ti vogliono far vedere la casa, allora anche tu non gli fai vedere la casa perché non ti hanno fatto vedere la loro. La discriminazione: tu pensi questo, io penso questo. Magari pensi: "Io non lo conosco bene, lo porto a casa mia e mi porta via non lo so", magari tu lo pensi e anche lui. Tu sei italiana ma anche qui si dice: "Tu sei napoletano, tu sei un siciliano", e trovi quello che è arrabbiato con te per questo, trovi la differenza; o le parallele, quelle che non si incontrano mai. Qua ce n'è tante. Esci con una ragazza, fuori la gente ti guarda male; per loro, non lo so cosa pensano, ma come ti guardano, non lo so cosa guardano. Io ho avuto delle ragazze italiane, sono uscito con loro, anche prima di venire in Italia, però non era qua, era in un altro paese. Loro magari lì non ti guardano così, o è lo stesso, in ogni città in cui vai, in ogni villaggio, guardano uno straniero che esce con una. Però qua quando ti vedono con una ragazza, bianca, non gli interessa sapere se è francese, tedesca, inglese, qualsiasi razza del mondo, non solo italiana, cosa cominciano a dire? "L'hai seguito perché ha un cazzo lungo così", un altro: "Perché ti sfrutta, sei stupida, lui è intelligente, è venuto a cercare fortuna". Ognuno pensa come vuole, non sappiamo. Io vedo tanta gente che conosco, che frequentano quel bar. Ogni tanto, sabato o domenica, non faccio niente, non lavoro, allora prendo dei vestiti nei negozi dove li vendono meno cari, e faccio un giro a venderli magari in centro. Anch'io chiedo: "Ma perché non uscite di casa sabato e domenica, andate in un bar qualsiasi che frequentiamo o mi chiamate?"; e mi rispondono: "Qua entriamo in un bar, e ci guardano male". Cosa pensano? Non lo sanno. Per quello magari forse non vogliono più frequentare quel bar. O vai in un bar dove ci sono solo stranieri, e lo frequenti. Perché io conosco certi bar dove ci sono solo stranieri di notte; non vedi italiani lì, o, se li vedi, è perché hanno una ragazza nera, o è una ragazza italiana che ha un uomo nero, un fidanzato africano. Se no, una coppia di bianchi che frequenta quel tipo di bar, la vedi pochissimo. Cammini per la strada, sei in due, dietro una persona, una ragazza, un ragazzo, qualsiasi persona, che sia una vecchia di sessant'anni, parli dietro di lei, lei gira la testa, ti vede e fa così con la borsa [la stringe a sé]. Io non posso dire che non ci sono dei ladri fra noi, ci sono fra gli italiani, fra i tedeschi, fra gli spagnoli, da tutte le parti che vai; ma basta che sei un negro, qualcuno ti passa vicino e si tiene bene la roba. Io non dico che non ho mai visto qualcuno essere un ladro qua, però la maggior parte sono dei lavoratori; guadagnano, e il poco che guadagnano gli basta, lo tengono per vivere, anzi per sopravvivere, è diverso, ma non rubano mai. (ML)

Qui a Torino ci sono due tipi di rapporti, quelli con la comunità africana, in particolare con quella senegalese e dall'altro lato i rapporti con gli italiani. Per la comunità africana non ho avuto dei problemi, perché sei senegalese, non dico che sei senegalese, dico che sei mia sorella, perché nella nostra cultura è così, ci si dice fratello, sorella, ci si conosce, non ci sono problemi. Quando si tratta per esempio di dire, delle relazioni con gli italiani, invece, è molto più difficile, c'è il problema della lingua; ci sono delle persone che ti conoscono, ce ne sono altre che non cercano nemmeno di conoscerti. Pertanto io ho visto, per esempio io ti capisco, fai un lavoro per il tuo avvenire, visto che hai fatto degli studi, capisci? Invece, se ti trovavo nell'autobus, mentre stai leggendo o non so, ti chiedo: "Scusa", non mi rispondi, ma io dico, cos'è questo ostacolo, cosa ho detto? È una maniera di capire una persona. Un po' difficile, quando non si conosce bene la lingua. È per questo che io faccio del mio meglio, quando non sono al lavoro, non esco, non vado a incontrare persone, lavoro sulla lingua, con il dizionario italiano. Diciamo che sono questi i miei rapporti con l'Italia. Al contrario in Francia è stato molto più difficile: conosco bene la lingua francese, la parlo come voglio, ma la mentalità dei francesi... Ti dico una cosa che forse qualcun altro ti potrà dire: l'italiano è come l'africano, per esempio io sono del sud, contento di essere, di venire dal sud; invece il francese tutto quello che vede è la grandezza dei *gaulois*, niente d'altro. In ogni caso ti dicono: "Io sono settentrionale". L'altro giorno ho discusso con il gestore di un bar, ma quando entri nel bar, tu prendi un caffè, leggi il giornale, esci, non sei come gli altri. Io gli dico: "Non è questo il problema, il problema è che quando vengo al bar è per prendere un caffè, per distendermi soprattutto, per stare tranquillo". E lui mi dice: "Non ti piace incontrarti con gli altri?". Io dico: "Mi piace incontrarmi con le persone, ma il problema è che se parlo con loro, non arriviamo a capirci, perché ho dei problemi, per me, nel momento in cui mi spiego, la persona arriva a capirmi, ma io non riesco a capire l'italiano". Alla fine mi ha detto: "Qui in Italia forse ci sono delle persone che non cercano di capirti, ma noi abbiamo praticamente le stesse idee culturali, cioè il nord e il sud in Italia hanno una piccola opposizione, perché qui al nord non ci sono interessi, vedi tuo padre che fatica e non lo aiuti, invece al sud li aiutano i padri, i fratelli"; qui invece, forse non incontro molto le persone, ma a partire dalla tele, dalla stampa, da quello che vedo, è quello che fa la differenza fra il nord e il sud. Non so, forse non ho molto conosciuto, ma come ti ho detto sono un ricercatore. Cerco molto, cerco di capire le persone, eccetera. Io avrei dei problemi, per esempio, se non avessi dei contatti con delle persone. Grazie a Dio, non è così. (MOD)

Alla sopravvivenza, al miglioramento della qualità della vita e delle relazioni, si correla direttamente la pratica dell'italiano, anche se per il commercio per la strada è sufficiente imparare a contrattare il denaro. La conoscenza della lingua è tuttavia un passo fondamentale per valorizzarsi sul mercato del lavoro e per qualsiasi pratica di socializzazione e di disbrigo di formalità legali; al tempo stesso seguire corsi d'italiano è un'occasione per entrare in contatto con realtà differenti; sul lavoro inoltre, chi impara i termini precisi dei macchinari o degli utensili ne è particolarmente fiero. Ma soprattutto l'italiano è il mezzo per instaurare rapporti con gli italiani e con gli altri immigrati[1].

Le persone affrontano lo scoglio in modi diversi: è altrettanto facile incontrare un senegalese in Italia da dieci anni e che non parla l'italiano quasi per nulla, come incontrarne uno che conosce benissimo la lingua. In particolare i più giovani, i nuovi arrivati, si impegnano nell'imparare subito l'italiano, come si è visto in molte delle nostre testimonianze, allo stesso modo che nelle varie ricerche che si occupano dell'emigrazione.

Pap Khouma (1997, 59) ad esempio racconta:

Tutte le notti, al ritorno dalle vendite, resto alzato per un paio d'ore con la mia grammatica in mano e mando a memoria regole, desinenze, verbi, pronomi, sostantivi, aggettivi, avverbi di luogo, di stato, concordanze. Sono il più bravo. Ho imparato in questi mesi una cosa importante: davanti alla polizia non è vantaggioso recitare la parte di quello che non sa, che non capisce, che non tira fuori una parola di italiano neanche morto. Meglio, molto meglio rispondere in modo appropriato, non complicare la vita ai poliziotti e ai carabinieri, che sono già arrabbiati per conto loro.

Il mondo di Torino sorprende gli immigrati che normalmente arrivano solo con vaghe idee sull'Italia. Chi ha viaggiato molto in Europa è portato a fare paragoni, ma il principale riferimento resta il Senegal, o quell'Africa più ampia e ricca che per essi è rappresentata dalla regione occidentale e francofona del continente. I giudizi spesso sono dati senza recriminazione, constatando come al di là delle differenti abitudini di vita, la gente non è mai tutta né buona né cattiva.

---

1. A proposito dell'apprendimento della lingua è stato osservato che esso non può essere sostituito da quella "lingua di sopravvivenza", talvolta usata, che rimanda al *pidgin*, l'inglese parlato dagli orientali immigrati, una lingua fatta con i pezzi di altre lingue, con cui si possono esprimere concetti elementari, non condurre transazioni comunicative complesse. Serve per vendere e comprare, ma chi parla solo questo *pidgin*, allargato all'italiano, avrà sempre una posizione subalterna. Cfr. De Luca, Panareo (2001, 239, n. 78).

Più o meno diciamo che non mi aspettavo niente in Italia. Non pensavo cosa avrei trovato, forse avevo un'idea diversa dell'Italia. Sì, guardavo la televisione, lì tutti guardano la televisione. Nel senso che dalla televisione avevo un'idea dell'Italia totalmente diversa da quella che è realmente: erano mentalità diverse, nel senso che io avevo una mentalità diversa, aspettative, comportamenti diversi e quindi mi sentivo di non essere tradizionale. Mia mamma era abbastanza emancipata, ma anche già mia nonna era abbastanza aperta di mente, però c'era comunque la famiglia. (CS)

Sono qua perché mi hanno dato i documenti ma non mi importa niente dell'Italia. Ho anche degli amici italiani. Qua ho trovato che la vita mi va bene: io vivo bene qua. Anche a Catania qualcosa ho trovato da mandare alla famiglia per mangiare. A parte i soldi, mi piace questa casa. Perché io sono qua. Hai visto questa casa? Noi l'abbiamo comprata. Poi qualche volta ho visto un'altra cosa anche che mi piace: gli amici italiani. Ce ne sono tanti bravi, veramente. Vengono qua e io vado a casa loro. Ce n'é. Qualche volta ci sono cose che non mi piacciono. In tutto il mondo non tutti sono uguali: qualche volta tu vedi qualcuno che è bravo, qualche volta qualcuno che è un po' cattivo. E quello che è un po' cattivo con te non mi piace! [ride]. È così. Però c'è uno cattivo e vicino c'è uno bravo. E tu hai sbagliato a trovare quelli cattivi. È così. Io la penso così. Se incontri il buono hai più fortuna. Anche in Senegal c'è il bello e il brutto, il cattivo e il bravo. (GN)

Io ho sempre detto che noi non abbiamo mai niente, però abbiamo sempre questa felicità, questa allegria che qua manca tanto. Non è che manca del tutto, però i problemi ce n'è di più: ci sono molti più pensieri che allegria, anche avendo tutto. Certo, da noi c'è un modo di comportarsi, di parlare, tutte quelle cose lì. In Africa noi quando parliamo, urliamo, qua no. Due: in Europa non è che tutti trattano bene. Questo bisogna dirlo perché è la verità. Noi già soffriamo che siamo in Europa, attenzione, soffriamo molto, perché siccome siamo legati a giù, siamo sempre lì che ci pensiamo. Già abbiamo una sofferenza qui dentro, che quando ci trattano male ci fanno soffrire di più. Però tu devi imparare a tenerla. Qui in Europa non c'è questa fratellanza che quando vedo uno lo aiuto, gli do da mangiare, lo porti a casa tua, perché qui è diverso: c'è la paura. (BMS)

Un aspetto che si ritrova sovente nelle interviste è la constatazione dell'ignoranza di molti italiani, che fanno di tutta l'erba un fascio, basandosi su pregiudizi che portano a volte alla diffidenza:

In Italia c'è della gente ignorante, che non conosce proprio la persona, non conoscono, pensano agli africani [in generale], però gli africani sono anche diversi tra loro, ci sono quelli che sono musulmani, quelli che sono cristiani, e non hanno la stessa cultura. Con gli italiani sto attentissimo, ce ne sono alcuni che sono anche ignoranti. (BSO)

Alcuni degli intervistati, però, si stupiscono anche della propria ignoranza rispetto alla vita in Europa:

Ciò che ci si aspettava dall'Europa, si credeva, come si vede alla televisione, che era bello, che si poteva trovare impiego facilmente, fare delle cose; ma è molto difficile.

Dispiace che sia così, perché si vedevano le persone arrivare così, degli amici, e poi tornare in Senegal e venire di nuovo in Europa, si pensava fosse così [bello] perché aumentavano le persone che andavano e venivano dall'Europa. (MKL)

L'altra caratteristica negativa che molti degli intervistati trovano nella nostra cultura di relazione è l'individualismo, il disinteresse per la comunità. Sono aspetti messi in luce in altre ricerche[2] e confermati dalle nostre interviste, insieme agli aspetti positivi:

Qui c'è più lavoro, c'è più possibilità di lavoro: i giovani, già da giovani, se uno ne ha voglia riesce a infilarsi nel mercato del lavoro, anche in questo momento difficile che attraversiamo, c'è sempre un buco possibile. Invece da noi è difficile. Questo è un vantaggio qui. Poi anche c'è il benessere che è qua: le cose utili, di prima utilità si trovano facilmente in Europa, non dico in Italia, perché viaggiando e andando in Francia ho visto che sono quasi tutti uguali questi paesi. Invece da noi è difficile trovare. Se sei andata in Africa sai quali sono le condizioni. Se uno non è mai stato in Africa non si può immaginare che c'è della gente che vive in certe condizioni. Invece noi siamo più uniti, non direi più umani perché siamo tutti esseri umani, però noi pensiamo di più al prossimo. Qua c'è troppa diffidenza, anche tra italiani. Si sa, per esempio, che si sta nello stesso condominio per dieci anni e non vi conoscete, succedono dei casini, fai rumore, non si può giocare nel cortile. Se vedo un altro che ha bisogno, che io conosco le sue condizioni, ho visto com'è, sono pronto a aiutarlo. Invece l'europeo è portato più ad aiutare il cane che il barbone [ride], purtroppo sono delle realtà; guarda in Francia, quando arriva l'inverno, prima no, ma adesso chiudono il *Métro*, chiudono le stazioni e la gente non sa dove andare a dormire, dormono fuori con il freddo che fa. Invece ci voleva più umanità. Loro magari hanno fatto una scelta, sbagliata che sia, però sono esseri umani.
E una cosa anche più brutta è il mancato rispetto degli anziani. Invece da noi l'anziano è un re. C'è un proverbio che dice: "In Africa, se muore un anziano è una biblioteca che brucia"[3]. Per noi i vecchi, gli anziani, sono i re: dobbiamo fare quello che vogliono loro. Invece qua vedo che li abbandonano, li ammazzano pure, quindi la cosa più brutta per me in Europa è quella. Quando sono arrivato in Sicilia nell'89, andavo al mare e ho visto una signora, che forse avrà avuto settanta, ottant'anni, che andava a comprare il pane. Non poteva camminare; mi sono venute le lacrime agli occhi. Perché in Africa è impensabile che una donna di quell'età esca per farsi la spesa! Mi sono messo lì a piangere, le ho detto: "Signora, vuoi un aiuto?". "No, no". Era la prima volta, appena arrivato qua, che ho visto questa scena e "Ma dove sono andato a capitare?" [Si fa notare che forse per quella signora era importante essere capace di fare ancora da sola qualche cosa] Però da noi, anche se è capace, non la lasciamo mai

---

2. Marchetti (1994, 323): "I giovani senegalesi [...] manifestano curiosità nei confronti dell'Occidente [...] prevalentemente sulle persone, sul loro modo di vivere e di stare assieme, molto di più che i livelli di consumi, le tecnologie, l'organizzazione del lavoro ecc. Se vi è delusione, questa si manifesta soprattutto verso il livello scadente della vita collettiva, la chiusura individualistica e il personalismo".
3. Non si tratta di un proverbio ma di una frase dello scrittore Ahmadou Hampaté Bä, tanto celebre che è diventata proverbiale.

fare: è una vergogna per noi quando vedono che l'anziano esce per farsi la spesa. Nel paese gli altri abitanti, vicini di casa, dicono: "Ma come lo trattano questo vecchio?". È un rispetto che purtroppo non c'è qua. (AS)

Con gli italiani è difficile, la lingua, il lavoro, la casa, non posso uscire senza permesso di soggiorno. Io, quello che ho notato qui in Italia è il modo di vivere che è differente rispetto a quello del Senegal: la gente è troppo riservata, non si ha la possibilità di parlare con le persone, come facevo in Senegal; là la gente è aperta, tutti sono amici. Io non sono ancora restato abbastanza tempo per trovarmi, sono fresco qui, mi mancano le possibilità, la lingua, il modo di vita che cambia, devo proprio cercare di adattarmi a questa vita, è difficile. (IS)

[Gli italiani] sono bravi, bravi. *E il tipo di vita?* Diverso, sì, un po' di fatica a cambiare la vita, sì perché in Senegal se tu incontri uno che non conosci parli e se c'è qualcosa con cui lo puoi aiutare, lo aiuti e si può fare delle chiacchiere; invece qui sono chiusi, uno abita vicino a te, è vicino di casa, vicino di camera e non lo conosci neanche, invece lì se abiti in una casa con qualcun altro c'è più collegamento. (MBK)

Ho imparato che se una persona vive nella sua città natale, molte cose lo facilitano. Ma se vai in un altro paese, diventa difficile; se non hai denaro, qui non puoi mangiare, non puoi domandare a qualcuno da mangiare, capisci? Ma in Senegal, nelle nostre città, se non hai denaro puoi mangiare ugualmente. Se io torno in Senegal e vedo una persona che non ha da mangiare, se ne ho, gliene darò. Se qui non si ha denaro è difficile dormire in una stanza; se io vedo un'altra persona in Senegal che non ha la fortuna di dormire in una stanza, se ce l'ho, gli darò un posto. (HB)

Il rapporto più difficoltoso, soprattutto per i venditori ambulanti e i clandestini in generale, è quello con le forze dell'ordine, di cui pochi si lamentano nelle nostre interviste ma che è ampiamente descritto nel libro *Io, venditore di elefanti* (Khouma, 1997, 127):

Se scappi è resistenza, se preghi che ti lascino qualcosa è resistenza, se ti mostri sorridente o fai la faccia storta è resistenza. Non c'è limite alla resistenza. La resistenza però ci affascina: se non possiamo replicare nulla, se non possiamo difendere il nostro lavoro o la nostra merce, almeno resistiamo, difendiamo la nostra dignità, non concediamo nulla ai vigili. La gente, di fronte a un comportamento troppo violento, a una cattiveria gratuita, sta dalla nostra parte, mentre è solo una minoranza a consigliarci di tornare al nostro paese.

Per alcuni autori, entra in gioco nei rapporti una paura anche reciproca[4]; ma nelle nostre interviste, accanto ai riferimenti all'atteggiamento comunitario dei senegalesi, si trovano spesso apprezzamenti positivi del comportamen-

---

4. Sinatti (2000, 81), viste le derive italiane verso atteggiamenti diffidenti e razzisti, scrive: "Come la paura che hanno gli italiani nei confronti degli stranieri, questa paura hanno i senegalesi di essere perduti".

to degli italiani, talvolta anche descrizioni della loro generosità e addirittura un confronto a loro favore rispetto al Senegal.

In fabbrica non ci sono problemi: veramente mi trovo bene con tutti. Io a Torino mi trovo bene. Ci sono tante cose che mi piacciono di qua, però non sono cose che piacciono per vederle sempre o per pensarle sempre. La vita che faccio qua è difficile perché vivi solo per lavorare. C'è molta differenza tra come vivono [gli italiani e i senegalesi]. Come viviamo noi: magari, come ho detto prima, magari qualcuno fa le stesse cose, ma ci sono anche altri per cui è molto diverso com'è la vita. Qui mi piace come la gente va in giro, come tratta gli altri, perché vedi come si trattano l'uno con l'altro sempre bene, anche se non l'ha mai conosciuto, se lo vede sulla strada lo tratta bene, anche sul pullman. Anche se fanno male a qualcuno, anche quello che ha fatto male gli chiede prima scusa; sempre c'è anche gente che aiuta quelli poveri, quando vedono un povero, lo aiutano. In Senegal questo c'è, ma non è tanto così, perché qua è difficile magari vedere due che fanno a botte sulla strada, non è facile trovarlo. Invece in Senegal qualche volta si trovano, perché ci sono. Se uno ha troppa libertà, non va a lavorare, magari va sempre in giro; come la ragazza che va sempre in giro, può anche magari volere una cosa che non può trovare. Magari poi picchiano, fregano, quelle cose lì; non è per il rubare, però le persone devono vivere bene: se non riescono ad avere niente è sempre pericoloso. Non c'è niente che qui mi dà proprio fastidio. Il freddo sì mi dà fastidio; il tempo, anche come è il tempo adesso, io sento il caldo e il freddo e anche l'umidità. (IL)

Quando si parlava dell'Italia io credevo che si trattasse veramente di un paese molto grande e bello, ma va bene lo stesso però, perché c'è lavoro. È meglio che in Senegal, per questo è buono, c'è lavoro, si riesce a vivere. Non ci sono anche tanti problemi come in Senegal, là ci sono tanti banditi, aggressori. Qui va bene, è più tranquillo. Il clima va bene, a parte la neve; e la pioggia. Perché quando piove non si può lavorare. Stiamo a Porta Palazzo. Il mercato è bello, ci sono tante cose, non come in Senegal, è molto grande, ci sono tante cose: verdura fresca, frutta fresca, non come in Senegal. Ci sono anche molte cose per cucinare, posso occuparmi della cucina, non manca niente. (CF)

Perché in Africa per lavorare ci sono tanti problemi, siccome lì c'è la mentalità *vudù*, di far male alle persone. Io avevo vent'anni e avevo uno dei negozi più grandi di Niamey, e avevo paura che mi facessero del male, per cui ho mollato tutto lì, perché comunque qua in Europa queste cose di *vudù* non ci sono. La concorrenza sì c'è certo. Io ho visto queste cose e avevo paura di rimanere lì che mi fanno del male e tutti mi dicevano di andare via. (MN)

Molti immigrati avendo vissuto in varie parti del paese, hanno notato le differenze culturali tra nord e sud. Chi non ha viaggiato le percepisce comunque vivendo la realtà torinese di città popolata da molti immigrati meridionali. Se spesso sono giunti alla conclusione di essere molto più affini al sistema di vita meridionale, difetti compresi, considerano Torino più ricca di opportunità.

Ho lasciato la Sicilia perché lì lavoravo di meno, non potevo trovare il lavoro. Ero ad Agrigento. Il clima è meglio, però non trovi lavoro. Torino è una città molto diversa: quando partivo dalla Sicilia, tutti mi dicevano: "Come fai a andare lì, lì la vita è troppo cara", ma io dovevo provare. E ci ho provato. "In città come Torino, dicono, i torinesi, i piemontesi!"; non è così come dicono, io mi trovo sempre bene. L'unica cosa è che parlano e parlano; non sono i piemontesi, perché a Porta Palazzo, e in altre parti, erano gente del sud. Quelli che parlano sono del sud. Anche qualche volta trovo gente che comincia a parlare dell'immigrazione, però, se vedi prima la faccia, sai che anche quelli arrivano dal sud. (IL)

Sono andato in Sicilia. Non avevo conoscenti, sono andato al buio. Appena arrivato a Catania ho visto che non era fatta per me: o me ne vado di là o torno in Senegal. La vita che ho visto lì non mi piaceva, il lavoro non c'era, poi non mi piaceva neanche l'ambiente, sai com'è la Sicilia. La Sicilia è bella, però a Catania alle sette di sera nessun bar aperto; ero al centro di Catania, vicino alla stazione, e da lì ho detto: "Me ne vado nel Nord a tentare la mia *chance*". E poi sono arrivato a Torino e per caso ho incontrato un senegalese che ho conosciuto a Catania e che mi ha dato ospitalità qua. A Catania sono stato cinque mesi. (AS)

In Italia ho visto Bologna, Milano, Potenza, Ancona, Pescara. Mi sono mosso, spesso dove conoscevo gente; a volte solo per vedere come le persone vivono. Torino è il posto migliore: solamente il nome di Torino, già m'interessa molto. Fin dal Senegal aspettavo di vedere Torino, ho sentito parlare della squadra, la Juventus, di Torino, in Senegal, conoscevo i giocatori; ogni domenica in Senegal seguiamo il calcio. (HB)

Sui diversi paesi dell'Unione Europea, sulle profonde differenze culturali e anche di scelte politiche rispetto alla gestione del fenomeno migratorio, e sul diverso grado di radicamento delle comunità immigrate, le opinioni spesso divergono, in particolare nel paragonare Italia e Francia.

L'Italia adesso è il settimo paese al mondo, però con gli altri, c'è la Francia, la Germania, la Spagna; non so gli altri, in Belgio, in Olanda, c'è più rispetto per lo straniero, ci sono più diritti umani. Magari ci sono gli stranieri da più tempo, ma anche qua ormai è un po' di tempo che ci sono; perché io non sono qua da tanto tempo, c'è gente che si lamenta, per la casa, perché dove hai trovato casa la gente non vuole che si affitti a uno straniero. In Francia non è così. Qua puoi andare in agenzia, chiedere una casa, e loro ti rispondono: "No, il proprietario ha detto che non vuole stranieri"; in Francia invece no: tu affitti, se non affittano non affittano a nessuno, e se lasciano una casa senza affittarla pagano le tasse lo stesso, allora non conviene e la casa diventa più facile per tutti da trovare. Ma ci sono tante cose in cui l'Italia è indietro rispetto agli altri paesi: e in più è il settimo paese più ricco del mondo! Ma il pensiero è arretrato. In Francia ci sono tanti lavori, ci sono tanti africani, che hanno delle fabbriche, dei negozi, dei ristoranti; magari io posso lavorare qua per un anno, se quel posto lì è sempre aperto, posso lavorare, perché posso anche chiudere dall'oggi al domani, perché sono sempre delle cose che loro dicono, che, non so per quale motivo, dicono: quello non deve più continuare, dobbiamo chiuderlo, oggi, firma qua, devi firmare, il posto è chiuso. E gli operai cosa fanno? Vanno a trovare un altro posto. Ma ci sono tanti africani lì che lavorano nei negozi, se hai visto Parigi com'è, beh, allora lì è più facile trovare un lavoro che qua. (ML)

Qui è tranquillo, ma non è come in Francia, non è uguale. La differenza è soprattutto nelle persone in generale, nelle maniere; perché qui le persone sono un po' straniate, sono un po' distaccate, gli italiani sono un po' ignoranti, in generale, non tutti, ma in generale. Hanno un po' paura degli stranieri. In Francia questo è meno evidente, perché ci sono tutte le nazionalità, ci sono i senegalesi. Sono arrivato in Europa da sei anni; sono stato in Francia per sei anni, poi sono venuto qui perché ho visto degli amici venire qui. Quando sono arrivato volevo tornare in Senegal, perché non era come lo sentivo raccontare dalle persone. Poi sono restato, ho cominciato a lavorare, andavo e venivo; poi dopo sei anni ti rendi conto, poi sono venuto in Italia. In Francia non avevo nessun problema. Là avevo la mia famiglia, mio zio, mio fratello; lo zio è là da tanto tempo, da venticinque anni. (MKL)

Soprattutto in Africa, abbiamo questa allegria, anche se non abbiamo niente; in Europa hanno sempre problemi. E questa allegria, girando in Europa, la trovi in Italia; meno dell'Africa ma la trovi in Italia. Più al sud, quando io sono arrivato ero a Rimini; anche la bellezza delle donne, eh eh! Io sono cascato in Italia, sono stato due giorni e poi sono cascato! Ci sono tante cose, perché a parte tutto quello che ho raccontato, che riguarda il mestiere che facciamo, in Italia se lo prendono bene, puoi sempre stare perché come te lo ripeto, in tutta l'Europa siete voi che avete molto più sangue, ce l'avete voi il sangue; a divertirsi è il primo l'italiano. Lasciamo perdere tutti gli altri difetti, non mi interessa, vi piace divertirvi. Sì, sì, se no avrei già cambiato strada perché nessuno può tenermi dove vado. (BMS)

5.3 Il razzismo spiegato agli italiani

Pur se alcuni ricordano singoli episodi di cui sono stati protagonisti o testimoni, gli immigrati tendono a minimizzare i piccoli o grandi torti subiti, sostenendo che in generale i rapporti con gli italiani sono da considerarsi buoni.

Penso che gli italiani siano buoni, gentili, che vogliono aiutare le persone. Il razzismo esiste qui? Non lo sapevo, non conosco la parola razzismo. Tutti sono uguali, al di là della razza, sei una persona. Io vivo, tu vivi, io morirò e tu morirai. La gente in Senegal non capisce la parola razzismo. Io sono gentile, non potrei far del male a nessuno, non mi hanno insegnato questo durante la mia infanzia. (HB)

Sai com'è qui in Europa, non va come un orologio, come il tempo, c'è il sole, piove, dipende. Io ho visto tante cose brutte e ho visto tante tante cose belle, ho visto tanta gente cattiva, ho visto anche tanta gente brava. Adesso come adesso non posso più distinguere chi è razzista e chi non è razzista perché per me è fuori moda quella gente e la giudico come gente che non capisce e basta, perché per capire questo devi fare tanti anni all'estero. Comunque, perché la gente con la sua paura ti tratta come vuole, ti giudica come vuole, ma un giorno sapendo è tutta un'altra cosa; l'ignoranza porta tante cose brutte. Io non accuserò mai da dire razzista perché ormai io non sono più come l'extracomunitario che può dirlo, perché ormai la mia vita è mescolata. Ho mio figlio metà bianco, mia moglie bianca, e i miei amici sono più bianchi che neri: ventidue anni qua! Okay, ma ci sono delle cose che se io vengo a casa tua, okay, posso arrabbiarmi, ma tante cose le devo anche accettare, e questo anche noi; ci sono tanti di noi che lo sanno, però anche noi la nostra ignoranza ci mette sull'autodifesa; ogni cosa che uno dice noi siamo già pronti a difenderci perché è la nostra paura che tu ci attacchi. Perché ci sono anche gente che ti trattano non tanto bene. Il mio gruppo adesso io l'ho mescolato, italiani e africani: è uscita una nuova musica che sta facendo impazzire tutti e questo è un risultato. Io dico sempre: "Guardate, la differenza non c'è". (BMS)

Ci sono persone anche qui che ci pongono la domanda: "Come fate a nutrirvi qui?", per esempio; a me piacerebbe avvicinarmi alle persone, incontrarmi con loro, per demistificare lo spirito dell'epoca, che è il razzismo, per demistificarlo, perché all'epoca c'era il razzismo. A volte questo mi stupisce, perché la maggior parte è razzista, noi siamo tutti nel mondo, se il buon Dio ci ha portati qui. Nella tua famiglia c'è un nero, nella mia famiglia c'è una bianca. Per esempio i tuoi capelli sono neri, i tuoi occhi neri, la mia lingua è bianca, il palmo della mia mano bianco; è per mescolare i colori che Dio l'ha fatto. E il buon Dio l'ha fatto per cancellare la parola razzismo in Europa. Per esempio se io vedo qualcuno che mi dice: "Non mi piacciono le bianche", io mi stupisco. L'unione fa la forza. C'è un proverbio wolof che dice : "Il sangue che scorre in una mano è il sangue che scorre nell'altra mano". È per questo che noi sempre, anche al paese, prima di lasciare il paese, parliamo di razzismo. È nostro padre che ce ne ha parlato, che nel mondo, se tu parti, in Europa ti comporti come europeo. Ti dice che tu, che tu sia un francese o un italiano, se hai dei cattivi razzismi in testa, è meglio riflettere, tu, non devi andare in Europa. È l'evoluzione del mondo; il mondo è evoluto, dunque bisogna cancellare tutti i razzismi, e dico persino che tu puoi avere un figlio e dargli il nome di uno dei tuoi amici italiani, un nome dell'Italia. Come per esempio se io ho un figlio di qui, gli do un nome italiano di qui, Giuseppe, per esempio, perché ho uno dei miei amici italiani che si chiama Giuseppe, è uno che mi vuole molto bene, sta sempre con me. Da noi si fa così, se dai un nome a qualcuno, gli dai il nome di una persona che conosci. (AF)

Non ho mai avuto questo problema, veramente, mai mai. Il mio primo anno qui, tanto tanto tempo fa, c'era uno che mi ha detto, scusate: "Puttana!". E io: "Non è vero, non sono una puttana!". E lui: "Sì, sì, sì". E io: "No". Solo questa volta, ma non ho mai avuto problemi con nessuno, anche a Parigi, mai. Io penso che dipende, se qualcuno è razzista con un africano, penso che c'è qualcosa, io non mi sono mai comportata male con nessuno, con nessuno. In Senegal, a Parigi, né qui, mai. Sì, sì, perché mi rispetto io, me stessa, non mi piace che mi dici una cosa che è brutta, e per questo rispetto troppo la gente. Io dove vado, se io parlo mi ascoltano; perché mi comporto come devo fare. (SN)

Il pregiudizio che forse infastidisce maggiormente gli immigrati è quello del nero ladro e scansafatiche, legato a giri di droga, di prostituzione. Esso viene sofferto, anche perché contrario a tutti i precetti culturali e religiosi senegalesi. Vi si contrappone lo sforzo ripetuto di dare un'immagine di sé legata al desiderio di lavorare e di rifuggire dai conflitti e dai problemi. Lavorare significa che ci si assume responsabilità verso la propria famiglia, con un doppio ruolo positivo contro il pregiudizio e i comportamenti discriminanti. "Essere in regola" per gli immigrati senegalesi è davvero importante per farsi accogliere. Ed in generale, essi sono stati definiti con l'immagine paternalistica del "buon negro", del "buon selvaggio", contrapponendoli a quelli cattivi, i giovani magrebini prima e gli albanesi poi (Sinatti, 2000, 82).

È molto sbagliato [che il giudizio negativo degli italiani su di loro abbia un'influenza su tutti], perché se io conosco te, so quello che fai sul lavoro, poi dopo conosco un altro italiano che fa un lavoro brutto, non è che io penso che anche tu fai quel lavoro. (FD)

Lavoriamo, paghiamo le tasse che possiamo pagare. Anche voi, dateci un po' una mano, a qualcuno che è in difficoltà, che non ha i documenti, che vuole avere i documenti, che vuole lavorare tranquillo. Noi a Louga manchiamo di un po' di cose. Tutti siamo qui per lavorare. Qua, dove siamo, è tutta gente pulita, che vuole solo lavorare. Io le dico queste parole. Quando parlano di immigrati, parlano di tutto, dicono che gli immigrati sono cattivi, ma noi siamo venuti qua per lavorare, non siamo venuti qua per un altro motivo. Gli italiani lo sanno, noi senegalesi siamo venuti qua, vogliamo tutti bene agli italiani, non vogliamo litigare con nessuno. E quando finiamo il lavoro, siamo qua a casa, parliamo con gli amici.
Da me, in Senegal, nel mio paese, quando vedo un italiano, lo tratto come la mia famiglia, è come la mia famiglia. Mi sembra che sia una cosa importante del mondo. Perché noi neri, noi bianchi, siamo gli stessi. Se mi tagli, il sangue è lo stesso del tuo; il sangue è rosso, no? Siamo tutti uguali, no? Allora cerchiamo di avvicinarci, di parlare. Così c'è sempre un rapporto buono. Ma se uno mi vede e dice che questo è nero, non gli vuole parlare, io dico che questo è un bianco e non gli voglio parlare, così non ci possiamo mai avvicinare. Non abbiamo mai possibilità di avvicinarci, di parlarci, di andare a ballare, di fare tante cose. Se c'è il rapporto buono, come te, ora sei qua, io non ti ho mai vista; adesso sei venuta qua, adesso ti tengo come mia sorella. Come la mia famiglia. Voglio che tu torni qua a parlare con noi. Passa quando vuoi, è una casa aperta. C'è la porta aperta per te, quando vuoi venire, vieni pure. Noi siamo qua. (MS)

Quando ci si sente discriminati viene intaccato un concetto di base nei valori senegalesi: il rispetto. In Africa il rispetto verso l'ospite è sacro, sentirsene privati è grave. Nessuno d'altra parte ama venire giudicato prima di essere conosciuto, ed è forte il sentimento della legittimità della condizione di chi è venuto in Europa per lavorare.

Ho deciso di venire in Europa perché serviva denaro. Conoscevo molti amici e parenti in Europa. Ma in Europa ci sono anche molti casini: quelli che ti mancano di rispetto, per esempio. Io vi rispetto, io voglio rispetto; vengo qui per questa merda? No! Vengo per lavorare! Per lavorare. Bene, dunque, ci sono molti senegalesi qui, vengono qui in

Europa e lavorano. Non un senegalese che viene qui per rubare: io non ho mai visto un senegalese che rubi qui! Rubare: io lavoro! Io lavoro, qui e in Africa. Quanto a voi, io vi rispetto e voglio rispetto! Io vi rispetto e voglio rispetto. Dunque, c'è qualcuno che rispetta la gente, è gentile, e c'è qualcuno che non rispetta nessuno, e nessuno lo rispetta. E la vita è così. Io vi rispetto, voglio rispetto. Perciò non frequento italiani, solo senegalesi. Frequento anche degli altri africani, ivoriani, nigeriani, li frequento, ma ci parlo e basta. Ci sono anche molti italiani che rispettano. Ci sono molti senegalesi che vengono qui emigranti, e ci sono molti problemi. Per esempio, ieri sera compro qualcosa in giro, passa uno [e dice a un altro africano]: "Bastardo negro, vai al tuo paese!" e lui [gli risponde]: "Sì, sì, grazie". [Ma io gli avrei detto] "Ma vaffanculo!". Altro che grazie mille! Dunque, ci sono dei fascisti, qui in Italia, ma io so tutto dell'Europa. In Francia, in Italia, io conosco la mia vita, so perché sono venuto qui: per lavorare, non sono venuto qui per insultare le persone. Per lavorare, io, lavorare, guadagnare e aiutare mio fratello, mio padre, mia madre, il resto è con Dio. Io ho visto tutto, conosco tutto. So perdonare, perdono sempre; condannare può solo Dio. Nel mio quartiere va molto bene; vivo là da nove anni e non ho mai avuto problemi con la gente, nessun problema: "Buona giornata, come stai, bene, bene, ciao, bravo". Lo so, sono venuto dal Senegal per lavorare. E i bambini: "Ciao, quand'è che vieni? ciao" per la strada. La gente è seria. Se non si mettono con me, io non mi metto con nessuno. È la vita che è così, proprio così. (MOK)

In alcuni casi c'è la sofferenza del sentirsi costantemente diversi, sotto esame, anche sul lavoro, nello svolgere la propria attività.

Ho lasciato il lavoro e sono andato in Olanda perché una persona mi parlava dell'Olanda dicendo che gli immigrati stavano bene, non c'era razzismo. Perché questo mi pesava tanto. Sentivo di non passare mai inosservato, diciamo così, in nessun ambiente, sentivo ogni giorno, ogni momento, d'essere straniero e questo mi pesava tanto. La prima cosa che mi aveva spinto a rientrare in Senegal erano le opportunità che offriva questa terra: quello che vedevo fare non mi interessava affatto e non avevo visto una prospettiva; se non avessi avuto mio fratello, dopo una settimana sarei tornato a casa, solo che lì c'era il '79 in Europa e mi diceva: "Tieni duro, prima o poi cambierà". Seguivo questo consiglio suo, ma mi veniva una crisi. Moltiplicavo gli sforzi per convincere chiunque sia, un operaio che non ha nessuna cosa [da provare] nei miei confronti, dovevo sempre provare qualcosa io, perché ero diverso, dovevo sempre provare, lui no, niente mi doveva, ma io sì: dovevo sempre fare lo sforzo di convincere chiunque. Era una cosa che mi pesava tantissimo. Però poi sono qua. (MD)

Non pensavo di venire qua e di non riuscire mai a inserirmi nel mondo della moda. Ho trovato tanti problemi: tutte chiuse le strade della moda. "Chi è?", però una parte, se non ti conoscono, non sanno che sei tu; già anche la prima cosa che sei un africano, non ci credono! Certe volte anche dove lavoro, tante persone che vengono e chiedono di fare, e tanti pensano che uno di colore, non possono credere che uno nero può inserirsi nel mondo della moda. È lungo, lungo! Piano piano, la gente vede, parlano di te andando in giro. Però ti vedono con la tua pelle e così non ti fanno neanche provare. (MN)

Io il delegato lo faccio da una vita, dal Senegal anche, mi è sempre piaciuto. Problemi di rapporto tra stranieri e italiani no; tra italiani e stranieri in Fiat c'era, perché per esempio quando dovevo andare negli uffici, dai padroni, che anch'io preferisco chiamarli datori di lavoro, quando vedevano me non mi volevano, me proprio, senegalese, tutto nero; però se si mandava un marocchino lo accettavano. Però è superato: da parecchi anni non ci fanno più caso. (AS)

Per me personalmente non sono io ad aver creato la mia persona, tu per esempio, non sei tu ad aver creato la tua persona, è Dio che ci ha creato così. Avrebbe potuto farmi americano o brasiliano o italiano, ma ha scelto questo per me. Non so, non devo alzare la testa per dire che sono qui o devo abbassare la testa; per me, non so, è Dio che l'ha voluto così. No, no, no, per me è una cosa che devo alzare la testa per dire che sono di una famiglia, o di avere vergogna di essere di questa famiglia, no. Per me è normale, potrei essere un italiano o un maliano o un non so, io mi sento come tutti gli altri, io non vedo la differenza, può darsi che loro la vedano o forse che non la vedano. Per me non ci sono differenze. Non è perché io sono nato senegalese o italiano, no no. È la vita che è così. Non ci sono differenze.

Avevo tanti soldi! Un buon lavoro. Poi da là me ne sono andato, perché era anche duro, duro nel senso di fare, non so, perché negli alberghi non c'è che un giorno di riposo. Poi non solo questo. Mi sono detto che non valeva più la pena. Problemi di razzismo. Io parlavo un po' di inglese, un po' il francese, l'italiano, a volte c'erano altre nazionalità, quindi c'era l'opportunità spesso di avere degli amici. Lui [il padrone] diceva di non fidarsi di me, di quello e di quell'altro [riferito a se stesso e a suo cugino]. Alla fine dei conti mi sono reso conto che non potevo continuare. Mi pagavano bene, mangiavo là, dormivo là, non avevo problemi di sistemazione, ma la prima cosa da fare è la pace, se no non vale più la pena. Se no era un buon lavoro. Per me, io sono il primo della mia famiglia che è venuto in Europa a vivere e lavorare. Prima o poi se non mi piace torno. Ogni volta se devi prendere un caffè, un bicchiere di vino, non so, [ti senti dire:] "Vai di là, negro di merda, vai là", ma dai. (HM)

Sebbene spesso prive di mezzi materiali e culturali, molte delle persone immigrate che abbiamo incontrato hanno reagito in modo positivo, muovendosi nella direzione di far conoscere la propria cultura, agendo contro il razzismo e l'ignoranza, dando un sostegno individuale, restituendo l'ospitalità ricevuta (o non ricevuta) da questo paese, con la coscienza di avere qualcosa di prezioso da trasmettere agli europei. È da sottolineare che in generale i senegalesi arrivano e restano in Italia in una posizione che sentono di inferiorità economica, materiale, magari anche organizzativa, ma assolutamente non di inferiorità culturale, di relazioni, di atteggiamenti. Temono di perdere questi valori perdendo le proprie radici e desiderano mantenerli e trasmetterli al nostro paese.

Quindi questo mi pesava tanto che allora mi sono inventato un lavoro - mi ero dimenticato di dirlo! -, iniziando a fare il corso di mediazione culturale, visto che mi facevano delle domande strane, mi dicevo: "Ma l'Italia non è così distante dal Senegal perché la gente sia così ignorante da non sapere esattamente come ho vissuto, come vivo". Perché mi facevano delle domande: ad esempio, se ho iniziato a fumare qua! "No, dicevo, abbiamo le sigarette anche in Senegal". Oppure, un giorno guardavo uno stereo che volevo acquistare e un signore di circa sessantacinque anni mi ha seguito tutto un pomeriggio, si stupiva per come facevo perché in Africa non c'è la corrente. Allora ho deciso di lavorare nelle scuole, di presentare un'iniziativa: presentavo dei progetti, andavo, parlavo della famiglia, della musica, del ballo; cercavo di cancellare dei pregiudizi tipo "hanno nel sangue la musica", tipo "essere negro mi offende", perché ti ho detto nero. Anche quest'anno ho fatto dei laboratori. Ho lavorato dal nido alle superiori, ma molto di più con le elementari. Perché poi nel frattempo con il Cesedi [ente scolastico provinciale] facevo, nelle superiori, seminari dove si lavorava sui pregiudizi razziali; anche nelle carceri. Nelle scuole era fuori dell'orario, ma i ragazzi venivano; inizialmente non sapevano di me e mi vedevano come un estraneo, ma dopo ho la fortuna che mi piacciono i bambini, ci sto bene, e molte amicizie le ho avute tramite i bambini, insegnanti, genitori, perché dopo due ore di corso e lezione mi inseguivano fino a quando prendevo la macchina, per esempio; per i genitori che erano fuori e li aspettavano era un po' particolare, per cui ho avuto tante amicizie, tanti rapporti. (MD)

Il mio gruppo adesso io l'ho mescolato, italiani e africani: è uscita una nuova musica che sta facendo impazzire tutti e questo è un risultato. Io dico sempre: "Guardate, la differenza non c'è". Facciamo una serata particolare nel senso che l'abbiamo organizzata noi, perché non facciamo divertire la gente? Suoniamo! Adesso io sto anche insegnando nelle scuole però più avanti non posso più farlo perché se sono concentrato a insegnare, a fare scuola ai grandi di percussione e di danza, a fare la mia musica, e le richieste dappertutto, perché adesso la musica afro la richiedono, non puoi più mescolare tutto! E poi l'età: quando parlo ai bambini delle scuole: "Perché sei venuto qua?", "noi che cosa abbiamo in Africa?", "come viviamo?", "che cosa mangiamo, come mangiamo?", "la nostra atmosfera come è fatta?". Il Senegal non ha mai visto la neve, il Senegal non è mai andato sotto i dieci gradi, per dire un freddo che non finisce più, nel Senegal non piove tutto l'anno - ma se vai in Casamance piove -, una volta all'anno, due volte. Ciò che so raccontare e fare, ripeto, me l'ha insegnato la nonna che è il simbolo della famiglia e che è ancora viva grazie a Dio, e che possiamo anche ritornare sempre a prendere il latte - diciamo noi - che ci deve allattare. (BMS)

5.4 Legami più stretti

Come abbiamo visto fino a questo punto, le vite di senegalesi e italiani (o, più in generale, europei) scorrono spesso divise, per le difficoltà oggettive di incontro ma anche per la mancanza di un interesse reciproco. A maggior ragione assume una grande importanza la nascita di amicizie sincere, che prendono facilmente la forma di relazioni parafamiliari e di un rapporto intimo e fondato sulla fiducia.

A Torino mi trovo bene. Con la gente, ho tanti amici; a Pinerolo. Prima di lavorare ai mercati giravo nei bar, allora lì devo anche ringraziare i miei amici lì di Pinerolo che veramente mi davano tutto. Quando avevo bisogno di qualcosa, mi dicevano: "Vuoi qualcosa? Se vuoi qualcosa dimmelo. Se hai problemi, dimmelo. Se vuoi qualcosa ti diamo una mano". Anche loro vanno in Senegal. Vengono in Senegal a trovarmi. Vuol dire che c'è un rapporto buono. Se io facevo le cose male, non avevo rapporti con nessuno. Invece se uno è bravo, cerca di parlare con gli italiani, cerca di incontrarti, di parlarti, di avvicinarti, allora lì, trovi una persona che è brava. Sono bravi, veramente, i miei amici sono bravissimi. Ho degli amici a Pinerolo. In particolare un'amica che io chiamo sempre "sorella", perché è veramente una brava persona. M'ha dato tutto, veramente. La prima volta che sono andato a Perosa, non conoscevo nessuno, allora lì lavoravo, giravo i bar per vendere, quando sono arrivato in un bar, lei mi ha chiesto cosa volevo bere, "Un'aranciata", le ho detto. Poi mi ha offerto un'aranciata, e mi ha chiesto: "Di dove sei?". Allora le ho raccontato che sono senegalese. "Eh, mi dice, veramente mi piacerebbe andare in Senegal", perché ne ha sentito parlare, ma non c'è mai andata. Poi mi ha chiesto già il numero di telefono, ma io in quel periodo non ce l'avevo, allora lei mi ha dato il suo. E poi dopo mi ha anche fatto conoscere suo padre, sua mamma, che sono bravissimi. Allora l'amicizia con lei continua fino adesso. Poi è venuta anche in Senegal a trovarmi, con il suo moroso, e adesso voleva di nuovo venire con suo papà, sua mamma, il suo moroso in Senegal. Lei è veramente una che se le telefono per chiederle un favore, veramente, quello che può me lo dà. È come mia sorella, veramente, di più, di più; come mia sorella, veramente. L'ho tenuta come sorella, veramente, perché è una brava persona. Io veramente ringrazio tanto perché è brava. (MS)

Ho fatto delle amicizie abbastanza larghe sul lavoro. Anche qualche volta l'amore, e poi incontrare gente di spettacolo. Poche persone che vedo non sono interessate a che io faccio il sarto. Tutte le persone che ho incontrato mi chiedono il mio mestiere e novantanove su cento sono interessate di quello che fai, vengono anche a farsi fare le cose. Io conosco della gente, delle ragazze veramente. Una volta una ragazza che fa l'avvocatessa mi ha detto: "Tu abiti qua?"; io ho detto: "Sì, abito qua", "Da quanti anni?", "Io questo quartiere lo conosco bene, è quasi il mio quartiere di residenza", perché lei è stata in Inghilterra, in Brasile, una volta ha fatto un pranzo brasiliano: buonissimo; e poi lei mi ha detto: "Io non volevo allontanarmi dalla mia gente", io dico: "Dalla mia gente?", "Sì, perché io non potrei mai vivere in un quartiere in cui non vedo i neri, i ragazzi diversi; sono cresciuta così, perciò quando ho trovato una casa qui sono stata contenta. Non so se il quartiere è pericoloso". "Stai tranquilla. Io questo quartiere, sono innamorato di questo quartiere". E lei mi ha detto: "Anch'io, perché adesso posso incontrare la mia gente e allora sono tranquilla". (MN)

Ho un amico francese, si chiama Jean Michel, ci siamo conosciuti a Parigi, abbiamo parlato bene, così, ha preso il mio indirizzo, prima mi invitava sempre da loro, mi ha presentato a sua madre e tutto, ogni volta che viene a Parigi, dorme da me - abita un po' lontano da Parigi - ma se viene a Parigi, dorme da me, resta con me. Un giorno mi ha proposto: "Voglio andare in Africa", ma non sapeva dove, Gabon o Senegal, io gli ho detto: "È meglio andare in Senegal", "Dove?", mi ha detto, "Ma da me", "Bene vedremo", e l'ho lasciato. Ci ha pensato, pensato, pensato. Dopo ritorna, gli ho detto che era già fatto, ho parlato con mia madre, siccome lo voleva, gli ho dato il mio indirizzo, ha preso i suoi bagagli, l'ho accompagnato all'aeroporto, ed è partito, io sono restato a Parigi, ho telefonato che un mio amico doveva arrivare, se potevano andarlo a prendere all'aeroporto, lui è sceso dall'aereo, lo hanno portato a casa mia, sai che mi aveva detto che doveva fare quindici giorni, ha fatto un mese, un mese, se io gli telefonavo "Jean Michel, che fai?", rispondeva: "Aspetta, sono a casa mia, lasciami tranquillo". Abbiamo parlato bene, bene, è rimasto un mese. Quando è venuto gli hanno dato dei regali, *djembé* e tutto quanto. Al ritorno, l'ha spiegato a sua madre, poi sua madre mi ha chiamato, mi ha detto: "Jean Michel è diventato un senegalese". Ma è vero, ancora oggi mi chiama ogni tanto, andiamo molto d'accordo ed è partito al Paese tre volte. (AF)

Sono abbastanza numerosi i racconti che descrivono appoggi concreti ricevuti da persone incontrate in Italia che si rivelano vitali quando riguardano le necessità di base di un immigrato, la lingua, il lavoro, la casa, la salute, la famiglia.

Io facevo un corso di italiano alla scuola vicino a corso Giulio Cesare: sono andata lì per capire l'italiano, perché io prima non potevo scrivere, parlare italiano. E la mia maestra mi ha detto: "Tu sei incinta?"; io ho detto: "Sì"; lei mi ha dato l'indirizzo di "Camminare insieme", sono andata lì, loro aiutano. Ogni mercoledì vado lì. Anche loro aiutano bene: quando il mio bambino è nato non cresceva bene, era malato, e c'è una signora che quando volevo andare all'ospedale loro prendevano il taxi, io non pagavo niente, andavamo insieme all'ospedale. Perché quando è nato il mio bambino era sempre malato. Dopo lui era all'ospedale e io ero a casa e ogni mattina io tiravo il latte e dopo lo portavo all'ospedale. Dura, dura. Poi loro davano notizie dei bambini solo il lunedì e il venerdì. Quando loro davano le notizie, io non capivo niente di italiano quando parlavano e andavo all'ospedale con una signora africana che si chiama Bernadette. Io non ho comprato il passeggino, ma "Camminare insieme" mi ha dato il passeggino, tutto, tutto. Quando il mio bambino è nato, io non ho comprato niente, tutto loro. Per portare il passeggino qua era pesante, per le scale, [perciò non lo usavo]. Quando lui era piccolo io lo mettevo sempre dietro. Quando io lo mettevo dietro e andavo a "Camminare insieme" loro ridevano sempre e chiedevano: "Come fa il bambino a non cadere?". Lì ho conosciuto altre donne. Adesso conosco anche italiane, come Giuliana. Un giorno che giravo sempre, e mi faceva male la testa, una signora italiana mi ha chiesto: "Cosa c'è, cosa c'è?", perché io piangevo sempre, e io: "Signora, io cerco un lavoro". E lei: "Va' in questa chiesa" e dopo sono andata in questa chiesa e ho chiesto al padre per il lavoro e lui mi ha detto che quando trova un lavoro mi telefona e io vado a fare il lavoro. Dopo io ho visto una signora, dopo la chiesa, in un posto per cercare lavoro, sono andata lì e ho chiesto: "Io cerco lavoro" e loro dicono: "Sai fare questa cosa?", "Sì, posso fare questa cosa". (FB)

Ho finito la scuola di italiano, è durata sei mesi; la signora che insegnava mi diceva sempre di continuare. Me lo diceva sempre sempre. Prima andavo a fare l'ambulante, e lei mi diceva di lasciare, di studiare, di fare l'insegnante, e quello che potevo guadagnare lì come ambulante me lo dava lei: una signora brava. (MBK)

Nell'ambito del lavoro avvengono episodi di solidarietà o anche di cooperazione per trovare un'occupazione o inventarsela insieme. C'è qualche caso in cui si creano delle situazioni di socializzazione.

Con Roberto, l'amicizia è cresciuta lavorando insieme, sì posso dire di sì. Ho anche altri amici che ho conosciuto sul posto di lavoro, che sono amici. Non sono persone che fanno il lavoro tipo il mio, ci conosciamo sul posto di lavoro, però non fanno lo stesso lavoro che faccio io. Fuori del lavoro c'è un po' tutto: posso essere amico con te, però se facciamo una festa tu magari porti delle persone che non conosco neanche, però ci salutiamo, chiacchieriamo, facciamo la festa. Le persone che frequento posso dire che sono tutti miei amici. Ce n'è qualcuno con cui parlo dei miei problemi. Quelli saranno uno o due. Sono senegalesi che ho conosciuto qua. (MF)

In fabbrica ci sono altri cinque senegalesi, ci sono ivoriani, un nigeriano e il resto sono albanesi, rumeni, italiani del Sud. Non ci vediamo spesso fuori del lavoro. Il capo è un tipo veramente simpatico, molto simpatico. Lui per esempio quando ti tagli qui, per esempio, ti chiede di fermarti per un'ora di tempo, almeno. Regola i problemi secondo la legge, perché lui è qualcuno di veramente gentile, in più è un italiano, ma è *cool*, non ci sono problemi, quando ci sono dei problemi, viene a spiegarteli, ti dà i suoi consigli, se ti può aiutare, ti aiuta. Con lui non ci sono rapporti fuori dal lavoro. Abbiamo tutti il suo numero di telefono, ma io non l'ho mai chiamato. Una volta mi ha chiesto perché non lo chiamassi, non so. Sì, uso i permessi. Per esempio questa settimana non lavoro, l'ho detto al mio capo, gli ho detto che ho un problema, "Qual è il tuo problema?". "Devo sistemare delle cose alla banca. Devo ritirare dei soldi. Devo ritirare il permesso di soggiorno, fare la residenza". Il mio superiore ha scritto una lettera e io l'ho portata là, alla Questura, ho chiesto al capo e lui mi ha detto di sì. Per fare tutte le pratiche. Ha scritto una lettera, che ho portato là, in Questura, per dire che non posso più pagare dei soldi, che devo inviare dei soldi al Paese. Sul lavoro non ci sono episodi di razzismo. Ci sono dei rapporti fra di noi. Non ho mai visto là qualcuno che parla troppo. Le persone vengono a lavorare. Andiamo d'accordo, fra nazionalità. A volte per esempio ho la mia chiave del caffè, c'è un italiano che viene e dice: "Hai degli euro? ho perso la mia chiave del caffè, l'ho lasciata a casa". Gli do la mia chiave del caffè, non ci sono problemi. (MOD)

Mettere su il negozio non l'ho fatto da solo. Non è stato facile. Da solo no. Siccome io abitavo qua con la mia ex-fidanzata che mi ha messo questa idea in mente: "Perché non fai qualche cosa" e io: "Aprire una sartoria c'è troppo casino". "Ma no, dai, ce la fai, ti do una mano". Cerco un locale, perché prima lavoravo a casa. Alla fine i vestiti, i clienti sono tanti e in casa alla fine i clienti che arrivano a suonare a tutte le ore, il mattino della domenica. Lei non poteva riposare, perché quando sanno che ti trovano in casa, non puoi scappare. Poi però il locale l'ho trovato perché ho conosciuto quel signore lì del tabaccaio vicino a casa nostra, dove andavo per le sigarette, a parlare con loro, a scherzare, sempre chiedendo a loro se trovano un locale, perché voglio aprire una sartoria; e parlavo con tutti i signori del quartiere che mi conoscono da anni. Un giorno quel signore del tabaccaio mi ha detto che c'era un magazzino per mettere a deposito le sigarette, lui vuole lasciarlo fra un mese o due e se voglio mi dà il numero di telefono dell'amministratore, poi io mi metto in contatto con lui: "Sì, va bene, io telefono a quel signore lì", e poi dopo mi dato il magazzino, io ho telefonato all'amministratore, mi ha dato un appuntamento con la mia fidanzata. C'erano due locali, uno vicino all'altro. Mi ha fatto vedere quello che ho adesso: come sartoria ho visto che era ordinato e enorme e: "Io lo prendo". Così ho preso quel locale. Mi hanno aiutato quei signori lì italiani, perché io chiedevo sempre a tutti in giro. Per il macchinario la mia fidanzata mi ha detto di comprarne prima uno piccolo, poi io lavoravo. Siamo andati a prendere una macchina, lei mi ha fatto la garanzia, poi la pagavo ogni tre mesi. Però sono macchine belle! Il negozio è anche un luogo di ritrovo, perché di questa sartoria sono informati anche alcuni amici importanti, non amici così che magari nel tempo di lavoro, no, amici importanti: dei signori, altre persone che fanno cose nello spettacolo, nel cinema: grazie a questa attività tanti vengono, si fanno i vestiti, poi mi cercano; io non posso sapere se quello è un giornalista, un attore, un'attrice, si mettono in contatto. A volte ci sono anche altri ragazzi che vengono, mi propongono di lavorare con loro in qualche posto. (MN)

Un capitolo a sé richiederebbero le relazioni che si stabiliscono con le ragazze, e per introdurre l'argomento risulta molto ricca una citazione da Mbacke Gadji (2000, 39):

Un concerto [...] fece incontrare a Yatt la sua prima francese. Una delle più importanti conquiste che un extra-comunitario possa realizzare in Occidente. In effetti, la nostra integrazione è strettamente legata alle nostre capacità di creare delle relazioni con una particolare fetta di popolazione: le donne in prima linea (noi crediamo così). In wolof si dice: "Chi non ha ancora fondato una famiglia nel posto dove vive, può considerarsi solo di passaggio e inevitabilmente prima o poi lo lascerà".
Fondare una famiglia per tanti di noi è una ragione sufficiente per vivere. Conquistare una ragazza è immancabilmente una grande vittoria nel nostro destino - talvolta incerto e sfuggente - nel paese dei bianchi. In più, la donna, per la nostra cultura rappresenta l'elemento fondamentale di identificazione e di integrazione nella società.
Una terza ragione è che fa comodo avere un'anima gemella vicino per consolarsi delle numerose frustrazioni della vita. Insomma tutti quanti forziamo i nostri primi incontri con queste donne dai capelli lunghi fino a spingerci al matrimonio e commettiamo l'irreparabile e classico errore di ignorare quanto esso effettivamente valga in questa società. Quando ci rendiamo conto di come è fatta e considerata oggi la famiglia, qui in Occidente, a volte è troppo tardi. Naturalmente non sto parlando di chi è solo intenzionato a regolarizzare la propria situazione facendo ricorso al "matrimonio bianco".

Spesso anche le ragazze italiane sono interessate ad approfondire la conoscenza dei ragazzi africani, che vedono attraenti anche per l'aspetto fisico, l'eleganza dei movimenti, la simpatia e nel cercare questa relazione gioca anche il fatto di dare un esempio positivo di incontro tra italiani e senegalesi. Tuttavia dalla condivisione quotidiana emerge anche la differenza culturale e di mentalità, che riguarda aspetti radicati del vivere: la concezione di sé, dei rapporti con gli altri, della distanza[5].

Per esempio, quando stai con una donna qui in Italia, una donna italiana, loro non hanno quest'abitudine che arrivano tutti gli amici ogni giorno a mangiare a casa. Questa è la nostra cultura. Quando vai giù vedi com'è questa cultura, però qua, vedendo che è così, noi quella cultura lì la togliamo: noi africani per accontentare la tua donna o con chi stai, perché non è più cultura europea. (BMS)

Abbiamo avuto un rapporto sentimentale che è durato sei, sette anni. Non era un rapporto molto solido perché comunque eravamo in posti diversi e ci vedevamo nel weekend; non ero tanto contento allora di quel rapporto e ho deciso di andare via. Sono andato in Olanda, lei è andata in Inghilterra per la tesi e ci sentivamo abbastanza spesso; poi quando le ho fatto capire che mi trovavo bene in Olanda e forse non sarei tornato in Italia c'è rimasta male, ha chiuso la sua ricerca in Inghilterra e mi ha raggiunto in Olanda. Siamo stati quindici giorni insieme, dopo un mese che ero in Olanda, e così dopo quarantacinque giorni di Olanda sono tornato in Italia. Sono tornato in un posto dove non avevo più niente, dovevo ricominciare tutto daccapo perché il lavoro l'avevo lasciato, la casa l'avevo lasciata; perché lei ha insistito e non voleva stare in Olanda, perché stava finendo gli studi e aveva gli interessi qua. Ad Amsterdam era bellissimo. Tornato in Italia sono andato a vivere con lei ed è stato un errore madornale perché nessuno dei due era preparato alla convivenza, eravamo così lontani, diversi. (MD)

Dalle riflessioni di alcuni giovani che abbiamo incontrato sono emersi i punti problematici che ritornano più frequentemente nel rapporto con le ragazze italiane: queste danno molta importanza alla propria autonomia, hanno progetti precisi per la propria vita, ma avanzano anche richieste di attenzioni ritenute eccessive, non accettano le lunghe separazioni e vogliono organizzare la vita dei loro partner. Se alcuni di essi non concepiscono in ogni caso un matrimonio con un'europea, altri invece non esitano a mettersi in gioco, a volere anche dei figli, nonostante le grosse difficoltà che dovranno affrontare nelle famiglie di origine. Come vedremo nel capitolo 6, queste infatti sono quasi sempre contrarie, perché tali matrimoni comportano radicamenti altrove, e difficilmente questa relazione è compatibile con il risparmio di denaro da mandare in Senegal. Non sono molte le unioni di questo tipo a Torino, ma le relazioni che ne scaturiscono sembrano valutate con serenità e con spirito di adattamento, anche quando le difficoltà di comprensione reciproca sono grandi.

---

5. Marchetti (1994, 328): "I senegalesi che hanno avuto storie con ragazze italiane io li ho sentiti: dicono che le ragazze italiane chiedono sempre tutto e questo vuol dire che le ragazze italiane sono possessive e il ragazzo senegalese non vuole questo". "Ci sono donne che ti amano troppo. Potrebbero anche morire per te, vogliono vederti ogni giorno, vogliono che tu le chiami ogni giorno e queste cose ti fanno stancare".

Sono venuto in Italia perché ho parlato con gli italiani. Ahi Ahi! [ride] adesso mi hanno messo in gabbia, non mi muovo più, perché ormai figli ne ho fatti due, io, con la mia prima moglie, poi adesso con la mia moglie attuale. Con la mia prima moglie, fidanzata, che è anche italiana, la mia figlia che ha nove anni, poi quando ci siamo separati mi sono messo con la mia moglie attuale - adesso siamo sposati da tre anni - dopo sette anni che siamo insieme, e abbiamo un figlio di cinque anni.

E io ringrazio Dio perché ho incontrato una persona così come sono io, che è mia moglie. No, le cose arrivano sempre da sole. Ho cercato, con la mia prima moglie, però non era una cosa che mi ha dato tanta soddisfazione, com'è con lei adesso. No, cioè era un altro tipo di persona che aveva il suo carattere speciale, lei è un'altra che mi dà soddisfazione. (BMS)

Siccome io ho incontrato una ragazza italiana che mi ha trovato la casa e tutto e siamo stati insieme, perché aveva deciso di fare una figlia con me. Anche la sua famiglia voleva che facessimo il figlio. Io ci ho pensato quattro mesi, poi dopo quattro mesi ho detto: "Sono d'accordo" e abbiamo fatto una figlia. Nel '91 è nata la bambina, che adesso ha dieci anni. Non abitavamo insieme perché io avevo una casa vicina a casa loro, perché lei mi ha cercato una casa che io abitavo lì, lavoravo lì, facevo le mie cose lì, però mangiavo a casa loro perché avevamo due case vicino. Per essere molto più libero, più tranquillo come lei: io avevo casa mia e lei abitava con i suoi genitori, veniva a dormire da me, io mangiavo da loro. Così io non avevo la cosa di mangiare da solo, mangiavo con loro poi all'ora di dormire andavo a casa, qualche volta anche lei veniva a dormire da me. Quando è nata la bambina le cose sono un po' cambiate, nella famiglia sono troppo attaccati alla bimba, allora c'è stato un po' di litigio. Quelle cose che non andavano bene, perché comunque la bambina è nata ed è nostra: non solo mia, non solo loro, ma è nostra e dobbiamo gestirla tutti e noi due insieme, però loro mi hanno un po' allontanato da questa responsabilità che io come padre volevo avere. Perché quando la bambina è nata le hanno messo il nome della mamma; io non lo sapevo, ho lasciato fare tutto a lei. Dopo un paio di anni che mia figlia voleva sapere se ha un padre, la mamma l'ha portata, mi ha cercato lei. Loro erano andati via per allontanarsi da me. La mamma ha cercato, mi ha trovato, abbiamo fatto la pace e finalmente hanno messo i nostri due cognomi. Adesso la bambina è tranquilla perché sa che ha un padre, ha il nome di suo padre.

Siamo noi che decidiamo le cose, uno può sbagliare, però questo dev'essere molto chiaro: perché ci sono tanti ragazzi che vivono qua e non sono capaci di portare una donna bianca a casa loro [in Africa], perché li mandano fuori casa. Sì, questo lo so. Lo so che tanti ragazzi che vivono qua non hanno il coraggio di portare una bianca, stanno con una bianca di nascosto, anche se non hanno una moglie in Senegal, però i loro genitori se stai con una bianca non ti fanno entrare in casa. La mia famiglia non ha fatto obiezioni. È una famiglia più aperta È più aperta, però per aprirla ci sono anch'io! Mia mamma mi ha chiesto di sposare [una ragazza] e io ho detto di no: il giorno che voglio sposarmi, sposo chi voglio: non sono nero, bianco o giallo. Perché portando una donna bianca, nella mia famiglia sanno che... però se qualcuno mi vuole bene, mia mamma, mia sorella, se mi vuoi bene, devi tenermela anche con me. Non vuol dire che se sto con donne africane sto bene: ci sono tanti mariti e mogli africani che vivono cose brutte, ci sono neri e bianchi che vivono bene insieme. Non vuol dire niente portare donne bianche, donne nere, o dover ascoltare questo e quello. (MN)

5.5 La casa

L'abitazione è un punto di riferimento vitale, è il rifugio, il luogo dei rituali individuali e collettivi, ma in Italia la casa raramente coincide con le aspirazioni e gli spazi a cui è abituato soprattutto chi arriva dalla campagna. Per i senegalesi riveste un ruolo importantissimo di incontro e mantenimento dei rapporti con l'esterno, così come qualunque casa africana, divisa se appena è possibile nella parte privata e in quella pubblica, di rappresentanza, di riferimento.

Inoltre l'abitazione incarna il valore basilare dell'ospitalità, dovuta e attesa. Per questi ed altri motivi il problema dell'accoglienza, o meglio del sentirne la mancanza, è vitale e centrale per molti nuovi arrivati e spesso anche per persone che a Torino vivono da vari anni. Ma la casa è difficile da trovare e quando la si trova costa moltissimo, manca di servizi di base, la si deve spesso condividere con troppe persone. È un luogo comune che per gli africani non sarebbe un problema vivere ammassati gli uni sugli altri, essendoci abituati. Se per chi proviene dai villaggi è vero che nelle capanne d'origine spesso piccoli spazi sono condivisi da molti, questo riguarda solo le notti, mentre la capanna, corrispettivo più di una stanza da letto che di un appartamento, è integrata dallo spazio importantissimo del cortile, dove si cucina, si lava, si passa il tempo. Sono diversi i confini della casa, i concetti di dentro e fuori. Se poi è vero che i giovani e meno giovani immigrati spesso dividono spazi ristretti e letti comuni, questo non vale per le persone sposate, gli anziani.

Molte persone incontrate hanno lamentato la mancanza totale di politiche che vadano nel senso dell'accoglienza, tuttavia si accettano le situazioni date, anche perché l'adattabilità è considerata una virtù per l'importanza data alla conservazione di buoni rapporti anche in condizioni disagevoli, e si cerca di migliorare cambiando numerosi appartamenti, cercando prezzi e condizioni migliori e convivenze meno numerose; soprattutto questa ricerca è indispensabile a quei pochi che hanno voluto il ricongiungimento familiare. Alcuni, più dinamici si sono creati con maggior facilità condizioni abitative sopportabili; altri sono rimasti per tutto il tempo della migrazione in case di villaggio[6] sovraffollate.

Ci sono stati descritti gli ostacoli, ma anche situazioni non problematiche.

---

6. Con questo termine sono indicati gli appartamenti nelle città di immigrazione dove gli inquilini, spesso numerosi, provengono dallo stesso villaggio e sono sovente anche in parte imparentati tra di loro. Sono situazioni che nascono da catene migratorie molto solide.

Per me in Italia manca l'accoglienza, perché oggi come oggi in Italia ci sono circa due milioni di immigrati e dall'89 a oggi non c'è ancora un governo o un comune che fa un programma di costruire delle case e dei centri culturali per questi immigrati. Se vai in Germania, non solo gli immigrati sono in regola, ma anche gli immigrati che non hanno i documenti, sono dei rifugiati politici: fanno costruire case per loro. In Francia la stessa cosa. E una persona non può vivere bene dentro un paese se non ha dove dormire. In una stanza di quattro metri quadrati vedi dieci, quindici che ci dormono dentro. E così non possono stare bene. E finché questa situazione continueranno a viverla non saranno mai felicemente in Italia, perché sei stretto, sei chiuso, non sai dove andare a divertirti, a casa quando arrivi devi far alzare uno per dormire. Vuol dire che non puoi vivere. E uno solo non ce la fa a avere una casa perché una casa minimo minimo ti porta via lo stipendio che prendi al mese. (MF)

Per trovare casa, è un altro problema, più difficile ancora. Perché io non so, ma più volte ho trovato casa qua, una mansarda come questa, all'ultimo piano, ma senza ascensore: almeno qui [nell'abitazione dell'intervistatrice] c'è l'ascensore, dove abito io non c'è; e poi pago seicentomila lire, o cinquecentocinquantamila lire, quelli che costavano di meno, e poi erano solo i muri, senza mobili, senza niente. Finora, dove abito, tutto quello che c'è dentro è roba nostra, che abbiamo comprato noi. Abito con due amici senegalesi, pago seicentoventicinquemila lire, senza mobili né niente. Senza acqua calda! Solo muri. Ho fatto il contratto della luce, la devo pagare io, il contratto del gas, lo devo pagare io, l'affitto, tutto questo costa caro. E poi, quelli che ci pensano, lo sanno: perché dove abitavo una volta c'era la polizia tutte le mattine presto. A Torino ho cambiato casa tante volte perché una volta vedo una casa all'ultimo piano senza ascensore che mi costa seicentomila lire; un giorno magari guardo di nuovo e trovo una casa che fa meno di sei piani e costa meno di seicentomila lire: se la trovo, la prendo! Piano piano si migliora, però io ho cercato sempre di trovare per esempio quelli che si occupano di diritti umani, sociali. Perché in Francia ci sono, fanno delle grandi case, il Comune le fa, con i suoi soldi, poi le affitta agli stranieri, e non così caro come qua. Qua ci sono le case popolari, ma se io faccio la domanda quanti anni devo aspettare per averla, io che sto qua solo, senza moglie, senza figli? Quelli che hanno moglie e figli qua hanno fatto la domanda sei anni fa magari e non ce l'hanno ancora. Io figurati. Ma io non posso vivere dentro una casa così, con tre o quattro persone, mi sento male; o, se io prendo una malattia, e io mi vedo con te, ti parlo, se tu hai quella malattia ma sei italiana ti curano, spendono soldi, fanno prevenzione prima di spendere questi soldi per curarti. Se mi danno una casa che non è giusto che io debba pagare così, almeno qui è in centro, ma a me la danno fuori, per lo stesso prezzo e senza acqua calda, tutta vuota. Ma anche il Comune deve fare qualcosa! Noi stranieri dobbiamo lavorare, qui lavoriamo. Le tasse che prendono, gli altri paesi europei che prendono quelle tasse, fanno qualcosa per gli stranieri, almeno una casa grande, che si chiama *foyer*, e poi mettono gli stranieri dentro; loro pagano l'affitto. Un anno dopo, un altro Comune può farne un'altra; perché quanti milioni prendono per ogni straniero che lavora qua? Come associazioni io non ho trovato niente. La prima volta che è venuta la polizia mi hanno chiesto il contratto, gliel'ho dato e gli ho detto: "Va bene, siamo tre a dormire qui dentro, voi sapete che non è giusto, anche la persona che me l'affitta me l'ha detto, che è solo per due, non per tre. Io ho accettato, però con quello che guadagno io devo mangiare, devo pagare la luce, devo pagare il gas, devo risolvere i piccoli problemi che ho, quanto devo risparmiare? Devo mangiare solo io? E mia moglie in Africa? Ci sono i miei fratelli, le mie sorelle, mia madre, mio padre". (ML)

Siamo venuti a Torino perché qua puoi guadagnare di più; sai, uno può girare per vedere quale città ha le migliori condizioni. Quando siamo venuti non conoscevamo nessuno. Stavamo in una pensione, ma prima non erano care come adesso, pagavamo diecimila lire al giorno in una pensione normale, economica, vicino Porta Nuova. Poi abbiamo trovato casa, ma non subito qui, abbiamo cambiato tante case. Poi sai, vengono amici, e cugini, e altri vicini, loro se non riescono a trovare casa vengono ad abitare con te e così siamo diventati troppi, dieci persone. Piano piano, conoscendo della gente, riesci a trovare altri domicili. Qua è da cinque anni che ci sto; prima con mio fratello, poi, da due anni, con mia moglie. Qui affittiamo, con il padrone è tutto tranquillo, non ci sono problemi; ma anche qua, nelle case: vedi che io ho una casa piccolissima, mi piacerebbe averne una più grande, ma non ce la faccio ancora. Vado nelle agenzie, loro vedono, però sono anche i padroni di casa, che se sei straniero dicono di no, anche se lavori dicono di no, se sei straniero. Trovare casa qui è difficile, anche se lavori; ci sono certi proprietari che se sentono che sei straniero cambiano subito idea. (BSO)

Anche per la casa: anche per noi quello è un fastidio, che non si può trovare bene, perché la casa, se fai la domanda, il Comune non parliamone, tanto non la danno. Io ogni anno la faccio. Però non so perché tante case sono chiuse: tu vai in centro e tante le chiudono. Per noi è un problema perché viviamo in modo che non ci piace vivere così, però non sappiamo cosa dobbiamo fare. Noi nella casa siamo cinque persone, perché la casa è solo di tre persone, però se arriva mio fratello o un altro che arriva da un'altra città d'Italia, io non è che devo dirgli: "Non puoi restare". Perché ho una casa dove magari vivono solo due persone, massimo tre persone, e sono in una casa grande; però vedi anche i senegalesi che vivono in case piccole. Ci sono anche sei, sette persone, anche di più, però non è che piace, ma non si sa cosa fare. Nella nostra casa qualcuno lava, qualcuno fa le spese, come viene, magari c'è anche qualcuno che non fa mai niente, però non gli dici niente! Da mangiare fa quello che arriva prima. Abbiamo imparato a far da mangiare: giù noi non facciamo mai, fanno sempre le donne. (IL)

Agli italiani sai cosa manca? Non è come in Francia, perché in Francia il governo dà una mano, dà delle possibilità agli immigrati. Gli dà una casa. Noi se non compriamo una casa... Se uno affitta una casa, sei uno straniero e vai: "Io volevo una casa". Mi dice: "No, non te l'affitto. Perché sei straniero". Perché se uno affitta una casa e che non la paga, sì; ma se è uno che per venti mesi ti paga, non manca niente. Volevamo affittare una casa che si liberava, ma non ce la davano. Dicono, no, che non la vuole affittare. Così dicono. (MS)

Anni fa a Torino erano ancora comuni gli appartamenti abitati, con grande disagio, da decine di persone. Sono rimaste nella memoria collettiva le case di corso Vercelli e di corso Giulio Cesare con centinaia di persone, che adesso non sono più così affollate.

Ancora oggi gli ultimi immigrati che arrivano continuano a installarsi in appartamenti che riproducono gli spazi ed i rapporti del villaggio di provenienza, di solito comune. Queste case riproducono un microcosmo africano di villaggio, di famiglia allargata, con nuovi ruoli da distribuire, nuovi ritmi da seguire, nuove necessità e obbiettivi. Una gerarchia tradizionale o quasi: un anziano per età o stanziamento, che fa da punto di riferimento, un gruppetto più ampio a regolare tutte le questioni, una serie di persone di passaggio, sempre accolte. Il ricambio di persone è abbastanza regolare, a volte si creano scambi tra le varie case che accrescono la già forte mobilità. B. Ndiaye (2000, 94) arriva a parlare di "multilocalizzazione" per i senegalesi che cambiano abitazione in questo modo. Dei nuovi arrivati si occupa una persona specifica che li appoggia nella socializzazione, per trovare loro un lavoro si farà una sottoscrizione per il capitale iniziale. Si dividono i compiti con gli altri: secondo le possibilità, alcuni, a rotazione, fanno la spesa, puliscono, cucinano, danno il loro contributo in denaro. Sono quasi sempre case di soli uomini; a volte una donna sola vi si inserisce, e può riprodurre in qualche modo il suo ruolo domestico tradizionale per essere esentata dalle spese monetarie, ma generalmente la divisione sessuale del lavoro è messa da parte, almeno fino al ritorno in patria: tutti gli uomini imparano a cavarsela senza lamentarsi, salvo dimenticarsene una volta in Senegal. Nell'abitazione c'è quasi sempre una pentola con il cibo a cuocere, o almeno un fornelletto per il tè da servire agli ospiti.

Inoltre questi appartamenti comunitari ospitano i *marabut* di passaggio, fungono da ritrovi religiosi e festivi, e sono utilizzati per le riunioni. Le stanze di queste case conservano alcuni "tesori" su cui c'è molta reticenza a parlare, come amuleti ricevuti alla partenza, frasi del Corano, piccoli rituali.

Questo tipo di convivenza risponde alla necessità di combattere l'isolamento, rappresenta il tentativo di sostituire la casa al tradizionale *arbre à palabre* del villaggio, rinchiudendo la realtà del villaggio tra quattro pareti (Ndiaye, 2000, 85 e segg).

Gli abitanti condividono i piccoli spazi, la radio, la televisione, collegata sovente su canali in lingua araba (più volte abbiamo assistito a trasmissioni di Al-Jazeera) ed anche italiana. Si continua a vivere in modo comunitario, ma la condivisione della casa segue anche regole apprese in Italia: ci si occupa delle proprie faccende senza coinvolgere necessariamente gli altri, mentre in Senegal i problemi di uno sono i problemi di tutti. Accanto a queste situazioni appaiono, a livelli diversi, nuove abitudini che comportano più intimità personale, rispetto a un mondo, specialmente quello rurale, dove si vive sempre di fronte allo sguardo degli altri. Specialmente i giovani nuovi arrivati si trovano a disagio nelle abitazioni dove si vive troppo l'uno a fianco all'altro.

Si scopre il piacere di fuggire il giudizio altrui e una parte delle persone che abbiamo incontrato preferisce quindi vivere con poche persone vicine e affini, in un nucleo familiare ristretto, con pochi amici, o addirittura da soli.

Ci sarà sempre l'opportunità di pasti ed incontri comuni, eventualmente. Anche la tradizione dell'ospitalità viene rispettata, ma ponendo un limite al numero di persone e al tempo di permanenza.

Per alcuni acquisisce valore la scelta accurata degli oggetti della casa, per se stessi, poiché i senegalesi in Europa non giudicano i loro connazionali per il tipo di casa, la sua grandezza, le sue decorazioni, bensì per lo *status* familiare e sociale che la casa in Senegal denota. La casa a Torino non è un elemento identitario, e abbiamo visto casi in cui una persona di nobile discendenza è riconosciuta e rispettata come tale anche se abita in un ambiente molto modesto.

Sono timido, parlo poco e soprattutto a bassa voce. Nelle case dove stanno i senegalesi c'è sempre molto chiasso, tutti parlano a voce altissima, c'è la Tv, la radio, tanto rumore; leggono poco, stanno sempre tutti in casa. Io non sono così, sono diverso. Forse non mi trovo con loro perché sono più anziani e hanno acquisito quelle abitudini di vivere isolati tra loro. (MBK)

Il primo dei problemi è la casa, è un po' difficile per noi, magari anche per voi. Perché noi ogni tanto dobbiamo andare in una casa con undici persone dentro, quello non è giusto, non va bene così; tre persone, quattro persone in una casa è il giusto. Dove sto io, ora che gli altri sono andati in Senegal, sono tre persone; ma ce n'è altre a Torino dove sono stato, con venti persone dentro. E così non è giusto, magari a una viene una malattia, allora le altre, quello non va bene, non mi piace. Qui adesso siamo solo in quattro, ma nell'86-'88, quando siamo venuti qua prima, eravamo quasi trenta persone in una casa! Vicino al Balôn, in corso Vercelli, la mia prima casa è stata lì; adesso non è più così, nessuna, è meglio adesso quando quattro o cinque persone si mettono d'accordo per prendere una casa insieme. Anche dove sto io, che siamo in quattro. Prima la casa non era facile come adesso, ma se trovo un maniera per trovare un'altra casa è ancora meglio. Dove sono adesso, io non vorrei abitare con tre persone, vorrei trovare con un amico soltanto, così c'è più spazio, si respira bene, si mangia bene, si fa da cucinare bene. Ma non è ancora facile trovare, io cerco sempre. (GN)

Ho vissuto sempre qua a Torino, ma prima vivevo vicino a via Borgaro, poi ho cambiato casa, in corso Regina, poi via La Salle, non è che cambio sempre casa, ogni tanto vado lì o là; anche in via Vanchiglia ho abitato. Ho cambiato perché le case dove vivevo io non è che vivevo io solo, c'erano altre persone che ci vivevano anche dentro, che comandano, non è che comando io. Adesso ho preso casa io, tutto a nome mio. All'inizio in via Solari eravamo otto con i miei fratelli. (BBS)

Quello che mi interessa qui è il lavoro, e anche cambiare casa perché adesso sono due anni che mio marito vuole cambiare casa perché noi paghiamo tanti soldi: seicentomila lire e luce, gas e tutto. Questa casa è vecchia. Ad agosto mio marito ha fatto la pittura perché prima quando pioveva era entrata acqua dentro, anche nella mia camera sempre acqua dentro, anche quando è nato il mio bambino mio marito ha comprato una stufa a gas perché qui non c'è il riscaldamento [l'intervistata porta a fare una visita dettagliata dei problemi della casa]. Far venire altri per dividere le spese? No, no perché prima che io venissi, qui viveva l'amico di mio marito. Quando sono arrivata lui ha cambiato casa. Farne venire degli altri a mio marito non piace e anche a me non piace perché non tutti vanno d'accordo. (FB)

Stavo dal mio amico dall'inizio, ma alla fine è arrivata un'altra sorella, due sorelle, e la casa era stretta, non andava come prima, poi io ho cercato una casa qui. Una casa piccola, carina. Prima abitavo lì da sola, ma adesso con tre mie cugine, siamo quattro adesso. (SN)

Quando c'è della gente in Francia o in Senegal che vuol venire a Torino vengono a casa mia. Li lascio dormire un mese poi pagano se si fermano ancora. A Torino è difficile: prima di comprare casa qua, al terzo piano, non avevo casa, dormivo fuori. Adesso ho comprato qua, è piccolo, non c'era il riscaldamento, niente; adesso l'ho comprato nuovo. (MK)

Trovare casa non è stato un problema, conoscevo molte persone, e ho comprato la mia casa qui a Torino, il mio appartamento, l'ho cercato, l'ho comprato subito. Ho dato dieci milioni e ogni fine del mese cinquecentomila lire per dieci anni. È un po' caro ma che fare: una volta venuto qui devo abitarci. Abito con tre, quattro, cinque senegalesi: mio fratello maggiore, mio "padre". (MOK)

  La questione della proprietà della casa meriterebbe un discorso a parte. La famiglia in Senegal di solito è contraria all'acquisto di un'abitazione in Italia da parte dei loro parenti emigrati, perché temono che vi mettano radici, ma anche perché il risparmio di denaro si riduce; tuttavia gli emigrati ne esprimono sempre più il desiderio, anche se ancora pochi hanno potuto farlo.
  Diverso invece è l'atteggiamento verso l'acquisto della casa in Senegal, che rappresenta la principale incarnazione della riuscita, il risultato tangibile degli sforzi fatti, la concretizzazione di un progetto nato con la partenza e raramente abbandonato anche se spesso procrastinato. L'emigrante è in Europa per costruire una bella casa per sé e per la sua famiglia nel suo villaggio, o nella città di riferimento, che è di solito Louga, o Touba, centro religioso fondamentale per i *murid*. Infatti, sia i villaggi circostanti Louga sia la città sono visibilmente cresciuti, e cresciuti di un'architettura tipica dell'emigrante di ritorno. Si tratta di costruzioni in cemento a uno o due piani, arredate con mobili che riflettono un gusto che non è tradizionale ma è imitazione di quello occidentale, con abbondanza di accessori e prodotti tecnologici e uso di materiali nuovi.
  Proprio "la casa in Senegal" può essere fonte di contrasti familiari: i genitori si aspettano che sia costruita nel villaggio, l'emigrante può desiderarla in città, magari perfino a Dakar. Ma il desiderio di costruirla, e a misura delle aspettative di chi è rimasto a casa, accomuna quasi tutte le persone intervistate.

6. Tra due mondi

Vivere tra due mondi è una condizione che non riguarda soltanto il singolo emigrato ma, direttamente o indirettamente, quasi l'intera comunità senegalese: si tratta ormai di due realtà complementari basate sulla permanenza delle famiglie in Senegal e la permanenza di fatto di una consistente parte della forza lavoro maschile all'estero, con una divisione che consente la sopravvivenza delle famiglie e fornisce una notevole quota di reddito al paese, poiché entrambi dipendono dalle rimesse degli emigrati come fonte indispensabile di entrate. È una complementarietà che comporta l'assegnazione di funzioni diverse nella suddivisione dei compiti di chi rimane, a cui è affidata la gestione della famiglia, e di chi parte, a cui compete il suo sostentamento. Ma vivere tra due mondi significa anche per quanti sono rimasti e per gli emigrati, fare aderire al mondo simbolico, all'immaginario collettivo, nella continuità con la tradizione, le nuove forme di organizzazione delle relazioni economiche e sociali derivanti dall'ambito internazionale nel quale si è inseriti.

Per descrivere il vivere tra due mondi si è recentemente elaborata la categoria concettuale del "transnazionalismo". Il termine è stato introdotto agli inizi degli anni '90 da tre antropologhe (Glick Schiller, Basch, Szanton-Blanc, 1992, 1), che volevano così sottolineare le caratteristiche di novità che a loro parere si stavano manifestando in presenza di popolazioni migranti:

le cui reti, attività e forme di vita oltrepassano tanto la società che le riceve quanto quelle di origine. Le loro vite passano attraverso i confini nazionali e immettono le due società in un unico campo sociale. [...] Riteniamo che occorra una nuova concettualizzazione per rendere conto di queste nuove popolazioni migranti. Chiamiamo questa nuova concettualizzazione "transnazionalismo" e descriviamo il nuovo tipo di migrante come trasmigrante.

Negli anni successivi la parola "transnazionalismo" ha avuto larga fortuna ed è diventata di uso corrente negli studi sulla migrazione, pur se non sono mancate le discussioni critiche[1] su quanto si tratti di un fenomeno realmente

---

1. Per una sintesi del dibattito recente cfr. Grillo, Riccio, Salih (2000); Salih (2003).

nuovo e quanto vi incidano aspetti legati alle dinamiche della globalizzazione, all'attenuazione del ruolo degli stati-nazione, al diffondersi delle tecnologie che permettono interconnessioni veloci su scala mondiale. Al di là di un ricorso eccessivo al termine, ci sembra che la prospettiva del transnazionalismo possa risultare utile per mettere l'accento sul fatto che la migrazione è un processo che investe su entrambe le sponde l'organizzazione materiale e affettiva delle persone che vi sono coinvolte e che va quindi considerato nei suoi aspetti dinamici nel tempo e nello spazio, per cercare di coglierne l'impatto tanto sulle società e le culture nel loro complesso quanto sulle singole esperienze di vita. Quest'ultimo è anzi uno degli elementi che emergono come più interessanti da vari studi recenti: scavare nella molteplicità delle "traiettorie che l'analisi dei processi transnazionali rivela" (Grillo, Riccio, Salih, 2000, 3-4) e guardare a come chi trasmigra non si sposta semplicemente da un luogo ad un altro, ma pone tanto a sé quanto a entrambi i mondi con cui interagisce problemi di ridefinizione, trasformazione, mutamento.

Nelle pagine che seguono prenderemo dapprima in considerazione come parlano della loro esperienza "transnazionale" alcuni tra i migranti incontrati a Torino e ci soffermeremo in particolare su come essi avvertono e descrivono gli intrecci, le tensioni, talvolta anche le contraddizioni tra i legami che restano forti con la cultura d'origine e il desiderio di stabilire dei ponti con gli ambienti con cui intanto sono venuti in contatto. Un aspetto che appare denso di molti significati è quello di come viene elaborato il rapporto tra il progetto con cui si è intrapreso il percorso migratorio, le condizioni di vita attuali e le intenzioni o le speranze che si nutrono per il futuro, in un atteggiamento emotivo e mentale che lascia spazio al permanere dei desideri anche quando questi potrebbero rischiare di svanire, sopraffatti dalle difficoltà del presente. Spesso è sui figli che risultano proiettate le aspettative in un avvenire meno duro ed i discorsi su di loro - che nella maggior parte dei casi vivono tuttora in Senegal insieme alla madre, presso la famiglia del padre - danno ancora più fortemente il senso di come si tratti di processi in cui vanno tenute ben presenti entrambe le sponde e i diversi soggetti che vi hanno parte. Perciò ci è sembrato opportuno affiancare alle risposte raccolte a Torino anche quanto è stato detto circa il futuro proprio e dei figli dai familiari intervistati in Senegal e in particolare da alcune donne, per passare poi a prendere in esame più in generale come la bipolarità delle attrazioni connesse alla dinamica migratoria si ripercuota sui rapporti di genere.

Nel delineare come il vivere tra due mondi si profila nelle interviste effettuate a Torino e in Senegal non ci soffermeremo sugli aspetti organizzativi riguardanti le reti di relazioni, le reti commerciali, i viaggi o gli investimenti finanziari, perché abbiamo preferito considerare la condizione esistenziale dell'emigrato tra culture diverse partendo da che cosa essa significhi in relazione alla dimensione emotiva dei bisogni, desideri e sogni, alle contraddizioni del quotidiano, e cercando di definire il senso che gli stessi intervistati attribuiscono a termini quali adattamento, inclusione, esclusione, con i quali si descrivono le complesse tematiche dei processi migratori.

Le persone intervistate hanno ricondotto al "vivere tra due mondi" gli aspetti positivi e negativi, materiali, psicologici e affettivi, relativi all'identità culturale, all'appartenenza ad una tradizione e al legame con gli antenati, ma molto è rimasto nell'ombra a causa soprattutto della loro riservatezza, cui si è accennato più volte nel testo, nel rivelare i propri problemi e sentimenti: è un riserbo che dipende dal desiderio di non trasferire sugli altri i problemi personali, a meno che non si tratti di disagi riguardanti le politiche di accoglienza, l'offerta di abitazioni, la pressione fiscale, o relazioni sociali, come l'atteggiamento razzista di alcuni italiani. Per questo motivo ci è parso utile individuare anche problematiche della dimensione transnazionale che emergono in modo indiretto dai racconti.

6.1 Le due culture

Nelle interviste la gradazione degli atteggiamenti verso l'influenza delle due culture è ampia e va dai rarissimi che dicono apertamente che dell'Italia non gliene importa nulla, ma sono qui solo perché c'è lavoro, a quelli che invece sentono la necessità di un rapporto tra le diverse tradizioni e mentalità.

Alcuni guardano al rapporto tra le culture, in uno scambio e intreccio che arriva sino al produrre una commistione di stili in campo artistico, mentre (come dice il *griot* BMS) la maggioranza degli emigrati più facilmente vuole "prendere e portare in Senegal":

Perché parti già con l'idea che vai a trovare e portare. Come io vengo, inizio già a far capire la mia cultura e quando ritorno porto la cultura giù, riprendendo e portando qua. Però tanti di noi cosa fanno? Vengono solo a prendere e portano in Senegal, perché non sono artisti, non sono sul campo. (BMS)

Il "portare in Senegal" va visto però anche alla luce di quel sentimento di cui si è parlato nel capitolo sul viaggio, per cui l'emigrazione è processo di apprendimento in un "andare per ritornare e riportare".

Una cosa che ho fatto che mi fa male fino adesso, ho fatto una cosa che non è bella nella mia vita, sono venuta a Torino, non ho studiato, non ho fatto una cosa per mandare al mio paese, una cosa che dico: l'ho presa a Torino, dall'Italia; è una cosa che non ho fatto, non ho fatto scuola qui. Potevo. Ho cercato di fare il ristorante perché mi piace, insegnare a cucinare le cose, mi piace. Ho cercato [di studiare] ma non potevo, non avevo uno che mi aiutava per fare questo. Questa cosa mi fa male fino adesso, mi fa male, perché potevo fare qualcosa prima, da portare giù, ma non ho fatto niente da portare giù, mi fa male. Nel senso di portare una cosa che la gente può dire: "Sai che prima S. non era così, ma adesso mi ha insegnato qualcosa, ha fatto questo"; è bello portare qualcosa, portare soldi è bello ma un'altra cosa è più importante. Ho portato la lingua un po' [risate]. Lo farei ma la cosa che mi manca è il tempo, perché ogni momento che Dio fa, sono a casa per fare qualcosa, per aiutare mia sorella. (SN)

Questo desiderio del riportare in Senegal qualcosa di culturale che si è acquisito nei paesi occidentali, si distingue infatti nettamente dall'atteggiamento utilitaristico, connesso al denaro, descritto da MD riferendosi ai suoi fratelli:

Difficilmente si modificheranno stando in Europa, non perché sono già adulti, non dipende dall'età: è per il carattere che ognuno ha; loro hanno quell'educazione di mio papà che è molto forte: che dal mondo occidentale loro non hanno bisogno di altro che la ricchezza. (MD)

Più diffusa ci sembra però la propensione, descritta anche in altre ricerche (Sinatti, 2000, 81), ad accettare la diversità e a considerare quanto si può ricevere dalla cultura occidentale, per il miglioramento delle proprie capacità professionali:

È difficile ambientarsi in una cultura completamente diversa dalla tua. Però è anche bello perché in ogni cultura ci sono cose buone e cose cattive, però ci arrivi quando sei intelligente, perché nel momento in cui tu non condanni impari. E poi riesci anche a imparare le cose cattive e brutte, però lì fai una scelta di prendere le cose che ti servono, le cose belle. Ti fa anche riconoscere i difetti della tua cultura, le cose sbagliate che hai nella tua cultura. (MF)

Ho passato tante di quelle cose - è stato lungo! - però le cose sono cambiate, comunque. Ho avuto tanta esperienza, ho fatto un sacco di cose, comunque qualcosa c'è, adesso mi sono tirato un po' su, in tutti questi lunghi anni.
Non credo di aver lasciato indietro delle cose che mi dispiace di aver lasciato, non del lavoro: l'Africa, mi spiace, ma l'Africa non l'ho lasciata perché sono venuto qua anche per costruire in Africa qualcosa, non solo qui: io voglio fare tutte e due le cose.
Lì la giornata è più vuota, ci sono meno soddisfazioni. Io sicuramente non vorrei più tornare indietro, perché non sapevo fare un sacco di cose. Mai avrei avuto la possibilità di inquadrarmi, avere i macchinari, i tessuti per quello che voglio fare. Invece questo per me è già un passo avanti, non indietro. (MN)

Tuttavia si può affermare che per tutti o quasi tutti, il polo d'attrazione tra i due mondi resta il Senegal, come sentimento d'appartenenza. Questa polarizzazione è dichiarata dalla maggioranza degli intervistati.

Come la maggior parte dei senegalesi, il mio futuro è nel Senegal. Io, finché riesco a lavorare, tiro avanti qua, ma il giorno che sentirò le forze che mi abbandonano, vado in Senegal. Vado per la pensione o magari anche, se non arrivo alla pensione - perché qua non si sa se si arriva alla pensione o no, con il signor Berlusconi che vuol cambiare tutto -, io magari, arrivato a una certa età, mi sento stanco e come prevede la legge mi prendo tutti i contributi e vado giù. Sì, la vecchiaia in Senegal. (AS)

Penso di stare ancora un po' di anni, poi me ne vado giù, anche se non metto da parte soldi, perché soldi è difficile metterne da parte, però penso che se continuo a lavorare un giorno posso chiedere tutto quello che ho sulla liquidazione: ho sentito che la legge sta cambiando, però anche se non posso prendere i contributi, prenderò la liquidazione, quella che ho. Perché non si può andare avanti così fino alla pensione. (IL)

Non mi aspettavo di rimanere qua tre anni senza ritornare. Per motivi di denaro. Sì, pensavo di guadagnare di più e tornare più presto. Sì, mi aspettavo più lavoro, pagato meglio che in Senegal. Sì, perché da noi quasi puoi lavorare con tranquillità, con più calma. Se ho qualcosa lì, lo stesso che ho qua, come mi pagano qua; oppure qualcosa che è mia, che posso andare avanti, per me è meglio il Senegal. Sì, prima non la pensavo così. (MBK)

Qui non ho trovato una cosa che mi piace molto, e sempre la trovo in Senegal. A me piace che sono tornato in Senegal, ma adesso non ho una possibilità di rimanere lì, ma se trovo una possibilità domani sono già pronto per andare.
Per adesso non l'ho, ma se trovo lavoro vado perché lì vivo meglio, molto meglio per me. Mi piace di più perché vivo con tutta la famiglia, vedo quello che voglio vedere, vado dove voglio andare, ho meno spese, meno tutto. A me non capita di avere nostalgia di qua, io voglio sempre stare là: anche quando sono là, voglio continuare a stare là. (FD)

È difficile pensare ad una dimensione integrata dei due mondi quando gli affetti sono così divisi:

Quando si arriva qui la vita cambia, perché si lavora, abbiamo molte cose, si lavora. È questo il vantaggio per noi. Per il resto, sono qui e ho una figlia da sette mesi, non l'ho ancora vista: tu non potresti avere un figlio o una figlia qui e restare un anno, due anni in Senegal senza vederlo. Diciamo che è sgradevole per me, per esempio, come ti ho appena spiegato, se ho i mezzi per restare a casa mia, preferisco restare a casa mia, lavorare laggiù, lavorare a fianco della mia famiglia; ma quando sei all'estero non ti resta che telefonare e inviare dei soldi. (MOD)

No, fare una famiglia no, adesso io ho più di trent'anni, non sono ancora sposato, non va così, capisci? Però non so, tutte le volte che ho un obiettivo, non posso dirti esattamente se ce l'ho, questo, subito domani, posso dirti che magari se riesco a lavorare dodici mesi su dodici mesi, sarei in Senegal, tornerei giù. (HM)

Perché tanti viaggiatori anche, loro prima non lavoravano da nessuna parte, quelli che sono andati in giro perché non avevano possibilità, hanno preso l'aereo, sono venuti, non sapevano cosa dovevano fare, non avevano neanche idea, sai. Giù anche con poca acqua la terra si può lavorare, e poi, secondo me, iniziamo a fare questo [progetto]. Io penso di tornare giù, puoi fare un po' e poi basta. Qui si lavora soltanto, non si vive. Veramente là si vive, anche se si lavora poco. (MDI)

Però quello che penso è di continuare a fare questo lavoro e poi quando sono in pensione ritorno nella mia famiglia a Dakar e vivo così.
È difficile, quando sei qua, e poi a volte non si conosce bene, avere progetti di lavoro in Senegal; alle volte mi dico che se trovo una fabbrica, dei prodotti, che in Senegal va bene, io potrei essere uno *sponsor*, fare una sponsorizzazione, andando con loro, cercando di vendere i prodotti perché io conosco anche delle persone che fanno questo lavoro. Però finché io non ho un'altra offerta di lavoro - io devo dire ciò che ho oggi come oggi - sicuramente se domani ho un'offerta di lavoro in Senegal, non uguale, anche un po' inferiore di qua, andrei in Senegal per fare questo lavoro, anche guadagnando meno di quello che guadagno qua, e così riesco a rimanere con la famiglia e lavoro là. Però oggi come oggi non ho nessuna conoscenza che mi offre un altro lavoro. Io il mio lavoro so che mi va bene e portare qua la famiglia non ho voglia perché non voglio farli soffrire. Per fare studiare i ragazzi lì ci sono scuole buone private: magari se loro crescono e studiano fino alla maturità e vogliono andare all'università, sicuramente posso anche portarli qua.
Non li vedo crescere purtroppo, ma bisogna accontentarsi di ciò che puoi avere. (MF)

Se potessi tornerei subito a vivere in Senegal. Ci penso sempre, ogni giorno. Se potessi, domani tornerei, ma finora non ci sono riuscito, magari un giorno avrò la fortuna di tornare a stare in Senegal, senza più tornare fuori. C'è gente che è tornata lì e ha investito i soldi per lavorare e starci, e ci stanno ancora. Ci sono altri che facevano la bella vita: e dopo quando quei soldi finivano, dovevano ricominciare a lavorare e tornare qua a rifare fortuna, perché almeno qua è più ricco; qualsiasi paese in Europa.
Ma se in quindici anni non ho avuto i soldi per tornare in Senegal non posso dire che li avrò fra due, tre anni, dipende come vanno le cose. Se ho la fortuna di vincere oggi un gratta e vinci, domani io prendo l'aereo e vado in Africa; ma se non guadagno niente, prendo un milione al mese! (ML)

Non so ancora quando tornare. Non lo so ancora. Perché può darsi domani. Non lo so ancora. Perché il nostro programma è: tutto dipende da Dio, è Dio che sa domani cosa succede; noi vogliamo, vogliamo tornare. (MS)

Anche in modo indiretto nelle interviste si manifesta questo sentimento di appartenenza, specie quando si pensa al futuro dei propri figli, tema su cui torneremo più avanti:

Sono anni che sono qua, le amicizie le ho qua, il lavoro l'ho impostato qua, sono abituato alla vita qui, per cui avrei difficoltà a fare le stesse cose in Senegal. Per i miei figli vorrei che comunque sia non avessero bisogno di emigrare, che possano lavorare senza venir via. (MD)

I miei figli, vorrei che apprendessero un mestiere: prima che lascino la scuola vorrei che apprendessero un mestiere. Non voglio che partano; voglio che abbiano un lavoro indipendente; non voglio che siano senza lavoro, assolutamente. No, non voglio che emigrino. I nonni, così, nessuno vuole che si emigri. Se le persone avessero la scelta, resterebbero qui nel loro paese, avresti la tua *teranga* nel tuo paese, ma se non hai scelta è meglio emigrare, lo devi fare. Io, personalmente, preferirei che i miei figli restassero qui [in Senegal], preferirei restare io stesso qui e che i miei figli riuscissero qui e non andassero altrove. *C'est cela le fin mot de la chose.* Ma tutto dipende da Dio. Se i miei figli non riescono a riuscire qui, ed hanno la possibilità di farlo partendo, allora vadano! Che facciano quel che ha fatto il loro padre! (MMD) [intervistato in Senegal al suo ritorno provvisorio da Torino, cugino di uno dei nostri intervistati].

Se il piatto della bilancia pende dalla parte del Senegal non significa che la permanenza in Italia sia considerata soltanto un peso. Sono molti quelli che dicono: "Sto bene in tutte e due perché il Senegal è il nostro paese; qua vivo: tutti e due sono casa mia: la famiglia è lì, il lavoro qua" (MK).

Come è possibile, considerando le risposte nelle interviste, trovare la terminologia per definire i diversi approcci individuali alla relazione tra i due mondi? Le valenze diverse date ai termini usati per descrivere questo approccio ci mettono in guardia dall'adottare una definizione piuttosto che un'altra.

Sin dalle sue prime riflessioni sul taglio da dare alla ricerca incrociata tra Torino e il Senegal, Betti Benenati sottolineava a questo proposito che mentre varie categorie correntemente utilizzate negli studi sulle migrazioni, quali "integrazione" o "assimilazione", presuppongono che il punto di osservazione sia quello "dell'organizzazione economico-sociale e della cultura del Paese di arrivo", il progetto che le interessava perseguire mirava invece ad assumere come punto di osservazione "le due sponde". Perciò, scriveva, "abbiamo sentito l'esigenza di usare categorie che mettessero in luce le dinamiche di cambiamento piuttosto dal punto di vista dei soggetti stessi" (Benenati, 2002, 36).

Rifacendoci proprio a quanto dicono le persone intervistate, possiamo allora vedere che alcuni, come MD, respingono decisamente il termine "integrazione", altri come il *griot* BMS, e il sarto MN, propongono un'idea di "integrazione" che porta a un intreccio delle due culture, e comunque più che a una integrazione che implichi l'assimilazione si pensa generalmente al termine nel senso di "sentirsi parte integrante della società in cui si lavora", cioè essere riconosciuti come una componente che contribuisce con il lavoro al paese che accoglie. Altri termini sono usati per il sentimento di convivenza, quali "conciliazione tra due culture" e "mescolanza". Diffuso ci è parso anche l'uso del termine "ambientarsi", più generico, ma utile perché viene usato per il riambientarsi quando si torna in Senegal, e in particolare "adeguarsi", che si trova anche nella letteratura sulle migrazioni, inteso come un dato di fatto che non presume subordinazione culturale: "Poi siccome l'umanità non ha trovato meglio del lavoro e del capitalismo mi ci adeguo, scegliendo però dove e come, se possibile" (Gadji, 2000, 63-64). Raramente invece come "compromesso", e più frequentemente come "adattamento"[2].

Se insieme all'uso di questi termini consideriamo la sostanza dei racconti, possiamo trarne, come provvisoria conclusione, l'idea che l'attuale vivere tra

---

2. Benenati (2002, 47, n. 23) si era soffermata sull'uso di questi termini, riferendosi in particolare ad Ambrosini 2001 per "adattamento" e "inserimento".

due sponde delinei, nelle nostre interviste, un nuovo campo sociale transnazionale (emotivo, sentimentale, affettivo, ma anche commerciale e di lavoro) che si presenta come una tensione verso la coesistenza e l'accordo di due culture: cioè un processo che coinvolge tutti ma presenta per ciascuno modalità e gradi diversi di approssimazione a quell'obiettivo di organizzazione della propria vita che unisca i due poli sanando le contraddizioni (pratiche e psicologiche) prodotte dalla attrazione verso l'uno o l'altro.

Le tematiche della esclusione e inclusione (che la letteratura sulla emigrazione considera in riferimento all'assimilazione, all'integrazione o alla separazione) che emergono nei capitoli quarto e quinto riguardanti le relazioni, ci paiono utili per comprendere l'esperienza iniziale di emigrazione, ma forse nell'attuale situazione torinese non incidono con una forza tale da interferire nella possibilità di una convivenza delle due culture. Mentre ci è parso più utilizzato il termine "adattamento", che troviamo di frequente nella letteratura e nelle interviste: nello stesso saggio di Fatou Diop (2002)[3] si parla di grande capacità di adattamento, considerata una qualità, nel passaggio dalla campagna alla città, estendibile poi all'emigrazione. Stesso valore elogiativo lo troviamo in M. Ndiaye (1998, 7), che ne fa una prerogativa dei wolof e la mette alla base del loro successo all'estero, definendola "una nuova competenza culturale espressa da una capacità di adattamento alle situazioni più varie", che ne ha fatto un tipo nuovo di persone. Se l'adattamento nella cultura senegalese è visto come un valore, è necessario cercare di capire la valenza che può avere il termine nella lingua wolof: prendendo le mosse dal termine *laybir* (accettare gli altri, coloro che vengono a vivere presso di te), e dalla concezione che la vita sociale non è attiva, è piuttosto passiva (una qualità apprezzata è subire, non il fare subire), si può dedurne che l'emigrazione costituisce una condizione di adattamento al contrario, di adattamento attivo, da condizione di chi ospita a condizione di chi è ospitato. Ci si deve riferire inoltre al termine *nafekh*, che in wolof non esisteva e che è stato mutuato dall'arabo: è colui che ha idee differenti dalla maggioranza, che porta abitudini diverse; e al termine *soopi* che è il cambiamento (*sooperu* è colui che è cambiato). C'è infine da considerare che in Senegal, quando un comportamento si oppone a quello tradizionale, si dice "*vivre à l'occidental*", "*vivre à la toubab*", e quando qualcuno parte ci si raccomanda affinché non abbandoni i costumi, le abitudini, ed in particolare si considera la fedeltà alla religione uno strumento per andare e non perdersi, poiché il rischio massimo è di perdersi, sposare un'altra filosofia di vita differente dalla propria. Si dice inoltre che vi sono persone che dopo molti anni passati all'estero invece di re-imparare a vivere hanno preferito continuare a "giocare alla lotteria".

---

3. Diop (2002, 55, n. 16) osserva anche che la comunità *murid* pur facendosi garante delle tradizioni e dei costumi wolof è aperta alla modernità.

6.2 Tra presente e futuro: i tempi sospesi del desiderio lento

Dalle stesse interviste si vede come il modo in cui ciascuno descrive il proprio inserimento nella vita europea occidentale dipenda, oltre che dalle diverse condizioni trovate nei luoghi di accoglienza, dal suo passato lavorativo in Senegal, dal tipo di educazione avuta, e da particolari situazioni personali vissute anche nell'infanzia: alcuni che sono cresciuti nelle dure scuole coraniche accentuano gli aspetti del sacrificarsi, altri che sono stati cresciuti dalle nonne dicono che la libertà avuta da bambini, la permissività, li ha resi autonomi, a volte anticonformisti, disposti a soluzioni nuove, a non accettare le condizioni date. Betti Benenati (2002) aveva posto l'accento sulla misura nella quale gli immigrati devono fare i conti con più sistemi di riferimento (la famiglia in Senegal, le istituzioni in Europa). Se le differenze di esperienza sono molte, c'è comunque un dato che accomuna tutti o pressoché tutti ed è il vivere in occidente come esperienza transitoria con il permanente sentimento del ritorno futuro (Mboup, 2000, 72), senza con ciò pensare necessariamente che le due culture siano inconciliabili (Ndiaye, 2000). Piuttosto ci sembra utile considerare, per quanto attiene alla nostra ricerca, come il transnazionalismo vissuto in questi termini, riguardi un fenomeno specifico che tocca la generazione dei migranti in Italia degli ultimi venti anni per i quali l'emigrazione doveva essere un percorso provvisorio e dunque si poneva sostanzialmente come utilizzo in tempi brevi degli elementi utili offerti dai due mondi. Per loro stessi è difficile tuttora pensare che l'esperienza dei figli, delle future generazioni, sarà analoga; hanno infatti già visto spezzarsi dei fili tra la loro generazione di migranti internazionali e quella dei genitori, migranti nel continente africano, nel mutamento del processo migratorio che in un'intervista viene definito "il modernismo".

La differenza fra la mia generazione e quella dei miei genitori è il modernismo. Perché una volta non c'erano le risorse per lasciare il paese oppure per partire dal villaggio per andare a lavorare laggiù. Al contrario invece la nostra generazione ha più strumenti. Per esempio per mio padre quando era giovane, forse nutriva il desiderio di andare in Europa, non so, ma non aveva i mezzi per venire in Europa. Al contrario noi, la nostra generazione si arrangia, come ti ho già detto, mettendo dei piccoli risparmi oppure abbiamo un amico in Europa, un corrispondente, dipende, magari gli si domanda di aiutarci a venire in Europa. (MOD)

Allo steso modo oggi tendono a prefigurare una diversa condizione per i loro figli che, divenuti maggiorenni, non sostituiranno i genitori nell'attività svolta all'estero (abbiamo trovato solo un caso di persona che dice di attendere il figlio già adulto per sostituirlo nel commercio); neppure è facile immaginare in quale modo le nuove generazioni stabiliranno un rapporto lavorativo tra i due mondi.

Ci sembra dunque che questo problema del vivere su due sponde, nel modo in cui attualmente si profila, possa essere visto soltanto sulla base di una ricerca empirica che riguarda il presente, la generazione che rimarrà con tutta probabilità in Europa sino al termine della vita lavorativa. In questo senso, si può notare che il desiderio di armonizzare le due culture è un sentimento che appartiene a tutte le persone intervistate; le abbiamo viste legate al modello di vita senegalese, ma altrettanto affascinate dall'Europa, attratte dalla bellezza delle città e anche delle donne, e dalla varietà delle esperienze che offre la vita comunitaria in Italia. Allo stesso tempo, salvo per quei pochi che cercano di creare qualcosa che unisca le due culture in un intreccio che porti alla creazione di una forma nuova di espressione artistica, si è visto come questo sentimento si accompagni a un forte timore di perdita dell'identità. Tale timore nasce dal rendersi conto che avviene un cambiamento quasi automatico, inconsapevole, nelle abitudini di vita, che poi fa sentire diversi in Senegal e che può portare alla perdita dell'appartenenza. È una minaccia che non sempre si avverte quando si vive in Europa, ma che si presenta nella sua forza ad ogni ritorno. Il duplice sentimento d'attrazione e di timore della modernità, nei paesi occidentali, può mettere in crisi quell'equilibrio fondato sui valori morali e sulla dignità che aiuta a difendersi dall'assorbimento in una cultura diversa dalla propria, e per questo motivo ci sembra permanga in molti una difesa dal cambiamento che si manifesta indirettamente, come quando si pone forte l'accento sulla propria dignità come mantenimento del rispetto di sé davanti agli antenati, ai genitori (il mantenersi "nella norma" non tanto nei confronti della legge europea quanto rispetto alla propria etica, alla tradizione); o quando si palesano timori proiettati sui figli e sulle nuove generazioni viste spesso come indipendenti ma fragili.

Ci pare utile, considerata l'importanza attribuita ai timori del cambiamento nella letteratura sull'emigrazione, riportare alcune considerazioni dei nostri intervistati. Alcuni mettono l'accento sui problemi di inserimento che si pongono nei paesi occidentali:

I senegalesi amano in modo eccitante la modernità ma temono la perdita di alcuni valori, la loro dignità di senegalesi, e ciò genera un blocco a livello di inserimento: non riescono a impostare questo cambiamento. Stanno bene qua e vogliono ad ogni costo il permesso di soggiorno, anche se hanno molta nostalgia. (MD)

Molti sono i riferimenti al cambiamento come cambiamento di abitudini:

Cioè ogni paese ha un modo di fare, può darsi che se fai quindici giorni, due mesi, tre mesi ogni volta, alla fine perdi le abitudini dei senegalesi e a volte senti che prendi un po' le abitudini degli europei. Qui ci sono delle libertà, per esempio il fatto che il rapporto fra padre e figlio non va, per la mentalità europea non è nulla; per esempio il fatto di dire alla propria madre [una cosa] che non è vera, che hai mentito, è normale qui per la mentalità. Per esempio in Senegal è grave. Alla fine puoi, rientrando, senza neanche renderti conto, dire certe parole, avere certi comportamenti, in fin dei conti senza volerlo puoi ferire: effettivamente si torna cambiati. Per esempio in Senegal il fatto di fumare non è grave, ma in Senegal non osi fumare davanti a tua madre o a tuo padre, nonostante ciò non c'è niente di male, ma se fumi una sigaretta davanti ai tuoi è finita. Ma per esempio il fatto che tua madre o tuo padre o tuo fratello maggiore parlano e tu non sei d'accordo, è grave se li contraddici. Qui, per il fatto di vivere qui, ho cominciato a prendere questa abitudine, un giorno o l'altro vai in Senegal, arrivi a casa [e fai la stessa cosa]. (HM)

La libertà di comportamento che l'emigrato ha all'estero, ove si attenua sempre più con il tempo il controllo della comunità sull'agire del singolo, introduce in effetti molte piccole e costanti modifiche nelle abitudini, che non appaiono così significative in Italia, in una società dove agli stessi senegalesi sono visibili soprattutto gli aspetti che li rendono diversi dagli occidentali, mentre il loro cambiamento è evidente al ritorno in Senegal agli occhi di chi è rimasto nel paese.

Sicuramente in Senegal sono vissuto come uno diverso: in Senegal mi prendono come uno un po' diverso da loro, nel parlare si sente: "Ah tu sei lì"; ti dicono questa cosa. Io non la ritengo pesante, quando sento queste cose le prendo come uno scherzo, non le prendo come una cattiveria. Sicuramente quando vivi in un paese da più di dieci anni, perdi delle abitudini del tuo Paese: del modo di fare, anche di pensare certe cose; perché lì ci sono delle regole sociali, lì si vedono le cose in quel modo e invece qui si vedono le cose in questo modo: magari qui è più semplice, per certe cose, come magari per alcune cose là è più semplice; sì, cambia totalmente! (MF)

Quando torni sei uno diverso, però, per esempio, se tu vai lì, devi trovare amici che parlano con te o, meglio, che parlano bene di te. [Dicono:] "È italiano". (GN)

L'esperienza dell'emigrazione può comportare anche un cambiamento interiore che acuisce un disagio al ritorno:

Mi dà fastidio anche continuare giù, magari, non so, avere le spese per una megacasa, di quattro, cinque piani, anche senza di me, capisci. La mia famiglia vive agiatamente, però mi dà fastidio vedere che quelli vicino a me hanno dei problemi per mangiare domani, hanno dei problemi per mangiare stasera. Capisci? Mi dà troppo fastidio vedere uno che fa la carità. Io non so, in Senegal puoi dare centocinquanta euro per la spesa di un mese per una casa di quindici persone; puoi comprare un sacco di riso, basta comprare due tonnellate, perché tocca a te pensare alla tua casa. E quello che è vicino a te, magari ha dei problemi per mangiare stasera, capisci, è quello che dà fastidio. (HM)

Dalla letteratura, e in parte anche dalle interviste, emerge però che si teme non soltanto il mettersi a confronto con chi rimane in Senegal, l'essere vissuto come diverso, ma anche il sentirsi cambiato nelle abitudini ma non nello spirito, il vivere un contrasto tra il vecchio e il nuovo, nel quale l'anima appartiene al mondo tradizionale e la vita materiale alla nuova società occidentale. Questa scissione viene notata: "Sono cambiato qua? Non è cambiato il carattere, però è cambiato il modo di vivere" (BS). Ci sembra comunque che sia difficile, per lo stesso emigrato, riuscire a capire che cosa stia perdendo e che cosa stia acquistando, capire se il processo di cambiamento comporta una sostituzione di parte della cultura tradizionale, e quanto è rimasto integro, quanto si è riadattato. Contraddittoria e incerta appare dunque anche la difesa dall'occidentalizzazione, e in particolare dal sistema consumistico per i suoi effetti sull'etica, poiché questi effetti non sono immediatamente visibili. Una sensazione diffusa appare la dipendenza da entrambi i mondi che per la quasi totalità degli immigrati non può essere risolta in alcuna direzione, perché non si hanno i mezzi materiali per poter cambiare la propria vita, cosa che a volte dà l'idea di trovarsi, più che su un nuovo piano sociale, in un interstizio aperto tra i due mondi.

Questa esperienza, con i suoi costi e vantaggi, è un percorso che prende le mosse dalle aspettative che precedono la partenza e dall'impatto con la realtà all'arrivo nel paese dove si è andati per lavorare, partenza che prefigura, sin da subito, una vita separata dal luogo di origine per un tempo indeterminato, malgrado la possibilità di ritorni periodici, ed arrivo che presenta sin da subito un contrasto tra immaginario e vissuto.

È quasi superfluo dire che l'interdipendenza tra le due sponde ha comportato l'indiscussa prevalenza, nella scala delle priorità, dei bisogni della famiglia su quelli degli emigrati. Di fronte alle condizioni di vita che si dovevano accettare per lavorare e guadagnare il denaro da inviare in Senegal, la prima conseguenza è stata quella di rinunciare ad alcuni bisogni primari e sacrificarsi, generalmente senza far trapelare queste difficoltà, senza intaccare il mito della riuscita facile (come dice MD: "Molte persone non raccontano mai la loro esperienza, un po' per orgoglio, un po' perché secondo me si vergognano di quello che fanno qua, che cosa fanno per lavoro, molti lasciano situazioni migliori e qui fanno l'ambulante, il lava vetri, per cui non si racconta niente").

Abbiamo visto come la rinuncia abbia riguardato beni primari come la casa, il benessere fisico, le relazioni: gli immigrati, per risparmiare, si sono adattati spesso a vivere in modo disagiato, in appartamenti sovraffollati rinunciando al bisogno di uno spazio proprio pur di garantire ai familiari in Senegal un miglioramento delle condizioni abitative, la costruzione di case nuove e comode, e talvolta di grandi dimensioni, arredate con lusso e moderna tecnologia. Allo stesso modo si è visto come si siano sottoposti a lavori umilianti, o stressanti e faticosi che potevano comportare danni psicologici e fisici, rinunciando a quel bisogno primario di salute considerato essenziale anche come valore comunitario, mentre in Senegal i familiari, e in particolare le mogli, lasciavano lavori tradizionali pesanti e laddove li mantenevano vedevano ridursi la fatica nello svolgere tali attività, rispetto a quella richiesta nel passato, grazie ai nuovi mezzi economici garantiti dalle rimesse. Ma soprattutto si è visto come sia stato sacrificato il più essenziale dei bisogni, quello d'avere tempo libero per la socializzazione, per mantenere una vita di relazioni con la propria comunità. È infatti ricorrente nelle interviste il confronto con il Senegal, ove c'è scarsità di lavoro, "ma veramente si vive".

Tali disagi sono recuperati con quei ritorni periodici che consentono di passare alcuni mesi in Senegal gratificati dall'accoglienza di familiari e amici e sovente da un meritato riposo, e soprattutto dal riconoscimento della riuscita come emigrante, poiché come si dice nelle interviste, qui non si è nessuno, là si è qualcuno.

Ma in quale modo si supera lo scarto tra lo *status* sociale del *réussi* riconosciuto dall'immaginario collettivo, i cui effetti positivi si vivono in Senegal, e un vissuto quotidiano come immigrati che offre generalmente solo prospettive di sopravvivenza e non consente di programmare un ritorno definitivo nel proprio paese?

Ci è sembrato che di fronte a questa realtà, generalmente si affronti il presente giorno per giorno, senza calarvi concrete iniziative per i progetti per il futuro, vivendo allo stesso tempo come realizzabili in un futuro non lontano i propri sogni, in particolare quelli di un definitivo ritorno prima dell'età pensionabile avendo accumulato denaro sufficiente o con un lavoro garantito in Senegal.

Come accade per molti termini usati nelle interviste, anche per il significato di "futuro" è utile tener conto di quello che gli viene dato in Senegal con la parola *ëllëg*. B. Ndiaye (2000, 112) chiarisce che in wolof *ëllëg* vuol dire "domani"in senso molto ampio, in quanto può comprendere il medio e il lungo termine e anche l'incertezza. Forse questa concezione dei tempi della propria vita ci aiuta a capire anche la risposta che ci viene data quando si proiettano i desideri nel futuro. In effetti sono le attese della realizzazione di desideri a più lungo termine che danno forza e sostengono il vivere tra due mondi. Ci è parso a questo riguardo che la capacità di far fronte ad una vita generalmente difficile e che fa presagire scarse prospettive di soluzione, derivi da un tenere insieme i diversi piani del presene, passato, futuro, come se fossero compresenti.

Ciò che penso del futuro per me e per la mia famiglia, sono dei sogni. Io, se dico che sono come gli americani, sono un po' esagerato, ma vivo come loro. Perché per me il sogno americano non è... Devo avere un impero industriale, lo metto nella mia testa, lavoro per questo, poi verrà il momento di poter fare le cose. È questo: l'americano si sveglia di buona mattina... Io sono un avventuriero, sono in Europa, perché non essere come Bill Gates? (MOD)

È di fatto mancanza e speranza, desiderio inappagato ma positivo, che viene mantenuto come orizzonte delle proprie azioni. Una disposizione d'animo che abbiamo definito "desiderio lento": un desiderio che si alimenta dell'attesa; non bisogno nevrotico e frustrante, di appagamento rapido e immediato che provoca un conflitto tra immaginario e vissuto, un'attesa senza piacere (come quello consumistico indotto dai *media* al quale molte popolazioni di immigrati aspirano): può essere persino piacere dell'attesa, fiducia che supera la frustrazione, che è alla base dell'equilibrio che consente il mantenimento di regole, ruoli, comportamenti, che sinora ha permesso di sopportare i disagi, le delusioni, e di vivere serenamente nell'attesa di realizzazione di obiettivi spesso molto lontani come se fossero a portata di mano. Coltivare il desiderio è un modo di sopravvivere alle contraddizioni tra immaginario e vissuto, di non approfondire le contraddizioni. Tale atteggiamento (che non caratterizza comunque soltanto i senegalesi ma quanti si trovano in ambito lavorativo e come condizione sociale in situazioni analoghe) ci pare si differenzi dall'affidarsi al volere di Dio, spesso dichiarato nelle interviste, perché c'è un obiettivo che in modi diversi e tempi non definiti si tende a perseguire e che si confida di raggiungere. È uno stato emotivo, una condizione della mente che tuttavia non elude una pur consapevole visione della realtà, che trapela a volte con ironia:

Il mio futuro, com'è che posso sapere il mio futuro? Io guardo semplicemente davanti a me. Chi lo sa? Dio è grande. Si vedrà, Dio è grande. Parla seriamente, fammi delle domande a cui posso rispondere. Sono in Europa dal 1983, sono qui nel 2002, fa molto tempo, io conosco tutto. (MOK)

I desideri per il futuro sono perseguiti con tenacia da quei pochi che hanno un obiettivo professionale preciso, siano artigiani, artisti, o progettino altra attività in proprio:

Ho preso questa strada, che sapevo che era lunga, di guadagnare soldi, farsi conoscere, muoversi: le tre cose insieme. Nel futuro io penso questo: in futuro di allargarmi - quello che volevo anch'io -, di allargare genere, comunque va bene perché conosco un sacco di gente grazie al mio lavoro. Le voci girano. Tante volte qualcuno arriva: "Sei tu N.? Mi hanno parlato di te". Io non so neanche chi è: ho ottenuto quello che volevo anch'io di farmi conoscere, adesso questo è un cambiamento abbastanza bello. (MN)

Guarda che l'artista non ha età, quindi uno che fa già l'artista e ci crede, il suo futuro è diventar qualcuno e rimanere sempre qualcuno quello che diventa, sino anche a cento anni; perché l'artista non invecchia. Quindi il mio sogno è diventare qualcuno sul campo che faccio. (BMS)

6.3 Attese per l'avvenire dei figli: sguardi dalle due sponde

Il progetto che più rivela la complessità del desiderio lento riguarda l'avvenire dei figli. Infatti, se l'emigrazione consente oggi alla maggioranza degli emigrati di far studiare i propri figli, la carriera che essi prospettano spesso oltrepassa le loro possibilità economiche, e le frasi dette al riguardo sono in questo senso anche la spia più significativa del malessere vissuto nella vita di lavoro all'estero:

Qua è un po' dura. Non so i figli: io non voglio che mio figlio si sacrifichi come me, star qua, senza moglie, stanco. Voglio che stiano bene, che studino bene. (MOS)

La prima cosa da fare è farla studiare, farle prendere una qualificazione, un mestiere. E, non so, non vorrei le sofferenze che ho vissuto io. (CS)

I miei figli? Vorrei che facessero il professore universitario. Non vorrei che facessero il commerciante, perché non voglio che facciano il commerciante. *Tu lo fai e ti piace!* È per questo, perché è troppo faticoso. Penso che fare il professore universitario è sicuramente meno faticoso. (MF)

Che lavoro mi piace di più? Quello che voglio fare? Ingegnere. Perché è una cosa che mi piace, mi piaceva anche quando ero piccolo, io volevo fare questa cosa, però mio papà non mi ha lasciato. Perché mio papà voleva sempre che io davo una mano per lavorare in campagna. Però mi è sempre piaciuta questa cosa. Per quello io voglio che mio figlio faccia questa cosa, *inshallah*. (AD)

Per mia figlia tutto quello che ho perso nella mia vita voglio garantirlo a lei. Io ho fallito negli studi; mi sono detto che non so se avrò la salute ancora, ma vi assicuro che farò del mio meglio perché mia figlia sia l'*élite* del paese in Senegal. Sua madre e io, tutti e due, abbiamo avuto esperienze di qualificazione, ma non ci è servito. (MOD)

In questa direzione va anche BMS, che in quanto *griot* propende per la libertà di scelta dei figli, ma esprime per loro il desiderio di una carriera professionale sicura:

Un artista non può mai decidere per i figli, non sarebbe bello. *Ma i desideri?* Non lo so, perché io voglio che i miei figli crescono, hanno del bene, e diventano quello che credono loro. Dall'altra parte quello che faccio io è un dono: uno vuole sentire la musica e loro ce l'hanno già, già si sentono [musicisti]. No, non gli insegno, non lo vogliono, lo fanno da soli, lo fanno meglio di me. Ogni volta che sto suonando che c'è un concerto sono i primi che [fa il gesto di sentire con l'orecchio] e guardano, perché anche a me mi hanno insegnato così, devi andare con il tuo orecchio, quello che senti. La mia figlia dice sempre che vuol fare la veterinaria, mio figlio vuol diventare un calciatore, però io sarei più contento di qualcosa di più utile: se diventano avvocato, dottore, fai una cosa che gli dà più sicurezza. *Economica e di lavoro?* Anche, perché loro non si stanchino come mi sono stancato io. Guarda che da noi, il nostro cantante che è il più forte in Senegal, i figli non sono cantanti, pensano solo a fare un'altra strada; come vedi un cantante che suo figlio è più bravo di lui, ce n'è tanti. (BMS)

Non è da escludere che una parte dei figli degli emigrati raggiunga gli obiettivi cui i padri aspirano (come accade nelle società in trasformazione - e come è accaduto in Italia - nel passaggio dalla società agricola a quella industriale); in ogni modo si può osservare che il raggiungimento di una carriera professionale elevata per i propri figli finirebbe per interferire con il miglioramento della propria situazione e in particolare con l'obiettivo di tornare presto in Senegal, in quanto gli studi prolungati presuppongono la permanenza all'estero sino ad età avanzata per sostenerne i costi: ciò comporta una contraddizione nelle aspettative che riguardano il proprio futuro, che solo il desiderio lento può sanare. Le problematiche del vivere tra due mondi riguardano l'avvenire dei figli anche per un aspetto meno materiale, che consiste nella preoccupazione di non potersi occupare, restando all'estero, della loro educazione, per dare ad essi una cultura tradizionale, o anche per avvicinarli ad una cultura europea di cui i migranti stessi sono in parte portatori. Questa preoccupazione è associata alla risposta che molti immigrati sentono di dover dare alla modernizzazione, alla occidentalizzazione, che li riguarda in prima persona, ma che non tarderà ad investire anche i loro figli.

Una di queste interviste descrive molto attentamente il problema:

Per vostra figlia preferite un'educazione in Europa o in Senegal? Dipende, perché l'educazione in Senegal e in Europa non sono le stesse, perché non abbiamo la stessa cultura, ma potrebbe qui avere la cultura italiana, perché se tu resti lì, nel tuo angolo con le tue idee, io resto qui con le mie, non si arriva a niente; se io ti do qualche cosa, tu mi dai qualche cosa, poco a poco questo aiuterà te e aiuterà me. Per mia figlia non so, perché non ho i mezzi per farla vivere in Europa, perché vivere in Europa richiede particolarmente soldi. Perché non è solamente la vita, si deve avere anche una bella casa, ma il resto è di prendersi cura dei figli, vedere cosa fanno, eccetera. Vivere in Europa con un bambino: vedo il problema in Francia, ma in Italia non ce ne sono ancora tante famiglie di senegalesi, perché non conoscete ancora tanto le culture, l'Italia non conosce ancora *le mélange*, in Francia per esempio si vedono delle famiglie numerose, ma qui ci sono ancora dei problemi, la maggior parte dei loro figli non lavorano, non vanno bene alla scuola, vendono la droga, e cosa ha provocato tutto questo? È la famiglia, la grande famiglia. In Europa non hai più la stessa mentalità, è per questo che non conto di affidare mia figlia a chiunque, voglio occuparmi io stesso della sua educazione, della sua salute, eccetera. *Dunque per voi è l'importazione della famiglia allargata senegalese qui in Europa che può creare dei problemi?* Sì, per esempio io, quando si tratta di vivere in Europa, avrei preferito vivere con mia moglie e i miei figli e non di più, perché più membri della famiglia hai in Europa, più hai problemi. Non sono problemi economici ma di comprensione. Quello che io voglio è creare qualcosa per mia moglie e per assicurare l'educazione dei miei figli, perché è questo che è importante, non tornare con una bella macchina, eccetera: l'avvenire è di preparare per i figli, perché per noi è già finita. (MOD)

Si valuta anche come ciò che si è acquisito nell'esperienza personale dell'emigrazione possa influire positivamente sul rapporto con i figli:

Il futuro dei miei figli: lo studio, poi... *Se un giorno vorranno venire in Europa?* Io ogni tanto dico ai miei amici: "Può darsi che noi siamo venuti qui, avevamo un obiettivo di venire qui solo per soldi, però alla fine, può darsi, non è che troviamo soldi, troviamo soldi, okay, però abbiamo imparato tante cose, che sono cose anche per i figli, che prima già noi non immaginavamo, non vedevamo anche lì, capisci? (MDI)

Considerata la scarsità dei ricongiungimenti familiari il problema del far vivere i figli nelle due culture per la maggioranza non è da affrontare nell'immediato, poiché non si ha una significativa presenza di una seconda generazione cresciuta in Europa, come avviene per altre popolazioni musulmane emigrate, per le quali esiste una più immediata prospettiva di integrazione o di conciliazione delle due culture. Ma con problematicità e concretezza si pongono tale problema quelli che hanno figli nati da un'unione con donne italiane e che hanno ormai due famiglie nei due continenti.

La descrizione fatta da uno di questi intervistati, MN, che non pensa per il momento di tornare a vivere in Senegal ed ha una figlia allevata in Italia, fa emergere in tutta la sua densità emotiva l'appartenenza a due famiglie:

Nel futuro io penso di avere la possibilità di muovermi liberamente, perché comunque ho un lavoro, di non perdere di qua o di là, perché hai due famiglie in tutte e due le parti non puoi più sognare niente, stai dalle due parti. Però se potevo sognare, sogno la possibilità di restare vicino alla mia famiglia italiana e alla mia famiglia senegalese. Non è che devo restare qua tutta la vita, non è che devo restare là tutta la vita, però collegare queste due cose che sono successe perché a quel punto lì io sono più felice e libero. Non si possono chiudere quelle due porte, questa è una responsabilità, un lavoro non è guadagnare soldi però un lavoro [deve permetterti] di non far perdere le strade di queste due cose.

E per i rapporti che la figlia deve tenere con i due mondi:

Mia figlia conosce le cose del Senegal, perché con gli altri ragazzi si parlano al telefono, si mandano le foto, tutto. Anche quando viene da me, mangia con le mani, le piacciono i piatti senegalesi, fa i canti senegalesi: lei ha tutte e due le culture, quella italiana e quella senegalese e lei vuole molto bene a altri bambini senegalesi che ha trovato qua a Torino: si parlano, si frequentano, si vedono; anche dove abita ci sono altri bambini di colore, mulatti che vanno a scuola: marocchini, italiani, della Costa d'Avorio, zairesi. Anche lei ha fatto il ponte, che è quello che ho fatto anch'io.
Sicuramente anche gli occidentali, gli italiani, che sono in Senegal e hanno anche loro dei bambini lì, hanno dei problemi come quello che ho avuto io, forse più bello o brutto però non dobbiamo dimenticare mai che una responsabilità di collegare due culture diverse è una responsabilità enorme. Un lavoro, non è uno scherzo. Allora la cosa più importante è far vedere ai bambini la parte dell'Africa e la parte dell'Europa, così loro almeno un domani conoscono le loro radici: può aiutarli a avere la libertà di andare in Africa, e di tornare in Italia. Questo è quello che dobbiamo fare tutti quelli che hanno figli di culture diverse, far conoscere ai bambini le loro due parti diverse.

Così un domani sono loro che devono decidere quello che vogliono fare loro, però questi loro diritti dobbiamo darli ai bambini di razze diverse.
Io ho visto degli amici che hanno bambini - padre africano, madre italiana - loro non sono preoccupati di questo problema. Ne ho visti tanti, non pochi.
Perché se una persona è qui in Italia, emigrare per lavorare e portare soldi a casa, boh! Facile da fare, no? Ma cercare di far crescere dei figli: tu non sei più un immigrato; hai una responsabilità in più, per sempre.

Il proposito di salvaguardare entrambi i sentimenti di appartenenza non riguarda soltanto la vita della figlia ma anche la propria, benché per MN non si presenti facile, perché insieme alla ricchezza che riceve dalle due diverse culture sente la lacerazione:

Se vado in Senegal l'Italia mi manca, se vengo qua anche il Senegal mi manca. Per cui non è facile perché se uno non è mai stato in un paese non può mancargli un paese che non conosce. Però durante gli anni, amici, lavori, conoscenze, non puoi mai dimenticare il Senegal e l'Italia: devi sempre vivere in due parti. E poi la cosa più grande è di avere mia figlia qui, questo vuol dire che non posso più allontanarmi da qui. Se hai due famiglie nelle due parti, vuol dire che hai due responsabilità: non è più di là o di qui.

La presenza nella sua vita di due poli di attrazione la si ritrova anche nel suo lavoro, nel campo della moda, espressione di cultura, dove vede la possibilità di arrivare a creare un prodotto "misto":

Qua in Italia mischiare due culture non è facile perché dicono: "Ah, quello che fa le sfilate è uno stilista senegalese, andiamo a vedere" e vengono gli italiani, vengono i senegalesi, tutti gli immigrati vengono a vedere. Allora io per i miei vestiti devo anche dare un'immagine di una cultura mista. Sì, perché ho visto come i ragazzi si vestono con tante cose un po' orientali, un po' africane, un po' europee, anzi nella moda si può proprio creare questa strada. Io voglio creare una strada che va bene a me, per fare un articolo sulla realtà etnica, occidentale, orientale perché la moda è anche la cultura.

Un'analoga situazione, vissuta con meno *pathos*, ma che ha lo stesso sbocco in campo artistico, è quella di BMS, che essendo *griot* sente oltre al desiderio di produrre una cultura che unisca i due stili, nel suo caso nella musica, anche la necessità di portare in Italia la conoscenza delle tradizioni di cui i *griot* sono custodi.

Adesso la mia famiglia è italiana, però ho i miei fratelli e i miei cugini qua. Ma io andrei anche ogni mese in Senegal, perché sono molto legato alla mia terra. Di senegalesi riservati ce n'è a *go-go*: sono questi senegalesi, tanti di noi, che non vogliono integrarsi: "Io tengo la mia cultura e non voglio sapere la tua cultura, quello che mi interessa è solo prendere e portare in Senegal". Invece noi abbiamo molta più difficoltà perché vogliamo integrarci, portare cultura. Per esempio, quando noi andiamo giù

continuamente ti chiedono: "Quand'è che tornate a casa vostra?", cioè in Senegal. Qui fai una piccola discussione e ti dicono: "Perché non torni a casa tua?". Quindi noi iniziamo già a avere problemi perché è da tanti anni che non siamo più lì e abbiamo perso tante cose.
Casa mia? La verità: è là. Bisogna dirlo, c'è niente da fare! A me dicono, tutti i miei paesani: "Ah, tu sei europeo". Okay, dite quello che volete però l'Africa nessuno me la toglie, perché per ognuno il suo paese natale [è più importante].
Non siamo più senegalesi come prima perché abbiamo imparato tante cose qui in Europa, ma la stessa cosa ha un europeo che è andato in Africa e sta lì tanti anni ed è proprio africano e, quando arriva qua, non può stare due giorni, e vuole tornare.
Nel mio futuro io ho un progetto: andare avanti, [avere] una base di lavoro; e parte della famiglia qua, parte della famiglia lì; fino che posso andare avanti indietro, accontentare tutti e poi, quando avrò la possibilità comprare una casa lì, che si va in vacanza lì, e poi me ne torno qua: sei mesi e sei mesi, vado girando.

In queste due testimonianze che si riferiscono a percorsi di lavoro e di vita molto simili, il rapporto tra i due mondi si pone nel primo caso come "creare un ponte", per sé (in attesa di un ritorno in Senegal a nostro avviso molto improbabile prima della vecchiaia, per le sue stesse aspirazioni professionali) e per la figlia; nel secondo caso, come poter vivere, in futuro, in un perfetto equilibrio dato dalla perfetta suddivisione della propria vita con l'alternanza dei periodi di permanenza qui e là.

Quanto strettamente le esperienze e le attese vissute per sé siano legate con i desideri espressi parlando dei figli emerge con forza anche dalle interviste fatte in Senegal. In alcune di esse, in particolare, appare netto il bisogno che l'eventuale attrazione verso i nuovi mondi su cui l'emigrazione dei padri ha fatto aprire gli sguardi si incanali comunque entro l'insieme dei valori che possono essere garantiti soltanto dal ricevere un'educazione conforme alla cultura di origine. Questa preoccupazione della continuità con le radici è esplicita nelle risposte che diverse donne hanno dato alla domanda se sarebbero favorevoli all'emigrazione dei figli (in senso lato: talvolta nel discorso ci si riferisce esplicitamente alle figlie): per tutte loro conta innanzi tutto quale educazione viene trasmessa, mentre il fatto che i giovani poi vadano oppure o no all'estero appare una questione aperta a diverse scelte possibili, considerate in relazione alle opportunità di lavoro:

Desidero che i miei figli crescano qui, presso di me, perché in Italia ci sono tanti problemi. L'essenziale è che lavorino, non vorrei che i miei figli si trascinassero o facessero cose proibite da Dio. Preferirei tenerli accanto a me perché lavorino qui, perché possano partecipare allo sviluppo del loro villaggio e del loro paese. Anche riuscire a emigrare in pace e ritornare in pace sarebbe bene [se non potessero lavorare qui]. Anche i loro nonni vorrebbero soltanto la loro riuscita [restando o partendo]. (NAD)

Vorrei che i miei figli crescessero qui e avessero qui la loro riuscita, perché è meglio crescere nel quadro della propria cultura. Voglio che i miei figli studino e poi che insegnino; possono fare qualsiasi tipo di lavoro, vorrei che abbiano qui un buon lavoro e che rimangano. (NDN)

Preferisco che i miei figli crescano qui. Perché? Perché la nostra cultura, la nostra tradizione sono qui e ciascuno deve rispettare la propria cultura. Se crescessero là non potrei vegliare sulla loro educazione. Che cosa vogliono i miei figli, sono loro che lo sanno. Ma io prima di tutto vorrei che si attacchino alla loro religione, poi che si consacrino ad attività che apportino loro denaro, ma che siano lecite. Non vorrei che facessero qualcosa di contrario alla religione o qualcosa di illegittimo, anche se dovessero guadagnare milioni. Sì, vorrei che emigrassero. (FS)

Preferirei che le mie figlie crescessero qui. *Le appoggereste se volessero emigrare?* Certo! Mi augurerei soltanto che partano dopo essersi sposate, [altrimenti] ho paura che la loro base religiosa si indebolisca. Voglio che studino, poi sapranno che cosa fare, una volta maggiorenni, decideranno. (AM)

Sono donne che in vari momenti delle loro interviste lasciano trasparire quanto il legame con la religione e la cultura in cui sono nate sia costitutivo del loro modo di pensare e di comportarsi: sulle figlie e sui figli proiettano quindi il desiderio che permanga questo attaccamento. Per altro, non si tratta affatto di un atteggiamento statico o di una mentalità chiusa nelle tradizioni; anzi, sul piano della capacità di prendere iniziative, tutte loro parlano delle nuove attività che già hanno intrapreso o cui vorrebbero dedicarsi per guadagnare un po' di denaro, magari con il piccolo commercio. In altri casi questo stesso desiderio personale di procurarsi qualche opportunità migliore per il futuro diventa l'elemento principale attorno a cui vengono costruite le attese per i figli, lasciando invece cadere ogni considerazione di tipo culturale:

Vorrei vendere, non ho preferenze particolari, purché quello che vendo mi porti denaro. Voglio che i miei figli vadano a scuola, che abbiano un buon mestiere. Sì, voglio che emigrino. (AWN)

Lavoro per avere qualche cosa, per avere denaro. Vorrei che [i miei figli] studiassero e poi lavorassero. Vorrei soltanto che facessero un lavoro che li metta in grado di aiutare il loro padre, che abbiano un buon lavoro, nient'altro. (ARS)

Il discorso si sviluppa tutto sul piano di ciò che conviene per le prospettive di lavoro e di guadagno anche nel caso di AN, che come capo del villaggio in cui vive mette più volte in risalto come gli apporti maggiori per dare un po' di benessere alle famiglie e alla comunità vengano dagli emigrati. Anche parlando dei propri figli, è sulle ricadute positive che ne potrebbe ricavare lui stesso che fissa l'attenzione, essendosi prima soffermato sulle sue difficoltà a mantenere una famiglia numerosa, con quattro mogli e tanti figli:

Vorrei che i miei figli emigrassero perché mi darebbe dei vantaggi. Vorrei che facessero del commercio, come fanno gli altri, in modo da avere qualcosa da mandare al loro padre, alla loro famiglia.

In termini altrettanto personali ABM, *marabut* che ha conosciuto la durezza della vita all'estero nei viaggi fatti per visitare le comunità *murid*, esprime invece il desiderio opposto: vorrebbe che suo fratello, attualmente a Torino, rientrasse stabilmente in Senegal così come non vorrebbe veder partire i propri figli:

Farò del mio meglio perché [mio fratello] rimanga qui, perché io conosco l'Europa, so che è difficile, è molto difficile. Voglio convincere [i miei figli] a restare qui. Auguro ai miei figli di trovare un lavoro che piaccia, ma in ogni caso quello che non auguro loro è di emigrare. Laggiù [in Europa] è molto difficile, le volte che sono stato là ho visto, [gli emigrati] non fanno altro che quel che si chiama "stringere la cinghia".

Nelle aspirazioni per il futuro dei figli convergono dunque, in modi soggettivamente diversi, le esperienze e le attese da un lato di chi sta all'estero e dall'altro di chi, pur vivendo in Senegal, deve comunque misurarsi con l'impatto dell'emigrazione tanto sulle condizioni attuali quanto - e forse ancor più - sugli orizzonti verso cui si orientano le prospettive individuali e quelle collettive. Ancora una volta, il rapporto con entrambi i mondi appare come una dimensione di cui occorre tenere conto per leggere le vicende e le aspettative non solo di chi parte, ma anche di chi resta. Può quindi essere utile approfondire come questi aspetti di trasversalità, riflettendosi all'interno delle famiglie, si ripercuotano anche sulle identità di genere delle donne e degli uomini.

6.4 Famiglie transnazionali e dinamiche di genere

Come abbiamo più volte sottolineato, l'intreccio tra permanenza anche lunga all'estero e radicamento nelle relazioni con i parenti in Senegal è talmente stretto che si potrebbe parlare dei riassetti delle esistenze in rapporto alla migrazione come di una condizione che riguarda l'intera famiglia. Se molti tra i soggetti intervistati qui parlano di Torino come del posto in cui lavorano, mentre Louga o Touba o il villaggio di origine restano il luogo che dà senso alla loro vita[4], altrettanto nettamente mogli, madri, padri, sorelle, fratelli in Senegal considerano quella del familiare emigrato un'assenza non solo provvisoria, ma intermittente, continuamente scandita dai ritorni e attenuata dalla possibilità di mantenere i contatti, talvolta addirittura con telefonate quotidiane. Per il *maître griot* YM, intervistato dal gruppo di ricerca

---

4. Cfr. "Vengo dalla regione di Louga e lavoro a Torino" (Benenati, 2002).

dell'Università di Saint-Louis, si tratta di una caratteristica che ha un peso particolare nella regione di Louga:

> La differenza tra un emigrato di Louga e gli altri emigrati africani è che i *lougatois* tornano sempre all'ovile per quanto a lungo possa durare il loro soggiorno all'estero, perché dietro di loro c'è sempre una famiglia che li aspetta. La gente di Louga attribuisce un'importanza capitale alle relazioni sociali. Nella nostra società c'è un enorme slancio di solidarietà.

Le relazioni si riorganizzano attorno a questa assenza-presenza e il rapporto con l'esperienza migratoria - nelle sue dimensioni esplicite, ma anche nei suoi non-detti, rispetto a tutto ciò che non si sa e neppure si domanda della vita del parente lontano - permea in profondità il quotidiano delle persone rimaste e non solamente di quelle partite.

Nella prospettiva di un'analisi dalle e sulle due sponde delle migrazioni intese come "trasmigrazioni" (Grillo, Riccio, Salih, 2000, 4), ci sembra quindi opportuno chiederci quali siano i risvolti con cui tali processi si manifestano all'interno delle famiglie in Senegal e in particolare se si delineino dei mutamenti nei rapporti tra donne e uomini e nei costrutti socioculturali secondo cui si modellano le identità di genere delle une e degli altri.

In uno studio che si concentra proprio sui nessi tra genere e transnazionalismo, Ruba Salih (2003, 37-38) richiama i limiti teorici di gran parte delle ricerche sulle migrazioni che si pongono il problema soltanto dal punto di vista della mobilità o non-mobilità femminile e non vanno oltre l'esame delle strategie individuali oppure dei fattori strutturali e culturali attinenti ai rapporti di produzione. Appare invece molto più promettente - prosegue l'autrice (*ibid.*, 38) - l'analisi in termini di "*household approach*" che hanno proposto di recente Sylvia Chant e Sarah Radcliffe (1992)

allo scopo di comprendere la selettività di genere nei modelli migratori, [focalizzandosi] sia sui fattori economici quali la divisione del lavoro in base al genere e i rapporti di produzione sia sui ruoli riproduttivi e sulle gerarchie all'interno delle famiglie. Dando risalto alle relazioni tra questi due ambiti, l'*household approach* svela l'interconnessione tra azione individuale, fattori culturali e strutture socioeconomiche.

Riportare ad una dimensione complessa quale è la *household* tanto i modi individuali di vivere, agire e percepirsi, quanto quelli di organizzarsi in ambiti intersoggettivi, è una prospettiva concettuale e metodologica che negli ultimi decenni è stata ampiamente e variamente sviluppata negli studi femministi in particolare o comunque attenti alla centralità delle dinamiche nei rapporti tra donne e uomini più in generale. Che essa possa fornire chiavi interpretative adeguate va ovviamente discusso caso per caso, tenendo conto delle peculiarità storiche e culturali di ciascuna situazione; per quanto riguarda l'Africa, considerare l'intreccio tra sfera femminile e sfera maschile da un lato e valenze produttive della partecipazione delle donne alle attività agricole della famiglia e della comunità dall'altro, è un passaggio che si è rivelato molto efficace sin dal lavoro con cui Ester Boserup (1970) ha innovato l'analisi della divisione sessuale del lavoro e delle sue specificità nelle diverse parti del mondo. Come ha però messo in evidenza più recentemente Naila Kabeer (1994, 96), esaminando i rapporti di genere è possibile fare emergere anche gli aspetti conflittuali impliciti nelle interconnessioni tra le due sfere: la sua analisi si incentra infatti su una nozione di *household* che considera quest'ultima come un "luogo di negoziazione e di conflitto", anziché come un'unità altruistica e cooperativa, secondo le concezioni economiche classiche. In particolare (*ibid.*, 130), nel caso "delle economie familiari segmentate dell'Africa sub-sahariana, dove donne e uomini hanno responsabilità separate ma interdipendenti nella produzione e obbligazioni separate ma interdipendenti verso le loro famiglie", vanno tenuti presenti "i rischi associati alle relazioni patriarcali" e alle insicurezze della poliginia[5].

Se ora restringiamo ulteriormente lo sguardo, per concentrarci sulla situazione più ristretta di cui ci stiamo occupando in questo volume, molte delle considerazioni appena richiamate appaiono appropriate. Da un lato, infatti, "la vocazione fondamentale della migrazione senegalese è la riproduzione della cellula familiare", come scrive Papa Demba Fall (1998); d'altro lato, però, nei processi che riguardano gli esseri umani (e gli esseri viventi più in generale), la "riproduzione" non significa mai ripetizione dell'identico. Un'analisi in termini di *household approach*, cogliendo gli spostamenti nei rapporti interni alla famiglia, può allora risultare utile anche per intravedere se e come cambino i modi di vivere e percepirsi dei diversi soggetti che di quella fanno parte e quanto incidano in tali processi convergenze e contrasti.

Un primo aspetto da sottolineare è un'interessante polivalenza degli effetti che l'emigrazione di tanti mariti e padri sta avendo circa quelli che poco sopra venivano richiamati come "rapporti di produzione", considerati in relazione ai "ruoli riproduttivi". Se per un verso il fatto stesso che siano soprattutto gli uomini a partire e a mandare a casa il denaro contribuisce a ribadire la norma socioculturale secondo cui è appunto ad essi che compete la funzione di garantire il mantenimento della famiglia con il loro lavoro, per un altro verso la loro assenza sta inducendo tutta una gamma di situazioni nuove in cui le donne si rendono visibili come esse stesse "produttive" e non soltanto impegnate nella riproduzione in senso stretto (pur tenendo conto del fatto che le donne hanno numerosi figli e dell'incidenza della dimensione della prole nella centralità della famiglia d'origine).

---

5. Altri studi, per sottolineare ancora più nettamente il fatto che gli interessi delle donne e degli uomini non sono coincidenti e che le donne hanno spazi propri di cui sono protagoniste, hanno messo in discussione il concetto stesso di *household* come riferimento comune alle une e agli altri: cfr. Ekejiuba (1995), dove viene introdotta la nozione di *hearth-hold* come adatta alle situazioni rurali dell'Africa Occidentale.

Nel capitolo 4 abbiamo già dato rilievo al caso di BIN, persona piena di iniziative e di progetti per affermarsi professionalmente, forte anche dell'intesa solidale che la lega al marito. In una sintesi delle testimonianze da loro raccolte, i ricercatori di Saint-Louis (Diop, 2003, 46) scrivono:

La condizione economica delle famiglie dei migranti ha indiscutibilmente contribuito ad alleggerire lo svolgimento dei lavori domestici e permette così alle donne di dedicarsi ad altre attività remunerative o comunitarie (partecipazione ad associazioni di donne, a Gruppi di Interesse Economico, eccetera). Esse si dedicano anche alla sartoria e alla gestione di *télécentres* e si occupano della quasi totalità dei punti di vendita di cibo nei mercati.

Tra gli uomini intervistati, c'è chi afferma che alcune sono così diventate "vere donne d'affari" (EHN) oppure chi - nella stessa città di Touba - commenta che

sono sempre più numerose le mogli di emigrati che lavorano, tanto meglio se con il loro lavoro riescono a farsi carico di loro stesse. (ASL)

Quanto alle voci femminili, riportiamo tre risposte, tutte di mogli di emigranti, anche queste tratte dalle interviste fatte a Touba, che mostrano quanta importanza venga data all'avere una propria attività (tanto che alcune sono loro stesse emigrate), ma anche con quanta cautela questo passaggio ad una maggiore autonomia venga mantenuto entro i confini del rispetto dovuto tradizionalmente al marito; si noti che la prima donna è un po' più anziana (48 anni: emigrante per anni per fare commercio, ora fa la sarta), le altre due più giovani (28 e 29 anni: la prima gestisce un *télécentre*, la seconda è sarta):

Sì, l'emigrazione è molto più importante tra gli uomini, ma riguarda anche le donne. Il solo problema per loro è la gestione della casa e non tutti gli uomini accettano di lasciare che le loro mogli partano per periodi lunghi. Io ho avuto la fortuna che mi è capitato un marito che mi ha appoggiata quando viaggiavo per portare qui le merci da rivendere. Questo mi ha permesso di guadagnare del denaro e di aiutare i miei figli. (KSW)

Sì, penso che i *modou modou* aiutano molto le loro mogli. La maggior parte delle mogli dei *modou modou* cercano di fare del commercio, ce ne sono anche che aprono delle sartorie, ce ne sono molte in città. (BSY)

È mio marito che mi ha chiesto di aprire questo laboratorio di sartoria piuttosto che non fare nulla. Con l'aiuto dei nostri mariti, noi mogli di emigrati cominciamo a lavorare per noi stesse e per i nostri figli. È molto importante, ci aiuta, ma aiuta anche i nostri mariti. (SG)

Vedremo però più avanti che nelle città è diffusa anche una rappresentazione opposta: molti sostengono infatti che le mogli degli emigrati sono diventate "regine" e non fanno più niente.

6.5 Tra continuità e cambiamento, vecchi vincoli e nuovi spazi

Dove invece le attività femminili spiccano maggiormente e godono anche di maggiore riconoscimento sociale è piuttosto nelle zone rurali: nei gruppi di famiglia intervistati nei villaggi di Boudi Tieckene e Keur Balla Seye le affermazioni a questo proposito sono numerose, non soltanto perché le donne continuano a fare i lavori nei campi (e non soltanto in casa) considerati di loro pertinenza da generazioni, ma perché adesso - forti anche dell'abitudine ad associarsi profondamente radicata nell'organizzazione tradizionale del villaggio - sono loro che si occupano delle iniziative di sviluppo e che si impegnano nei progetti generatori di reddito, quali l'ingrasso di animali o il piccolo commercio. A Boudi Tieckene, ad esempio, FS appare fiera del lavoro che svolge come presidente di un gruppo di donne che svolgono varie attività, appoggiandosi ad un progetto che fornisce loro un fondo per piccoli crediti:

Le altre attività sono quelle che ti avevo detto, cioè i progetti e le casse rurali. Ci prestano del denaro e noi lo rimborsiamo dopo aver lavorato. Usiamo il denaro per fare l'ingrasso ovino, per fare commercio. C'è un leggero miglioramento, perché prima non si riusciva ad avere un progetto che ci finanziasse, per poter lavorare con quello, avere un po' di guadagno e rimborsare. Quando si lavora, poco o tanto si guadagna un po' di denaro e si rimborsano i debiti.

FS avrebbe aspirazioni ancora maggiori e vorrebbe proiettarsi verso possibilità più ampie:

Vorrei fare un lavoro importante, guadagnare milioni e milioni, come mi riuscirebbe, con la speranza di un sostegno [che] potrebbe venire di qui o anche dall'estero. Se avessi la scelta lascerei tutti i lavori che faccio attualmente per dedicarmi a qualcosa di più redditizio.

A Keur Balla Seye è lo stesso capo-villaggio AN a sottolineare che le nuove iniziative vedono come protagoniste le donne: è a loro che si rivolgono i progetti promossi da agenzie esterne, "sono le donne che d'abitudine organizzano incontri di questo tipo [riunioni collettive nel villaggio]", perché sono i *groupements féminins* che gestiscono una cassa rurale e che sono inseriti nei programmi di finanziamento.

Intervistata nel medesimo villaggio, AWN parla anche lei dei "benefici" che il sistema di prestiti attraverso la cassa rurale ha portato alle donne; lei in particolare li utilizza per l'ingrasso di montoni che poi dà da vendere a suo marito (se è in vacanza da Torino) oppure a suo figlio. Questo piccolo spunto ci dà un'interessante conferma di come possa essere gestito l'intreccio tra i nuovi spazi di iniziativa che molte donne si costruiscono, in particolare accedendo al denaro dei progetti di sviluppo locale, e la persistenza di regole tradizionali, per cui ad esempio la vendita del bestiame è considerata affare da uomini. In uno studio sulle esperienze imprenditoriali di donne senegalesi, Fatou Sarr (1997, 106) sottolinea i caratteri fortemente dinamici del modo delle donne di trasformare i rapporti sociali attraverso processi di negoziazione piuttosto che di scontro, a partire dalla relazione con il marito, il cui potere resta formalmente intoccato:

Le donne hanno sviluppato delle strategie, delle alleanze e delle forme di negoziazione, in base alle quali riescono a liberarsi dei vincoli sociali e culturali e a mettere in opera i progetti cui aspirano.

Così, conclude poi l'autrice (*ibid.*, 119),

[le donne imprenditrici] hanno potuto modificare il rapporto uomo-donna mediante la negoziazione e sono riuscite a sviluppare attività che necessitano di una grande libertà pur salvaguardando la stabilità familiare, ciò che è non meno importante in un contesto sociale in cui il matrimonio è sopravvalutato.

Come giudizio su una tendenza innovativa che si profila ci pare un'opinione condivisibile, che trova qualche conferma nelle interviste di cui ci stiamo occupando; tuttavia ci sembra anche opportuna molta cautela, per evitare generalizzazioni troppo ottimistiche circa un allargamento sostanziale nell'autonomia e nel potere decisionale delle donne, per quanto saggiamente negoziato. I vincoli di dipendenza dalla famiglia del marito appaiono in numerosi casi addirittura rafforzati proprio perché quest'ultimo è lontano; Papa Demba Fall (2001, 191) scrive della "relativa vulnerabilità" per cui "le mogli momentaneamente separate dai loro congiunti" vengono costrette ad "una sottomissione che frena qualsiasi iniziativa personale" e riporta un'accorata testimonianza sui "danni sentimentali che la migrazione può talvolta provocare", rinserrando colei che l'autore chiama la "migrante immobile" sotto un controllo per cui le sue stesse relazioni "con il marito sono in larga misura regolate dalla madre" di questo.

Quanto all'insieme di interviste su cui ci basiamo noi, tutte le mogli di migranti che ne fanno parte risulta che vivono appunto presso la famiglia del marito, molte in regime matrimoniale poligamico e spesso è proprio la suocera a spiccare come la figura chiave della convivenza familiare. Tra le dichiarazioni raccolte dall'*équipe* dell'Università di Saint-Louis alcune rendono molto evidente che gli ambiti in cui viene esercitato il controllo sono almeno due: quello della "fedeltà" al marito e quello del denaro. BBM, un insegnante di Louga, dopo aver deplorato che non di rado le mogli dei migranti abbiano "relazioni extraconiugali fino a restare incinte, ciò che è causa di molti divorzi o separazioni nelle famiglie dei *modou modou*", afferma che se vi sono donne che diventano capofamiglia per la lunga assenza dei mariti, ciò però accade "solamente nelle famiglie in cui non c'è la suocera, in generale è lei che controlla tutto". Analogamente, il vicesindaco della stessa città, MBS, accenna alle "pratiche malsane di tutti i tipi" cui si danno le mogli degli emigrati, perché restano tanto tempo senza vederli, ma anche perché le rimesse che ricevono sono irregolari e poi commenta:

Nelle famiglie dei migranti c'è una certa rivalità tra la moglie e la suocera, perché quest'ultima tende a controllare tutte le spese che si fanno in casa e la moglie in certi casi è obbligata a rivolgersi a lei anche per pagarsi le sue cose personali. Oggi molti emigrati vivono un dilemma quanto alle rimesse. In effetti, non possono mandare il denaro alla moglie perché la mamma sorveglia e rischia di arrabbiarsi. Alcuni aggirano il problema inviando il denaro a un uomo di fiducia che si incarica di distribuirlo bene, senza provocare frustrazioni.

Occorre anche tenere presente che in assenza dei mariti le responsabilità delle donne aumentano, specie per l'educazione dei figli; tuttavia, le risposte femminili in tema di cambiamento della condizione delle donne non danno mostra di grandi illusioni sugli allargamenti degli spazi. Vediamone alcune:

Certo, io ho comunque una relativa autonomia nella gestione della famiglia, specie nell'esecuzione delle spese familiari, nell'educazione dei figli, nell'organizzazione materiale della casa, eccetera. Ma mio marito esercita sempre il ruolo di capofamiglia anche se a distanza, ha sempre la sua parola da dire su quello che faccio. D'altronde io stessa non me lo permetto, chiedo sempre il suo permesso quando voglio fare questo o quello, lui telefona ogni due giorni. Un'altra difficoltà è che certe mogli di emigrati sono dominate dalla suocera che gestisce tutto in famiglia. Anche se vuoi comprare dello zucchero alla bottega sei costretta a passare attraverso di lei: come vedi, non è facile. (FF)

Le donne materialmente stanno molto meglio, ma credo che non ci siano cambiamenti nei rapporti di dominio, malgrado tutto le donne sono sempre dietro agli uomini. (Int. 19, giovane donna di 21 anni)

No, l'emigrazione non ha cambiato i nostri costumi. In famiglia è sempre il primogenito che ha l'ultima parola in qualsiasi situazione e i giovani obbediscono ai genitori: in questo, non è cambiato nulla. Anche per noi donne, le relazioni con i nostri mariti restano le stesse. (BSY)

Con parole ancora più forti, ecco una conferma di parte maschile:

I rapporti tra uomini e donne non sono stati molto toccati dall'emigrazione. La donna continua ad essere una donna e la decisione spetta sempre al marito. (OF)

Resta un caso isolato quello di BIN, già più volte citata per la tenacia con cui persegue la propria affermazione, entro un rapporto coniugale di reciproca fiducia e solidarietà che si proietta anche nella ricerca del rispetto con le altre persone della famiglia; alla domanda rivoltale dal gruppo dell'Università di Saint-Louis circa i cambiamenti prodotti dall'emigrazione sullo statuto delle donne risponde:

Le mogli dei migranti fanno da madri e da padri al tempo stesso, perché sono obbligate. Tradizionalmente, le donne educano i figli, con l'emigrazione continuano a svolgere questo ruolo anche senza la presenza del padre.
Questa responsabilizzazione si riflette nella gestione della casa: ci sono ruoli assegnati a ciascun componente: a me, a mia suocera... Finché le persone lo rispettano, non ci sono problemi. (BIN)

6.6 Matrimoni misti, una questione delicata

BIN si dimostra aperta verso atteggiamenti non tradizionali anche su un altro punto: alla domanda circa le sue opinioni in tema di matrimoni misti non esprime riserve:

Non ci vedo niente di male, perché siamo tutti esseri umani. Ciò che conta è l'amore, che ci si ami. Non vedo inconvenienti, è un parere personale.

Altre donne danno risposte ben diverse: c'è chi dice semplicemente che "non ci sono problemi" (NS), ma non va oltre, oppure chi in modo altrettanto conciso afferma l'opposto: "Non sono d'accordo" (AM). Un'intervistata, cui viene chiesto di spiegare le ragioni per cui anche lei si dice contraria, precisa:

Perché bisogna che i senegalesi sposino senegalesi e che i *toubab* [bianchi] facciano lo stesso. *Perché?* Ciascuno si sposi a casa sua. (ARS)

È interessante che in altri casi sono state date argomentazioni più complesse, che implicano una percezione asimmetrica del problema, secondo cui se anche può apparire accettabile che un uomo senegalese sposi una donna italiana, non vale il viceversa. Così AN prende in considerazione soltanto la prima possibilità, anche se non gli sembra la scelta preferibile:

Se hai visto qualcuno che ti ama e tu lo ami, non c'è problema, puoi sposarlo. La mia preferenza sarebbe che loro [i migranti] tornassero a casa a sposarsi e a costruire, ma ciascuno ha il diritto di fare come preferisce. Sposare una *toubab* [o una senegalese] è la stessa cosa, puoi sposare colei che ami.

Che però questo non sia accettato proprio come "la stessa cosa" nella comunità del villaggio traspare da un suo commento successivo: dice infatti di conoscere dei *modou modou* che hanno sposato donne bianche, ma aggiunge:

Quando vengono qui non vogliono neppure dire che hanno una moglie laggiù, mantengono il silenzio.

In quanto esponenti importanti della confraternita *murid*, ABM e sua madre SMM nelle loro risposte riconducono esplicitamente la questione ai valori religiosi. SMM dapprima dichiara che accetterebbe il matrimonio misto sia per le figlie sia per i figli, perché in ogni caso non potrebbe opporsi alle loro scelte, poi però prende di fatto in esame soltanto l'eventualità che sia il figlio a sposare una donna bianca e dice che sarebbe d'accordo purché fosse "una persona per bene", spiegando che cosa questo significhi: se si tratta di una cristiana

bisogna che si converta. Certe, perché vogliono sposarsi, dicono che si sono convertite all'Islam, pregano, ma poi quando rientrano nel loro paese dimenticano tutti gli impegni.

Ecco infine come risponde ABM, le cui parole danno il quadro più articolato degli aspetti da tenere presenti, tanto sul piano dei rapporti di genere quanto su quello religioso. Iniziando dal caso di senegalesi che sposino italiane egli dice:

Se si fa il matrimonio come prescrive l'Islam non ci sono problemi. Conosco molti senegalesi che si sono sposati laggiù. L'Islam lo accetta, accetta che un uomo musulmano sposi un'italiana. Il contrario, invece, è impossibile.

Sollecitato da ulteriori domande, ABM aggiunge che se però un italiano si convertisse all'Islam potrebbe anche sposare una senegalese, perché "l'Islam lo permette", ma poi prosegue insistendo che vi sarebbe il problema della cultura trasmessa ai figli, con il rischio che "non conoscano più la cultura senegalese".

Ragionando appunto degli aspetti culturali e religiosi implicati nei matrimoni misti, Maria Grazia Ratto e Maria Gabriella Peirone (2003, 30) citano alcuni passi del Corano che stabiliscono permessi e divieti e a proposito delle differenze relative a uomini e donne osservano:

è inammissibile che un musulmano debba sottostare all'autorità di un non musulmano e poiché nella famiglia l'autorità è del padre, egli deve essere musulmano; i figli poi devono prendere la religione paterna e quindi è inammissibile che una musulmana debba mettere al mondo dei figli che assumeranno poi una religione diversa dall'Islam.

D'altra parte, la maggiore resistenza che viene opposta all'idea che siano le donne a sposarsi al di fuori dell'etnia di origine è un atteggiamento largamente diffuso e che è stato più volte analizzato in rapporto all'impianto patriarcale delle tradizioni che identificano le donne come "riproduttrici biologiche dei membri delle collettività etniche" (Yuval-Davis, Anthias, 1989, 7). Anche in presenza dei rimescolamenti migratori, questi antichi vincoli mentali mantengono la loro forza, insieme allo squilibrio di genere per cui si attribuisce comunque all'uomo la capacità di imprimere il proprio segno nell'eredità culturale che viene trasmessa ai figli. Intervistata a Torino, la giovane *griot* MAS dà una risposta molto netta: "No, non voglio sposarmi in Europa", a conferma di quanto conti per lei restare radicata nel proprio mondo. Chi si accorge che questi legami si allentano ne parla con rammarico; un emigrato in vacanza, intervistato a Touba, afferma:

L'emigrazione tende a farci perdere certi nostri costumi. A Dakar sono sempre più numerose le giovani donne che si sposano con dei *toubab*, mentre in passato era un fatto raro. (EHN)

6.7 Il potere del denaro

Il commento più diffuso sui rapporti tra migrazione e scelte matrimoniali riguarda però soprattutto un altro aspetto: in molte interviste si parla infatti di come sposare un migrante sia diventata l'aspirazione di molte giovani, che così pensano di poter disporre di qualche ricchezza. Mortala Mboup (2000, 92) dedica a tale questione un'analisi approfondita, sottolineando che l'opinione pressoché unanime che ha registrato nella regione di Louga, in città come nei villaggi, è che "forti delle loro nuove possibilità finanziarie i migranti starebbero passando i limiti della decenza, lasciandosi andare a spese esorbitanti, soprattutto in occasione delle cerimonie di nozze" causando così "un'emulazione sociale malsana". Uno degli effetti, secondo taluni, sarebbe la diminuzione del numero dei matrimoni, perché il costo delle doti diventa sempre più alto.

Nell'insieme delle interviste cui ci stiamo rifacendo non mancano le conferme di quanto il matrimonio con un migrante venga visto come economicamente vantaggioso e di come questo incida sugli usi e sui rapporti tradizionali, ma anche di quali nuove difficoltà possano derivarne:

È vero che con l'emigrazione il potere economico ha cambiato non poche cose a livello delle realtà socioculturali. Per esempio, al livello delle unioni non è raro vedere persone di caste diverse che si sposano, cosa che in passato praticamente non si vedeva, e tutto questo a causa del denaro. Adesso a Louga la dote può ammontare fino a un milione e duecentomila Franchi [FCFA] senza contare le collane, gli anelli d'oro, i vestiti. Nei battesimi si spreca molto e ci sono spese esorbitanti, ciò che spinge certe donne a preferire gli emigrati, importa poco la casta o la posizione sociale. È la ragione per cui molte ragazze non si sposano più per amore. Il problema che si pone adesso è che quando il denaro non arriva più come prima cominciano a crearsi le difficoltà e ne segue il divorzio. Il tasso di divorzi a Louga nelle famiglie di emigrati è molto alto. (FF)

Si sono notati molti cambiamenti, adesso per la gente non conta altro che il denaro, se non hai denaro non ti considerano, anche se fai parte di una famiglia nobile. Per le famiglie di casta non importa, l'essenziale è sapere che cosa ti avvantaggia, per certe donne uscite da certe famiglie non conta altro che avere un marito emigrato. (Int. 9, donna emigrata di Louga)

Un accenno di tipo diverso, ma che segnala anch'esso quale forza contrattuale in tema di matrimoni abbiano raggiunto i migranti, emerge da questo commento di una giovane di Touba:

Al ritorno la maggior parte degli emigrati si riposa e non fa assolutamente niente. Al contrario, per alcuni è l'occasione sognata per sposarsi una seconda, una terza o una quarta volta. (Int. 19, giovane donna di 21 anni)

Se però anche altre commentano che "oggi le giovani aspettano soltanto i *modou modou*" (SG), oppure che "rifiutano perfino di sposarsi per aspettare quest'opportunità" (BSY), si può rilevare che c'è chi invece vede nel denaro uno strumento per avere maggiore libertà e fare scelte più autonome:

Se hai il denaro, puoi sposare colei che ami. Anche se i parenti sono contrari a certi matrimoni, talvolta sono obbligati a piegarsi ai desideri dell'emigrato che mantiene la famiglia: capita che un emigrato dica ai parenti che "se non sposo quella ragazza, non torno più". (DL, emigrato di ritorno)

Ambivalenze simili si possono riscontrare più in generale in tutto l'insieme delle risposte relative agli effetti della migrazione sulle condizioni economiche tanto delle famiglie quanto della società. Molte persone sottolineano soprattutto i cambiamenti intervenuti nelle condizioni di vita, con frasi ricorrenti circa le "belle case" e "belle macchine" oppure le mogli che vengono fatte vivere "come regine". Quasi sempre sono commenti compiaciuti, ma c'è anche chi invece deplora che il denaro sia consumato piuttosto che investito:

Il principale problema degli emigrati è che non investono in progetti che diano reddito e procurino lavoro; per lo più investono in case, matrimoni, commercio, lusso, comfort, taxi. (Int. 20, uomo di Touba)

Per alcuni questo comporta un sovvertimento dei valori sociali:

La gerarchizzazione sociale è sconvolta. Gli emigrati sono gli attori principali di questa distorsione perché sono ricchi. L'emigrato ricco, che mantiene la famiglia, che regola tutti i problemi, difficilmente viene contestato nelle sue decisioni. Per esempio, quando deve prendere moglie, l'obiezione tradizionale dei parenti nel caso che la prescelta non sia dello stesso ordine sociale oggi diventa molto debole e in certi casi scompare. È il potere economico che regola e regge i rapporti sociali che una volta erano molto ben gerarchizzati. (BBM, insegnante)

Una donna di Touba chiarisce il suo pensiero rifacendosi a un proverbio:

Kou amoul gnak, proverbio wolof che significa che chi non ha denaro non ha niente, ragione per cui i *modou modou* sono più rispettati di chi non ha niente. (Int. 32)

Insieme all'apprezzamento per le migliori condizioni in cui possono vivere grazie alle risorse che permettono loro nuovi agi (cibo, casa, mobili, vestiti...: sono numerose le risposte che parlano di questi aspetti), è bene però sottolineare che alcune mogli di migranti segnalano anche un diverso tipo di vantaggio che possono trarre dalla accresciuta disponibilità di denaro: il fatto di avere così i mezzi per intraprendere a loro volta attività che siano esse stesse remunerative. Abbiamo già riportato vari brani in cui si accenna in particolare alla sartoria, al commercio, all'apertura di *télécentres* oppure, specie nei villaggi, alla partecipazione a *groupements féminins* e a progetti generatori di reddito.

Gli effetti che questa piccola imprenditoria diffusa possono avere sullo sviluppo locale sono temi di cui in Senegal si discute molto, come abbiamo potuto rilevare anche direttamente negli scambi con l'Università di Saint-Louis[6]. Qui ci interessa però commentare soprattutto alcuni risvolti socioculturali attinenti alle relazioni di genere, piuttosto che quelli strettamente economici. Da numerose interviste emerge infatti che la prospettiva del guadagno sta introducendo qualche spostamento nei rapporti tra produzione e riproduzione, intrecciati a quelli tra donne e uomini, di cui ci ponevamo il problema a proposito della riconfigurazione transnazionale delle famiglie in cui incide la migrazione.

È significativo che alla domanda sulle attività svolte le donne in generale rispondano che non lavorano, salvo poi elencare i compiti domestici e di cura dei figli, cui nei villaggi si aggiungono svariate altre incombenze, dalla ricerca dell'acqua e della legna alla coltivazione dei campi di famiglia. Le attività di cui invece si parla come di veri lavori che contano sono quelle che producono denaro (e ne abbiamo visti parecchi esempi, quali l'ingrasso di animali o il piccolo commercio); nello stesso spirito, il progetto - o il desiderio - per il futuro espresso da diverse donne è quello di riuscire a fare di più: lavorare più in grande e guadagnare molto. Anzi, proprio la possibilità di conseguire tale risultato viene data in molti casi come la ragione per cui si vorrebbe emigrare

---

6. In particolare in occasione del convegno interuniversitario *Développement local et développement durable* svoltosi a Saint-Louis nel giugno 2003 (Niang, 2003).

come il marito: il denaro, non il ricongiungimento familiare, appare la motivazione prevalente.

6.8 Slittamenti di ruoli

Anche su questo piano ci pare che continuità e cambiamento si intreccino: da un lato viene ribadita la concezione pressoché universale che non dà valore alle attività della cosiddetta riproduzione[7], considerate retaggio naturale delle donne, ma dall'altro si avviano processi di ridefinizione dei ruoli e le donne si riconoscono sempre più la capacità e la volontà di accedere ai lavori che rendono.

Tra chi va all'estero, i cambiamenti di prospettiva possono essere ancora diversi. Così FB, venuta a Torino per stare con il marito, non soltanto una volta qui si è impegnata a cercare lavoro, anche attraverso una qualificazione professionale rafforzata seguendo corsi di formazione alberghiera, ma ha modificato le sue opinioni circa che cosa meriti di essere considerato lavoro. Nell'intervista di approfondimento proprio sul tema del lavoro, dà infatti una risposta in cui è evidente come si stia incrinando la concezione tradizionale secondo cui quello riproduttivo non è un lavoro:

Io non ho mai lavorato, questa è la prima volta che lavoro. Fanno cinque anni che sono a Torino, non ho mai lavorato, cercavo sempre ma non ho mai trovato. In Senegal anche ero casalinga come qui. Non so se la casalinga è un lavoro, per me sì. Questo è meglio farlo, perché ogni tanto io volevo qualcosa ma prima io non lavoravo e quando non lavori non prendi niente di soldi. (FB)

Al momento del colloquio, FB stava lavorando come *baby sitter*: poteva dunque ricavare denaro da un'attività di cura che, svolta all'interno della famiglia, sarebbe invece stata priva di valore. Così, confrontando la propria situazione con quella delle sorelle rimaste in Senegal, osserva:

Le mie sorelle non fanno questo lavoro, solo la casalinga. Sono sposate. La loro giornata è come io ho detto prima: puliscono, poi fanno la spesa e vengono a cucinare. Solo questo, anche pulire tutto, come casalinghe normali. E si occupano dei bambini, tutto, ma niente orto, niente animali. Se è faticoso? No... sì... no, non è faticoso, per-

---

7. La questione della distribuzione ineguale dei carichi di lavoro da un lato e della remunerazione in denaro dal lato opposto è diventata da almeno un decennio uno dei temi centrali del dibattito mondiale sulle disuguaglianze di genere. Il riferimento ormai classico è lo studio prodotto dal gruppo di lavoro dell'UNDP (United Nations Development Programme) per la IV Conferenza Mondiale delle Donne di Pechino, 1995. Il dato complessivo che venne evidenziato come emblematico della portata del problema riportava che mentre il tempo di lavoro totale è coperto per il 52% dalle donne e per il 48% dagli uomini, la parte non pagata riguardava i 3/4 di quello femminile, contro 1/3 maschile. Cfr. UNDP (1995).

ché anche loro hanno una ragazza per aiutare, la *bonne*. Lei quando ha finito il suo lavoro va a casa. Loro non guadagnano niente. Neanche le cugine, fanno tutte le casalinghe, per questo io le aiuto.

Non disporre personalmente di denaro è visto dunque come un limite, pur in condizioni descritte come abbastanza agiate, perché il carico domestico è alleviato dalla *bonne*. Alcune riflessioni di una donna intervistata a Louga possono aiutare a tirare le fila di questo intreccio complicato di slittamenti e persistenze sul piano materiale e su quello delle mentalità:

La differenza tra la generazione precedente e la nostra è che al di fuori dei lavori domestici le nostre nonne andavano nei campi e talvolta possedevano un loro piccolo orto dietro casa che permetteva loro di regolare qualche piccolo affare personale senza chiedere denaro ai mariti. Ai nostri giorni, almeno noi, mogli di emigrati, siamo troppo dipendenti dai mariti e attendiamo sempre le loro rimesse. Alla lunga le donne diventano pigre e restano in casa senza fare altro, a parte occuparsi della famiglia. Ma bisogna relativizzare perché non vale per tutte. Certe mogli di emigrati fanno altre attività con il consenso del marito che accetta di finanziarle, soltanto sono molto poche a Louga dove in generale le mogli di emigrati non esercitano alcuna attività fuori di quelle domestiche. (FF)

Ancora una volta, occuparsi della casa viene assimilato al non fare nulla, tanto da portare addirittura ad un giudizio negativo sulla "pigrizia" che ne scaturirebbe; il commento successivo però apre nuovamente un piccolo squarcio sulle attività che si allargano, pur se sotto la condizione che i mariti siano d'accordo e "accettino" che le loro mogli diventino esse stesse "produttive".

Intanto, nella vita da migranti alcuni uomini stanno per altro sperimentando la transizione opposta e debbono imparare a cavarsela con qualche funzione "riproduttiva" nella gestione quotidiana della materialità, specie nelle convivenze tutte maschili. Nelle interviste torinesi[8] compaiono vari accenni significativi, in particolare a proposito della necessità di cucinarsi il cibo, cosa che - come dice IL - "giù noi non facciamo mai, fanno sempre le donne":

Torno a casa, preparo da mangiare, lavo i piatti, faccio cucina. Sì, sono io che cucino. Dipende, ogni tanto [cucino] il riso, ogni tanto carne, ogni tanto italiano, ogni tanto spaghetti. In Senegal cucinava mia moglie. Ho imparato qua. Ho cominciato qua. No, cambio. Faccio a turno. C'è uno che fa cucina, c'è uno che lava le pentole, i piatti, c'è uno che pulisce la casa. (AD)

Ho imparato a cucinare qui, dopo una settimana che sono venuto mio cugino mi ha fatto vedere, così non dipendo da... posso preparare tutto io. Non pensavo che un uomo può cucinare, là sono le donne che cucinano. Io non ho mai cucinato in Senegal,

---

8. Il punto è discusso anche in altri studi dell'esperienza migratoria; cfr. Ndiaye (2000, 83-98); De Luca, Panareo (2001, 237-242); Riccio (2001 b); Riccio (2002).

l'ho fatto qui la prima volta. Tutto quello che facevano le sorelle per me, lo faccio io. (MBK)

Per qualcuno, scoprirsi capace di nuove abilità è diventato addirittura un piacere e c'è chi ha preso gusto ai lavori di casa, tanto da pensare che anche la vecchia divisione dei ruoli può cambiare:

I luoghi non sono uguali: lì in Senegal, gli uomini, sai…Qua io cucino, faccio le spese eccetera, lì in Senegal non lo facevo.
Sì, mi piace, mi ha fatto capire; per me quello è normale che un uomo, anche come una donna, deve aiutare a fare le spese, a cucinare, eccetera; questo è giusto.
Lo so che magari se vai lì non ti lasciano fare perché non è la stessa cosa, nella famiglia, cucinare qua e cucinare lì, perché lì ci sono tante persone e per cucinare ci vuole un po' di esperienza, però se avrò magari la mia famiglia, dove c'è mia moglie, io e i miei figli, posso aiutarli a cucinare. (BS)

A conferma di come l'esperienza dell'emigrazione porti a guardare in modo diverso alla divisione tradizionale dei ruoli sono interessanti anche i commenti di una donna intervistata a Louga; migrante essa stessa, non solo ritiene che donne e uomini possano svolgere le stesse attività, tanto da dichiarare un netto rifiuto di quanto valeva in passato:

quello che mia madre accettava di fare, io non lo faccio, non lo accetto neppure. Si è notato che ora le donne fanno dei lavori che prima erano svolti dagli uomini. Molti lavori prima erano riservati agli uomini, ma ora donne e uomini non ha importanza, l'essenziale è guadagnare qualcosa

ma esprime anche fiducia nella propria capacità di contare su di sé, ora e per il futuro, senza lasciarsi condizionare dai pregiudizi:

Certe persone pensano che una donna emigrata non sia seria, ma è proprio il contrario. Stiamo all'estero e lavoriamo seriamente come gli uomini per guadagnarci anche noi da vivere. Ho del denaro, ho realizzato qualcosa, se Dio vuole ho dei progetti, quindi il mio futuro marito non avrà problemi. (Int. 9)

6.9 Identità nelle relazioni

Discutendo di come la categoria dello "sradicamento" possa risultare al tempo stesso vera e falsa per ragionare degli effetti con cui la tratta, la colonizzazione, le diaspore e le migrazioni hanno inciso sulle culture africane in generale e su quella senegalese in particolare, Evelyne Coratella e A. Lamine Sow (s. d., 65) affermano che "lo sradicamento tocca solo alcuni settori della personalità e non quelli più profondi". Poco più avanti (*ibid.*, 68), il giudizio viene ribadito in termini ancora più netti:

Ci sono [...] milioni di Africani inconsci di uno sradicamento di cui non hanno mai avuto nessun segnale. Vivono senza problemi, senza neppure averne coscienza, un incrocio culturale che non considerano come il riscatto, ma come il segno stesso del progresso. È lontana da loro l'idea di una alienazione, di una mutilazione della loro profonda personalità; prendere all'Occidente tutto ciò che può migliorare la loro condizione di vita costituisce per loro un arricchimento, un comportamento del tutto naturale, naturale quanto indossare il grande "bubu" nel corso di una cerimonia familiare.

Sulla base dell'insieme di interviste che abbiamo analizzato in queste pagine, ci sembra di poter dire che uno dei cardini attorno a cui le persone incontrate organizzano un senso di sé che pur con mille fatiche e disagi riesce a non farsi lacerare dalle tensioni tra le due sponde abbia a che fare con la nozione profonda di identità cui esse si rifanno. Dai brani riportati nel libro si evince infatti che nella cultura senegalese non è rilevante il senso dell'identità intesa come fatto privato, in quanto l'identità è concepita come fatto comunitario e il suo centro di riferimento sono le norme sociali, vale a dire la capacità del singolo di distinguere il comportamento corretto da quello non corretto, lo "stare nella norma". È un aspetto rilevato da tutta la letteratura sulla emigrazione e sulla cultura musulmana. Scrive Cheick Anta Diop[9]:

Si tratta di un individuo? La sua identità culturale si identifica con quella del suo popolo. [...] Ciò rende in larga misura necessaria l'analisi delle componenti della personalità collettiva. Tre fattori, com'è noto, concorrono alla formazione di quest'ultima: un fattore storico, un fattore linguistico, un fattore psicologico.

È emerso chiaramente come questa idea di identità definita dall'immaginario collettivo sia radicata nella tradizione e nel simbolico e come nell'ambito della collettività il singolo venga identificato socialmente in relazione alla famiglia di appartenenza, in particolare se è alto il prestigio del suo ruolo storico e religioso, all'etnia e lingua, e alla religione. Oggi, dopo alcuni decenni di migrazioni all'estero, l'identificazione avviene anche (e a volte in primo luogo), in base allo statuto acquisito come lavoratore migrante. Specularmente a ciò, l'identità è vissuta dall'emigrato come sentimento di appartenenza alla propria famiglia e alla comunità da cui riceve il consenso per il viaggio e la garanzia della conservazione delle proprie radici.

Nei capitoli precedenti si può intravedere l'articolarsi di questo sentimento dell'identità collettiva e individuale nell'immaginario del viaggio, nel senso religioso e sociale del lavoro, nella fratellanza e amicizia nell'emigrazione, nel ricordare le persone che hanno contato nella famiglia e nell'educazione, come un sentimento sostanzialmente immutato nel filo della cultura tradizionale. Ma è un dato di fatto che nel contesto migratorio ogni sentimento acqui-

---

9. Cit. in Diagne (2002, 79-80).

sta caratteristiche dinamiche in un percorso che rinnova la percezione di sé e degli altri e in alcune interviste si descrive come nella interazione con gli italiani subentrino elementi di identificazione definiti non più soltanto dalla propria comunità, ma nello scambio di sentimenti ed emozioni nuove, in un autoriconoscimento in relazione a come ci si vede nello sguardo dell'altro. La reazione allo sguardo dell'altro percorre tutti i racconti d'esperienza diretta, sia che ci si chiuda nella comunità senegalese rafforzando il sentimento di appartenenza e delle tradizioni, sia che ci si apra all'ambiente esterno, non solo con relazioni sociali e di lavoro, ma con nuovi canali dell'affettività.

Dalle interviste (in particolare da quelle prese in esame nel capitolo 5) si vede come gli immigrati abbiano individuato il percorso dell'identificazione da parte dell'altro, in Occidente, che avviene in prima istanza attraverso il dato fisico anagrafico: l'essere nero comporta l'essere notati sempre, non poter sfuggire all'osservazione mimetizzandosi tra la folla, in contrasto con i sentimenti di riservatezza che caratterizzano i senegalesi. In un secondo momento i senegalesi si sentono individuati come comunità, per la provenienza, con connotazioni positive, che li distinguono dagli altri immigrati, come lavoratori disciplinati, persone affidabili, tranquille, gentili. Infine per ciascuno, sempre più quanto più ci si stabilizza in un luogo e in un'attività, vi è l'essere considerato con una propria identità in uno spazio relazionale nel quale si esercita la soggettività. I diversi momenti di questa interrelazione aprono la strada alla solidarietà e al conflitto, come si è visto, nelle reazioni al razzismo con ribellione e denuncia o intervento costruttivo attivo, in particolare nelle iniziative per cambiare la mentalità degli italiani "non razzisti ma ignoranti", per vincere i pregiudizi, e nel nascere di amicizie. Ne è un esempio tra i tanti l'intervento di MD (cfr. capitolo 5) verso i bambini delle elementari e medie, che si riflette sui genitori che all'uscita dalla scuola cominciano a conoscerlo e ad apprezzarlo: è uno scambio culturale ed emozionale che fa conoscere la sua persona e insieme fa comprendere la cultura senegalese.

Nelle nostre interviste abbiamo tuttavia cercato di accedere ad una dimensione anche più strettamente individuale, inserendo un'ultima domanda nella quale si chiedeva: "Come ti descriveresti come persona?". La domanda è di per sé ostica, sapendo come il senegalese abbia un forte senso del pudore (*kersa*) e come dice B. Ndiaye (2000, 9) nella sua introduzione, "non si descrive in prima persona", né parla dei suoi familiari, e non ama "vedere il proprio nome stampato"; è una domanda perlomeno troppo diretta perché ne venga una risposta esplicita, e incongruente se rivolta a persone che, come si presentano nelle interviste, salvo alcuni rari casi, sentono l'identità, la percezione di sé, come fatto soprattutto comunitario. Abbiamo visto in effetti come le risposte sull'identità emergano piuttosto indirettamente con riferimenti alle caratteristiche del popolo senegalese, o dei wolof in particolare e attraverso numerosi aspetti della situazione migratoria comune, piuttosto che parlando di sé.

In primo luogo, appare importante il dare una immagine positiva e dignitosa della comunità a cui si appartiene.

Io come senegalese sono pacifista: il senegalese è un popolo molto pacifista, e non sa neanche cosa vuol dire violenza; e sono anche molto aperti, non sono chiusi. Quando ti conoscono sono molto diffidenti, hanno paura delle persone quando non le conoscono, però quando ti conoscono ti prendono veramente con il cuore e poi il modo che credono sulla famiglia, come hanno voglia di lavorare, sono delle cose veramente belle. (MF)

Quello che mi ha lasciato un po' così è la foto di Mass [pubblicata su una rivista]. Con le foto, a me per esempio piace, se faccio una foto, essere vestito molto correttamente, perché la foto è un messaggio, un messaggio non vuol dire qualcosa che si fa oggi e finisce oggi, continua. La foto finisce fin negli Stati Uniti, in Giappone, in Australia, si possono distribuire le foto per strada, ma se un africano come me, se vede le foto così, può dire: "Ah, guarda come si è vestito quel giorno, non va bene, non ha che da portare dei bei vestiti se fa una foto". Bene, io mi sono detto che chi ha fatto le foto, e non voglio citare il suo nome, io la conosco e tu la conosci... Per me se tu sei pronto a fare una foto, ma se non sei pronto, si può rimandare a domani, non c'è fretta. Nella vita c'è l'ascensore e c'è la scala. Se hanno fretta, prenderanno l'ascensore, quelli che non hanno fretta, prenderanno la scala, gradino per gradino. Dopo di ciò, mi sono detto, ah mi fa piacere, per esempio, un'italiana che vuol sapere quel che succede al Paese, nella mia regione di Louga, ah mi fa piacere, perché vuol dire che la regione di Louga è un po' lanciata in Europa. (AF)

Ci è parso comunque che la domanda diretta alla singola persona abbia avuto un tipo di risposte interessanti, che denotano la compresenza di diverse modalità nel riferirsi a se stessi.

La prima reazione è senz'altro di sorpresa del dover pensare in questi termini, e si tende a trovare la risposta indicando connotati corrispondenti alla cultura tradizionale (l'essere socievole, sano, interiormente sereno...):

Io, niente. Non capisco cosa potrei dire. [Dopo vari suggerimenti sul carattere, eccetera] Sì, io scherzo. Non mi piace stare solo, mi piace stare in compagnia. Non mi arrabbio, ogni tanto sì. (MG)

Non so. No so, questo, non so, come tutti io sono semplicissimo. Non cerco mai problemi. Mi sento sano. È la mia forza. Non sottostimo nessuno. Mi prendo come tutti gli altri. Se questo non ti piace, non te lo faccio. Se questo non ti va, non te lo faccio. Capisci, cerco sempre di mettermi nei panni dell'altro, per cercare di capirlo. È questo anche forse che dà fastidio, sono l'unico della famiglia; le persone dicono che sono semplice. Può dare fastidio per esempio agli altri il mio rapporto, il mio comportamento con la mia famiglia perché c'è una differenza fra di noi. La prima cosa da fare è questa. Chiunque, non appena lo conosco, mi metto innanzitutto nei suoi panni, non cerco di fare qualche cosa che non voglia. (HM)

Io che persona sono? Sono una persona seria. Una persona che vuole sempre scherzare, una persona seria. È una cosa che non capisco, sono un po', non alto tanto, come si dice, calvo, no tanto, però un po'... poi, così. (AD)

Descrivermi? Io non mi conosco. Io sono un nero, il più scuro del mondo, un africano. Qualità? Non ne ho. Qualità non riesco a dirne neanche una. Sì, sono una persona di parola, cerco di esserlo. Però non chiedo a nessuno di fidarsi di me. (MF)

Sono timido, parlo poco e soprattutto parlo a bassa voce. Nelle case dove stanno i senegalesi c'è sempre molto chiasso, tutti parlano a voce altissima, c'è la Tv, la radio, tanto rumore; leggono poco, stanno sempre tutti in casa. Io non faccio così, sono diverso. Forse non mi trovo con loro perché sono più anziani e hanno acquisito quelle abitudini di vivere isolati tra di loro. (MBK)

Un gentiluomo. (BS)

Io sono soddisfatto forse meno di come sono, però di quello che ho fatto sì. (MD)

Io mi vedo... Io sono una persona aperta. Mi piace di avere il rapporto con la gente, non è così? Vorrei avere amicizie con tante persone, vorrei avere anche un rapporto con tanti clienti, di lavoro, di tutto. Ma di tutte cose serie, perché non mi piace; una persona che quello che fa deve farlo seriamente, se non è seriamente io mi ritiro, sono così. Esteriormente sono così, più di così non lo so. Sono così. Tanto quello che dico io è nel cuore, dentro. Non posso dirti una cosa e poi domani non la vedi, no, non mi piace. Non è che se ti dico domani mi trovo a Susa, poi domani non mi trovi a Susa, non so, ma mi trovi a Cuneo, Saluzzo o qualche parte, se io dico domani che sono a Cuneo, sicuro che se vieni a Cuneo domani mi trovi. Sono così. (MS)

Le risposte rivelano il desiderio di essere gentili verso di noi che domandiamo, e allo stesso tempo contengono un messaggio, una proposta di comportamento che si vorrebbe fosse anche degli italiani.
Si vede pure come lo sguardo degli altri induca a reazioni diverse:

Questo non lo so. Questo non lo so. Io? Veramente non lo so. Non lo so. Sono, come sono? Sai che è difficile? Però c'è un proverbio che dice : "Meglio che sai chi sei, che la gente viene a dirti chi sei"; è un proverbio da noi.
Sono una brava persona, positiva. Sono una brava persona. (MDI)

Lei lo sa come sono [rivolta all'amica]. [Io mi definisco] testarda. [L'amica dice:] orgogliosa [e la mamma dell'amica:] In certi casi è bene, ti può aiutare ma in certi casi no. È molto orgogliosa, ma lo sta superando. (CS)

Io non chiedo agli altri cosa pensano di me, non me lo chiedo! Sono contenta della mia vita, perché quando qualcuno è sano dev'essere felice di questo. Quando sei sano hai tutto. (FB)

Vi si trova, quando si è orgogliosi della identità lavorativa raggiunta, anche una identificazione nel lavoro:

Se dovessi raccontare a una persona chi sono io? Magari telefona un signore e io gli dico: "Signore io sono N. e faccio il sarto". Gli direi che prima di tutto sono un po' strano, sono una persona strana da vedere, perché non sono una persona abbastanza "a posto", perché ci sono delle cose più forti di me. Quello è il mio lavoro, il mio lavoro è più forte di me. Tante volte qualcuno, una ragazza mi molla perché magari io do tutto il tempo per il mio lavoro [ride]: delle volte mi capita, non sempre, qualche volta sì. Io sono comunque una persona normale, brava anche, però ho anche i miei difetti, un po'. I miei difetti non possono dare fastidio: se mi capiscono, comunque, è tutto facile. Io non sono uno difficile, come persona sono semplice. So fare un sacco di cose, tutto, quasi tutto quello che si fa con le mani. Però qualche volta... però cattiverie no, non ho cattiverie, sono uno che parla, sono così, come un libro: tu apri e vedi le cose, non c'è niente, tu apri e vedi. Se mi vuoi, così come sono io, bene, se non mi vuoi come sono magari mi cambi, vedi se posso cambiare. Però, io non nascondo niente, le cose che nascondo sono piccole cose. Però ho imparato che qualche volta la sincerità... Tu fai aprire la strada: ti voglio bene, non ti nascondo poi le cose importanti, se c'è qualcosa che ti nascondo perché certe volte non ti voglio far faticare, non ti voglio far portare i pesi che porto io, sono piccole cose che devo aggiustare, però le cose più leggere. Se una cosa è importante, allora, sai subito senza dire niente. Per le piccole cose, tanto dico: "Ma non serve", però niente di... Io non posso dire chi sono io, magari la gente mi accetta come sono, perché oggi e domani "N. è così, non c'è niente da fare". (MN)

Io? Io sono ariete, sono una persona che ha molto paura di perdere, voglio dare tanto ma voglio anche avere, ho sempre paura di perdere la battaglia; sì io combatto sempre; il mio punto forte è quando le cose vanno male, lì sono forte, se le cose vanno bene mi preoccupo. Sono una persona molto allegra, molto simpatico, lo dice anche l'altra gente, e però sono anche una persona molto nervosa, perché con questo lavoro che faccio sono nervoso perché stai creando sempre anche quando fai altro, per esempio parlando con te sto creando, sto pensando, ho doppi pensieri. *Sei contento di come sei?* Boh, non lo so sai!? Non lo so, cioè io la gente, sono contento di una cosa, che ho un carisma con la gente che non so neanche io. La gente mi dice: "Ma tu hai una cosa che è bellissima", e io dico sempre: "Ma che cosa ho?". "Non lo so, tu sei una persona che chi ti vede subito dice, ma che bella persona!". Questo io non lo so però accetto su tutti che mi dicono questo e questo mi ha aiutato molto a fare musica, perché la gente vuole quel carisma, anche sul palco, a suonare. Comunque sono contento così. Quando io ti vedo giù, voglio subito tirarti su, e ci riesco, perché è il mio punto forte. *Non vuoi vedere la gente triste?* No! Perché io ho sofferto tanto da piccolo, ho sofferto tanto immigrando, però quella sofferenza che ho fatto si è girata in carisma. Da piccolo? Bella domanda che hai fatto: io da piccolo ero terribile. Non c'era un giorno che non mi picchiavano. Sì, ero disubbidiente, ero testone: e poi da noi quando sei educato dalla nonna fai quello che vuoi, sei viziato, e tutta l'altra gente, tutti i bimbi intorno non ti vogliono vedere, perché sei viziato e loro non lo sono perché stanno con le loro mamme e le mamme non li viziano come ti vizia la nonna; e io ero terribile, ma sono sempre una persona di cuore, non voglio mai fare male a nessuno, mai;

faccio a botte sì, sono anche impulsivo, ma se io faccio male a qualcuno, lo piango due anni perché non voglio mai fare male a nessuno, sia bianco nero verde giallo, tutti! E uno così non è razzista, non potrà mai essere razzista. (BMS)

Tra le donne intervistate in Senegal, alla sollecitazione a descriversi sono state date per lo più risposte concise, espresse con parole spesso molto simili:

Sono aperta e disposta a esserlo verso tutti. (NAD)

Sono una persona di pace. Non ho problemi e auguro la pace a tutti. (NDN)

I miei rapporti con le persone si fondano sulla mia volontà di cercare delle opportunità che siano loro utili. (FS, presidente di una cassa di credito rurale)

Stare in pace con i miei vicini. (AWN)

Sono in pace con la gente, mantengo buone relazioni. Ci si sostiene a vicenda. Sono piuttosto calma. (ARS)

Sto in pace con loro [coloro con cui vive], perché alcune sono mie zie, altri miei zii. Non sono affatto complicata. (NS)

Sono una persona per bene, è questo il mio carattere. (SMM)

Sono in pace con tutti, non ho problemi con nessuno. (AM)

Un tratto comune è l'importanza che viene data da tutte al vivere in buone relazioni, a conferma di quanto scrivevamo sopra circa il sentimento profondo dell'identità come radicata nei rapporti con la comunità. Accanto a questo elemento culturale, condiviso da donne e uomini, ci pare però che traspaiano anche i segni delle diverse socializzazioni delle une e degli altri; tra questi ultimi, infatti, si è visto sopra che, pur se con qualche ritrosia, ve ne sono diversi che danno risposte più complesse, centrate su di sé come individuo particolare, con lati "buoni" e altri di cui sono insoddisfatti; soprattutto, la realizzazione nel lavoro è per alcuni l'aggancio forte attorno a cui si identificano.

Può essere allora interessante concludere riprendendo ancora una volta il caso cui già nel capitolo 4 abbiamo dedicato un piccolo spazio a sé, per le sue caratteristiche peculiari: la coppia di MOD e BIN, marito e moglie con un saldo legame di rispetto e solidarietà e un rapporto di continuo scambio. Ecco le loro risposte in tema di autorappresentazione .

Io non so descrivermi. Mio fratello dice che sono anticonformista. Perché se le persone dicono che quest'anno si va a organizzare una grande festa, io voglio organizzare una conferenza. Dice che sono anticonformista e che non sono mai con le persone, che ho le mie idee da seguire. Mi sono detto che è vero, perché a scuola il professore ogni volta mi diceva: "Perché quando parliamo di Socrate, tu parli di Platini, il calciatore". Gli ho detto: "Io sono così", non so, ma ecco ora so che sono un anticonformista. Ma mentalmente e fisicamente sono sano. Mentalmente sono sano. Fisicamente va bene. E faccio questo spesso per animare i dibattiti. Mi dicono che abbandono gli argomenti delle discussioni, lo faccio per animare il dibattito. (MOD)

Descrivermi, può essere difficile. Quello che detesto di più è la menzogna, soprattutto la vanità. Amo la sincerità, la verità, il lavoro e l'amore, intendo dire sul lato dei rapporti umani. Non sono riservata, non sono chiacchierona, non posso definirmi! In ogni caso, sono comunque un po' discreta, posso anche essere molto discreta, non mi piace svelarmi troppo, mi piace conservare anche i segreti degli altri. Questo lo so fare. (BIN)

In precedenza, nel corso della sua intervista BIN aveva appunto avuto qualche reticenza a "svelare" quello che aveva chiamato "il suo desiderio più ardente": aprire un centro informatico multimediale. Come abbiamo mostrato nel capitolo 4 riportando vari brani in proposito, è un'intenzione che entrambi stanno elaborando insieme: tra "anticonformismo" del marito e capacità di iniziativa autonoma della moglie c'è una risonanza positiva in cui la separazione dovuta alla migrazione trova compenso nel progetto che tiene unite le loro vite a distanza.

Ricordo di Betti Benenati

Una vita di studio e di impegno

di *Dora Marucco*[*]

Betti Benenati ci ha lasciati il 28 gennaio. La malattia è stata più forte del suo coraggio, della sua volontà di vivere, del convinto supporto dei tanti che hanno condiviso con lei il lungo decorso del male.

Insegnava Storia del movimento operaio nella Facoltà di Scienze Politiche dell'Università di Torino, dove si era laureata nel 1971 con una tesi dal titolo *Il sindacato fascista e lo Stato corporativo. Conflitto di classe e mediazione politica 1925-1934*, discussa con Paolo Farneti.

Dopo la laurea era entrata a far parte del gruppo dei giovani ricercatori del centro studi di Scienza politica, ispirato dallo stesso Farneti e da Norberto Bobbio, il Cospos.

Per la sua formazione di studiosa furono decisivi i soggiorni negli Stati Uniti, a Pittsburgh, dove frequentò i corsi di David Montgomery sotto la cui guida incominciò ad occuparsi di storia del movimento operaio e al cui magistero rimase legata sempre. Con Vittorio Foa, con cui ebbe un rapporto di filiale amicizia e di non subalterna affinità intellettuale, firmò l'"Introduzione" al volume di David Montgomery, *Rapporti di classe nell'America del primo Novecento*, edito nel 1980 e presentato nell'Ateneo di Torino in un convegno di cui Betti Benenati fu l'ideatrice.

Tornata a Torino iniziò a lavorare a Scienze Politiche come ricercatrice nell'ambito della disciplina Storia dei movimenti sindacali, da me allora insegnata. A metà degli anni ottanta le fu affidato l'insegnamento di Storia del movimento operaio. La sua fu una docenza molto attiva, in cui ampio spazio

---

[*] Dipartimento di Storia dell'Università di Torino.
Questo contributo riprende l'articolo "Elisabetta Benenati (1946-2003)", in *Dall'Università. Notizie e informazioni*, A. 6, n. 1, gennaio-febbraio 2003, p. 31-32 e l'intervento presentato durante una commemorazione organizzata dalla Fondazione "Vera Nocentini", 17 aprile 2003.

avevano esercitazioni e seminari, e da cui uscirono tesi di laurea spesso originali nei risultati e nei metodi.

Come tutti gli storici abituati a far ricerca attingendo a materiali di prima mano, Betti Benenati si occupò del recupero e della salvaguardia delle fonti documentarie: nel 1978 fu tra i fondatori dell'Archivio storico sindacale della Cisl di Torino, intitolato in seguito alla memoria della sindacalista Vera Nocentini, e fece parte sino alla fine del Consiglio di amministrazione. Contribuì quindi all'acquisizione di ogni genere di materiale, all'ordinamento dei fondi e alla realizzazione di Guide, ma soprattutto alla creazione della sensibilità nei confronti della conservazione della memoria storica tra sindacalisti e militanti. Alla realizzazione e all'ordinamento degli archivi sindacali, su scala locale e nazionale, dedicò molte delle sue energie, consapevole del pericolo di dispersione e di distruzione che corrono in particolare certi tipi di documenti. La stessa preoccupazione la indusse a costituire un gruppo di ricerca sul fondo archivistico della Manifattura Tabacchi di Torino, venuto alla luce quando l'azienda stava per chiudere i battenti, i cui risultati, esposti in un seminario dell'autunno 1997, sono confluiti due anni dopo nel volume curato insieme a Maria Carla Lamberti, *Impresa e lavoro in una industria di Stato: la Manifattura Tabacchi tra Ottocento e Novecento*.

Nel corso della sua vita di studiosa organizzò i suoi interessi intorno a poli tematici che seppe affrontare con grande spirito critico e con originalità di impianto. La sua formazione di politologa la preservò dal rischio di divenire prigioniera del documento scritto, lasciando però in lei, passata al campo della storia, l'interesse per metodologie di ricerca innovative e favorendone la pratica della storia orale.

Dopo una prima fase dedicata a temi di storia sindacale americana, si immerse nello studio del movimento operaio e delle relazioni industriali in Italia, privilegiando da un lato la realtà torinese e dall'altro gli anni cinquanta, allora intesi soltanto come anni di repressione del movimento operaio: gli "anni bui", della repressione del movimento operaio e dell'emarginazione sindacale sono apparsi poi grazie anche ai suoi studi come anni di elaborazione di nuove strategie di relazioni industriali finalizzate soprattutto a obiettivi di incremento della produttività aziendale.

Le suggestioni esercitate su di lei dalle ricerche sul paternalismo compiute in anteprima da studiosi americani, unitamente a questi studi sul sindacato italiano, la spinsero a un'indagine del tutto nuova per l'Italia, il cui frutto fu il volume *La scelta del paternalismo*, pubblicato nel 1994, dedicato a un'azienda torinese dell'abbigliamento tra gli anni trenta e gli anni cinquanta. La comunità scientifica, che l'accolse con molto interesse, ne apprezzò in particolare il superamento degli stereotipi e l'originale interpretazione del paternalismo aziendale come strategia di relazioni non solo industriali, ma anche sindacali. Poiché si trattava di un'azienda a occupazione quasi totalmente femminile, avvenne qui l'incontro di Betti con le tematiche di genere. Tale incontro fu fruttuoso, perché, anche grazie a questa esperienza, sostenne con convinzione il Cirsde (Centro Interdisciplinare di Ricerche e Studi delle Donne dell'Università di Torino), di cui fu un'attiva dirigente e di cui curò per anni il bollettino.

La vocazione scientifica non spense mai in lei l'attenzione e l'interesse per il presente, quel presente da cui era scaturita la scelta di occuparsi di movimento operaio per lei, protagonista della stagione delle lotte studentesche e non estranea osservatrice di quelle operaie. A quella fase della sua vita, in cui si affermò la sua autonomia rispetto all'ambiente di provenienza, si definì la sua personalità e, sulla base di un comune sentire e di un progetto condiviso di radicale riforma della società, si costruirono legami di amicizia saldissimi, tornò sempre, nelle interviste e nelle riflessioni a posteriori sul sessantotto, senza retorica né disincanto, ma con la consapevolezza che si fosse trattato non solo per la sua generazione ma per tutti di un'esperienza eccezionale, di una grande speranza non solo immaginata ma direttamente vissuta.

L'ultima pubblicazione curata da Betti, uscita a Torino nel 2001 e frutto di una ricerca collettiva da lei coordinata, testimonia ancora una volta la non separazione tra gli argomenti dei suoi studi e i problemi del presente. Nell'ampio saggio introduttivo al volume *Trovare lavoro. Collocamento e reti sociali* scrive infatti: "un tema non nuovo, dunque, ma che, in questi ultimi anni, è tornato a essere oggetto di dibattito quotidiano nelle sedi politiche, nelle organizzazioni sindacali, nelle imprese, negli interventi degli analisti dell'economia e della società" (p. 9).

Il nuovo campo di ricerca cui si dedicò intensamente durante la malattia, ossia un'indagine interuniversitaria tra Italia, Mali e Senegal su "Lavoro, genere e sviluppo locale", i cui primi risultati furono esposti a maggio del 2002 durante un incontro internazionale tenutosi nell'Università di Torino e ora editi in un volume che contiene un ampio saggio della Benenati sui percorsi di vita e di lavoro di un gruppo di senegalesi a Torino, ci mostra la sua volontà di tener legati tutti gli aspetti della sua esistenza. Scienza e vita in lei hanno sempre trovato fusione: ciò spiega anche la carica emotiva presente nei suoi studi, nei rapporti umani, nelle scelte di campo.

Nella gestione della sua malattia, che si è assunta con piena consapevolezza e con forza non comune, ha riservato, come in tutta la sua vita, un ruolo centrale al rapporto di amicizia. Ha voluto che le amiche e gli amici, insieme all'amatissima figlia, le fossero compagni nel suo difficile cammino.

Lavoro e relazioni nel lavoro: la *labour history* di Elisabetta Benenati

di *Stefano Musso**

Mondo del lavoro e movimento operaio e sindacale erano ambiti di interesse quasi obbligati per una giovane laureata già attiva nel movimento studentesco che avviava il suo percorso di studiosa all'inizio di un periodo di accesa conflittualità sociale senza precedenti nella storia dell'Italia contemporanea per durata, quale quello dei dodici lunghi anni che separano l'autunno caldo del 1969 dalla "marcia dei quarantamila" nell'autunno del 1980. La formazione di storica attenta alle suggestioni della sociologia fu influenzata da due grandi maestri, con i quali nacque ben presto un duraturo sodalizio intellettuale e di amicizia: David Montgomery, con il quale lavorò in America nei primi anni settanta, e Vittorio Foa. Ricerca storica e militanza si confondevano in Betti Benenati, influenzando la scelta degli oggetti di studio, senza intaccare il rigore scientifico dell'analisi.

Il movimento sindacale a Torino gestiva in quegli anni un enorme potenziale di mobilitazione incanalandolo verso il controllo dei ritmi, il rifiuto della nocività e della monetizzazione della salute, la qualità e riprofessionalizzazione del lavoro monotono e ripetitivo dell'organizzazione taylorista e fordista, puntando a influire su cosa, come e dove produrre. Era l'epoca in cui delegati sindacali e studenti militanti giravano con il *reprint* dell'*Ordine nuovo* sotto il braccio e studiavano con attenzione il movimento dei Consigli di gestione del secondo dopoguerra, alla ricerca di ispirazione e di fili rossi capaci di rilanciare nuovi strumenti di egemonia operaia. Un simile ambiente induceva all'indagine storica sulla disputa intorno al controllo dell'organizzazione del lavoro: non a caso l'attenzione di molti giovani studiosi veniva portata sul primo ventennio del Novecento, quando il controllo sul lavoro degli operai di mestiere era ancora elevato ma iniziava a fare i conti con le prime minacce dello *Scientific Management*. Si cercava, con la storia dei movimenti sindacali e delle lotte dei lavoratori, di cogliere i fattori di unità e di divisione della classe operaia, di forza e di debolezza del movimento, le strategie che si erano rivelate vincenti, quelle che avevano condotto verso vicoli ciechi. Non a caso il tema del controllo operaio occupava un posto centrale nelle riflessioni degli scritti di Montgomery, introdotti in Italia da Betti Benenati alla fine degli anni settanta[1].

Grazie all'accortezza dell'approccio metodologico montgomeriano e alla lunga esperienza di Vittorio Foa, Betti Benenati non si lasciò adescare dalle

---

* Dipartimento di Storia dell'Università di Torino.
1. E. Benenati, V. Foa, "Introduzione" a D. Montgomery, *Rapporti di classe nell'America del primo Novecento*, Rosenberg & Sellier, Torino 1980.

sirene dell'operaismo più spinto, quello che sottolineava unicamente la spontaneità conflittuale contro il pragmatismo e moderatismo delle organizzazioni del movimento operaio, e si staccò dallo schematismo che pervadeva molte interpretazioni della storiografia militante di quegli anni, che consideravano i comportamenti sociali come il diretto portato delle condizioni e dei rapporti di lavoro. Le indagini a stretto contatto con i protagonisti grandi e piccoli, l'attenzione agli individui, alla loro memoria, alla molteplicità delle identità da un lato[2], alla dimensione istituzionale dell'azione sindacale dall'altro[3], caratterizzarono le sue ricerche negli anni ottanta. In un periodo in cui, dopo la svolta avviata dalla sconfitta sindacale dell'autunno 1980 alla Fiat, molti studiosi introducevano elementi di analisi antropologica nello studio dei comportamenti dei gruppi di lavoratori - ora considerati nelle loro articolazioni comunitarie e micro-comunitarie - e spostavano il centro dell'attenzione dalla fabbrica alle reti di relazioni sociali, dalla conflittualità alla acquiescenza, dalle strategie collettive a quelle familiari e individuali, dai grandi eventi eroici della storia del movimento operaio alla vita quotidiana, negli studi di Betti Benenati restava invece al centro dell'attenzione la dimensione dei rapporti di lavoro, mentre venivano adottate tutte le accortezze delle nuove, più critiche e consapevoli metodologie maturate in quella nuova stagione della storiografia del movimento operaio, nonché l'attenzione alle nuove fonti, da quelle orali agli archivi aziendali. Proprio nel campo della conservazione delle fonti per la storia del movimento operaio Betti Benenati si distinse in ambiente torinese per impegno e accuratezza, collaborando in particolare con la Fondazione Nocentini per l'archivio storico della Cisl ma mantenendo una vasta collaborazione con tutte le componenti del movimento sindacale e una viva attenzione alla salvaguardia degli archivi delle imprese che rischiavano la distruzione in occasione della chiusura: nacque dal salvataggio del fondo archivistico della

---

2. E. Benenati, P. Marcenaro, "Quarantasette interviste", in *Delegati in Piemonte. Una ricerca in 100 fabbriche*, FrancoAngeli, Milano, 1986; E. Benenati, "Fonti orali per lo studio del sindacato torinese. Il caso della Fondazione Vera Nocentini", in *Fonti orali. Studi e ricerche*, 1984, n. 1; E. Benenati, M. Filippa, "Ricostruzione democratica e «sviluppo repressivo»: verso una nuova identità operaia", in Provincia di Torino, *Il Movimento operaio torinese nella storia di un secolo*, s.d. (ma 1988).
3. E. Benenati, "Sindacato, fabbrica e contrattazione negli anni '50", in E. Benenati, C. Sabattini, *Sindacato e potere contrattuale*, Ediesse, Roma, 1986; E. Benenati, "Il sindacato e la municipalizzazione dall'inizio del 900 all'avvento del fascismo. Una prima ricostruzione attraverso la documentazione ufficiale della Confederazione generale del lavoro", in F. Della Peruta e A. Varni (a cura di), *La municipalizzazione in area padana. Storia ed esperienze a confronto*, FrancoAngeli, Milano, 1988; E. Benenati, "Le relazioni industriali negli anni cinquanta in Italia: nota sugli studi storici degli ultimi anni", in *Italian Politics and Society*, n. 24, 1988; E. Benenati, "Sindacato, azione sindacale e canalizzazione del conflitto negli anni settanta", in N. Tranfaglia (a cura di), *Crisi e mutamento dei valori. L'Italia negli anni sessanta e settanta*, Stampatori, Torino, 1989; E. Benenati, "Il mondo sindacale dagli anni Cinquanta alla soglia degli anni Settanta", in N. Tranfaglia (a cura di), *Storia di Torino*, vol. IX, *Gli anni della Repubblica*, Einaudi, Torino, 1999.

Manifattura Tabacchi di Torino un gruppo di lavoro che sfociò in un convegno di rilievo nazionale e internazionale[4].

Il particolare interesse per gli anni cinquanta, un periodo poco scavato dalla storiografia del movimento operaio perché essa tendeva a privilegiare le fasi alte del ciclo delle lotte, portò la Benenati a coordinare, alla fine degli anni ottanta, un gruppo di lavoro costituito in collaborazione dalla Fondazione Istituto Gramsci di Torino e dalla Fondazione Nocentini, incentrato sulle relazioni industriali nel capoluogo piemontese tra gli anni trenta e gli anni cinquanta. Dalle ricerche condotte in quell'occasione emersero gli elementi di continuità e discontinuità tra gli anni del fascismo e gli anni della sconfitta del sindacalismo oppositivo; ma emerse, anche e soprattutto, la presenza - nel concreto delle quotidiane relazioni sindacali nei diversi luoghi di lavoro oggetto dell'analisi - del "grande mediatore", "figura di privilegiato rappresentante di base delle domande dei lavoratori alla direzione aziendale"[5], che rappresentava per un largo gruppo di compagni di lavoro un punto di riferimento politico e umano, e per l'impresa un interlocutore affidabile, proprio in virtù dell'autorevolezza di cui godeva tra i lavoratori. Il prestigio di queste figure di leader operai sembrava aver operato intatto anche in periodi di limitata forza sindacale e di scarsa formalizzazione delle relazioni industriali nelle aziende: l'attività produttiva richiedeva comunque un certo livello di rappresentanza e mediazione.

L'attenzione alle relazioni *nel* lavoro, tra lavoratori e lavoratori e tra lavoratori e datori di lavoro, divenne così un tema di riflessione per Benenati. Iniziò ad affrontarlo con la rivisitazione del paternalismo aziendale, un fenomeno che reinterpretò alla luce di studi americani e di indagini sul caso italiano, ridefinendone i contorni: esso venne considerato come "strategia di relazioni non solo industriali, ma anche sindacali"[6], mutando di funzioni nel passaggio dalle grandi manifatture e villaggi operai ottocenteschi all'assistenza sociale di fabbrica nelle aziende razionalizzate tra gli anni trenta e gli anni cinquanta del Novecento. In uno studio approfondito sul caso di una azienda, il paternalismo appariva una scelta, non solo da parte dell'impresa ma delle stesse maestranze che gradivano, anche nelle componenti ideologicamente orientate verso il partito comunista, l'esistenza di canali di comunicazione diretta con la proprietà[7]. Poiché l'azienda in questione, il Calzificio torinese, impiegava in netta prevalenza manodopera femminile - al pari del resto della Manifattura

---

4. I cui atti furono pubblicati in B. Benenati, M.C. Lamberti (a cura di), *Impresa e lavoro in un'industria di Stato: la Manifattura Tabacchi tra Ottocento e Novecento*, Trauben, Torino, 1999.
5. "Relazioni industriali a Torino 1935-1955", E. Benenati (a cura di), numero monografico di *Movimento operaio e socialista*, 1990, n. 1-2, p. 8.
6. D. Marucco, "Elisabetta Benenati (1946-2003)", in *Dall'Università. Notizie e informazioni*, A. 6. n. 1, gennaio - febbraio 2003, p. 32.
7. E. Benenati, *La scelta del paternalismo. Un'azienda dell'abbigliamento tra fascismo e anni '50*, Rosenberg & Sellier, Torino, 1994.

Tabacchi - gli elementi che emergevano da queste ricerche accesero in Betti Benenati l'interesse per le tematiche di genere, alle quali dedicò molte energie nell'ambito delle iniziative del Cirsde.

Mentre proseguiva lo studio del paternalismo[8], Benenati affrontò il tema del reclutamento dei lavoratori da parte delle imprese e dei canali, formali o informali, attraverso i quali i lavoratori trovano occupazione, nell'ipotesi che le modalità di assunzione incidano sulle successive relazioni nel lavoro, attraverso le obbligazioni che legano il nuovo assunto ai mediatori interni e/o esterni all'impresa e ai condizionamenti del comportamento sul lavoro che ne derivano. Su questi temi coordinò una articolata indagine storica, condotta all'insegna della *network analysis* ma al contempo della più tradizionale ricostruzione della regolazione del mercato del lavoro, che venne finanziata dal Centro di ricerca e documentazione per la storia del lavoro in Italia in età contemporanea di Imola[9].

Ma furono in particolare le indagini sul paternalismo, la quotidianità e l'informalità delle relazioni sul lavoro, unite all'ottica di genere, a stimolare in Benenati una riflessione sull'importanza della dimensione dell'affettività nei rapporti di lavoro e nelle relazioni sociali più in generale, una riflessione che occupò i suoi ultimi anni e che restò in larga parte aperta, non irrigidita in ipotesi definite, ma che ispirò il taglio impresso all'ultimo suo impegno di studio[10], nell'ambito della vasta ricerca interdisciplinare e internazionale di cui questo volume rappresenta il secondo frutto. Gli studiosi del lavoro possono ricavarne poco più che suggestioni, ma preziose, in quanto utili a rendere sempre più articolate e penetranti le ottiche con cui possono raggiungere risultati non schematici, nel tentativo di restituire la complessità degli oggetti dell'indagine storica.

---

8. E. Benenati, "Anni cinquanta: comunità o famiglia aziendale?", in *Parole chiave*, 1993, n. 1; E. Benenati, "Americanism and Paternalism: Managers and Workers in Twentieth Century Italy", in *International Labor and Working Class History*, 1988, n. 53; E. Benenati, "Cento anni di paternalismo aziendale", in S. Musso (a cura di), *Tra fabbrica e società. Mondi operai nell'Italia del Novecento*, "Annali" della Fondazione Giangiacomo Feltrinelli, a. XXXIII, 1997, Milano, 1999.
9. E. Benenati (a cura di), *Trovare lavoro. Collocamento e reti sociali*, Rosenberg & Sellier, Torino, 2001.
10. E. Benenati, "Vengo dalla regione di Louga e lavoro a Torino", in E. Benenati, A. Calvo, E. Donini, E. Luzzati, A. Tasgian (a cura di), *Lavoro, genere e sviluppo locale in Mali e in Senegal*, L'Harmattan Italia, Torino, 2002.

Tra il personale e il politico

di *Gian Giacomo Migone**

Ho conosciuto Betti in occasione dello scoppio e dello sviluppo del movimento studentesco a Torino. Ero un giovane assistente appena tornato dagli Stati Uniti; Betti era ancora studentessa; erano gli anni 1966-1967, a Torino vi era stata la prima occupazione di Palazzo Campana verso la fine del 1967, preludio del '68. Qui abbiamo avuto una comune militanza in quella che definirei - non so se lei l'avrebbe gradito - la "destra" del movimento studentesco: la peculiarità del movimento studentesco torinese era di essere estremamente ampio, diversamente da Milano e Roma: perlomeno nella prima fase di sviluppo c'era una amplissima gamma di posizioni. Quando dico "destra" del movimento non intendo dire quelli che erano dalla parte del Rettore oppure che avevano un'idea di restaurazione dell'ordine, parlo di persone che partecipavano a pieno titolo non solo alle discussioni ma all'occupazione, agli atti di militanza. Alcuni studenti di questo gruppo hanno avuto mandati di cattura per cui si sono dovuti nascondere, qualcuno nel famoso corteo del luglio le ha anche prese. La definisco "la destra" nel senso che mentre il punto di partenza era la ribellione contro l'autoritarismo accademico e quindi chiaramente un'opera di liberalizzazione, di democratizzazione dell'università, e anche di innovazione degli studi, avveniva una discussione successiva tra due ali, tra chi diceva: "Queste sono attività più o meno borghesi, a noi non interessa riformare la scuola e tanto meno l'università, ma questo è un trampolino per portarci davanti alle porte della Fiat"; e c'erano invece altre persone tra cui Betti - Betti aveva in sostanza una provenienza di sinistra liberale - la cui posizione era quella di rientrare in uno schema di alleanze: "Noi studenti portiamo avanti queste lotte, ciascuno di noi ha le sue ideologie e certamente - siamo a Torino, una Torino molto diversa da questa di oggi, con la classe operaia, i sindacati - questo rapporto lo stabiliremo in termini di alleanza". Io ricordo un documento di Emilio Pugno, segretario della Cgil - noi non appartenevamo a quell'ambiente - che teorizzava più o meno le cose che sostenevamo noi; perché la stessa cosa poi avveniva a livello di assistenti, che significativamente si mossero da un tipo di organizzazione a livello di settore, di sindacato autonomo, verso le organizzazioni sindacali: ci fu la sindacalizzazione dei giovani docenti in termini unitari Cgil-Cisl-Uil. Anzi Betti in senso tecnico fu la segretaria di quei docenti Cgil-Cisl-Uil che avevano ottenuto con fati-

---

* Dipartimento di Storia dell'Università di Torino.
Intervento al Seminario in memoria di Betti Benenati, "Cura e lavoro: ruoli di genere e istituzioni tra società industriale e post industriale", organizzato dal Cirsde - Centro Interdisciplinare di Ricerche e Studi delle Donne - Università di Torino, il 4 febbraio 2004.

ca (perché le resistenze della Cgil erano forti) una loro autonomia. Il suo supporto - era una cosa tipica di Betti - era un supporto sia politico sia tecnico, anche se non so se abbia preso mai la tessera nemmeno della Cisl per la quale ha militato in molti modi per molta parte della sua vita: aveva una allergia per le tessere anche sindacali.

Betti inizia invece il suo lavoro da studiosa come politologa. Fa parte di un seminario condotto da Giorgio Galli alla Fondazione Agnelli, cosa che per noi oggi sarebbe normale ma che a lei procurava una tensione: la Fondazione Agnelli era Fiat e per lei a quell'epoca questo era sicuramente un motivo di disagio, anche di critica. La politica è sempre politica anche quando si svolge a livello di movimento studentesco, per cui questa sua partecipazione diventava un'arma impropria nei confronti di chi la pensava diversamente nel movimento. Da lì si laurea con Paolo Farneti, principale allievo di Bobbio; entra a far parte del Cospos che era la creazione di Farneti, anche se nello stesso tempo i suoi maestri non erano né Giorgio Galli né Paolo Farneti, rispettabilissime persone di alto livello intellettuale e scientifico come tutti sappiamo, ma i suoi maestri si chiamavano Alberto Tridente e Cesare Delpiano: si trattava del segretario generale della Cisl di Torino e del segretario della Fim Cisl. Qualcuno di voi direbbe che c'è una contraddizione, perché la specificità era quella della riforma dell'università e anziché "la porta 2 della Fiat" era il sindacato. La spiegazione è tutta politica, perché questa era la parte del sindacato che si poneva in maniera più innovativa rispetto a quella che era la spinta dalla fabbrica in quel momento - che recepiva le istanze del nuovo lavoratore non sindacalizzato che veniva a Torino - e che costituiva da questo punto di vista un punto di riferimento, un interlocutore che sarà destinato a durare nel tempo. Perché chi invece con altre sigle accorreva alla porta 2 ed ebbe per un breve periodo l'illusione di avere sostituito il sindacato contrapponendovisi, invece proprio per l'azione di questa componente sindacale (insieme ad altre componenti innovative della Fiom, Aventino Pace, Emilio Pugno, eccetera) si trovò di fronte non quello che si aspettava, cioè non il crollo di questo tipo di prospettiva ma la riaffermazione di una capacità del sindacato di innovarsi e di dare stimoli in altri settori. Infatti che cosa si andava a fare alla Cisl? ci si metteva insieme e si rifletteva su quello di cui avevamo competenza, cioè sulla scuola, nel rapporto con i sindacati, oppure come avveniva nel collettivo di cui facevamo parte con alcuni del Politecnico - Valentino Castellani, Franco Corsico - medici, Pandolfi, eccetera, presso la Lega unitaria del sindacato. L'unità sindacale era una cosa fondamentale per Betti e per tutti noi, in via Cercenasco 13: organizzazione del lavoro da tutti i punti di vista, con tecnici, ingegneri, per la salute, per la lotta contro la monetizzazione della salute. Betti era una delle spine dorsali, se non la spina dorsale, di tutta questa attività variegata, molto strutturata. Mi ricordo che un collega, che venne due o tre volte a queste riunioni che si svolgevano presso la Cisl, mi disse: "Non ho mai capito cosa è un gruppo spontaneo. Ho l'impressione che questo lo sia in qualche modo". Quindi le spine dorsali erano importantissime, in doppio senso, sia in senso concreto che in senso metaforico. Una spina dorsale secondo me - ma io sono un inguaribile democristiano - qualche volta un po' troppo rigida ma che sicuramente era essenziale, sia dal punto di vista della tenuta organizzativa di un'attività così variegata, sia dal punto di vista della coerenza di quello che si cercava di fare con un'ambizione tipicamente "bettiana" di coerenza tra il personale e il politico, come si diceva allora; questa coerenza non veniva mai dimenticata, a partire da cosa si comprava per mangiare a come si viveva e che tipo di rapporti si intrattenevano con gli amici e i conoscenti.

A questo punto ci fu l'esperienza americana di Betti che fu fondamentale per la sua collocazione intellettuale perché lì conobbe un altro maestro. Betti aveva uno straordinario gusto (se posso dire così, è un'espressione frivola) nella scelta dei maestri: Tridente, Delpiano, David Montgomery, straordinario personaggio nella storiografia, Vittorio Foa - e non pensate a un rapporto di tipo filiale nei suoi confronti (di Vittorio Foa). Foa credo che pazienza ne abbia pochissima quando si tratta di persone che non rientrano nei suoi orizzonti e invece ne ha tantissima quando trova qualcuno che realmente lo impegna, e con Betti si è sempre impegnato. Impegnato nel senso che si è sentito contraddire anche caparbiamente in tante occasioni. Benché poi l'unica persona per la quale Betti usava l'espressione maestro, anzi maestra - anche se penso che su questa definizione avrebbe arricciato il naso - era Dora Marucco, con una specie di orgoglio, di sfida. Poi non so se tra loro veniva fuori un conflitto, una discussione, a me non risulta; e sembra superfluo dirlo nel Cirsde, ma era anche un rapporto di genere.

Dicevamo di Montgomery. Quello che le piaceva in Montgomery era la sua esperienza di operaio, di grande storico militante che si muoveva fuori e dentro la fabbrica e che però nello stesso tempo non aveva nulla di settario; e che affermò negli Stati Uniti e poi in Europa - e Betti ne fu uno dei tramiti - un punto di passaggio non banale dalla tradizionale storia del movimento operaio come storia delle istituzioni, delle classi dirigenti, eccetera, verso la storia sociale. Una caratteristica di Montgomery, che noi ritroviamo in tutte le cose scritte da Betti, è questo andare e venire, questa storia sociale che fa venire in mente l'abusata citazione di Marc Bloch, ma la ripeto anche se è abusata, che lo storico è come l'orco della favola, dove sente odore di sangue umano lì è la sua materia. E nello stesso tempo questo odore di sangue umano lo si sente anche all'interno dei gruppi dirigenti. Non è indifferente ai fini dell'esito, esiste un problema di potere anche nella società e nella storia, è un problema di potere strettamente collegato con dei poteri che si intrecciano con l'organizzazione nelle sue molteplici forme sia interne sia in rapporto con la politica, con la capacità di andare al di fuori dal banale. Come dice Foa nella prefazione al libro di Betti sul paternalismo, Betti buca tutti e due gli stereotipi sul paternalismo, quello di sinistra per cui il paternalismo significa: "come spenno il pollo del dipendente senza che se ne accorga"; ma anche quello padronale: "vedete come siamo bravi, come siamo efficienti, come forniamo i nostri servizi, le mutue...". Prima dicevo che Betti era rigida, ma aveva una collocazione che le consentiva ampie visioni e che era al di fuori delle gabbie ideologiche. Qui sta la spregiudicatezza storiografica, la capacità di Betti di muoversi a diversi livelli. L'orco della favola.

Concludo così. Doretta e Betti cosa facevano assieme? Facevano una cosa specifica: la Fondazione Vera Nocentini. La Fondazione Nocentini era per Betti l'espressione, il modo in cui lei seguì, diciamo così, il consiglio di Doretta quando decisero di abbinare le loro vite: Doretta disse: "Tu sei una politologa, non devi buttare via il fucile che hai - non era un'immagine pacifista - devi cambiare di spalla". Nel senso che per noi storici c'è un cosa sicura, che ci interessano i documenti; da parte mia dico che chi non ha la passione di leggere la corrispondenza altrui non è uno storico. E da dove si parte? si parte dai documenti, si parte dalla documentazione di una attività a cui si è partecipato e che poi ha un significato ideale enorme: quella Cisl di quell'epoca - non pensate a Pezzotta - e quindi la ricostruzione dei documenti e delle carte, anche con i conflitti che ci furono, tra il politico e il metodologico, e che furono aspri.

Avrei voluto parlare anche dello studio sull'immigrazione senegalese, anche qui l'esperienza montgomeriana è fondamentale e spiega come in un paese di immigrazione l'immigrato in conflitto con l'operaio naturalizzato non è crumiro ma un'altra cosa, più difficile da spiegare negli Usa nel contesto della storia americana, ma che si applicava alla nostra esperienza e al contributo di Betti.

Vorrei concludere con una citazione. Quando prendevo in giro Betti per certi intrecci della sua vita diceva: "Io ho un ideale di unificazione universale". Intendeva che stessero insieme amicizia, politica, studi, tutte le persone che le volevano bene. Una delle ultime cose che mi ha detto è stata: "Tu e Elisabetta Donini dovete assolutamente mettervi d'accordo e fare delle cose insieme". E io ho risposto: "Magari Elisabetta non ne ha nessuna voglia, e forse io nemmeno tanta, non ci conosciamo, ci rispettiamo da lontano". "No, dev'essere così". "Perché?", "Perché per me è importante che questa cosa avvenga...". Questo era l'ideale, uno degli ideali a cui lei si ispirava. Se volete avere una visione quasi fisica di Betti, quelli che non l'hanno conosciuta, andate a vedere quelle donne tedesche che avevano il marito ebreo imprigionato dai nazisti e che ogni giorno si mobilitavano unite per difenderli, nel film *Rosenstrasse* di Margarethe von Trotta.

Bibliografia degli scritti di Elisabetta Benenati

1) "La sinistra sindacale in USA: lotte e organizzazione degli United Electrical Workers", in *Fabbrica e Stato*, 1975, n. 15/16.
2) (in collaborazione con D. Marucco) "Una fonte per lo studio del movimento sindacale: l'archivio della CISL di Torino", in *Movimento operaio e socialista*, 1979, n. 2-3.
3) (in collaborazione con V. Foa) "Introduzione" a D. Montgomery, *Rapporti di classe nell'America del primo Novecento*, Rosenberg & Sellier, Torino, 1980.
4) (in collaborazione con D. Marucco) "Per una storia a partire dalla CISL di Torino", in *CISL 1948-1968. Ispirazione cattolica scelta di classe nuovo sindacato* (Atti del seminario tenutosi a Roma il 12-13 maggio 1979), Hobelix ed., Messina, 1981.
5) Relazione al Convegno organizzato da Biblioteca e Archivio Storico della CISL su *Sindacato e memoria storica*, tenutosi a Roma presso il Centro Studi della CISL il 27 marzo 1981 (pro manuscripto).
6) "Union Archives in Italy", in *International Labor and Working Class History*, 1982, n. 21.
7) "Il modello di patto sociale del New Deal e il problema della mobilità", in L. Valtz Mannucci (a cura di), *Il rapporto sindacato-governo: il caso del New Deal*, Unicopli, Milano, 1982.
8) "L'Unione Zonale di Susa 1948-1958", in E. Santi ed A. Varni (a cura di), *Itinerari sindacali*, Roma, 1982, t. I, vol. IV.
9) "Sindacato e cattolici a Torino negli anni 60", in *Chiesa e "mondo cattolico" nel post-concilio: il caso torinese*, Regione Piemonte, Torino, s. d. (ma 1982).
10) "Fonti orali per lo studio del sindacato torinese. Il caso della Fondazione Vera Nocentini", in *Fonti orali. Studi e ricerche*, 1984, n. 1.
11) "General Motors e sindacato USA", in *InformaFiom*, 1985, n. 12.
12) (in collaborazione con P. Marcenaro), "Quarantasette interviste", in *Delegati in Piemonte. Una ricerca in 100 fabbriche*, FrancoAngeli, Milano, 1986.
13) "Cesare Delpiano", in *Azimut*, 1986, n. 25.
14) "Sindacato, fabbrica e contrattazione negli anni '50", in E. Benenati, C. Sabattini, *Sindacato e potere contrattuale*, Ediesse, Roma, 1986.
15) "Il sindacato e la municipalizzazione dall'inizio del 900 all'avvento del fascismo. Una prima ricostruzione attraverso la documentazione ufficiale della Confederazione generale del lavoro", in F. Della Peruta e A. Varni (a cura di), *La municipalizzazione in area padana. Storia ed esperienze a confronto*, FrancoAngeli, Milano, 1988.
16) (in collaborazione con M. Filippa), "Ricostruzione democratica e «sviluppo repressivo»: verso una nuova identità operaia", in Provincia di Torino, *Il movimento operaio torinese nella storia di un secolo*, s. d. (ma 1988).
17) "Le relazioni industriali negli anni cinquanta in Italia: nota sugli studi storici degli ultimi anni", in *Italian Politics and Society*, 1988, n. 24.

18) "Sindacato, azione sindacale e canalizzazione del conflitto negli anni settanta", in N. Tranfaglia (a cura di), *Crisi e mutamento dei valori. L'Italia negli anni sessanta e settanta*, Stampatori, Torino, 1989.
19) "Presentazione", in E. Benenati (a cura di), "Relazioni industriali a Torino, 1935-1955", Movimento *operaio e socialista*, 1990, n. 1-2.
20) "Le relazioni industriali negli anni cinquanta in Italia", in *Italian Politics and Society*, 1990-1991, n. 32.
21) "Una ricerca collettiva sulle relazioni industriali a Torino tra gli anni trenta e gli anni cinquanta: problemi di metodo e alcuni risultati", in *Quaderno del Centro ricerche Giuseppe Di Vittorio - Istituto milanese per la storia del movimento operaio*, 1991, n. 1.
22) "Anni cinquanta: comunità o famiglia aziendale?", in *Parole chiave*, 1993, n. 1.
23) *La* scelta *del paternalismo. Un'azienda dell'abbigliamento tra fascismo e anni '50*, Rosenberg & Sellier, Torino, 1994.
24) "Cento anni di paternalismo aziendale", in S. Musso (a cura di), *Tra fabbrica e società. Mondi operai nell'Italia del Novecento*, "Annali" della Fondazione Giangiacomo Feltrinelli, a. XXXIII, 1997, Milano 1999.
25) "Americanism and Paternalism: Managers and Workers in Twentieth Century Italy", in International *Labor and Working-Class History*, 1998, n. 53.
26) "Il mondo sindacale dagli anni Cinquanta alla soglia degli anni Settanta", in N. Tranfaglia (a cura di), *Storia di Torino*, vol. IX *Gli anni della Repubblica*, Einaudi, Torino, 1999.
27) *Impresa e lavoro in un'industria di Stato: la Manifattura Tabacchi tra Ottocento e Novecento*, B. Benenati e M. C. Lamberti (a cura di), Trauben, Torino, 1999.
28) Intervento in Fondazione "Vera Nocentini", *La contesa sindacale della Cisl*, dibattito coordinato da B. Manghi, con G. Perona e F. Traniello, Caluso, 31 marzo 1999 (pro manuscripto).
29) "Il progetto Censis sull'archivio orale degli anni cinquanta. Industriali e cultura d'impresa nella ricostruzione", in R. Covino (a cura di), *Fonti orali e storia d'impresa. Atti del seminario nazionale. Arezzo 15 ottobre 1993*, Rubbettino, Soveria Mannelli, 2000.
30) Ragioni *e prospettive di una ricerca storica sulla CISL del Piemonte*, relazione tenuta il 20 ottobre 2000 nell'ambito della giornata celebrativa del 50° anniversario della fondazione della CISL, organizzata dalla CISL Regionale e dalla Fondazione Pastore (pro manuscripto).
31) "Introduzione", in E. Benenati (a cura di), *Trovare lavoro. Collocamento e reti sociali*, Rosenberg & Sellier, Torino, 2001.
32) Intervento in Fondazione "Vera Nocentini" e Irre Piemonte, *L'insegnamento della storia del lavoro e del movimento sindacale nel Novecento*, tavola rotonda coordinata da D. Marucco, con A. Pepe, G. P. Cella, Torino, 29 maggio 2002 (pro manuscripto).
33) "Vengo dalla regione di Louga e lavoro a Torino", in E. Benenati, A. Calvo, E. Donini, E. Luzzati, A. Tasgian (a cura di), *Lavoro, genere e sviluppo locale in Mali e in Senegal*, L'Harmattan Italia, Torino, 2002.

Glossario

amal = lavoro (termine arabo)
arbre à palabre = luogo in cui si riunisce la comunità del villaggio (termine francese)
balafon = strumento musicale tradizionale dell'Africa Occidentale; sorta di xilofono
baraka = la grazia
bëgg = voler bene
bol = piatto fondo
brousse = savana
camaraderie = cameratismo (termine francese)
Cheikh = titolo religioso dell'Islam
co-épouse = moglie di matrimonio poligamico
cotisations = quote di partecipazione ad un'associazione (termine francese)
dahira = associazione a vocazione religiosa di fedeli che appartengono alla stessa confraternita
dahra = scuola coranica
diina = la religione
djembé = tamburo, strumento musicale tradizionale
ëllëg = domani, il futuro
fayda = perspicacia e coraggio
FCFA = Franc de la Communauté Financière Africaine
fit = volontà, resistenza, coraggio
fonk = stringere (significa anche amare incondizionatamente)
forage = pozzo (termine francese)
foula = personalità
foyer = focolare domestico (termine francese)
gawi = vacche acquistate con i proventi della commercializzazione del miglio
géér = categoria dei nobili, dei "senza casta"
geño = cintura, lignaggio agnatico
gorgolu = "fare l'uomo", letteralmente; indica l'arte di arrangiarsi, di lavorare per la giornata
goulu = persona completa che ha compiuto il suo rito iniziatico
griot = nella società senegalese sono i "professionisti della parola". Nel sistema delle caste appartengono alla categoria socio-professionale dei *ñeeño* e sono relegati in una sottocasta
guewel = griot

hadiyas = dono offerto al *marabut*
hassaid = versetti del Corano
imam = guida della preghiera e responsabile della moschea
inshallah = se Dio lo vuole
jaai = vendere
jang = cerimonia in cui si recitano versetti del Corano
jàpp = tenere in mano; essere occupato
jom = dignità, onore, fierezza
jungo = vacche acquistate con i proventi della commercializzazione del miglio
kasbu = guadagno (termine arabo)
kersa = pudore, moderazione
keur gë = casa in senso largo
Khalifa = capo religioso
khidmat = servizio (termine arabo)
kora = strumento tradizionale a corde che accompagna il canto dei *griot*
laybir = accettare gli altri, coloro che vengono a vivere presso di sé
ligéey = lavorare; può anche significare "fare la fattura"
ma(a)m = nonna, nonno
Magal = pellegrinaggio annuale dei musulmani *murid* a Touba, la città santa del muridismo
marabut = guida religiosa, sapiente, colui che usa il Corano per scopi mistici; svolge la funzione di guida spirituale
meen = lignaggio materno
modou modou = migranti internazionali, spesso associati al lavoro del commercio ambulante
muñ = resistere, sopportare, pazientare
murid = confraternita islamica fondata in Senegal dal *marabut* Cheikh Ahmadou Bamba.
nafekh = termine senegalese mutuato dall'arabo; colui che ha delle idee differenti dalla maggioranza, colui che porta abitudini culturali diverse
navétanes (si può anche trovare nella forma *nawetaans*) = da *navet* (o *nawet*), stagione delle piogge. Originariamente i tradizionali cicli migratori che prevedevano movimenti stagionali verso gli spazi rurali durante la stagione delle piogge; oggi indicano anche i tornei estivi di calcio, nei quali i migranti stanno rendendosi protagonisti
nawlé = uguaglianza sociale, persona della stessa classe, dello stesso rango sociale
ndëmm = strega che mangia lo spirito delle persone
ndigel = ordine, consiglio, raccomandazione della guida religiosa
ñeeño = persone di casta; le caste sono legate a loro volta ai mestieri
ngor = dignità
niebé = fagioli
njolor = momento in cui il sole è allo zenith, mezzogiorno
notable = autorità tradizionale (termine francese)
propre = pulito, nel testo usato anche in senso morale; dignitoso (termine francese)

Ramadan = nono mese del calendario musulmano durante il quale i fedeli praticano il digiuno rituale
réussi = socialmente riuscito (termine francese)
sahandatu darayni = felicità nei due mondi
sérigne = guida religiosa, insegnante alla scuola coranica, sapiente
Sokhna = signora
sooperu = colui che è cambiato
soopi = cambiamento
sufi = appartenente/relativo al sufismo, corrente mistica dell'Islam
Sunnah = complesso normativo dell'Islam; racchiude la consuetudine del Profeta e dei suoi primi Compagni
sutura = intimità, *privacy* (termine associato al concetto di dignità)
talibé = discepolo
tariqa = confraternita
tau = primogenito
teranga = ospitalità (vivere degnamente e preservare il proprio onore)
thieddo = (si trova anche scritto *ceddo*) nel tempo dei regni wolof, guerriero pagano reclutato tra gli schiavi o i contadini
tidjane = confraternita islamica fondata in Senegal da El-Hadj Omar Tall. La città santa della confraternita è Tivaouane
tontine = associazione di reciproco sostegno finanziario e/o materiale
toubab = uomo bianco (da *toubib*, in arabo = medico)
touki = in senso generale, viaggiare; può anche significare emigrare
vudù = culto e pratica animista della magia nera
waxale = contrattazione, transazione con accordo
wis = buon peso; è la quantità supplementare di merci offerte dal venditore in forma di regalo alla fine della transazione
xeet = parente della stessa etnia
yëg = rispetto, riguardo; letteralmente ascoltare con attenzione (l'ascolto attento è indice di rispetto)
yokute = volontà di migliorare

Appendice

1. I soggetti - Italia

	Uomini	Donne
ETÀ		
Tra i 20 e i 29 anni	6	2
Con oltre 30 anni	10	2
Con oltre 40 anni	17	1
Con oltre 50 anni	5	1
FAMIGLIA		
Separati	1	-
Che si è fatto raggiungere dalla moglie	3	
Che ha raggiunto il marito	-	3
Coniugati con moglie/marito in Africa	16	1
Celibi/nubili	6	2
Con famiglia italiana	1	-
Che ha avuto relazioni con italiane o europee	7	-
Poligami	5	-
Con 1-3 figli	22	3
Con 4 o più figli	4	-
Con figli, non quantificati	2	-
Con figli nati in Italia	1	3
PERMANENZA A TORINO		
A Torino da oltre 10 anni	24	1
Arrivo tra 1985 e 1989	11	-
Arrivo tra 1990 e 1997	11	1
Arrivo dopo il 2000	3	2
Irregolari	4	1
Regolari	20	1
Con cittadinanza italiana	2	-
PROVENIENZA D'ORIGINE		
Provenienza da villaggi nella regione di Louga	18	1
Provenienza da Louga	14	-
Provenienza da Dakar	1	1
Provenienza da altre zone	5	4

PERCORSO

Torino prima destinazione	7	1
Tappa a Dakar	15	1
Soggiorno in altri paesi africani	4	-
Soggiorno in altri paesi europei	26	1
Tra cui la Francia	25	1
Soggiorno in altre località italiane	13	-
Ritorno per anni in patria	4	-
Permanenze brevi e viaggi in Italia	6	-
Permanenze brevi e viaggi in Europa	9	-
Che tornano ogni uno o due anni in Senegal	19	-
Che non sono più tornati in Senegal	1	-

LAVORO

Studenti	2	-
Operai e salariati	19	2
Operai interinali	4	-
Operai assunti	5	-
Operai in nero	1	-
Impiegati	1	-
Sindacalisti	1	-
Lavoratori autonomi	6	-
Artisti	3	1
Artigiani di mestiere	1	-
Commercianti	21	-
Commercianti ambulanti	4	-
Commercianti nei mercati con licenza	10	-
Commercianti in negozio	3	-
Disoccupati	5	2
Disoccupati con attività saltuarie	3	1
Griot	6	1
Esperienze precedenti:		
Con precedenti esperienze lavorative diverse in Senegal	20	1
Che non avevano mai lavorato in Senegal	5	-
Con esperienza da contadino in Senegal	9	-
Con esperienza da commerciante saltuaria	18	1

ISTRUZIONE

Senza nessuna istruzione	2	-
Istruzione coranica	21	1
Istruzione elementare parziale o completa	8	1
Istruzione media e superiore parziale o completa	9	1
Iscritti all'università	4	-

ABITAZIONE

Residenti in "case di villaggio"	11	-
Residenti in piccoli appartamenti con amici	8	1
Residenti in appartamenti familiari	4	1
Residenti singoli o coppia	5	3

RELIGIONE - CONFRATERNITA

Murid	10	1
Tidjane	4	1

PROBLEMI IN ITALIA

Razzismo	6	-
Clima	2	-
Case	8	-
Lavoro	5	-
Costi	7	-
Rapporti con gli italiani	7	-
Lingua	3	-
Permesso di soggiorno	3	-

RELAZIONI

Frequenta solo senegalesi	10	4
Frequenta anche italiani	13	2
Frequenta anche altri immigrati	4	-
Contatti con i sindacati	3	-
Contatti con associazioni, ONG, cooperative	6	2

2. I soggetti - Senegal

	Uomini	Donne
ETÀ		
Tra e 29 anni	-	2
Tra 30 e 39 anni	-	3
Tra 40 e 49 anni	2	1
50 anni o più	1	1
Sconosciuta	1	2
LEGAME DI PARENTELA CON GLI INTERVISTATI A TORINO		
Prima moglie (matrimonio poligamo)	-	4
Seconda moglie (matrimonio poligamo)	-	1
Moglie (matrimonio monogamo)	-	2
Cugino	1	-
Sorella[1]	-	3
Fratello	2	-
Madre	-	1
Zio	1	-
RESIDENZA ATTUALE		
Urbana	-	-
Rurale	2	8
Urbana e rurale al tempo stesso[2]	2	-

1. Due donne sono allo stesso tempo sorelle e mogli di uomini intervistati a Torino durante la nostra ricerca.

CONTESTO DI RESIDENZA ATTUALE		
Famiglia acquisita	3	8
Famiglia d'origine	1	1
MATRIMONIO		
Sposato/a a regime monogamo	-	2
Sposato/a a regime poligamo	3	5
Celibe	1	-
Divorziato/a	-	1
Vedova	-	1
FIGLI		
Tra 1 e 3 figli	2	5
4 o più figli	2	4
RELIGIONE - CONFRATERNITA		
Murid	2	3
Tidjane	2	6
ETNIA		
Wolof	4	9
CASTA		
Géér	4	9
ISTRUZIONE		
Senza istruzione	1	3
Scuola coranica	2	3
Alfabetizzazione in wolof	-	2
BAC + 2 + formazione professionale	-	1
Diploma universitario	1	-
ATTIVITÀ		
Attività domestiche	-	1
Attività domestiche + agricoltura	-	1
Attività domestiche + agricoltura + allevamento	-	4
Attività domestiche + ruoli organizzativi presso il villaggio	-	1
Agricoltura + allevamento	1	-
Segretaria di Comunità Rurale; impiegata in un progetto di sviluppo locale	1	-
Marabut (+ attività di commercio, agricoltura e allevamento)	1	-
Vice-presidente di GIE	-	1
(Madre di *marabut*) educazione di bambini, gestione della casa, commercio di prodotti artigianali	-	1
Salariato in una fabbrica italiana + commercio ambulante	1	-

---

2. Si tratta di un emigrato rientrato definitivamente in Senegal e di un emigrato intervistato al momento della sua vacanza al villaggio.

Bibliografia

Aluffi Beck, Roberta (2000), *Tempo, lavoro e culto nei paesi musulmani*, Contributi di ricerca, Fondazione Giovanni Agnelli, Torino.
Amadiune, Ifi (1997), *Re-Inventing Africa. Matriarchy, religion and culture*, Zed Books Ltd, London & New York.
Ambrosini, Maurizio (2001), *La fatica di integrarsi. Immigrati e lavoro in Italia*, Il Mulino, Bologna.
Benenati, Elisabetta (2002), "Vengo dalla regione di Louga e lavoro a Torino", in Elisabetta Benenati et al. (a cura di), *Lavoro, genere e sviluppo locale in Mali e in Senegal*, L'Harmattan Italia, Torino, p. 23-49.
Boserup, Ester (1970), *Woman's Role in Economic Development*. Ed. it. (1982), *Il lavoro delle donne. La divisione sessuale del lavoro nello sviluppo economico*, Rosenberg & Sellier, Torino.
Branca, Paolo (1995), *Introduzione all'Islam*, Edizioni San Paolo, Milano.
Campus, Aurora; Mottura, Giovanni; Perrone, Luigi (1992), "I senegalesi", in Giovanni Mottura (a cura di), *L'arcipelago immigrazioni. Caratteristiche e modelli migratori dei lavoratori stranieri in Italia*, Ediesse, Roma.
Carter, Donald (1991), "La formazione di una dahira senegalese a Torino", in IRES (Istituto Ricerche Economico-Sociali del Piemonte), *Uguali e diversi. Il mondo culturale, le reti di rapporti, i lavori degli immigrati non europei a Torino*, Rosenberg & Sellier, Torino, p. 109-131.
Carter, Donald (1997), *State of Grace. Senegaleses in Italy and the new European Immigration*, University of Minnesota Press, Minneapolis.
Castagnone, Eleonora; Ciafaloni, Francesco; Donini, Elisabetta; Guasco, Daniela; Lanzardo, Liliana (2003), "Entre Louga et Turin: pratiques et cultures du travail dans un réseau migratoire", in Abdoulaye Niang (sous la direction de), Actes du colloque de Saint-Louis du 23 au 25 juin 2003, *Développement local et développement durable*, Saint-Louis, p. 223-267.
Ceschi, Sebastiano (1999), "I vissuti del nomadismo: senegalesi e viaggio migratorio", in *Afriche e Orienti*, n. 1, p. 64-66.
Chant, Sylvia; Radcliffe, Sarah A. (1992), "Migration and development: the importance of gender", in Sylvia Chant (ed.), *Gender and Migration in Developing Countries*, Belhaven Press, London and New York, p. 1-30.
Coratella, Evelyne; Sow, A. Lamine (s. d.), *Iniziazione alla lingua wolof. Vita e cultura di un popolo*, Associazione dei Senegalesi in Piemonte (dattil.).

Delle Donne, Marcella; Melotti, Umberto; Petilli, Stefano (a cura di) (1993), *Immigrazioni in Europa. Solidarietà e conflitto*, Cediss, Roma.

De Luca, Rossana; Panareo, Maria Rosaria (2001), "La migrazione femminile senegalese: dalla dipendenza maschile alla progressiva autonomia", in *Sociologia urbana e rurale* a. XXIII, n. 64-65, FrancoAngeli, Milano, p. 213-242.

Diagne, Pathé (2002), *Cheick Anta Diop e l'Africa nella storia del mondo*, L'Harmattan Italia, Università della Pace "G. La Pira", Torino.

Dieng, Bassirou (2001), "La cultura dell'emigrato: fondamenti storici e attualità", in *Sociologia urbana e rurale*, a. XXIII, n. 64-65, FrancoAngeli, Milano, p. 35-65.

Dieng, Seydi Ababacar (2000), *Épargne, crédit et migration: le comportement financier des migrants maliens et sénégalais en France*, Thèse de Doctorat en Sciences Economiques, École doctorale de Sciences Humaines et Sociales, Université Lumière Lyon 2

Diop, Abdoulaye-Bara (1981), *La société Wolof. Tradition et changement*, Khartala, Paris.

Diop, Fatou (2002), "Le travail comme représentation et pratique quotidienne dans la région de Louga", in Elisabetta Benenati *et al.* (a cura di), *Lavoro, genere e sviluppo locale in Mali e in Senegal*, L'Harmattan Italia, Torino, p. 50-65.

Diop, Fatou (Coordonnatrice) (2003), *Les nouvelles formes d'émigration dans la région de Louga, Rapport de recherche « Touki ligeey la »*, Coopération Inter-Universitaire Turin-Sahel (Université de Turin-Italie/Université Gaston Berger Saint-Louis, Sénégal).

Diop, Fatou; Sall, Babaly (2003), "«Touki ligeey la, mo ko yor». La migration est la meilleure modalité de travail", in Actes du colloque de Saint-Louis du 23 au 25 juin 2003, Abdoulaye Niang (sous la direction de), *Développement local et développement durable*, Saint-Louis, p. 269-286.

Ekejiuba, Felicia I. (1995), "Down to Fundamentals: Women-centred Hearth-holds in Rural West Africa", in Deborah Fahy Bryceson (ed.), *Women Wielding the Hoe. Lessons from Rural Africa for Feminist Theory and Development Practice*, D.C., Berg Publishers, Oxford/Washington.

Fall, Papa Demba (1998), "Stratégies et implications fonctionnelles de la migration sénégalaise vers l'Italie", in *Migrations Société*, Vol. 10, n. 60, Centre d'Information et d'Études sur les Migrations Internationales (CIEMI).

Fall, Papa Demba (2001), "Migrazioni internazionali e mutamenti sociali in ambiente lebou. L'esempio di Thiaroye s/mer", in *Sociologia urbana e rurale*, a. XXIII, n. 64-65, FrancoAngeli, Milano, p. 175-191.

Fall, Papa Demba; Perrone, Luigi (2001), "Il sistema castale senegalese e le sue evoluzioni", in *Sociologia urbana e rurale*, a. XXIII, n. 64-65, FrancoAngeli, Milano, p. 25-33.

Fantini, L. (1993), "Processi di confronto e integrazione culturale tra giovani immigrati senegalesi nella sfera del tempo extra lavorativo. Una ricerca sulla comunità genovese", in Marcella Delle Donne *et al.* (a cura di), *Immigrazioni in Europa. Solidarietà e conflitto*, Cediss, Roma.

Gadji, Mbacke (2000), *Pap, Ngagne, Yatt e gli altri*, Edizioni dell'Arco, Milano.

Glick Schiller, Nina; Basch, Linda; Szanton-Blanc, Cristina (1992), "Transnationalism: a new analytic framework for understanding migration", in Nina Glick Schiller; Linda Basch; Cristina Szanton-Blanc (eds.), *Towards a*

Transnational Perspective on Migration: Race, Class, Ethnicity and Nationalism Reconsidered, Annals of the New York Academy of Sciences, Vol. 645, p. 1-25.

Grillo, Ralph; Riccio, Bruno; Salih, Ruba (2000), *Here or There? Contrasting Experiences of Transnationalism: Moroccans and Senegalese in Italy*, CDE (Centre for the Comparative Study of Culture, Development & the Environment), University of Sussex, Brighton.

Gueye, Cheikh (2001), "Touba, territorio sognato e di ritorno dei Mourides", in *Sociologia urbana e rurale*, a. XXIII, n. 64-65, FrancoAngeli, Milano, p. 81-107.

Guolo, Renzo (2001), "L'Islam nascosto. Adattamento e trasformazione della religiosità nella confraternita senegalese muride in Italia", in *Sociologia urbana e rurale*, a. XXIII, n. 64-65, FrancoAngeli, Milano, p. 265-275.

IRES (Istituto Ricerche Economico-Sociali del Piemonte) (1991), *Uguali e diversi. Il mondo culturale, le reti di rapporti, i lavori degli immigrati non europei a Torino*, Rosenberg & Sellier, Torino.

Kabeer, Naila (1994), *Reversed Realities. Gender Hierarchies in Development Thought*, Verso, London - New York.

Khouma, Pap (1997), *Io, venditore di elefanti - Una vita per forza fra Dakar, Parigi e Milano*, Garzanti scuola, Milano.

Landuzzi, Carlo; Tarozzi, Alberto; Treossi, Anna (a cura di) (1995), *Tra luoghi e generazioni. Migrazioni africane in Italia e in Francia*, L'Harmattan Italia, Torino.

Latouche, Serge (1998), *L'autre Afrique. Entre don et marché*, Albin Michel, Paris. Ed. it. (1997) *L'altra Africa. Tra dono e mercato*, Bollati Boringhieri, Torino.

Latouche, Serge (2000), *La sfida di Minerva. Razionalità occidentale e ragione mediterranea*, Bollati Boringhieri, Torino (ed. fr. 1999).

Ly, Boubacar (1997), "Processus de rationalisation et changement des valeurs sociales au Sénégal", in *Revue sénégalaise de sociologie*, n. 1, Janvier 1997, p. 21-59.

Marchetti, Aldo (1994), "La nuova immigrazione a Milano. Il caso senegalese", in IRER, *Tra due rive: la nuova immigrazione a Milano*, FrancoAngeli, Milano, p. 241-366.

Mboup, Mourtala (2000), *Les Sénégalais d'Italie, Emigrés, agents du changement social*, L'Harmattan, Paris.

Mbow, Lat Soucabé (2001), "Kébémer: nuove dinamiche economiche e sociali rivelate dalla migrazione in Italia", in *Sociologia urbana e rurale*, a. XXIII, n. 64-65, FrancoAngeli, Milano, p. 65-79.

Mbow, Penda (1997), "Les femmes, l'Islam et les associations religieuses au Sénégal", in Eva Evers Rosander (ed.), *Transforming Female Identities. Women's organizational forms in West Africa*, Nordiska Afrikainstitutet, Uppsala, p. 148-158.

Mottura, Giovanni (a cura di) (1992), *L'arcipelago immigrazioni. Caratteristiche e modelli migratori dei lavoratori stranieri in Italia*, Ediesse, Roma.

Ndiaye, El Hadji Alioune (Baye) (2000), *La cultura dell'amico che viene da lontano. Saggio sull'immigrazione senegalese in Italia*, L'Harmattan Italia, Torino.

Ndiaye, Malick (1998), *L'éthique Ceddo et la société d'accaparement ou les conduites culturelles des sénégalais d'aujourd'hui*, Tome 2, *Les Moòdu Moòdu ou l'éthos du développement au Sénégal*, Presse Universitaire de Dakar.

Niang, Abdoulaye (sous la direction de), Actes du colloque de Saint-Louis du 23 au 25 juin 2003, *Développement local et développement durable*, Saint-Louis.

Omedè, Massimo (1999), *Stranieri a Torino nel 1999*, Ufficio di statistica del Comune di Torino.

Osservatorio Comunale delle Immigrazioni di Bologna (1999), *Dal lavoro alla famiglia: percorsi migratori a confronto*, L'Harmattan Italia, Torino.

Perrone, Luigi, (a cura di) (2001a), "Tra due mondi", fascicolo monografico di *Sociologia urbana e rurale*, a. XXIII, n. 64-65, FrancoAngeli, Milano.

Perrone, Luigi (2001b), "I senegalesi sulle due rive tra viaggio e migrazioni. Dai commis, ai modou-modou, dai bana-bana ai 'vu cumprà'", in *Sociologia urbana e rurale*, a. XXIII, n. 64-65, FrancoAngeli, Milano, p. 107-147.

Pollini, Gabriele (2000), "Sistema migratorio come sistema di appartenenze molteplici: gli immigrati marocchini, tunisini, ghanesi, slavi, senegalesi, cinesi e filippini", in Giuseppe Scidà (a cura di), *I sociologi italiani e le dinamiche dei processi migratori*, FrancoAngeli, Milano.

Ratto, Maria Grazia; Peirone, Maria Gabriella (2003), *Indovina chi viene a cena. Matrimoni misti a Torino*, Beppe Grande editore, Torino.

Reginato, Mauro (1997), *I residenti stranieri a Torino. Analisi dei cambiamenti recenti*, Contributi di ricerca, Fondazione Giovanni Agnelli, Torino.

Riccio, Bruno (1999), "Senegalese Street Sellers, Racism and the Discourse on 'Irregular Trade in Rimini'", in *Modern Italy*, n. 4, 2, p. 225-239.

Riccio, Bruno (2000), "Spazi transnazionali: esperienze senegalesi", in *Afriche e Orienti*, n. 2, 3-4, p. 17-25.

Riccio, Bruno (2001a), "Migranti senegalesi e operatori sociali nella riviera romagnola. Una etnografia multi-vocale del fenomeno migratorio", in *La Ricerca Folklorica*, n. 44, p. 65-77.

Riccio, Bruno (2001b), "From 'ethnic group' to 'transnational community'? Senegalese migrants' ambivalent experiences and multiple trajectories", in *Journal of Ethnic and Migration Studies*, n. 27, 4, p. 583-599.

Riccio, Bruno (2001c), "Arrivare, lavorare e abitare a Bologna: esperienze senegalesi", in Maria Adriana Bernardotti (a cura di), *Con la valigia accanto al letto. Immigrati e casa a Bologna*, FrancoAngeli, Milano.

Riccio, Bruno (2002), "Etnografia dei migranti transnazionali. L'esperienza senegalese tra inclusione ed esclusione", in Asher Colombo, Giuseppe Sciortino, *Stranieri in Italia. Assimilati ed esclusi*, Il Mulino, Bologna, p. 169-194.

Rosander, Eva Evers (1997), "Le dahira de Mam Diarra Bousso à Mbacké", in Eva Evers Rosander (ed.), *Transforming Female Identities. Women's organizational forms in West Africa*, Nordiska Afrikainstitutet, Uppsala, p. 160-174.

Rosander, Eva Evers (2003), "Mam Diarra Bousso - The Mouride Mother of Porokhane, Senegal", in *Jenda: a Journal of Culture and African Women Studies*, n. 4.

Salih, Ruba (2003), *Gender in Transnationalism. Home, longing and belonging among Moroccan migrant women*, Routledge, London and New York.

Sarr, Fatou (1997), "De la transformation des rapports de genre et de solidarité. La redéfinition du développement social. L'expérience des femmes entrepreneures du Sénégal", in *Revue sénégalaise de sociologie*, n. 1, Janvier 1997, p. 105-121.

Schmidt di Friedberg, Ottavia (1993), "L'immigration africaine en Italie: le cas sénégalais", in *Études Internationales*, Vol. XXIV, n. 1.
Schmidt di Friedberg, Ottavia (1994), *Islam, solidarietà e lavoro. I muridi senegalesi in Italia*, Fondazione Giovanni Agnelli, Torino.
Schmidt di Friedberg, Ottavia (1998), "La cohabitation dans le nord de l'Italie: Marocains et Sénégalais à Turin et à Brescia", in *Migrations Société*, n. 55.
Sciarrone, Rocco; Santi, Roberta (2000), *Immigrazione e lavoro: i punti di vista delle Associazioni territoriali degli industriali*, Contributi di ricerca, Fondazione Giovanni Agnelli, Torino, (dattil.).
Scidà, Giuseppe (1993), "Risposte alla sfida dell'integrazione sociale in due gruppi immigrati extracomunitari a Catania", in Marcella Delle Donne *et al.* (a cura di), *Immigrazioni in Europa. Solidarietà e conflitto*, Cediss, Roma.
Scidà, Giuseppe (2001), "Le relazioni sociali dei senegalesi in viaggio verso la modernità", *Sociologia urbana e rurale*, a. XXIII, n. 64-65, FrancoAngeli, Milano, p. 149-175.
Sinatti, Giulia (2000), "I senegalesi a Milano", in Palidda, Salvatore (a cura di), *Socialità e inserimento degli immigrati a Milano*, FrancoAngeli, Milano, p. 78-89.
Sylla, Assane (1994), *La philosophie morale des wolof*, IFAN, Dakar.
Tarozzi, Alberto (1995), "Introduzione", in Carlo Landuzzi; Alberto Tarozzi; Anna Treossi (a cura di), *Tra luoghi e generazioni. Migrazioni africane in Italia e in Francia*, L'Harmattan Italia, Torino, p. 9-17.
Treossi, Anna (1995), "Senegalesi a Faenza", in Carlo Landuzzi; Alberto Tarozzi; Anna Treossi (a cura di), *Tra luoghi e generazioni. Migrazioni africane in Italia e in Francia*, L'Harmattan Italia, Torino, p. 195-220.
Turnbull, Colin M. (1969), *L'Africano solitario*, Edizioni Dedalo, Bari.
UNDP (United Nations Development Programme) (1995), *Rapporto sullo sviluppo umano n. 6. La parte delle donne*, Rosenberg & Sellier, Torino.
Yuval-Davis, Nira; Anthias, Flora (eds.) (1989), *Woman - Nation - State*, Macmillan, London.
Zehraoui, Ahsène (1994), *L'immigration de l'homme seul à la famille*, L'Harmattan, Paris.
Zucchetti, Eugenio (1997), "Il risparmio e le rimesse degli immigrati", *Quaderni I.S.MU.*, n. 5/1997, Fondazione Cariplo-I.S.MU., Milano.

Le autrici e l'autore

Eleonora Castagnone si è laureata con una tesi di ricerca sugli effetti socio-economici sulle donne di un programma di microfinanza di una Ong italiana in Senegal. Ha collaborato con Ong (Cisv, Lvia e Cicsene di Torino) e con il Centro Interculturale della Città di Torino. Dal 2001 ha effettuato numerose ricerche sul campo in Senegal. Collabora con il Cespi (Centro Studi di Politica Internazionale) di Roma, a progetti di ricerca applicata su migrazioni e co-sviluppo. Dal 2004 è responsabile editoriale del sito web di Fieri (Forum Internazionale ed Europeo di Ricerche sull'Immigrazione) di Torino.

Francesco Ciafaloni ha lavorato come ingegnere per l'Eni e in seguito presso l'editore Boringhieri, per il settore scienze naturali e filosofia della scienza, e presso Einaudi, per il settore scienze umane. Come membro del comitato scientifico dell'Ires Cgil Piemonte si è occupato soprattutto di ricerche, di Progetti e di gruppi di lavoro sull'immigrazione. È autore di *Kant e i pastori*, Linea d'ombra 1991, *I diritti degli altri*, Minimum Fax 1998, del quaderno dell'Ires *L'immigrazione non europea a Torino*. Ha collaborato a numerose riviste e numerose sono le pubblicazioni sull'immigrazione di cui è coautore, tra cui *Uguali e diversi*, Rosenberg & Sellier 1992.

Elisabetta Donini, fisica, ha insegnato e fatto ricerca presso le Università di Lecce e di Torino, occupandosi in particolare di critica storica della scienza e dei rapporti tra scienza e genere. Ha pubblicato numerosi articoli e saggi e i volumi *La nube e il limite. Donne, scienza, percorsi nel tempo*, Rosenberg & Sellier 1990 e *Conversazioni con Evelyn Fox Keller, una scienziata anomala*, Elèuthera 1991. Attiva nel movimento delle donne, è impegnata soprattutto in iniziative pacifiste e di comunicazione interculturale.

Daniela Guasco, laureata in Storia contemporanea presso l'Università di Torino con un tesi sul Mali dal titolo "Analisi dell'impatto sociale delle attività femminili generatrici di reddito". Ha completato poi il Corso di specializzazione in "Managing of development" dell'Itc-Ilo ed un tirocinio presso il Ministero degli Esteri. Dal 2001 ha lavorato presso le Ong Cisv, Aps, Cicsene e Rete, presso la quale segue ora i progetti di cooperazione allo sviluppo in Africa, Brasile e Bosnia. Ha trascorso periodi di studio e lavoro in Mali, Senegal, Burkina Faso e Marocco.

Liliana Lanzardo ha partecipato alla nascita dei "Quaderni rossi" con ricerche e intervento nelle lotte operaie e in seguito ha utilizzato le fonti orali e fotografiche per la storia delle classi sociali; ha approfondito tali tecniche di ricerca come docente di "Metodologia della ricerca storica" presso l'Università di Trieste. Tra i numerosi saggi e volumi: *Classe operaia e partito comunista alla Fiat*, Einaudi 1971, *Il mestiere prezioso. Racconti di ostetriche*, Forma 1985, *Personalità operaia e coscienza di classe*, FrancoAngeli 1989, *Storia orale e storie di vita*, FrancoAngeli 1989, *I Consigli di gestione*, Regione Piemonte 1991, *Immagine del fascismo*, FrancoAngeli 1991, *Dalla bottega artigiana alla fabbrica*, Editori Riuniti 1999, *La Grandi Motori Trieste*, FrancoAngeli 2000, *La Fabbrica e la sua immagine*, Fondazione Sella 2001.

1144. *Collana Politiche Migratorie*

1. Stefano Allovio, *Culture in transito. Trasformazioni, performance e migrazioni nell'Africa sub-sahariana*
2. Lia Chinosi, *Sguardi di mamme. Modalità di crescita dell'infanzia straniera*
3. Giovanna Campani, Zoran Lapov, Francesco Carchedi (a cura di), *Le esperienze ignorate. Giovani migranti tra accoglienza, indifferenza e ostilità*
4. Renato Rizzi, Augusto Iossa Fasano (a cura di), *Ospitare e curare. Dialogo interculturale ed esperienze cliniche con gli immigrati*
5. Caritas Ambrosiana, *Comprate e vendute. Una ricerca su tratta e sfruttamento di donne straniere nel mercato della prostituzione*
6. Elisabetta Nigris (a cura di), *Fare scuola per tutti. Esperienze didattiche in contesti multiculturali*
7. Oim, *Gli Albanesi in Italia. Inserimento lavorativo e sociale*
8. Francesco Carchedi, Giovanni Mottura, Enrico Pugliese (a cura di), *Il lavoro servile e le nuove schiavitù*
9. Paola Sacchi, Pier Paolo Viazzo (a cura di), *Più di un Sud. Studi antropologici sull'immigrazione a Torino*
10. Francesca Coin (a cura di), *Gli immigrati, il lavoro, la casa. Tra segregazione e mobilitazione*
11. Alfredo Alietti, Dario Padovan, *Metamorfosi del razzismo. Un'antologia di testi su pregiudizio, distanza sociale ed eterofobia*
12. Francesco Carchedi (a cura di), *Prostituzione migrante e donne trafficate. Il caso delle donne albanesi, moldave e rumene*
13. Giovanni Cominelli (a cura di), *Costruire la cittadinanza. Idee per una buona immigrazione*
14. Mara Tognetti Bordogna (a cura di), *I colori del welfare. Servizi alla persona di fronte all'utenza che cambia*
15. Mara Tognetti Bordogna (a cura di), *Ricongiungere la famiglia altrove. Strategie, percorsi, modelli e forme dei ricongiungimenti familiari*
16. Clara Silva, Giovanna Campani (a cura di), *Crescere errando. Minori immigrati non accompagnati*
17. Maurizio Ambrosini, Emanuela Abbatecola (a cura di), *Immigrazione e metropoli. Un confronto europeo*
18. Odo Barsotti, Eros Moretti (a cura di), *Rimesse e cooperazione allo sviluppo*
19. Caritas Ambrosiana, *Uscendo dall'ombra. Il processo di regolarizzazione degli immigrati e i suoi limiti*
20. Marie Rose Moro, *Bambini di qui venuti da altrove. Saggio di transcultura*
21. Domenica Denti, Fauro Ferrari, Fabio Perocco (a cura di), *I Sikh in Italia. Storia e immigrazione*
22. Maria Cristina Manca, *Le cerimonie funebri come riti di passaggio. Eterno fluire: diversità religiose in area fiorentina*
23. E. Castagnone, F. Ciafaloni, E. Donini, D. Guasco, L. Lanzardo, *Vai e vieni. Esperienze di migrazione e lavoro di senegalesi tra Louga e Torino*